도구 퀵파인더 & 디자인 렌즈	페이지	전략	디자인 씽킹	린 스타트업	에코시스템 디자인	스케일	회고
디자인 원칙	106					■	
이니셔티브/산업 매트릭스						■	
협력/산업 매트릭스						■	
에코시스템 주제 영역 지도						■	
고객 중심 에코시스템 솔루션 – 주제 영역 분석							
PESTLE 에코시스템							
에코시스템 플레이 & 성공 프레임워크 디자인						■	
에코시스템 구성 그리드							
리서치/트렌드/예측	188		■				
문제 정의/HMW 질문	190		■				
공감 인터뷰	191		■				
극단적 사용자/선도 사용자	192		■				
페르소나	193		■				
아이템 다이어그램	194		■			■	
브레인스토밍	195		■				
테스트용 프로토타입	196		■			■	
탐험 지도	197		■				
비전 프로토타입	198		■			■	
최종 프로토타입	199		■				
린 캔버스	200						
MVP(최소 생존가능 제품) 요건	201						
최소 생존가능 제품(MVP)	210						
구축–측정–학습	211						
혁신 회계	212						
사용자 스토리/사용자 스토리 맵/수용도 테스트	214						
피봇	216						
사용성 테스트	217						
지불 의향 분석	218						
MVP 포트폴리오 & MVP 포트폴리오 계획	219					■	
MVE를 위해 MVP를 MMF로 전환	221						
MVE에 관한 가치 제안 정의	246						
액터에 대한 확인 및 정의	248					■	
역할극: 시스템에서의 액터	250						
에코시스템 지도의 변형	251						
가치 흐름 정의	253					■	
수익 모델 탐색	256					■	
비즈니스 모델의 다차원적 관점	258					■	
(리)디자인 시스템의 일환인 공동 가치창출	259						
MVE의 프로토타이핑, 테스트 및 개선	260						
최종 MVE 및 빈번한 오류 방지	261						
에코시스템 전략에 MVE 포함	263						
많은 사람들의 문제 해결	272					■	
확장된 가치 제안	273					■	
고객 및 커뮤니티 구축	274					■	
확장 가능한 프로세스, IT, 데이터 분석	275					■	
터치 포인트 활용	276					■	
네트워크 효과와 에코시스템 문화	278					■	
시스템의 다양한 액터의 영향력	279					■	
최적화된 비용 구조 및 확장된 가치 흐름	280					■	
에코시스템 회고 캔버스(선택한 도구 포함)	288					■	

마이클 루릭은 디자인 패러다임 개발과 발전을 위해 온 힘을 기울인 선구자적 리더다. 그의 책은 시대 정신을 타파하였으며, 지금껏 내가 읽어본 책 중에서 비즈니스 에코시스템 디자인에 관한 최고의 정의를 내리고 있다.

– Larry Leifer, 스탠퍼드대학교 기계공학디자인학과 교수

많은 사람이 비즈니스 에코시스템 디자인에 관해 이야기한다.
이 책은 그 접근 방법을 가장 인상적으로 묘사하고 있다.

– ASH MAURYA, 베스트셀러 작가 겸 린캔버스Lean Canvas 발명가

비즈니스 성장을 위한 디자인 씽킹, 특히 비즈니스 에코시스템 디자인은
우리 시대의 성공 공식이다."

–GETABSTRACT 서평, 2021

비즈니스 에코시스템과 미래 성장을 위한 디자인 씽킹

DESIGN THINKING
FOR BUSINESS GROWTH

비즈니스 에코시스템과 미래 성장을 위한 디자인 씽킹

지은이 마이클 루릭
옮긴이 이유종, 조은영, 김지혜

이 책의 교정은 김현정, 디자인은 노영현, 제작은 도담프린팅의 박황순,
종이는 다올페이퍼 여승훈이 진행했습니다.
이 책의 성공적인 발행을 위해 애써주신 다른 모든 분들께도 감사드립니다.
틔움출판의 발행인은 장인형입니다.

초판 1쇄 인쇄 2024년 2월 26일
초판 1쇄 발행 2024년 3월 11일

펴낸 곳   틔움출판
출판등록   제313-2010-141호
주소   경기도 고양시 덕양구 청초로 66 덕은리버워크 A-2003
전화   02-6409-9585
팩스   0505-508-0248
홈페이지   www.tiumbooks.com

ISBN 979-11-91528-20-6 03320

잘못된 책은 구입한 곳에서 바꾸실 수 있습니다.

비즈니스 에코시스템과 미래 성장을 위한 디자인 씽킹

DESIGN THINKING
FOR BUSINESS GROWTH

비즈니스 모델을 디자인하고 비즈니스 에코시스템을 도출하는 가장 혁신적인 방법론

마이클 루릭MICHAEL LEWRICK 지음

이유종, 조은영, 김지혜 옮김

도니카 팔라즈DONIKA PALAJ 그림

티움

성장 및 스케일 프레임워크

1 디자인 씽킹

- 잠재적 사용자, 고객 및 이해관계자를 파악하라
- 디자인 씽킹을 통해 사용자의 실제적인 니즈를 파악하라
- 간단하면서도 우아한 해결책을 찾아라
- 시스템 씽킹 및 데이터 분석을 활용하라

3 공동 가치 창출

- 더 많은 고객, 사용자 및 선도 사용자를 보유하라
- 외부로부터 필요한 도움을 받아라
- 부서 및 조직의 경계를 넘어 팀으로 작업하라
- MVP를 개발하고 파트너와 고객에 대한 신뢰를 확보하라

5 비즈니스 에코시스템 디자인 및 애자일 상품과 고객 발굴

- 비즈니스 에코시스템 디자인을 통해 문제 해결 및 해결책 찾기에서 올바른 비즈니스 모델 찾기로 활동을 전환하라
- 스크럼 구성과 같은 방법으로 민첩하게 제품과 비즈니스 모델을 더욱 개발하라
- 비즈니스 모델을 발굴할 때 다양하게 생각하라
- 비즈니스 에코시스템 내의 모든 액터의 비즈니스 모델을 다차원적으로 살펴보고 MVE를 생성하라

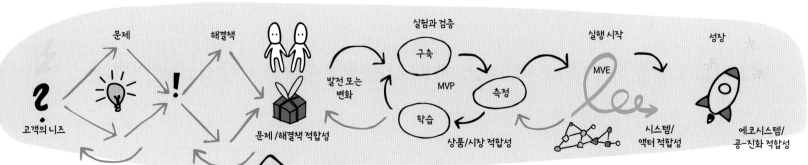

2 리서치

- 문제와 상황에 대해 전체적으로 이해하라
- 시장조사 도구를 활용하라
- 조사 결과에 대해 검증하고 보완하라

4 린 스타트업

- 적은 자본으로 더 많은 제품을 개발하기 위해 린 스타트업 접근 방식을 사용하라
- 해결책을 점진적으로 구성하라
- 빠른 반복을 통해 비즈니스 모델을 개선하고 검증하라
- 실험을 통해 가장 큰 불확실성을 명확히 하라

6 스케일

- 조직 성장 및 확장에 대해 준비하라
- 확장 가능한 프로세스, 구조 및 플랫폼을 구축하라
- 조직의 마인드세트와 기술을 확인하고, 계획만을 따르지 마라
- 조직 전체를 한 단계 발전시키고 새로운 기반을 마련하라

MVP – minimum viable product 최소 생존가능 제품
MVE – minimum viable ecosystem 최소 생존가능 에코시스템

『비즈니스 에코시스템과 미래 성장을 위한 디자인 씽킹Design Thinking for Business Growth』, 이 책은 고객의 니즈 파악부터 초기 프로토타입, 해결책 확장에 이르기까지 올바른 도구, 방법 및 절차 모델을 적용할 수 있는 마인드세트를 제공한다.

성장을 위한 비즈니스 디자인에 관한 이 책은 비즈니스 모델 및 비즈니스 에코시스템 디자인과 관련된 정의, 절차 모델 및 방법 등이 현재 어떻게 활용되고 있는지를 보여준다. 또한 이 책의 주요한 초점 중 하나는 이미 잘 알려진 디자인 씽킹 접근법을 확장하여 비즈니스 에코시스템을 디자인하는 별도의 분야를 다룬다는 것이다.

『디자인 씽킹 플레이북The Design Thinking Playbook』은 문제 정의에서부터 확장 가능한 해결책에 이르기까지 전반적인 맥락에서 독자가 익숙해질 수 있도록 하였고, 『디자인 씽킹 7 프로세스와 가장 혁신적인 워크 툴킷Design Thinking Toolbox』에 설명된 방법으로 보완을 했다면, 『비즈니스 에코시스템과 미래 성장을 위한 디자인 씽킹Design Thinking for Business Growth』은 향후 몇십 년 동안 많은 기업이 직면하게 될 패러다임 전환에 초점을 맞추어 비즈니스 모델, 가치 흐름 및 성장을 지원한다.

WWW.BUSINESS-ECOSYSTEM-DESIGN.COM

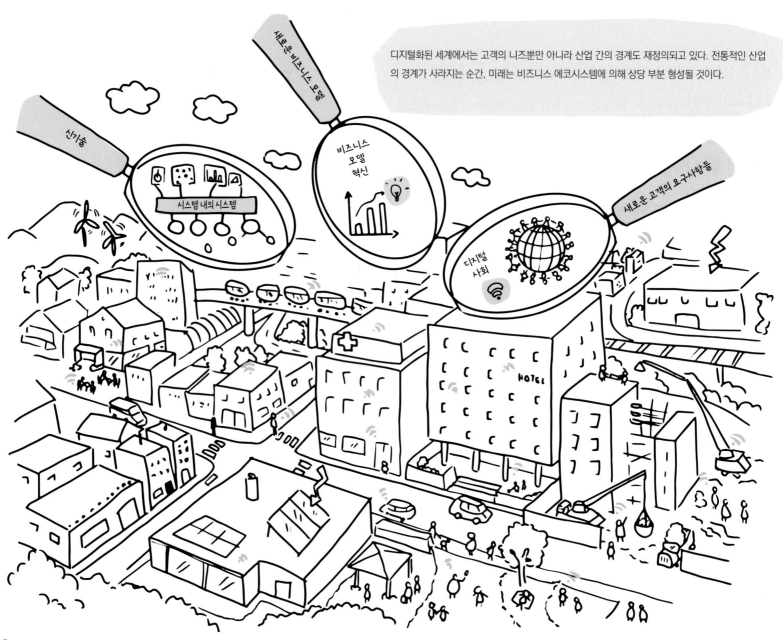

디지털화된 세계에서는 고객의 니즈뿐만 아니라 산업 간의 경계도 재정의되고 있다. 전통적인 산업의 경계가 사라지는 순간, 미래는 비즈니스 에코시스템에 의해 상당 부분 형성될 것이다.

서문

패트릭 반 더 피즐 PATRICK VAN DER PIJL

CEO, 『디자인 씽킹 비즈니스를 혁신하다Design a Better Business』, 『비즈니스 모델 주식회사 Business Model Inc.』, 『비즈니스 모델 시프트Business Model Shifts』의 저자

비즈니스 사용자로서 우리는, 성공적인 기업은 탐험(EXPLORE)과 활용(EXPLOIT)이라는 두 가지 레벨에서 운영된다는 사실에 오랫동안 동의해왔다.

대부분의 기업이 기존 역량과 비즈니스 모델을 발전시키는 것은 쉽지만, 새로운 제품과 새로운 타겟 고객을 통해 새로운 시장 영역을 개척하는 것은 큰 도전 과제이다.

탐험의 수준에서 한 가지 가능성은 비즈니스 에코시스템을 초기화하는 것이다. 이러한 시스템이 가동된다면, 서로 다른 기업들은 기존 산업의 경계를 넘어 협업을 할 수 있다. 비즈니스 에코시스템에서 액터의 공통 목표는 고객에게 특별한 가치 제안을 제공하는 것이다.

이러한 에코시스템의 구조는 역동적이며, 모든 액터는 자신과 시스템을 지속적으로 발전시켜야 한다. 시스템이 기하급수적으로 성장할 수 있도록 하는 고객의 니즈, 강력한 가치 제안 및 신중하게 계획된 비즈니스 모델은 비즈니스 에코시스템의 기반이 된다. 새로운 인에이블러 기술은 이러한 시스템의 구현을 가능하게 할 것이다.

가치 제안 디자인에서 가치 제안을 준비하기 위한 요소들은 매우 잘 알려져 있다. 프로토타입, 최소 생존가능 제품 및 에코시스템에 대한 검증은 향후에 성공을 위해서는 필수적인 요소이다. 거기에 더해, "가치 창출, 가치 제공 및 가치 획득"이라는 개념에 부합하는 새로운 비즈니스 모델로의 전환이 반드시 필요하다.

이 책을 통해 마이클 루릭은 에코시스템 초기화와 조직화에 적합하도록 제품/시장 적합성과 시스템/액터 간의 격차를 해소하고 있다.

저자의 견해로는, 이 책이 가진 네 가지 결정적인 특징이 이 책을 사용자들의 동반자로 만든다고 생각한다:

- 비즈니스 에코시스템 디자인의 원칙 소개
- 에코시스템의 디자인, 개발 및 구현을 위한 절차적 모델 설명
- 가장 중요한 디자인 방법 및 도구 제시
- 비즈니스 에코시스템을 의식적으로 생각하는 기업들의 이니셔티브와 그 사례 설명

비즈니스 에코시스템을 디자인하는 능력은 향후 10년 동안 기업의 핵심기술 중 하나가 될 것이다. 이 획기적인 책은 기업의 성장, 혁신 및 새로운 비즈니스 모델의 패러다임 전환을 예고하고 있다.

비즈니스 에코시스템 디자인 적용에 행운과 큰 성공을 기원한다!

_패트릭

다양한 "디자인 렌즈"를 사용한다

- 비즈니스 에코시스템의 시작 시점을 고려하여 적절한 디자인 렌즈를 사용한다.
- 초기 단계에서는 고객의 니즈와 관련 경험 및 기능에 집중한다.
- MVP(최소 생존가능 제품)로 해결책을 검증하고 에코시스템에서 고려해야 할 사항들에 착수할 수 있도록 가치 제안을 사용한다.
- 여러 루프(고리)를 관통하는 비즈니스 에코시스템을 디자인하고 기하급수적 성장을 위해 조직을 준비한다.

비즈니스 성장을 위한 디자인 씽킹 마인드세트

시장의 모멘텀과 스피드를 활용한다

- 새로운 작업방식: 애자일 방식을 사용한다.
- 짧은 디자인 사이클, 프로토타입 및 반복작업을 수행한다.
- MVP와 MVE(최소 생존가능 에코시스템) 디자인에 있어서 빠른 실패를 원칙으로 한다.

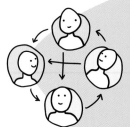

다학제적 팀 구성에 기반한 협업

- 조직문화를 협업하는 문화로 전환한다.
- 기존 자산 및 기술에 대해 공동 가치창출 접근방식을 취하거나 활용하는 것에 개방적인 태도를 가진다.
- 상황에 따라 팀의 디자인 씽킹 방식과 시스템 씽킹 기술을 활용한다.

기존 틀을 버리는 기술

- 에코시스템 내의 다른 액터들을 동등한 파트너로 포함시킨다. 이들은 당신이 공유하고 있는 고객들에게 특별한 가치를 제안하는 역할을 담당하게 된다.
- 위험요소보다는 가치 흐름을 고려한다.
- 관점을 "Yes, but"에서 "Yes! ... and."로 전환한다.

새로운 마인드세트
새로운 패러다임
더 나은 솔루션

WWW.BUSINESS-ECOSYSTEM-DESIGN.COM

심장박동은 두 배로!

- 말하는 것보다 실행하는 것이 중요하다는 것을 원칙으로 삼는다.
- 그것이 비록 최종 결과가 아니더라도 초기 결과를 에코시스템 내의 잠재적 액터와 공유한다.
- MVP(최소 생존가능 제품)와 MVE(최소 생존가능 에코시스템)에 항상 초점을 맞춘다.

미래지향적인 팀원, 조직 및 기업 선정

- 배우려는 의지를 가진 낙관적인 사람들과 기업의 경계를 넘어서서 협업한다.
- 우리 기업 또는 다른 조직의 T자형 인재들을 통해 배운다.
- 실수를 기꺼이 받아들이고, 모든 실패 사례를 성찰과 배움의 기회로 여긴다.

이 책을 최대한 활용하는 법

다음 요소들을 사용하면 이 책을 더 잘 활용할 수 있다.

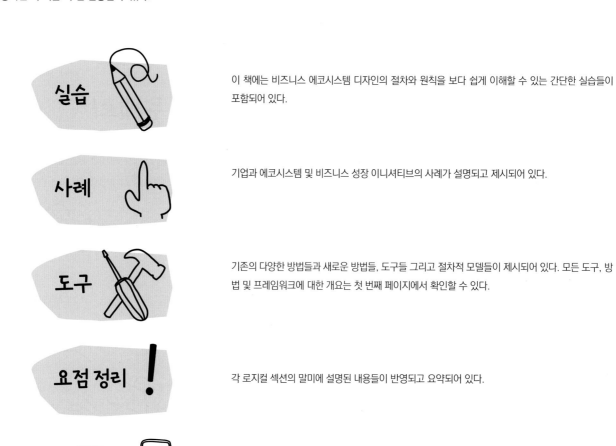

실습

이 책에는 비즈니스 에코시스템 디자인의 절차와 원칙을 보다 쉽게 이해할 수 있는 간단한 실습들이 포함되어 있다.

사례

기업과 에코시스템 및 비즈니스 성장 이니셔티브의 사례가 설명되고 제시되어 있다.

도구

기존의 다양한 방법들과 새로운 방법들, 도구들 그리고 절차적 모델들이 제시되어 있다. 모든 도구, 방법 및 프레임워크에 대한 개요는 첫 번째 페이지에서 확인할 수 있다.

요점 정리

각 로지컬 섹션의 말미에 설명된 내용들이 반영되고 요약되어 있다.

템플릿 다운로드

비즈니스 성장 이니셔티브를 위한 디자인 씽킹 방식을 디자인하고 문서화하는데 필요한 몇몇 도구들을 PDF 템플릿 형태로 다운로드할 수 있다. 프리미엄 템플릿은 아래 온라인몰에서 찾을 수 있다:
www.dt-toolbook.com/shop

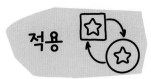

적용

경직된 경영 프레임워크는 적어도 밀레니엄 시대 이후 쓸모가 없게 되었다. 그러니 구체적인 상황에 맞게 이 책의 절차적 모델들을 적용시켜 보기 바란다.

특히 비즈니스 성장 이니셔티브를 위한 디자인 씽킹의 일부로써 비즈니스 에코시스템을 디자인하는 것과 같은 복잡한 이니셔티브의 경우에는 단계를 뛰어넘거나, 쉽게 해결할 수 있는 지름길을 선택하거나 기타 다른 경로를 활용할 수 있다.

새로운 애자일 툴을 사용하여 일하는 분들과 디자인 씽킹을 깊이 내재화하신 분들에게는 이 책에서 소개하는 것들이 그다지 새롭지는 않을 것이다. 하지만 실제상황에서는, 목표를 달성하기 위해 요리책의 지침처럼 행동 권고가 얼마나 힘들게 적용되는지 몇 번이고 경험하게 된다.

고객의 니즈를 예리하게 파악하고, 비즈니스 에코시스템에서 원하는 가치 제안에 맞는 액터를 식별하며, 공동 가치창출이 성공으로 이어지는 경로를 결정하는 것은 무엇보다 중요하다. 모든 방법, 도구 및 절차 모델은 목적을 위한 수단이다. 이 수단들을 이용하여 비즈니스 에코시스템 디자인 팀의 프레임워크를 제공하고 팀이 도달한 프로세스의 지점을 표시함으로써 서로 다른 액터와의 집중적인 협업을 위한 확실한 기반을 신속하게 찾아낼 수 있다.

제시된 도구, 방법 및 절차모델이 항상 개별 상황에 맞게 조정되어야 한다는 사실은 반드시 이해해야 한다.

차례

이 책은 비즈니스 에코시스템과 비즈니스 모델 디자인에 초점이 맞추어져 있다. 시스템의 디자인이 가장 중심이며, 비즈니스 모델에 대한 다차원 분석이 수반된다. 비즈니스 성장을 위한 디자인 씽킹도 전략적 옵션으로 간주되어야 한다는 가정 하에, 이 책은 고객의 문제와 니즈에 기초하여 초기 해결책의 기반을 프로토타입 형태로 개발하고, 린 스타트업 접근 방식의 일부로 검증할 수 있는 방법을 보여준다.

성장을 위한 기반으로써의 비즈니스 에코시스템 디자인은 검증된 가치 제안으로부터 개발되고, 그 후 이러한 시스템을 확장하기 위한 도구와 방법에 대해 자세히 설명한다. 이 책은 잘 설계된 비즈니스 에코시스템과 비즈니스 모델을 통해 비즈니스 성장을 위한 디자인 씽킹의 가능성과 이를 인지하는 방법을 제시하고 있다. 이와 동시에, 이해 가능한 프레임워크, 도구 및 원칙이 있는 시스템에서 다양한 액터들이 협업할 수 있도록 지원하는 것을 목표로 한다.

저술 동기

마이클 루릭 박사는 우리가 다양한 종류의 문제들을 해결할 수 있도록 하는 마인드세트에 대해 지난 몇 년 동안 매우 깊이 탐구해왔다.

무엇보다도, 그는 국제적인 베스트 셀러인 『디자인 씽킹 플레이북The Design Thinking Playbook』과 『디자인 씽킹 7 프로세스와 가장 혁신적인 워크 툴킷 Design Thinking Toolbox』의 저자로, 이 책에서는 사람, 팀 그리고 조직을 신중하게 변화시키는 문제에 대해 설명하고 있다.

그는 대학 및 기업들과 폭넓게 협력하고 있으며, 개인과 조직 변화 프로젝트에서 사람들의 자기 효능감을 어떻게 다루는가 하는 문제를 항상 그의 사고의 최우선에 두고 고민하고 있다.

최근 몇 년 동안 그는 비즈니스 성장을 위한 디자인 씽킹을 확장적인 시각으로 다루어, 비즈니스 에코시스템을 디자인할 수 있는 툴박스를 발전시켰고, 이 책에 그 내용을 싣고 있다. 그는 디지털 트랜스포메이션과 혁신 관리 분야에서 국제적으로 인정받는 전문가로, 수많은 기업들이 그의 도움을 받아 혁신하고, 성장하고, 에코시스템 전략을 개발했으며, 정제 또는 확장해왔다.

핵심 메시지

비즈니스 성장을 위한 디자인 씽킹을 활용하고 비즈니스 에코시스템에 참여함으로써 기업은 고객에게 훨씬 더 큰 의미를 부여할 수 있는 새로운 성장의 기회를 열 수 있다.

전체 가치 사슬을 관통하는 실제 고객 문제를 해결하기 위해서는 시스템 내의 서로 다른 액터 간의 협업이 필요하다.

자본시장 수익률이 높은 에코시스템은 지적 자본 및 에코시스템 자본뿐만 아니라 성장 전략 디자인의 확장에 크게 의존하며, 주로 구조 및 각 액터와의 연결을 통해 수익을 창출한다.

에코시스템이라는 단어는 원래 자연과학 분야에 한정되어 있던 용어로, 상호작용하는 유기체와 그 물리적 환경의 생물학적 공동체를 뜻하는 단어였다. 1990년대 이후에는 복잡한 네트워크 또는 상호 연결된 시스템을 의미하는데 더 일반적으로 사용되고 있다.

비즈니스 에코시스템 내의 상호 작용은 수없이 많고, 다양하며, 다차원적이다. 여기에는 기성 기업, 스타트업, 투자자, 서비스 공급자, 기술 공급자, 데이터 브로커, 지불 시스템, 대학, 정부 기관 및 기타 많은 기관들이 포함된다.

기업이 비즈니스 에코시스템에서 성공하기 위해서는 기존의 역할과 비즈니스 모델을 재고하고 다른 산업 분야의 액터들과 협력하여 시장 기회를 검토해야 한다.

특히 의사 결정권자는 에코시스템을 디자인하고, 새로운 가치 흐름을 인식하며, 위험요소를 평가하는데 어떤 역량이 필요한지를 이해해야 한다.

비즈니스 에코시스템은 저절로 생성되지 않는다. 에코시스템 내의 액터들은 자동적으로 연결되지 않은 채, 단순히 급진적인 협업을 시작한다. 실제로는 잠재적인 에코시스템 파트너가 누구인지, 해당 파트너의 역할이 무엇인지, 파트너가 제공하는 기술이 무엇인지, 잠재적인 공동 경쟁을 어떻게 처리할 것인지까지 정확히 파악해야 한다.

비즈니스 성장을 위한 디자인 씽킹과 비즈니스 에코시스템에서 사고력이 점점 중요해지고 있는 이유

비즈니스 에코시스템의 시대는 비즈니스 모델과 성장에 대한 기존의 전통적인 관점을 확장시키고 있다. 2030년까지 전 세계 수익의 30% 이상이 비즈니스 에코시스템에서 창출될 것이다. 특히 아시아는 디지털 비즈니스 모델에 대한 높은 친화력으로 이 분야에서 선구적인 역할을 할 수 있는 잠재력을 가지고 있다. 다양한 연구에 따르면 이미 알려진 슈퍼 플랫폼 외에도 이러한 발전에 상당한 기여를 하는 새로운 에코시스템이 형성되고 있다. 전 세계적으로, 15~20개의 지배적인 비즈니스 에코시스템이 그 속도를 좌우할 것이다. 또한, S&P 500에서 가장 빠르게 성장하는 기업들 사이에서 비즈니스 에코시스템 디자인이 특히 중요한 역할을 한다는 사실은 오늘날 이미 확인되고 있다. 알파벳, 아마존, 애플, 페이스북, 마이크로소프트, 알리바바 그리고 텐센트가 이들에 포함된다. 수많은 국가 및 지역 에코시스템이 형성되어 틈새시장 또는 특정 지역의 고객에게 특별한 가치 제안을 제공할 것이다.

이 책에 제시된 모델, 절차 그리고 마인드세트는 지난 20년간 디자인 씽킹에 대해 연구하고 작업한 결과이다. 저자는 혁신과 기술 경영, 첨단 기술 클러스터의 역동성 그리고 비즈니스 에코시스템의 디자인과 관련하여 깊이 있게 일할 수 있는 특권을 누릴 수 있었다.

특히 소싱 이니셔티브에 대한 깊은 통찰을 얻었고, 데이터 에코시스템의 진화를 관찰할 수 있었으며, 새로운 핵심 기술과 분산된 에코시스템을 통해 엔드 투 엔드 자동화의 새로운 차원에 도달하는 이니셔티브를 안내할 수 있었다.

복잡한 문제를 해결하는 전문가로서 일상의 업무를 처리할 때 항상 비즈니스 성장 마인드세트를 유지하기 위해 의식적으로 디자인 씽킹을 하며 살아간다. 비즈니스 및 에코시스템 디자이너가 된다는 것은 고객의 니즈에 따라 복잡한 문제를 해결하는 데 도움이 되는 확고한 마인드세트를 제공해야 한다는 것

을 의미한다. 비즈니스 에코시스템은 대개 매우 복잡하기 때문에, 최소 생존가능 에코시스템(MVE) 접근 방식을 적용하여 관련 영역을 형성하고, 위험을 통제하기 위해 시스템 씽킹을 사용한다. 이러한 마인드세트와 검증의 형태는 린 스타트업 세계와 최소 생존가능 제품(MVP) 관련 실현을 통해 많은 사람들에게 잘 알려져 있다.

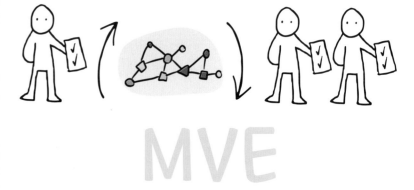

따라서 디자인 씽킹, 시스템 씽킹, 린 스타트업, 비즈니스 에코시스템 디자인 그리고 스케일 방법론은 비즈니스 성장을 위한 디자인 씽킹의 토대가 된다. 저자는 수많은 이니셔티브에 이러한 프로세스적 방법론을 반복적으로 적용하면서 개선할 수 있었다.

특히 최근에 4대 혁신연구소 중 한 곳에서 최고 혁신 책임자로서 자문 업무를 맡아 활동했는데, 그 경험은 은행, 보험, 제약, 기술 및 산업 분야의 고객들에게 산업 전반의 혁신을 위한 핵심 접근 방식 중 하나로 비즈니스 에코시스템 디자인을 적용하는 것이었다. 이러한 기업 중 많은 기업들이 비즈니스 에코시스템을 디자인, 초기화 또는 조정하고자 하는 목표를 가지고 있다. 뿐만 아니라, 기존 시스템에서 새로운 시장 역할을 맡거나, 조만간 자신의 역량을 발전시켜 비즈니스 에코시스템에서 관련된 액터가 되고자 하는 목표를 가진 수많은 참여자들이 접촉해오고 있다.

비즈니스 에코시스템 디자인을 위한 절차 모델에 중점을 둔 이 책은 여기에 제시된 비즈니스 마인드 디자인 씽킹을 통해 에코시스템 이니셔티브에 참여하는 팀원들과 시스템 내 각 액터들이 오리엔테이션을 받을 수 있도록 돕는다. 또한 프로세스에서 강조되어야 하는 점과 성공을 위한 요소에 대한 지침을 제공한다. 이 책의 또다른 목표는 비즈니스 에코시스템은 역동적인 구조이며 끊임없이 진화하고 있다는 인식을 심어주는 것이다. 이러한 이유때문에, 회사와 시스템 내 다른 액터들의 가치 창출을 보장하기 위해서 역량, 시장의 역할 및 가치제안 측면에서 끊임없는 성찰과 조정이 필요하다.

비즈니스 성장을 구체화하기 위해 이 책에 설명된 접근 방식은 엄격한 프레임워크가 아니다. 적용 프로그램의 깊이와 폭은 각 이니셔티브마다 다르므로 그에 따라 조정해야 한다. 따라서 복잡한 프로젝트의 경우라면, 프로젝트를 조정할 수 있고, 필요한 방법론적 전문지식을 갖추고 있으며, 시스템에서 각 액터의 의견을 수렴할 수 있는 숙련된 퍼실리테이터를 정하는 것이 좋다.

비즈니스 성장을 위한 디자인 씽킹에 대한 피드백을 환영하며 새로운 형태의 협업, 가치 흐름, 비즈니스 모델 및 시장 역할을 모색하고 적절한 기술과 역량을 구축하는 데 큰 성공을 거두기를 기원한다.

마이클 루릭

이 책에 대한 직접적인 피드백과 디자인 씽킹에 대한 대화를 환영합니다.

www.linkedin.com/in/michael-lewrick

요점 정리 !

디자인 씽킹은 에코시스템의 다양한 액터가 고객들에게 다양하고 차별화된 제품/서비스를 제공할 수 있도록 하며, 이는 기업의 비즈니스 성장으로 이어진다.

다양한 사고 방식을 이용

MVP와 MVE를 통해 단순한 문제 정의에서 확장가능한 제품/서비스에 도달하기 위해 디자인 씽킹과 시스템 씽킹을 융합할 수 있다.

디자인 마인드세트를 적용

반복 및 실험 작업을 가속화하고 기능과 고객 경험을 중심에 둔다.

지금까지 알려지지 않은 시장 기회에 대한 설명

고객 니즈에 따라 탐색되고 공동 가치창출을 통해 다른 액터들과 함께 개발된다.

'블랙 오션' 전략을 실현하려는 목표

시스템 내의 액터들에게 가치 제안을 실현하기 위한 최상의 프레임워크를 제공하고, 경쟁 제품들이 경쟁에서 살아남기 어렵게 만든다.

마인드 전환:
10가지 마인드 전환으로 주제를 빠르게 파악하다.

비즈니스 성장을 위한 디자인 씽킹과 비즈니스 에코시스템의 관련 디자인은 비즈니스 모델 형성과 성장의 패러다임 전환을 기반으로 한다. 이를 위해서는 이 책과 성공적인 비즈니스 에코시스템을 디자인하는데 기초가 되는 10가지 마인드 전환이 필수적이다.

디지털 트랜스포메이션으로 인해 이미 큰 변화의 과정을 거친 기업들은 이미 하나 또는 다른 마인드 전환 과정을 경험했기 때문에 좀 더 나은 상황에 있다. 그러나 실제 사례를 보면, 전략 또는 에코시스템 디자인을 전담하는 팀조차 결국은 이전 사고 방식으로 되돌아가는 경우를 반복적으로 보여준다. 이런 상황은 비즈니스 에코시스템에 대한 아이디어를 모으기 시작하는 단계에서 자주 벌어진다. 불행하게도, 현재와 미래의 니즈를 가진 고객이 아니라 제품 및 서비스를 가진 팀 자체 또는 기업의 상황에 따라 너무 자주 좌우된다(마인드 전환 #1).

상황이 심각해지면 고객은 시스템 내의 많은 액터들 중 한 명일 뿐, 그들이 중심이 되는 것이 아니다. 에코시스템의 초기 해결책과 시제품이 개발될 때도 상황은 비슷하다. 시제품, MVP 및 MVE의 디자인은 잠재 고객들로부터 MVP의 검증을 받는 것을 목표로 하는 반복적인 프로세스이다. 둘째, MVE와 관련된 가치 제안은 시스템의 잠재적 액터들이 쉽게 검증할 수 있어야 한다. 기존의 선형 절차와 달리 반복 절차를 거듭함으로써 프로토타입을 점진적으로 개선하거나 거부하거나 추가로 더 발전시킬 수 있다(마인드 전환 #2).

비즈니스 에코시스템을 디자인할 때는 다른 액터와 그들의 강점을 놓치지 않는 것도 중요하다. 경쟁자에 대해 더 많이 배우는 것이 아니라 액터들 사이의 공생을 만드는 것이 최선의 목적이므로, 전통적인 분석방법은 여기에서 제한된 정도만 도움이 될 뿐이다. 시스템에서 서로 다른 액터들의 공유 작업은 특별한 가치 제안과 혁신의 실현을 위한 토대를 구성한다(마인드 전환 #3).

비즈니스 에코시스템은 피할 수 없는 역학에 노출되어 있고, 시스템 내의 액터들이 지속적으로 함께 발전하기 때문에 다른 기업들과 함께 진화하는 것은 자연스러운 과정이다. 사일로적 사고 방식과 기존 구조를 고수하는 사람은 장단기적으로 성공하지 못할 것이다(마인드 전환 #4).

앞서 기업들은 가치제안을 시장에 내놓기 위해 자체 핵심 역량과 능력에 집중해왔다. 하지만, 비즈니스 에코시스템을 실현하는 과정에서는 개별 요소들을 고려하는 방식에서 벗어나 통합적인 역량과 시스템에 대한 전문 지식을 바탕으로 고유한 가치제안을 창출할 수 있는 방식으로 전환하는 것이 필요하다(마인드 전환 #5).

더 나아가, 네트워크 구조들은 일정 수준의 복잡성을 가지고 있다는 것을 인정해야 한다. 고객들은 자신에게 맞는 채널을 통해 서비스를 제공받기를 원하는데, 이러한 고객에 대한 이해도가 높아져야 한다. 비즈니스 에코시스템을 디자인하는 데에는 각각의 상호 작용을 분리하는 것이 아니라, 네트워크화된 사고 방식이 필요하다(마인드 전환 #6).

비즈니스 에코시스템의 이니시에이터는 네트워크 구조 내에서의 가치 흐름과 관계를 이해해야 한다. 즉, 더 이상 독자적인 재무의 흐름이 아니라 시스템의 관계와 가치 흐름을 살펴봐야 한다는 것을 의미한다(마인드 전환 #7).

각각의 비즈니스 모델은 새로운 방식으로 다루어져야 한다. 비즈니스 모델 그 자체만을 바라보는 대신, 비즈니스 모델에 대한 다차원적 관점이 부각되어야 한다. 비즈니스 에코시스템의 이니시에이터 또는 오케스트레이터는 에코시스템 내의 다른 액터들이 원하는 잠재적인 비즈니스 모델이 어떠한 것인지 정의 내리고, 현재의 비즈니스 모델을 그에 상응하도록 매력적으로 만들어야 한다(마인드 전환 #8).

잘 고안된 비즈니스 에코시스템의 목표는 지배적인 시장 지배력과 시장 침투를 달성하는 것이다. 이러한 관점은 100% 차별화 전략을 넘어서서 블랙 오션 전략이라고 한다(마인드 전환 #9).

결국, 비즈니스 에코시스템은 액터들로 구성되었다는 그 자체만으로도 다른 시스템 및 기업보다 뛰어날 가능성이 높아진다. 이러한 시스템이 장기적으로 기하급수적 성장을 하기 위해서는 적절한 에코시스템이 갖춰져야 하고, 명령과 통제가 아닌 시작과 조정을 위한 리더십 접근법뿐만 아니라 정교한 거버넌스가 필요하다(마인드 전환 #10).

다음 페이지에서는 10가지 마인드 전환에 대해 자세히 설명할 것이다. 이는 의사결정자와 비즈니스 에코시스템 팀이 업무의 중심에 두어야 할 잠재적 디자인 원칙의 좋은 토대가 되어 비즈니스 성장을 위한 디자인 씽킹의 성공 기반을 마련할 것이다.

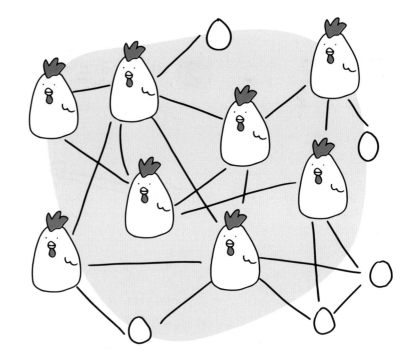

1 번째 마인드 전환: 제품/기업 중심에서 고객 중심으로

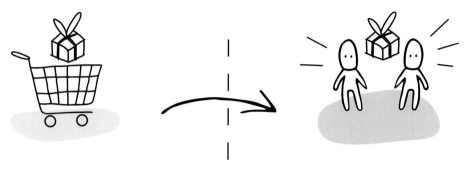

기업이나 기존의 제품 및 서비스가 아니라, 고객의 현재와 미래의 니즈 및 고객이 수행하고자 하는 작업에 주요 초점을 맞춘다.

2 번째 마인드 전환: 선형에서 반복으로

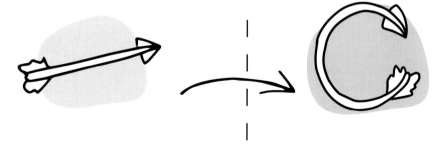

전체 절차는 반복적이다. 즉, 고객의 니즈를 탐색하는 것에서부터 초기 프로토타입, 최소 생존가능 제품(MVP), 최소 생존가능 에코시스템(MVE)의 프레임워크 내에서 초기 작동 시스템에 이르기까지 모든 과정이 반복된다.

3 번째 마인드 전환: 분절에서 공생으로

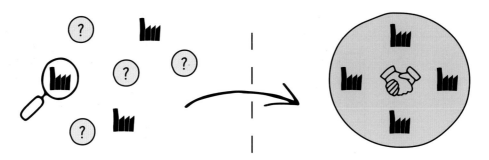

전략 정의의 전통적인 절차 모델은 기존에 산업, 부문 및 경쟁자에 대해 생각해왔던 사고 패턴을 따르다 보니 가능성에 제한이 있었다. 그러나 잘 디자인된 비즈니스 에코시스템에서는 경쟁업체를 비롯하여 다른 부문의 액터들을 고객에게 고유한 가치 제안을 제공하는 데 필요한 필수적인 파트너로 인식한다.

4 번째 마인드 전환: 사일로에서 공-진화로

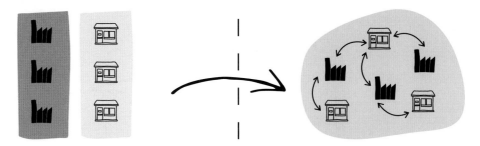

제품 범주에서 생각해볼 때, 전통적인 세분화 방식 및 핵심 역량 집중 방식은 비즈니스 에코시스템 내에서는 일관된 공-진화로 대체되며, 이를 통해 액터들은 새로운 시장, 지역 및 고객을 서로 공유할 수 있게 된다.

5 번째 마인드 전환: 개별 요소에서 고유한 가치 제안으로

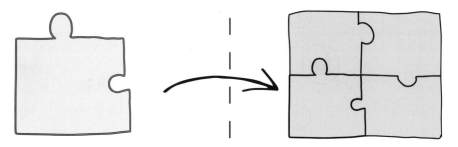

비즈니스 에코시스템에서 가치 제안이 얼마나 고유한가 하는 것은 서로 다른 기술, 제품 및 플랫폼의 의미 있는 연결을 통해 나타난다. 일반적으로 개별적인 시장 참여자만으로는 그러한 가치제안을 실현하고 확장할 수 없다.

6 번째 마인드 전환: 디커플링에서 네트워킹으로

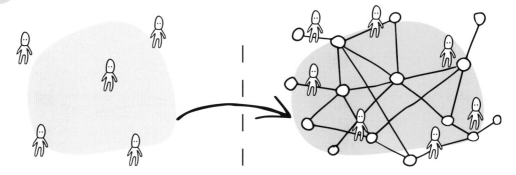

에코시스템은 협업적이고 네트워크화된 방식으로 작동하는 애자일 네트워크 구조이다. 이러한 시스템의 최우선 목표는 고객에게 맞는 다양한 채널을 통해 효율적이고 효과적인 방식으로 고객의 니즈에 부응하는 것이다.

7 번째 마인드 전환: 고립 상태에서 관계/가치 흐름으로

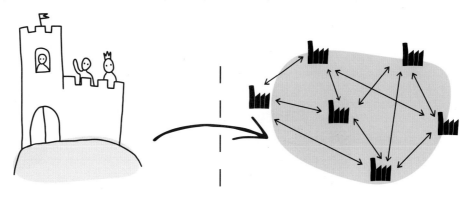

기업이 가진 사고방식 또한 내부적인 관점을 벗어나 다양한 가치 흐름과 관계를 가진 시스템에 대한 전체론적 이해로 전환되어야 하며, 이러한 흐름은 끊임없이 움직이며 고객 및 시장의 요구에 따라 적응하고 조정되어야 한다.

8 번째 마인드 전환: 개별적 차원의 고려에서 비즈니스 모델의 다차원적 관점으로

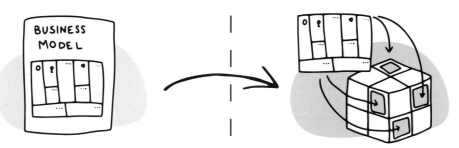

고유한 비즈니스 모델을 비롯하여, 비즈니스 모델에 대한 다차원적 관점까지 개발함으로써 시스템의 다른 액터들을 위한 가능성과 이점을 발견하는 것이 중요하다. 통상적으로, 관련 액터들이 이 제도 안에서 돈을 벌 수 있는 기회가 매력적이라고 생각할수록, 제안된 가치 제안을 함께 구현하고 이를 더욱 발전시키겠다는 의지가 커지기 때문이다.

9 번째 마인드 전환: 레드/블루 오션에서 블랙 오션으로

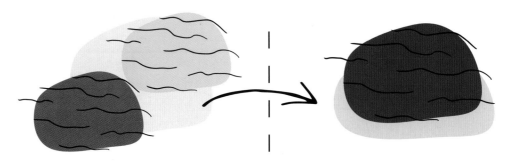

잘 디자인된 비즈니스 에코시스템은 다른 시스템이나 개별 기업이 동일하거나 유사한 가치 제안을 가지고 함께 경쟁할 수 없도록 구성된다. 이러한 전략은 "블랙 오션" 전략이라 알려져 있다.

10 번째 마인드 전환: 통제적 관리에서 선구자적 시도와 조율로

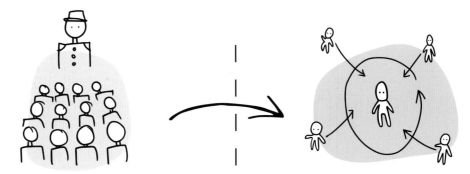

에코시스템 리더십은 선구자적 시도와 조율이라는 아이디어를 기반으로 한다. 기존의 명령과 통제 중심의 메커니즘은 급성장하는 비즈니스 에코시스템의 역동성과 복잡성을 조정해내기에는 역부족이다.

단순한 디지털 트랜스포메이션을 넘어 패러다임 전환을 따랐던 기업과 액터들이 이제는 비즈니스 에코시스템에서 디지털 파괴와 혁신의 가능성에 점점 더 초점을 맞추고 있다.

에코시스템 참여자들은 공-진화, 공생 및 네트워킹에 의존하며, 전통적인 고객 경험 사슬을 넘어 운영된다. 그들은 독특한 가치 제안을 가진 시스템을 만든다.

에코시스템을 성공적으로 이끄는 이니시에이터와 오케스트레이터는 안정적이고 선형적인 성장 패턴을 추구하는 것이 아니라, 기하급수적 성장이 신속하게 실현되도록 노력하고 있다.

비즈니스 성장을 위한 디자인 씽킹 소개

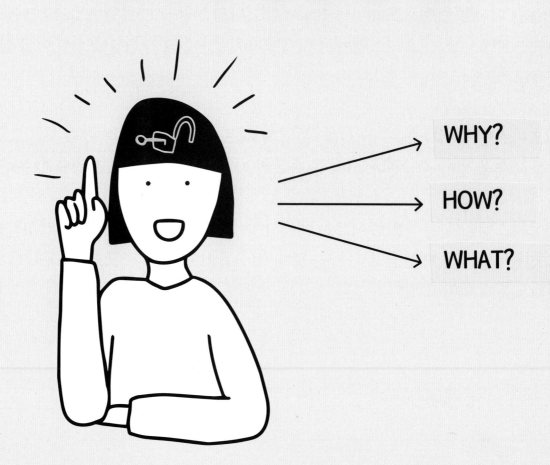

비즈니스 성장을 위해 디자인 씽킹이 꼭 필요한 이유는 무엇인가?

다른 지식 분야와 마찬가지로, 디자인 씽킹 분야도 계속해서 발전하고 성숙해지고 있다. 비즈니스 에코시스템 디자인과 같은 관련 전문 영역이 연구되고 있으며, 디자인 씽킹을 활용한 모범 사례, 다양한 접근 방식 및 새로운 툴이 제안되고 구현되고 있다. 지난 몇 년 동안 비즈니스 성장을 위한 디자인 씽킹 적용 영역에서도 꽤 많은 발전이 있었다. 이러한 개발에 수반된 전체조망적 관점은 큰 견인력을 얻었고, 현재 성장 디자이너와 비즈니스 에코시스템 디자이너뿐만 아니라 전략적 디자인에도 사용되고 있다. 예를 들어, 비즈니스 에코시스템 디자인은 많은 기업에서 아직까지는 정형화된 분야로 정착되지 않았기 때문에, 이러한 성장 전략의 개발을 기업 운영에 직접 적용하는 데에는 여전히 어느 정도의 미스터리한 부분과 오해가 있다.

기하급수적 성장을 위해서는 충성 고객/사용자 수를 빠르게 늘리고, 빠르게 실패하고 빠르게 배우는 마인드세트를 적용하는 것이 중요하다. 그러나, 단기간의 작은 성취보다는 비즈니스 성장을 위한 디자인 씽킹이 훨씬 더 중요하다. 목표는 고객/사용자를 위한 지속적인 경험을 만들고, 이를 더욱 발전시켜 최적화하며, 네트워크 효과를 창출하여 에코시스템 자본을 풍부하게 하는 것이다. 이러한 맥락에서 데이터, 디자인 씽킹 및 빅 데이터 분석을 융합한 하이브리드 모델을 적용하는 것은 상당히 유용하다.

또한 비즈니스 성장을 위한 디자인 씽킹을 하려면, 팀을 어떻게 구성하고, 고객/시장에 얼마나 근접하게 운영되어야 할 것인지에 대한 새로운 모델이 필요하다. 성급한 결정을 내려 신속하게 무언가를 시장에 내놓는 것이 아니라, 고객의 니즈를 심층적으로 파악하고 사용 가능한 모든 데이터를 분석할 수 있는 문제 공간에 초점을 맞출 때 비로소 성공적인 성장 전략이 실현될 수 있다.

비즈니스 성장을 위한 우수한 디자인 씽킹 팀은 이러한 모든 기술을 자유롭게 사용할 수 있으며, 고객/사용자에게 궁극적으로 최고의 경험과 기능을 제공하기 위해 종합적인 사고 방식을 실천한다. 간단히 말해서, 비즈니스 성장을 위한 디자인 씽킹은 비즈니스 에코시스템 내에서 단일 기업 또는 모든 기업들이 공통적으로 시장 가치를 창출, 제공 및 포착하는 방법을 정의한다.

시장 가치를 창출, 제공 및 포착하는 일련의 상호 작용과 각각의 단계마다 적절한 시기에 초점을 맞추는 작업은 가치 성장의 속도에 영향을 미치고, 이후 사업 확장 및 기하급수적 성장을 실현할 수 있는 옵션을 열어주게 된다.

> 비즈니스 성장을 위한 디자인 씽킹에서, 팀의 목표는 기하급적 비즈니스 성장을 위해 디자인 씽킹과 시스템 씽킹에서 얻은 최상의 결과들을 하나로 모으는 것이다.

가치 창출 단계에서 디자인 씽킹을 적용하면, 프로세스를 지원하고 고객이 진정으로 원하는 제품, 서비스 및 프로세스를 디자인하여 장기적으로 가치를 창출할 수 있는 기반을 마련하는데 도움이 된다. 비즈니스 성장을 위한 디자인 씽킹은 제품 모델, 서비스 모델 및 비즈니스 모델을 바라보는 익숙하고도 전통적인 방식을 넘어선다.

파트너와 공급자에 대한 잘 알려진 고려사항과 함께, 에코시스템 내 액터들로 이루어진 전체 시스템은 성장 전략이라는 정의 속에 통합되고, 비즈니스 에코시스템 디자인이라는 맥락에서 특별한 렌즈와 특정 질문을 통해 다루어진다.

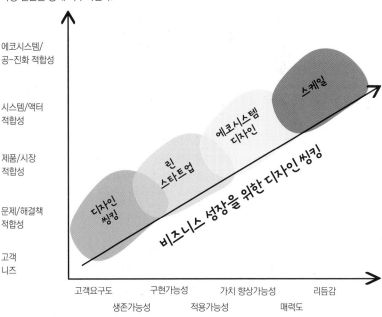

비즈니스 성장을 위한 디자인 씽킹은 비즈니스의 현실과 맥락을 고려할 때, 디자인 씽킹이 구체화된 그 다음 버전이라 볼 수 있다(56페이지 참조). 비즈니스의 확장은 주로 비즈니스 모델의 형성과 다차원적 특성 그리고 완전한 비즈니스 에코시스템의 디자인과 관련이 있다. 이는 개발 범위를 어디까지로 할 것인지, 디자인 씽킹의 전략적 초점을 어디에 둘 것인지에 영향을 미친다. 비즈니스 에코시스템의 관점에서 생각하고, 기하급수적 성장을 위해 노력하는 기업은 그들의 업무 방식과 조직 모델에 적응한다. 이러한 시스템을 갖춘 기업들은 종종 시스템의 오케스트레이터가 된다. 동시에 비즈니스 성장을 위한 디자인 씽킹은 기업의 전략에도 영향을 미친다. 기업은 새로운 시장 역할을 맡게 되고, 경쟁업체와 파트너를 재정의할 수 있게 된다. 디자인 씽킹의 잘 알려진 요소들과 추가적으로 개발될 수 있는 요소들, 가령, 문화, 마인드세트 또는 툴박스 등은 비즈니스 성장을 위한 디자인 씽킹의 성공적인 적용을 위해 사용되는 지원 요소들이다.

비즈니스 성장을 위해 디자인 씽킹 툴박스는 린 스타트업 접근 방식에서 알려진 방법과 도구를 사용하여 확장될 수 있다. 또한 최소 생존가능 에코시스템 환경에서부터 최소 생존가능 에코시스템에 이르기까지 새로운 도구와 방법이 있다. 프레임워크는 해당 시스템을 확장하고 기하급수적 성장을 촉진하는 데 도움이 된다. 성장 접근방식에서 디자인 씽킹 마인드세트를 확장시킬 때에는 3가지 추가적인 디자인 렌즈를 사용한다.

또한, 고유한 가치 제안을 전달하는데 필요한 미래 지향적인 팀원, 조직 및 액터를 선정하는 것은 중요한 요소이다. 비즈니스 성장을 위한 디자인 씽킹은 관련 디자인 팀이 고객의 맥박을 느낄 수 있을 정도로 시장에 더 가까이 다가가게 하므로, 문화로서의 디자인 씽킹은 여전히 가장 큰 도전 과제이다. 이와 동시에 디자인 씽킹은 비즈니스 시스템에 관련된 액터를 그들만의 원칙, 지침 및 정의된 목표의 프레임워크 안에서 스스로 가치 제안을 발전시켜 나가는 공동 혁신가로 변화시킨다.

이러한 유형으로 협업하는 것은 기업 및 산업의 경계를 넘나드는 급진적인 방식이므로, 이러한 협업 방식을 허용할 수 있는 조직 형태가 필요하다. 다학제적 융합팀(team-of-teams) 접근 방식을 구현하고, OKR(목표 및 주요 결과)의 범위 내에서 조직 단위, 팀 및 개별 직원의 목표를 정의한 기업들은 이미 이 문화의 중요한 요소들을 확립하고 있다. 이 모든 것이 이러한 성장 이니셔티브에 참여하는 오케스트레이터, 액터, 팀 및 직원의 비즈니스 에코시스템에서 미래의 상호 작용을 촉진할 것이다.

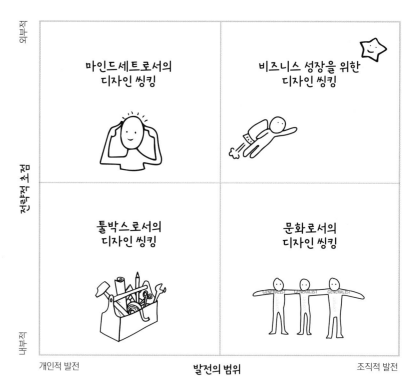

비즈니스 성장을 위한 디자인 씽킹의 핵심 질문은 핵심 가치 제안을 위한 경험과 기능을 구축하고 테스트할 고객의 니즈는 무엇인가, 핵심 가치 제안을 위한 경험과 기능을 어떻게 구축하고 테스트할 것인가, 그리고 그 제안을 공동으로 제공할 적절한 에코시스템의 액터는 누구인가 하는 것이다. 그 다음으로 성장을 위해 비즈니스 에코시스템을 어떻게 디자인하고 구현 및 활용할 것인가 하는 문제가 뒤따른다. 돌이켜보면 왜 일부 에코시스템은 번성하고, 다른 에코시스템은 시간이 지남에 따라 쇠퇴하는지 회고해보는 것도 매우 흥미롭다.

다음 페이지에서는 비즈니스 에코시스템에 대한 개념이 무엇인지 정의하고 간략히 소개하며, 비즈니스 성장을 위한 디자인 씽킹의 맥락에서 이러한 접근 방식과 마인드세트가 패러다임의 전환을 어떻게 예고하는지에 대해 설명한다.

비즈니스 성장의 초석으로써의 디자인 씽킹

비즈니스 성장을 위한 디자인 씽킹이란 디자인 씽킹, 시스템 씽킹 및 다차원적 비즈니스 모델 개발에서 사용하는 방법과 도구를 활용하는 것을 의미한다. 이는 가치 창출, 가치 전달 및 가치 포착에 이르는 모든 영역을 다룬다. 비즈니스 에코시스템의 형성은 점점 더 많은 기업들에게 새로운 전략적 성장 경로가 되어왔다. 여기서의 목표는 핵심 가치 제안을 에코시스템에 관련된 모든 액터들을 위한 실질적인 비즈니스 가치로 전환하는 것이다. 특히 기하급수적 성장을 위한 야심찬 프로젝트의 경우, 보다 높은 레벨의 시스템 관점에서 생각함으로써 의미 있는 새로운 가치를 창출하는 것이 가장 중요한 성공의 요소이다. 성장 전략은 고객의 니즈에 따라 반복적으로 개발되며, 가능한 한 적은 자원으로 각각의 최소 실행 가능성을 달성하도록 디자인된다. 그러나 주요 목표는 언제나 고객/사용자를 성공시키는 것이다. 비즈니스 성장을 위한 디자인 렌즈 툴박스(169 페이지 참조)는 고객에 대한 공감대를 형성하는 것뿐만 아니라, 장기적으로 시스템과 시스템 내 액터들을 위해 더 크게 생각하고, 에코시스템 자본을 구축할 수 있도록 하는 권한을 포함하고 있다.

비즈니스 성장의 초석으로써의 디자인 씽킹

전통적인 전략 개발 방법 즉, 경쟁사, 접근 가능한 시장, 시장 부문, 모범 사례 및 3~5년 주기의 계획 수립 등으로는 일반적으로 비즈니스 모델의 혁신이 점진적으로 이뤄질 수밖에 없다.

비즈니스 성장을 위한 디자인 씽킹은 고객의 니즈에서 시작하여 가치 제안과 비즈니스 에코시스템의 형성에 이르기까지 비즈니스 모델에 대한 다차원적 관점을 포함한 반복적인 절차를 사용한다.

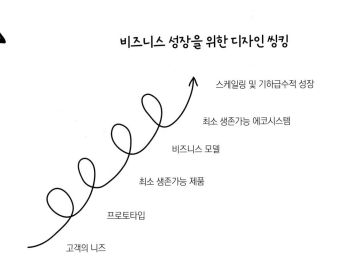

전통적인 성장 전략

시장 분석

전략적 계획 프로세스

아이디어 관리

이해관계자 분석

자원 할당

실행

전략

비즈니스 성장을 위한 디자인 씽킹

스케일링 및 기하급수적 성장

최소 생존가능 에코시스템

비즈니스 모델

최소 생존가능 제품

프로토타입

고객의 니즈

새로운 성장을 위해 스위트 스팟(sweet spot)에 집중하기

시장 상황과 고객의 니즈에 대응함에 있어서 비즈니스 모델을 고려하는 것은 항상 중요한 요소로 여겨졌다. 그러나 오늘날 변화의 속도는 훨씬 더 빨라지고 있기 때문에, 새로운 상황에 대한 적응은 더욱 신속하고 빈번하게 이루어져야 한다. 늦어도 COVID-19 이후 새로운 세대의 의사 결정자들은 고객의 니즈가 큰 예고 없이 어떻게 변화할지 그리고 어려운 시장 상황에서도 고객에게 설득력 있는 가치 제안을 생성하는 데 도움이 될 수 있는 기술이 어떤 것인지 알고 있어야 한다. 비즈니스 에코시스템을 형성하거나 또는 이에 참여하는 모든 기업은 혁신적인 비즈니스 모델을 개발하고 기존 모델을 재고할 수 있는 기회를 갖게 된다. 에코시스템은 기존 제품과 서비스의 매출 증대를 목표로 하는 대신 고객과 고객의 니즈에 초점을 맞춘다.

기존 비즈니스 모델과 시장의 역할은 늘 존재하는 상황들에 영향을 받아 생존 가능 기간이 단축된다. 게다가, 기술적 가능성은 오늘날처럼 성숙하고 정교한 적이 없었다. 기술의 도움을 받아 첫째, 비즈니스 모델을 간소하게 구현할 수 있다. 둘째, 최적화된 데이터를 수집하고 공유하며 수익을 창출할 수 있는 기반을 마련한다.

비즈니스 성장을 위한 디자인 씽킹은 하나의 비즈니스 모델뿐만 아니라 가치 흐름과 비즈니스 모델의 전체 시스템을 개발하기 위한 도구와 방법을 제공한다. 비즈니스 에코시스템에 참여하면 개별 액터는 비즈니스 모델을 형성할 수 있을 뿐만 아니라 여러 레벨에서 가치 창출에 참여할 수 있다.

비즈니스 성장을 위한 디자인 씽킹은 기업가, 의사 결정자 그리고 기업의 성장 디자인 및 구현을 담당하는 부서를 대상으로 비즈니스 모델, 디자인 옵션, 비즈니스 에코시스템에 참여하는 모든 방법 및 이러한 성장 경로를 반복적으로 발전시키는 방법에 대해 창의적으로 생각할 수 있도록 새로운 관점을 제공한다.

디자인 씽킹과 시스템 씽킹에서 나오는 접근 방식은 다른 개념과 결합하여 적은 자원으로도 새로운 아이디어의 지속 가능성을 테스트할 수 있도록 한다. 미래에 이러한 방식은 가속화되는 시장에서 성공을 좌우할 수 있는 중요한 기능 중 하나가 될 것이다.

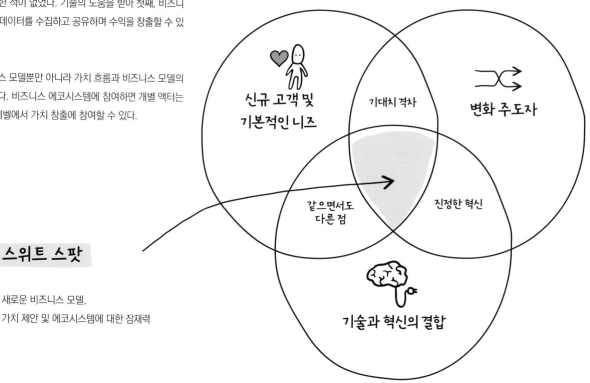

스위트 스팟

새로운 비즈니스 모델,
가치 제안 및 에코시스템에 대한 잠재력

비즈니스 모델 디자인에서 디자인 씽킹의 역할

디자인 씽킹 마인드세트와 발산 및 수렴의 철학은 비즈니스 에코시스템에 관여하는 액터들이 비즈니스 모델을 디자인할 때, 특히 비즈니스 모델의 다차원적 관점을 가져야할 때 도움을 준다. 여기서 중요한 것은 비즈니스 모델이 책임 있는 성장 전략을 수립하고자 하는 바람과 같은 특정 목적을 충족시킬 수 있다는 것이다.

첫째, 고객과 고객의 니즈에 대한 가장 중요한 질문이 제시되어야 한다. 가치 제안 디자인의 맥락에서, 'WHAT'은 우리가 고객에게 무엇을 제공할 것인지에 대한 질문을 의미한다. 'WHERE'는 고객 문제/에코시스템 주제 영역이 어디인가이며, 'HOW'는 채널 및 에코시스템을 어떻게 제공하고 구성할지에 대한 질문으로 중요한 요소이다. 질문은 가치 흐름의 디자인에서 'WHY'라는 질문, 즉 시스템이 특정 구성에서 수익성이 있는가라는 질문으로 강화된다.

비즈니스 모델 디자인에 대한 이러한 질문은 각각의 디자인 렌즈에 자세히 설명되어 있으며, "어디에서 플레이할 것인가"와 "어떻게 성공하고 구성할 것인가" 프레임워크의 일부이다(108페이지). 비즈니스 에코시스템에 대한 가치 제안을 디자인할 때는 일반적으로 둘 이상의 사용자 문제가 해결된다. 결국 고객의 니즈를 충족시키기 위해서는 여러 제품, 서비스, 기능 그리고 경험이 필요한 경우가 많다. 기존의 비즈니스 모델, 적용해 볼만한 비즈니스 모델 및 새로운 비즈니스 모델은 모두 디자인, 적용 및 구현에 도움이 될 수 있다.

> 비즈니스 성장을 위한 디자인 씽킹은 명확한 비즈니스 모델을 넘어서는 올바른 도구와 방법을 제공한다.

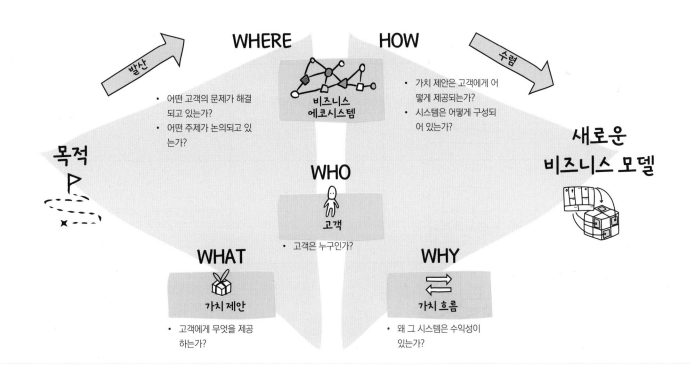

비즈니스 모델 형성에 대해서는 다양한 관점이 있다. 비즈니스 모델 캔버스(Osterwalder), 린 캔버스(Maurya)와 같은 대부분의 방법 세트는 전체 접근방식에 디자인 씽킹 원칙을 사용한다. 린 스타트업의 맥락에서 볼 때, 이 책에서 다룬 린 캔버스는 다른 많은 접근법 중에서도 주로 문제점, 해결책, 기존 대안 및 경쟁 우위의 구성요소로 "WHY"를 다룬다. 비즈니스 모델에 대한 다차원적 관점은 비즈니스 에코시스템의 디자인 및 구성에서 특히 중요하며, 기하급수적으로 성장할 수 있는 시스템을 정의하는 기반이 된다. 비즈니스 모델 캔버스, 린 스타트업 원칙에서 나온 최소 생존가능 제품의 개념 그리고 비즈니스 에코시스템 디자인 이 세 가지 요소 모두는, 각 팀이 신속하고 대략적으로 프로토타입을 제작하여 고객 및 잠재 액터들과 함께 테스트해볼 수 있도록 장려하며, 비즈니스 에코시스템에서 빠른 피드백과 학습이 촉진될 수 있도록 한다.

관점

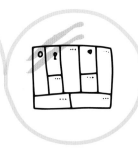 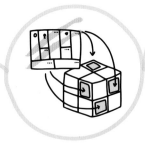

비즈니스 모델의 예	방법론	마인드세트	목표
비즈니스 모델 개발		• 디자인 씽킹 • 가치 제안 디자인	HOW에 중점을 두고 기존 비즈니스 모델을 최적화하고 있는가?
린 캔버스		• 디자인 씽킹 • 린	WHY에 중점을 두고 새로운 비즈니스 모델을 창출하고 있는가?
다차원적 비즈니스 모델 생성		• 디자인 씽킹 • 시스템 씽킹 • 에코시스템 디자인	전체 산업에 영향을 주고, 에코시스템에 참여하는 모든 액터들을 위한 여러 가지 비즈니스 모델을 만들며, 플레이 영역 및 어떻게 성공하고 구성하느냐에 초점을 맞춘다.

비즈니스 에코시스템에 대한 광고의 글

현재 에코시스템만큼 비즈니스 환경에서 자주 언급되는 단어는 없다. 지난 10년 동안, 디지털화의 영향으로 많은 기업들이 개방되었고, 회사의 경계를 넘어 협력적인 형태의 작업을 시도하고 이러한 방법을 확립해왔다. 비즈니스 에코시스템 방식으로 사고하는 것도 더욱 변화해야 한다는 필요성에 대한 인식의 결과이다. 우선, 프레임워크 조건이 점점 더 빠르게 변화하고 있으며, 그 결과 새로운 기술과 역량을 자체적으로 신속하게 구축해야 하는데, 그렇지 못하면 사내 변화와 비즈니스 에코시스템의 다른 액터들의 기술과 역량 보완을 통해 구현되어야 한다.

또한 많은 기업들은 새로운 기술을 통해 고객을 위한 혁신적인 가치 제안을 실현할 수 있다는 사실을 알게 되었다. 그러나 안타깝게도, 성공적인 실현을 보장하기 위한 기술, 유통 채널, 데이터 또는 고객 액세스와 같은 다양한 요소들이 부족한 경우가 많다. 그러므로, 디지털 트랜스포메이션 프로그램에서 정의되었던 대부분의 목표가 지금까지 거의 효과가 없었다는 것은 놀라운 일이 아니다. 비즈니스 에코시스템에서 운영하려면 훨씬 더 근본적으로 다시 생각해야 한다!

기업의 경우, 디자인과 구현 두 가지 측면에서 적절한 에코시스템을 자체적으로 초기화해야 할지 또는 기존 에코시스템의 일부가 되어야 할지 의문이 생긴다. 두 가지 경우 모두, 기업은 가치 창출을 할 수 있으며, 에코시스템의 다른 액터들과 함께 가치 제안을 실현하게 된다. 또한 비즈니스 에코시스템 접근 방식은 기업이 다양한 에코시스템에 참여함으로써 서로 다른 새로운 시장 기회를 테스트할 수 있다는 장점이 있다. 보다 전통적인 중앙집중식 접근 방식에서는 일반적으로 이런 기회를 얻기에는 자원과 역량이 충분하지 않다.

시스템의 다른 액터들이 서로 깊이 신뢰하고, 참여 기업들이 공통된 가치관과 아이디어 및 목표를 공유하는 것은 에코시스템에 참여하기 위한 기본적인 전제조건이 된다. 또한, 에코시스템을 초기화하기 위해서는 기본 아이디어부터 시스템의 확장에 이르기까지 재정 자원이 필요하다. 필요한 재정 자원은 기술 및 인터페이스 비용을 포함하여, 설정 및 조정을 위해 발생하는 비용으로 구성된다.

기업 문화를 참여적 사고방식으로 구체화하는 것이 오히려 더 큰 도전이라 볼 수 있다. 기업들은 공동 가치창출을 목표로 다른 액터에게 다가가는 방법을 배워야 하며, 일방적인 소유권 주장에 작별을 고해야 한다. 고객은 특정 기업에 속하지 않고 에코시스템 내에서 자유롭게 움직이며, 일반적으로 관련된 파트너의 개별 서비스 중에서 선택하게 된다.

HYPE!

디지털화로 인한 투명성은 미래의 비즈니스 에코시스템이 어떻게 디자인될 지에도 파괴적인 영향을 미친다.

비즈니스 에코시스템은 지역 이니셔티브의 영역뿐만 아니라 전 세계적인 범위에서 발생한다. 지역 이니셔티브는 주로 기존의 연결 또는 파트너십을 기반으로 시작된다. 예를 들어, 전체 산업에 영향을 미치고, 새로운 가치 제안을 창출하거나, 엔드 투 엔드(end-to-end) 자동화를 구현하는 글로벌 에코시스템이 생겨나고 있다.

지난 20년간 인터넷, 빅데이터 분석, 클라우드 컴퓨팅, 블록체인 등과 같은 새로운 기술은 비즈니스 에코시스템이 다양한 형태로 나타날 수 있는 새로운 기회를 만들었다. 혁신 에코시스템, 지식 에코시스템 및 데이터 에코시스템은 62페이지에서 간략하게 설명하겠다.

비즈니스 에코시스템은 특별한 특징을 가지고 있으며, 모든 형태와 크기로 제공된다. 비즈니스 에코시스템을 초기에 현지화하기 위해서는 다른 극단적인 표현과 나란히 비교하는 것이 적절해 보인다:

매우 안정적인 시스템: 일반적으로 고정 고객/공급자 체인이 있는 수직적으로 통합된 기업

매우 빠르고 유연한 시스템: 고객이 필요에 따라 다양한 제품과 서비스를 수집하고 소비하는, 정부 규제가 없는 개방된 자본 경제 시장

수직적으로 통합된 기업 | 비즈니스 에코시스템 | 개방형 자본 경제 시장

매우 안정적인 ←——————————————————→ 매우 빠르고 유연한

통합 기업 VS. 비즈니스 에코시스템 관점

보다 중앙 집중적이고 통합된 접근 방식을 사용하는 전통적인 마인드세트의 관점에서 볼 때, 에코시스템적 접근 방식은 기업에 새롭고 다양한 요소를 수반하게 한다. 그 중 가장 중요한 것은 에코시스템이 기존 산업과 기업의 영역을 넘어서서 운영된다는 것인데, 이는 가치 창출 측면의 초점을 외부에 둔다는 것을 의미한다. 또한, 선형의 가치 창출에 100% 집중하는 대신 네트워크 효과와 전반적인 네트워크 구조에 마인드세트를 맞춘다. 결과적으로, 에코시스템은 지배적인 시장 역학 및 기술 변화에 더 많이 노출되게 된다. 이것은 목표 상태가 어떻게 될 것인지 예측할 수 있는 가능성을 낮추고, 불확실성을 높이며, 영구적으로 조정해 나가는 것이 필수적이라는 것을 의미한다. 전통적인 선형 금융 모델과 비즈니스 모델을 고려함으로써 비즈니스 모델에 대한 다차원적 관점과 투자의 간접적인 수익 창출을 위한 길을 열어줄 수 있다.

기업을 완전히 소유하고 경영하던 전통적인 모델과 달리 에코시스템을 관리하고 통제하는 것은 점점 더 분산되는 경향이 있다. 다른 액터들과 조정 및 협업해가는 과정을 통해, 고객이 제품 또는 서비스에 대한 독특한 경험을 즐길 수 있도록 다양한 제품, 기술 및 서비스들을 결합해가고 있다. 이러한 이유 때문에 시스템은 더 역동적이고 다른 액터들과 함께 나선형으로 발전하거나, 변화하거나, 또는 기존의 에코시스템을 벗어나야 할 필요성이 생기는 것이다.

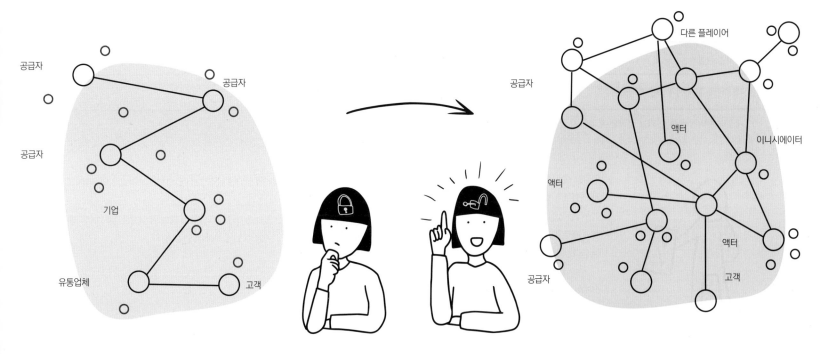

문화, IT, 프로세스 및 역량 측면에서 기존 기업의 비즈니스 에코시스템 씽킹을 위한 10대 주요 과제

	FROM...	TO...
1	내부적 초점	외부적 초점
2	선형적 가치 창출	네트워크 지향적 가치 창출
3	장기적이고 확고한 계획 수립	반복적인 절차 및 빠르고 유연한 조정
4	비즈니스 모델에 대한 전통적인 관점	비즈니스 모델에 대한 다차원적 관점
5	직접적인 가치 및 재정 흐름	간접적인 수익창출 및 재정 흐름
6	완벽한 통제와 소유	공유된 통제와 "멤버십"
7	제품 중심	보완 제품 또는 서비스
8	정적인 관점	역동적/공-진화 관점
9	데이터 및 고객 관계 측면에서 보호주의	데이터 및 고객 관계 측면에서 투명하고 개방적
10	시장이 준비된 플랫폼, 기능 및 제안에 대한 사고	최소 생존가능 제품/에코시스템에 대한 사고

이러한 새로운 역량 , 마인드세트 및 기술을 과소평가해서는 안된다. 한 가지 경험으로 볼 때 기업 핵심 역량의 약 20%가 부가가치의 약 70%에 기여한다는 것을 알 수 있다. 반대로, 이는 에코시스템 운영에서 최초 가치 창출의 새로운 70%를 활용하기 위해서는 기업 역량의 최대 20%를 조정해야 한다는 것을 의미한다.

이러한 변화는 기업이 디지털 트랜스포메이션을 통해 알고 있던 것보다 훨씬 더 복잡하다. 특히 이러한 새로운 역량은 기업 자체뿐만 아니라 에코시스템 내의 다른 액터들에게도 부족한 경우가 많기 때문이다. 설득, 조정 및 다른 액터와의 협업은 비즈니스 에코시스템 거버넌스의 일부이다.

필요한 기술과 제안을 다양하게 확보하는 것은 다수의 액터들이 그들의 활동에 기여할 수 있는 가능성을 열어준다.

기업은 비즈니스 에코시스템을 언제 그리고 왜 다루어야 하는가?

현재 자신들의 비즈니스 모델과 가치 사슬을 잘 갖추고 있는 수직적 통합 기업은 많지만, 비즈니스 에코시스템적 사고를 하고 있는 기업은 많지 않다. 현재 새로운 시장 참가자의 혼란을 감지하고 있는 기업이나, 신기술이 큰 변화를 예고하는 역동적인 환경에서 움직이고 있는 기업 그리고 많은 자원을 투자해야만 성장과 다각화를 달성할 수 있는 기업들에게는 그 상황이 달라 보인다. 비즈니스 에코시스템은 일반적으로 대기업에서만 사용할 수 있었던 유사한 자원, 경험 및 기술을 활용할 수 있기 때문에

중소기업에도 새로운 기회가 제공된다. 에코시스템 접근 방식을 통해 새로운 고객 니즈와 미래의 고객 니즈에 대응할 수 있다.

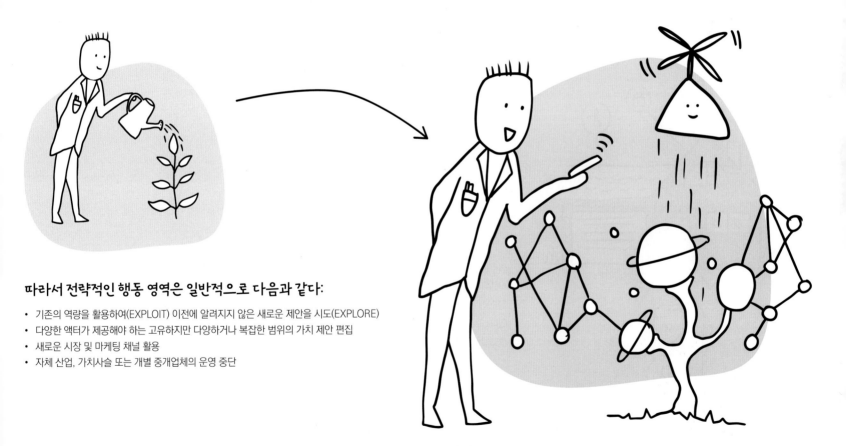

따라서 전략적인 행동 영역은 일반적으로 다음과 같다:

• 기존의 역량을 활용하여(EXPLOIT) 이전에 알려지지 않은 새로운 제안을 시도(EXPLORE)
• 다양한 액터가 제공해야 하는 고유하지만 다양하거나 복잡한 범위의 가치 제안 편집
• 새로운 시장 및 마케팅 채널 활용
• 자체 산업, 가치사슬 또는 개별 중개업체의 운영 중단

고객의 관점에서 본 경험은 어떠한가?

고객은 다수의 액터들로부터 통합된 경험을 얻는다. 서비스, 정보의 조각 또는 완전히 자동화된 과정으로 이루어진 상호작용이 그 예가 될 수 있다. 따라서 비즈니스 에코시스템은 고객의 다양한 니즈를 충족시킬 수 있도록 네트워크화된 서비스 세트로 구성된다. 에코시스템이 창출하는 가치 제안

은 고객에게 많은 서비스와 제품을 사용할 수 있도록 하는 관문이 될 수 있다. 무엇보다도 이러한 경험은 고객에게 가능한 한 자유로운 인터페이스가 되어야 한다.

예시

예를 들어, 위챗(WeChat) 메신저 사용자는 친구에게 메시지를 보낼 뿐만 아니라 단일 플랫폼에서 암호화폐를 사용하여 구매 비용을 지불할 수 있다. 스마트 홈 부문의 NEST와 같은 솔루션은 월별 에너지 평균에 대한 다양한 정보를 통합할 뿐 아니라, 그 결과를 이웃들과 비교할 수 있는 서비스를 고객들에게 제공한다.

에코시스템은 에코시스템 자체, 이상적으로는 시스템 내의 모든 액터들에게 전략적 규모의 이점을 제공하는 네트워크 효과를 사용한다. 그러나 고객을 위한 독특한 경험은 고객을 720도로 바라볼 수 있어야 가능하다. 고객에 대한 총체적이고 현명한 관점을 만드는 것은 목표 고객들과의 상호 작용이 이루어지고 난 다음 단계에서 가능하다.

720°

이러한 이유로 에코시스템은 개별 액터들로부터 수집된 데이터를 통합한다. 요즘, 그러한 데이터는 주로 중앙에서 평가되고, 액터들이 고유한 제안을 개발하는 데 사용된다. 분산형 데이터베이스, 원장 및 블록체인은 미래에 데이터 권한에 대한 새로운 시각과 분산된 방식으로 이 작업을 수행할 핵심 기술이다. 또한 대량의 데이터를 통해 제품 및 서비스를 대량으로 사용자 정의할 수 있다. 각 고객을 위한 개별 경험과 개별 제품이 생성되고, 대중에게 어필할 수 있는 제품과 서비스가 디자인될 수 있다. 이를 통해 에코시스템과 액터들은 고객 관계를 단계적으로 확장하고 고객 충성도를 높일 수 있다.

오늘날의 기술은 변화하는 고객의 니즈를 충족시켜준다.

여러 면에서, 새로운 기술은 최신의 확장 가능한 비즈니스 에코시스템 디자인을 가능하게 한다. 인터넷과 클라우드 컴퓨팅과 같은 기술이 있었기 때문에 지난 20년 동안 디지털 시장과 플랫폼이 실현될 수 있었다. 거대하고 강력한 비즈니스 에코시스템은 빅데이터 분석과 자동화에 의존하며, 가장 적합한 채널(옵티 채널)을 통해 고객에게 서비스를 제공한다. 일부 에코시스템에서는 이미 음성 제어 또는 기존의 인간–기계 상호 작용에 텍스트를 입력하는 방식으로 이러한 서비스가 독점적으로 수행되고 있다.

고객들은 기술을 통해 플랫폼에서 서로 상호 작용하거나 서비스 공급자와 접촉할 수 있다. 비즈니스 에코시스템에서는 고객 정보 또는 거래 데이터를 다양한 수준에서 사용 가능하다. 여기서 주된 초점은 독점 데이터의 획득과 사용에 있다.

각각의 상호작용은 급진적이고 새롭게 설계된 고객 경험 체인(소위 에코시스템 여정)에 기초를 두며, 이는 여러 회사의 서비스를 통합하고 고객을 위해 여러 작업을 수행하는 새로운 유형의 서비스 제공을 가능하게 한다. 기술은 제안을 반영하여, 투명한 방식 또는 고객에게 맞춤화된 방식으로 제품을 제공하는데 도움이 된다. 로봇 공학/자동화는 간단한 기능에 사용된다. 더 복잡한 프로세스에는 인공지능이나 머신 러닝 및 딥 러닝 접근방식이 필요하다. 향후 10년 동안, 그 어느 때보다 빠르게, 또 다른 판도를 바꾸는 기술들이 등장하여 이러한 프로세스를 가속화할 것이다.

미래의 판도를 바꾸는 기술

"우리는 21세기에 100년의 진보가 아닌 20,000년에 가까운 진보를 경험하게 될 것이다."

– Ray Kurzweil, 구글의 미래학자이자 엔지니어링 이사

잘 디자인되고 자동화된 비즈니스 에코시스템은 고객 확보 비용을 절감시켜준다. 단 한 번의 거래에서도 고객은 다양한 액터가 공동으로 제공하는 광범위한 제품과 서비스를 받는다. 거래의 수가 많으므로 에코시스템과 액터는 데이터에 대한 고유한 액세스 권한을 갖게 되며, 이는 새로운 제품 및 서비스의 설계에 사용되거나 다른 방식으로 수익을 창출할 수 있다. 위치, 송장, 이동 및 건강 등 인간의 행동과 관련된 정확한 데이터는 에코시스템을 추가로 발전시킬 수 있는 연료인 "석유"의 역할을 하게 된다.

또한, 지난 몇 년 동안 네트워크 효과를 사용하는 기업이 전통적인 플랜트 제조업체나 서비스 제공업체 또는 100% 기술 기업보다 자본 시장에서 더 높게 평가된다는 사실이 명백해졌다. 앞서 언급했듯이, 비즈니스 에코시스템의 측면에서 생각하는 기업은 전통적인 기업보다 더 높은 수익 성장을 누리고 있는데, BCG 헨더슨 연구소가 2012-2017년 동안 수행한 연구에 따르면 그 성장률은 연간 1~4% 더 높았다.

비즈니스 에코시스템의 이니시에이터와 그러한 시스템에 참여하는 액터는 모두 향후 자본 시장의 가치평가에서 점점 더 우위를 달성하고, 잠재적 투자자를 확보하며, 경쟁력을 확보할 것이다. 네트워크 효과와 데이터의 세계에서 기업에 대한 평가는 주로 사용자 충성도에 기반하며, 이는 점점 더 자주 익숙한 외형 지표를 대체한다. 예를 들어 블록체인 기술을 기반으로 하는 에코시스템의 경우, 에코시스템에서 자체 생성된 "통화"의 도달 범위가 미래의 기준이 될 수 있다.

현재 초지역적 비즈니스 에코시스템을 성공적으로 시작한 이니시에이터는 디지털 브랜드 또는 플랫폼을 이미 보유하고 있어서 네트워크 효과와 확장에 대한 사고 능력을 개발할 수 있는 기업이다. 더욱이 이러한 이니시에이터들은 실현 가능한 미래에 대한 다양한 비전을 가지고 있다. 그들은 최소 생존 가능 제품과 적극적인 비즈니스 에코시스템 디자인을 통해 린 스타트업 모드에서 반복적으로 목표를 달성할 수 있는 기회를 인식했다.

매출 증대

승수	역할	평가 기준
8X	네트워크 오케스트레이터	네트워크 규모 및 구성
4X	기술 창조자	코드와 IP
2X	서비스 제공자	청구가능한 시간, 서비스 요금
1X	자산 구축자	생산

"내부 기술에 중점을 두는 경향이 있는 전통적인 비즈니스 모델은 상호 연결된 에코시스템이 많은 세상에서는 더 이상 충분하지 않다. 오늘날 성공적인 기업들은 경쟁 우위를 확보하기 위해 파트너의 전체 네트워크에서 공유된 기술을 활용한다."

_Marco Iansiti 박사, 하버드 경영대학원 교수

오늘날 디지털 트랜스포메이션에 많은 노력을 기울이는 기업들은 이미 빠르고 유연한 구조 내에서 그리고 기업의 경계를 넘어 협업하고 있다. 그러나 비즈니스 에코시스템에 참여하려면 비즈니스 모델에 대한 관점과 기하급수적 성장을 위한 이러한 시스템의 레버라는 두 가지 패러다임 전환이 더 중요하다.

전통적인 기업들은 은유적인 디지털 격차를 극복해야 한다. 제품 중심 개발, 전통적인 계층적 조직 구조, 시장 점유율 및 중개자와의 물리적 거래 체인에 집중하는 방식과 같이 이전에 유효했던 가정은 더 이상 적용되지 않는다.

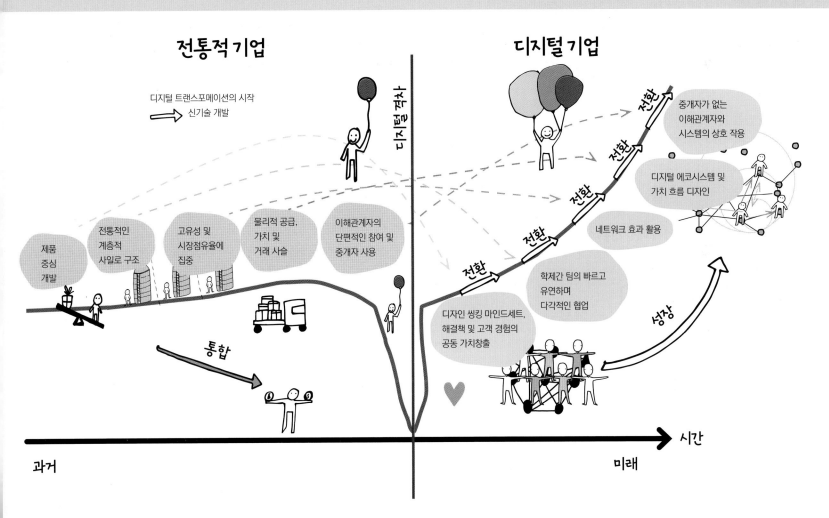

전통적 기업

디지털 기업

디지털 트랜스포메이션의 시작
신기술 개발

디지털 격차

제품 중심 개발

전통적인 계층적 사일로 구조

고유성 및 시장점유율에 집중

물리적 공급, 가치 및 거래 사슬

이해관계자의 단편적인 참여 및 중개자 사용

통합

전환

디자인 씽킹 마인드세트, 해결책 및 고객 경험의 공동 가치창출

학제간 팀의 빠르고 유연하며 다각적인 협업

네트워크 효과 활용

디지털 에코시스템 및 가치 흐름 디자인

중개자가 없는 이해관계자와 시스템의 상호 작용

성장

시간

과거

미래

45

비즈니스 모델 디자인과 성장에 대한 패러다임 전환은 구체적으로 어떤 것인가?

기존의 비즈니스 모델 관점에서 단일 기업이나 중앙집중식 플랫폼을 가진 기업이 고려해야 할 관련 범위는, 일반적으로 수입과 비용의 관점, 기업의 역량과 기술 그리고 기업의 제안 범위에 대해 정의된 차별화를 포함하여 다루어야 할 고객과 고객 세그먼트 등이었다. 이러한 범위가 틀린 것은 아니지만, 다차원적 관점으로 확장될 필요가 있다. 이는 비즈니스 에코시스템의 비즈니스 모델이 액터들에게 여러 가지 기회를 제공할 수 있다는 것을 의미한다. 이는 비즈니스 에코시스템의 이니시에이터가 시스템에서 자체적인 시장 기회를 늘리고 에코시스템과의 긴밀한 (재무적) 연결(예: 거래 및 고객 데이터에 대한 액세스)로부터 이점을 얻기 위한 목적으로 이를 초기화한다는 의미일 수 있으며, 결과적으로 고객의 행동이나 니즈에 대한 결론을 내릴 수 있다. 이를 통해 데이터 중심의 혁신이 다양한 방향으로 실현될 수 있다.

비즈니스 모델 관점에서 패러다임 전환

차별화를 통해 시장에서 성공하기 위한 기업의 비즈니스 모델은 무엇인가?

고유한 가치 제안을 생성하는데 자신의 기술을 기반으로 하는 모든 액터들이 어떻게 다양한 방법으로 이익을 얻을 수 있는가?

기업의 비즈니스 모델에 대한 전통적인 관점

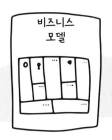

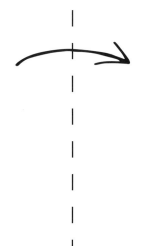

- 기업의 차별화
- 수익 모델
- 가치 사슬의 개별 역량
- 고객 인터페이스 보유

에코시스템의 비즈니스 모델에 대한 다차원적 관점

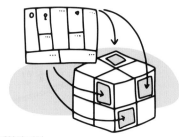

- 공동 가치 제안에 기여
- 다양한 참여 가능성
- 가치 제안을 이행하기 위한 공유 기능
- 올바른 기술 참여

성장을 위한 두 번째 패러다임 전환은 기업의 기존 비즈니스 모델을 어떻게 다룰 것인가에 대한 새로운 사고방식을 요구한다. 종종 기존 비즈니스 모델을 출발점으로 삼고, 수익을 높이기 위해 최적화할 수 있는지 확인한다. 그러나 이러한 사고 방식을 에코시스템에 적용한다면, 기존 비즈니스 모델을 에코시스템 접근을 통해 어떻게 확장할 수 있는지 그 방법에 대해서만 고려하게 된다. 이렇게 하면 선형적인 성장만 실현될 뿐이다. 패러다임을 전환하면 100% 최적화 상태에 머무르는 것이 아니라, 에코시스템

자본이 현실화되고 기하급수적 성장 전략을 추구하는 우수한 비즈니스 에코시스템을 디자인할 수 있도록 관점이 바뀐다. 그런 다음에 기존의 기능 또는 고객 액세스가 특정 비즈니스 에코시스템에서 활성화될 수 있는지 여부를 평가해야 한다.

성장을 위한 패러다임 전환

에코시스템 플레이를 통해 비즈니스 모델을 어떻게 확장할 수 있는가?

비즈니스 에코시스템이 기업의 성장에 어떻게 도움이 될 수 있는가?

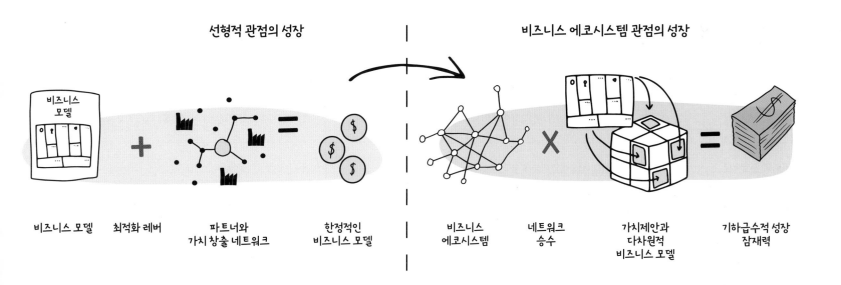

선형적 관점의 성장　　　　　　비즈니스 에코시스템 관점의 성장

비즈니스 모델　　최적화 레버　　파트너와 가치 창출 네트워크　　한정적인 비즈니스 모델

비즈니스 에코시스템　　네트워크 승수　　가치제안과 다차원적 비즈니스 모델　　기하급수적 성장 잠재력

새로운 비즈니스 모델과 디지털 또는 하이브리드 모델의 성장에는 고객에게 단순하고 효율적인 방식으로 부가가치를 제공하는 정교한 비즈니스 에코시스템이 필요하다. 기업은 기존에 주력했던 선형 비즈니스 모델을 바탕으로 친숙한 비즈니스 파트너와 함께 에코시스템 초기화를 강화하려는 경향이 있다. 파트너 관리에 대한 일반적인 생각은 디지털 시대에 필요한 포트폴리오에 기반한 비즈니스 모델 관점(핵심 비즈니스와 차별화하고 동시에 시너지를 창출하는 관점)보다는 소싱 전략 모델에 더 기반을 두고 있다. 많은 경우 최고 경영진의 변화 의지는 쉽게 생겨나지 않기 때문에, 실행 가능한 시스템과 혁신적인 비즈니스 모델을 개발하기보다는 기존의 비즈니스 모델을 보호하고 단기적인 재무 최적화가 우선시 될 수밖에 없다.

알렉산더 오스터왈더(Alexander Osterwalder)는 이러한 균형 있는 운영을 마스터한 기업을 무적의 기업, 즉 구식이 되지 않기 위해 끊임없이 스스로를 재창조하는 조직으로 묘사하고 있다. 무적 기업은 기존 시장에서 시장 지위를 활용해(EXPLOIT) 수익을 극대화하는 동시에 미래를 탐색한다(EXPLORE). 오스터왈더(Osterwalder)에 따르면, 그들은 혁신적인 강점과 실행력을 바탕으로 균형 잡힌 문화를 살고 있다. 경쟁력은 전통적인 산업 경계를 넘나드는 잘 고안된 비즈니스 모델의 형태로 실현된다. 고객의 니즈와 기존 산업의 경계를 넘어 끊임없이 새로운 시장 기회를 탐색하는 것은 미래 성장을 위한 가장 강력한 디자인 원칙 중 하나가 된다.

구분	활용(EXPLOIT)	탐험(EXPLORE)
초점	효율성과 성장	새로운 것과 급진성에 대한 탐험
불확실성	낮음	높음
재정의 관점	안정적인 수익과 배당금이 있는 안전한 피난처	기하급수적인 수익 기대치를 가진 위험천만한 벤처 캐피털 스타일
문화와 프로세스	선형 버전, 투영 가능 및 예측 가능, 낮은 실패 위험	빠르고 반복적인 절차, 빠른 학습 주기 및 실패를 통한 적응
리더십, 작업 흐름 및 기술	시간과 자원을 절약하기 위한 효율적인 프로세스, 조직 및 계획에 중점을 둔 관리	호기심에 초점을 맞추고 불확실성을 기회로 보는 경영진은 패턴을 식별하고 전체적인 그림과 세부 사항을 고려하여 팀을 우아하게 탐색

오스터왈더 『최강 기업의 탄생 The Invincible Company』에 수록된 표에서 발췌

비즈니스 에코시스템을 디자인해야 하는 이유는 무엇인가?

아무도 의식적으로 계획하지 않았지만 많은 에코시스템이 만들어지고 있다. 변화하는 시장 요구 및 기술로 인해 등장한 스타트업 에코시스템(혁신 에코시스템, 61페이지 참조)이 대표적인 예이다. 일반적으로 유사한 스타트업은 최적의 프레임워크 조건을 제공하는 장소에 정착한다. 싱가포르의 핀테크 클러스터 또는 텔아비브의 IT 보안 회사가 잘 알려진 예이다. 이러한 시스템의 첫 징후가 나타나자마자 대학 및 기존 기업에서 지식 이전이 이루어진다. 지역이나 국가들은 보통 이러한 조건들을 촉진한다.

이 책에서 초점을 두고 있는 비즈니스 에코시스템은 비즈니스 성장을 위한 디자인 씽킹의 프레임워크 안에서 의식적으로 디자인되고 정의된 규칙에 따라 역동적으로 발전한다. 액터의 선택과 그들 사이의 협력은 의식적으로 공통의 목표를 달성하거나 새로운 것을 창조하는 데 기여하게 된다. 많은 비즈니스 에코시스템은 다양한 특성과 역할로 자체 산업, 비산업 기업, 스타트업 및 기술 파트너들로 구성된 액터들을 통합한다. 주요 목표는 뛰어난 가치 제안을 함께 만들고, 고객을 위한 고유한 경험을 디자인하는 것이다. 목표 구현을 위해서 기존 에코시스템의 액터 또는 플랫폼 또한 여기에 포함시킨다.

비즈니스 에코시스템을 능동적으로 디자인하기 위해서는 관련된 모든 액터가 개방적이어야 하며, 협업과 투명성을 중요한 가치로 높이 평가해야 한다. 비즈니스 성장을 위한 디자인 씽킹을 위해서는 이러한 목표를 가장 잘 지원하는 새로운 마인드세트, 새로운 방법, 모델 및 절차가 필요하다. 기술과 마인드세트를 장착한다는 것은 단순히 새로운 기술을 습득하는 것 이상의 의미를 갖는다.

에코시스템 리더십, 애자일 팀 및 조직의 경계를 뛰어넘는 협업은 성공을 위한 중요한 요소이다. 이는 초기화 및 비즈니스 에코시스템에 참여하는 많은 전통적인 산업과 기업에게 더 자주 도전 과제가 된다. 에코시스템을 개발하고 관리하는 측면에서 이는, 기본 고객의 니즈를 효과적으로 잘 이행하고 있는 액터만을 통합하는 것이 아니라는 것을 의미한다. 또한 다양한 채널과 인터페이스를 통해 고객의 니즈를 원활하게 제공하기 위해서는 기술 공급업체도 중요하다.

요점 정리 !

외부로 개방하기

다른 액터들과의 상호작용에서는 장벽을 낮춰야 한다. 이것이 상호작용과 협업이 실제로 이루어지도록 하는 유일한 방법이다.

기술과 가치의 투명성 창출

잘 작동하는 에코시스템에서는 혁신과 지속가능한 가치 제안의 실현을 위해 다른 액터들이 매우 유용하다.

기존 또는 새로운 시스템에서 새로운 시장 역할 수용

대부분의 경우, 스스로 시스템의 이니시에이터가 되는 것은 불가능하다. 특히 분산된 비즈니스 에코시스템이라면, 에코시스템 내에서 다양한 시장 역할을 맡는 것이 점점 더 중요해질 것이다. 주요 목표는 고유한 가치 제안을 통해 고객으로부터 WOW!를 이끌어내는 것이다.

비즈니스 에코시스템의 이니시에이터들이 블랙 오션 전략을 추구하려는 목표를 가진 이유

차별화는 좋은 것이며, 다른 시스템이나 회사가 모방할 수 없는 고유한 가치 제안과 비즈니스 에코시스템을 구성하는 것은 더할 나위 없이 훌륭한 차별화이다. 이것이 바로 "블랙 오션" 플레이의 핵심 목표이다: 즉, 기업이나 비즈니스 에코시스템의 형태로 보여지는 경쟁업체가 3개 이하가 되도록 시스템을 디자인하는 것이다. 이러한 리그에서 활동하는 기업은 전자상거래 분야의 아마존과 알리바바, 모빌리티 분야의 우버와 디디, 모바일 디바이스 운영체제 분야의 구글과 애플이다. "블랙 오션" 캐릭터로서 지배적인 시스템인 알리 페이와 위챗 페이의 예는 298~303페이지에 설명되어 있다.

그러나 시간이 지남에 따라 이러한 기업들의 발전된 모습은 특정 가치 제안에 대해 "블랙 오션" 자리를 영구히 차지하는 것이 얼마나 어려운지를 보여준다. 예를 들어, 우버는 시장 점유율을 80% 이상 차지했던 적이 있었다(= 블랙 오션). 그 후 주요 시장 부문에서 상당한 손실을 입었고, 2020년에는 시장점유율이 약 50%가 되었다. 이는 시간이 지남에 따라 가치 제안의 지속적인 발전을 조율하고 비즈니스 에코시스템 리더십을 활용하여 올바른 방향을 설정하는 것이 얼마나 중요한지를 보여준다.

우버는 다양한 방법으로 새로운 고객의 니즈를 활용하겠다는 목표 아래 많은 새로운 관련 세그먼트를 시장에 도입했다. 우버X(UberX), 우버풀(UberPool), 우버이츠(UberEats) 및 우버모토(UberMoto)와 같은 서비스가 최근 10년간 추가되었다. 새로운 기술에 대규모 투자가 이루어졌으며, 그 중 일부는 자율주행 자동차와 같은 현재의 비즈니스 모델을 완전히 붕괴시킬 것으로 보여진다.

레드 오션

기존 시장, 치열한 경쟁

블루 오션

논란의 여지가 없는 시장, 낮은 경쟁 수준

블랙 오션

에코시스템 주도형 시장, 경쟁 불가능

우버의 경우, 공동 가치창출의 형태로 시스템의 액터로부터 나오는 혁신과 아이디어를 통해 그리고 차량 제조업체 및 기타 기술 플랫폼과의 긴밀한 협력을 통해서 이루어진다. 또한, 블랙 오션 전략에는 다양한 액터들이 비즈니스 에코시스템과 협력할 수 있도록 다양한 인센티브를 제공하기 위해 잘 고안된 시스템이 필요하다. 예를 들어, 중국의 경쟁업체인 디디(Didi)는 모빌리티 서비스 제공업체로서 시스템의 액터들에게 다양한 자동차 관련 서비스를 제공한다. 서비스의 범위는 주유 할인부터 신차 할인까지 다양하다.

블랙 오션 전략은 이전에는 해결할 수 없었던 고객 니즈에 대한 고유한 가치 제안을 실현함으로써 완전히 새로운 시장 영역을 창출하겠다는 목표를 가지고 있다.

아래 표에는 블랙 오션 전략과 김우찬(W. Chan Kim)과 르네 모보르뉴(Renée Mauborgne)의 레드 오션과 블루 오션 전략 형태의 비즈니스 모델 개발을 위한 광고 전략을 나란히 비교하였다.

레드 오션	블루 오션	블랙 오션
기존 시장에서의 경쟁	새로운 시장 창출	완전히 새로운 시장 영역 창출
경쟁사 물리치기	경쟁사 기피하기	다른 액터(경쟁사 포함)와 함께 고유한 가치 제안 실현
기존 수요 활용	새로운 수요 발굴	이전에 해결되지 않았던 고객의 문제 및 니즈 해결
혜택과 비용 간의 직접적인 연결	혜택과 비용 간의 직접적인 연결 해제	새로운 가치 흐름, 비즈니스 모델 및 성장 기회 구축
차별화 또는 저비용에 유리한 전략적 의사결정을 위해 기업 활동의 전반적인 시스템 조정	차별화 및 저비용을 위해 기업 활동의 전반적인 시스템 조정	모든 액터의 공동 가치창출, 공-진화 및 상생을 위해 전반적인 시스템 조정

비즈니스 에코시스템이 아닌 것

에코시스템의 개념은 다소 부풀려진 측면이 있어서, 마치 두 기업이 협력하여 이룬 어떤 이니셔티브를 비즈니스 에코시스템으로 지칭하는 것처럼 보인다. 지난 20년간 등장한 수많은 플랫폼과 시장에서도 마찬가지였다. 이런 경우는 대부분 이니시에이터 역할을 하는 하나의 기업이 전체를 제어하는 중앙 인스턴스 방식이다. 위에서 설명한 바와 같이, 차세대 비즈니스 에코시스템은 외부에 개방되고, 기술과 가치에 대해 투명해야 하며 그리고 무엇보다 중요한 점은 기존 시스템 또는 새로운 시스템에서 새로운 시장의 역할을 받아들여야 한다는 것이다.

다양한 연구에 따르면 새로운 성장 경로를 모색하는 대다수의 기업이 이니시에이터와 오케스트레이터의 역할을 맡기를 원하는 것으로 나타났다. 이러한 현상은 보험회사와 은행들이 임대, 매입, 가구 등 주거와 관련된 주제에 대해 에코시스템을 거의 모두 초기화하는 사례에서 뚜렷이 관찰된다. 은행들은 자산 관리 부문에서 부(wealth)와 보안이라는 주제를 중심으로 한 에코시스템 접근 방식으로 고객에게 서비스를 제공하여 자신들의 고객 인터페이스를 다른 플레이어에게 빼앗기지 않도록 한다. 이러한 주제들은 매우 유효하며 성공적인 에코시스템이 될 수 있는 잠재력이 있다. 즉, 고객에게 최상의 제안, 최고의 경험 및 가장 단순한 상호 작용을 최선의 방법으로 제공한다는 목표를 가지고 공-진화, 공생 및 공동 경쟁하는 것이다.

에코시스템 디자인은 잠재적인 고객뿐만 아니라 시스템의 다른 액터들이 공동 가치창출하는 것을 기반으로 한다. 즉, 시스템에서 자신의 역량에 따라 역할을 담당하고, 혁신과 성장을 위한 거버넌스를 수립하며 그리고 가장 중요한 것은 고객과 고객의 니즈를 놓치지 않는 것이다.

비즈니스 에코시스템에서 초기에 고려해야 할 사항들은 대개 디자인 씽킹 프레임워크로 해결할 수 있는 고객 문제에서 비롯된다. MVP를 구현하며 해결책을 찾는 과정에서 디자인 팀은 그들이 원하는 비전을 실현하기 위해서는 추가적인 액터가 필요하다는 것을 종종 깨닫게 된다. 기업들은 초기 해결책을 찾기 위한 공동 가치창출 단계에서 협업의 가능성을 인식하게 된다. 그러나 전략적 옵션 개발의 일환으로 수행되는 비즈니스 에코시스템에서 기존의 고려사항들과 경쟁 분석은 여전히 주요한 부분을 차지한다. 초기 단계에서 프로젝트는 자체 기업 내의 작은 범위로 제한된다. 개방은 이후 단계, 즉 비즈니스 에코시스템을 실제로 디자인하는 단계에서만 이루어진다.

발전된 비즈니스 에코시스템의 오케스트레이터는 예를 들어, 실제 고객의 니즈와 관련이 없는 금융 상품만 판매하는 것보다는 더 감정적이고 강력한 가치 제안에 집중함으로써 고객에게 직접적으로 보이지 않는 특별한 서비스를 제공하고, 고객이 더 나은 금융 습관을 가지도록 유도하는 것을 목표로 한다.

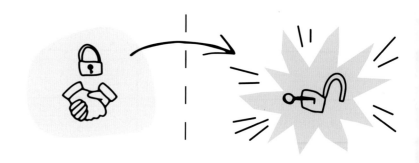

모든 협업, 파트너십 및 서비스 일부분을 소싱하는 것이 새롭고 혁신적으로 들린다 하더라도 모두 에코시스템이라고 부를 수는 없다!

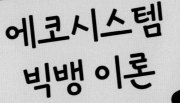

에코시스템
빅뱅 이론

관리
자동차
은행
건설/건축
컨설팅
교육
화학
서비스
인쇄/포장
IT
구매
전기/전자
에너지
금융
R&D
보건/사회/의료
상업
공예품 및 무역
부동산
산업
인터넷

예술/문화
마케팅/
광고/홍보
시장조사
기계공학
미디어
의료/제약
의료 기술
식품/농업
인사 및 채용
법
세미나/무역박람회
기타 산업
스포츠/뷰티
세무 컨설턴트/감사원
통신
섬유
관광/음식
클럽
운송/교통/물류
보험
공공 행정

**전통적인 산업과 제품은 고객을 위한
새로운 가치 제안에 집중된다.**

차세대 비즈니스 리더들의 궁극적인 과제는 단지 독립된 어떤 제품을 디자인하는 것이 아니라, 기존 산업의 경계를 넘어서서 다양한 액터, 역량, 기술 및 플랫폼이 고유한 무언가를 만들어낼 수 있도록 비즈니스 에코시스템의 형성에 기여하는 것이다. 이는 비즈니스 성장을 위한 디자인 씽킹의 프레임워크를 바탕으로 이루어지며, 단순하면서도 고무적이며 전체적인 방식으로 고객을 위한 고유한 경험을 제공한다.

비즈니스 성장을 위한 디자인 씽킹을 접목하는 새로운 세대는 새로운 마인드세트를 적용하고, 비즈니스 모델을 변경하며, 기하급수적 성장을 위한 레버를 사용할 준비가 되어 있어야 한다.

정의

비즈니스 맥락에서 디자인의 진화

다양한 유형의 에코시스템을 더 자세히 조사하기 전에, 아래 타임라인은 비즈니스 맥락에서 디자인의 진화 과정을 보여준다. 디자인 씽킹, 시스템 씽킹 그리고 비즈니스 모델 형성이라는 진화의 과정을 거친 다음의 논리적 단계는 비즈니스 에코시스템의 디자인에 중점을 둔 비즈니스 성장을 위한 디자인 씽킹이다. 특히 비즈니스 에코시스템이 스스로 만들어지지 않기 때문이다.

이러한 시스템의 액터들은 자동으로 연결되지 않고 단순히 급진적으로 협업을 시작한다. 실제로, 누가 잠재적인 에코시스템의 파트너가 될 것인지, 그들이 맡아야 할 역할이 무엇인지 그리고 기여하는 기술 및 잠재적 공동 경쟁에 대처하는 방법이 무엇인지 정확히 이해하는 것이 중요하다.

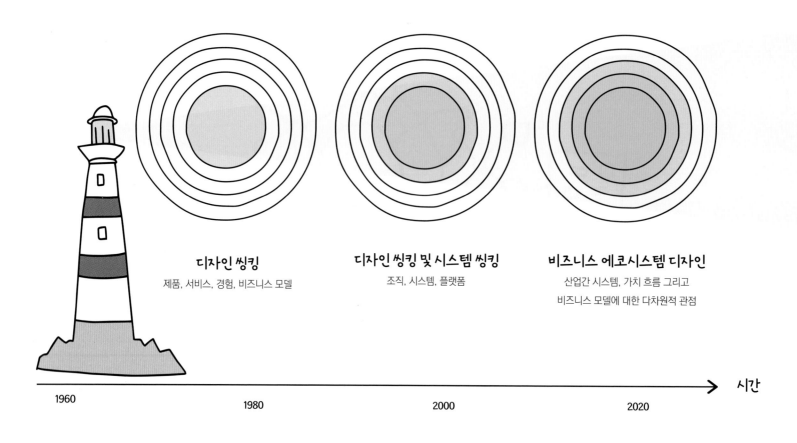

디자인 씽킹

제품, 서비스, 경험, 비즈니스 모델

디자인 씽킹 및 시스템 씽킹

조직, 시스템, 플랫폼

비즈니스 에코시스템 디자인

산업간 시스템, 가치 흐름 그리고
비즈니스 모델에 대한 다차원적 관점

시간

1960   1980   2000   2020

전략 및 기술 결정을 정의하기 위한 기반

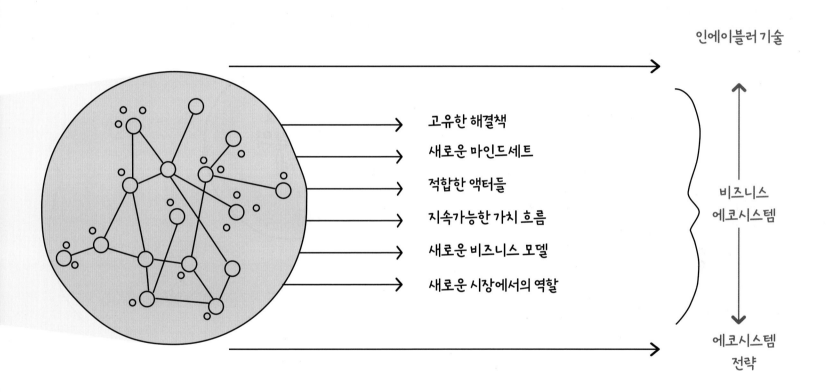

인에이블러 기술

고유한 해결책

새로운 마인드세트

적합한 액터들

지속가능한 가치 흐름

새로운 비즈니스 모델

새로운 시장에서의 역할

비즈니스
에코시스템

에코시스템
전략

비즈니스 성장을 위한 디자인 씽킹과 비즈니스 에코시스템을 검토하는 것은
현재와 미래의 기술을 결정하는 것뿐만 아니라 기업 전략에도 영향을 미친다.

비즈니스 성장을 위한 디자인 씽킹의 맥락에서 비즈니스 에코시스템을 디자인한다는 것은 현재까지 알려진 디자인 씽킹과 시스템 씽킹의 맥락에서 적용되는 알려진 방법, 도구 및 마인드세트를 더 강화하고 발전시키는 것이다. 비즈니스 에코시스템 디자인과 다른 많은 디자인 아이디어에는 단순히 제품이나 서비스를 디자인하고자 하는 목적 뿐만 아니라 기존 시스템에 영향을 미치는 문제를 해결하는 데에도 마인드세트를 적용하려는 의도가 반영되어 있다. 예를 들면, 여기에는 정치 시스템과 커뮤니티에 디자인 씽킹을 적용함으로써 우리를 괴롭히는 세상의 많은 문제들을 해결하는 것을 목표로 하는 이니셔티브가 포함된다. 비즈니스 에코시스템 디자인은 기존 시스템을 면밀히 검토하고 여러 디자인 루프를 통해 기존 및 알려진 경계를 넘어서는 시스템을 만드는 것이다.

여기서 중요한 것은 디자인 씽킹 및 시스템 씽킹 마인드세트에 내재되어 있을 뿐만 아니라 고객과 고객의 니즈에 초점을 맞추는 "디자인 렌즈"이다. 디자인 주기에 따라 관점이 바뀌고, 시스템의 다른 액터와의 상호작용이 에코시스템 디자인에서 더 부각된다고 할지라도 항상 고객을 그 중심에 두어야 한다. 고객과의 상호작용 빈도를 증가시키는 것 외에도 네트워크 효과의 활용에 초점을 맞추는 것이 비즈니스 확장에 중요하다.

문제 해결부터 비즈니스 에코시스템 디자인, 기하급수적 성장 실현 방법에 이르기까지 세 가지의 다양한 "디자인 렌즈"가 170~283페이지에 자세히 소개되어 있다.

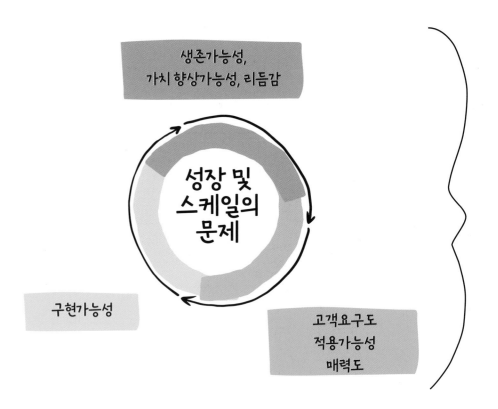

생존가능성, 가치 향상가능성, 리듬감

성장 및 스케일의 문제

구현가능성

고객요구도 적용가능성 매력도

! 디자인 렌즈 사이의 전환은 유동적이며, 명확한 묘사가 불가능하다는 점을 이해하는 것도 중요하다. 프로토타입, MVP 및 MVE의 수준에 따라 단계를 가속화하거나 건너뛸 수 있다.

출발 ↵

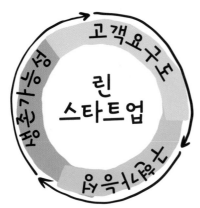

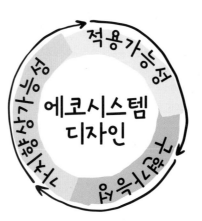

- **고객요구도** – 고객과 고객의 니즈에 집중
- **생존가능성** – 혁신적이고 지속 가능한 비즈니스 모델 창출
- **구현가능성** – 효과적이고 적용 가능한 최신의 인에이블러 기술 사용

- **고객요구도** – 개별 기능 및 경험을 바탕으로 고객의 니즈 검증
- **생존가능성** – 비즈니스 모델 및 제품 가치 검증
- **구현가능성** – 선별된 기술 구성 요소의 테스트 및 검증

- **적용가능성** – 액터의 니즈, 가치 제안을 함께 창출할 수 있는 능력에 집중
- **가치 향상가능성** – 시스템의 모든 액터들을 위한 지속 가능한 가치 흐름과 혜택 형성
- **구현가능성** – 에코시스템 접근방식의 구현을 위한 기술 구성 요소 및 인터페이스 사양

- **매력도** – 고객과의 상호 작용 빈도, 지갑 점유율 및 시스템 보유율 증가에 집중
- **리듬감** – 네트워크 효과 및 스케일 효과 활용
- **구현가능성** – 기술 구성 요소 구축, 전문화 및 활용

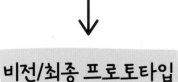

| MVP | MVE | 블랙 오션 |

비즈니스 성장을 위한 디자인 씽킹의 해결책 성숙도

구현가능성은 모든 디자인 렌즈에 포함되지만, 고객요구도 + 생존가능성은 비즈니스 에코시스템 디자인 렌즈에서는 가치 향상가능성 + 적용가능성으로 확장된다. 기하급수적 성장을 위해서는 리듬감 + 매력도가 핵심이다. 그런 다음 동적 시스템이 완전히 순환하는 형태를 이루며, 고객의 니즈는 가치 제안의 확장에 결정적인 요소이기 때문에 우리는 다시 디자인 씽킹으로 돌아가게 된다.

기술적 구현가능성은 일반적으로 오늘날에는 더 이상 문제가 되지 않는다. 새로운 기술과 호환되지 않는 법적 조항 또는 시대에 뒤떨어진 핵심 애플리케이션은 장애물이 될 수 있다.

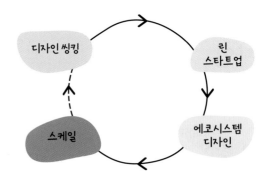

해결책 성숙도

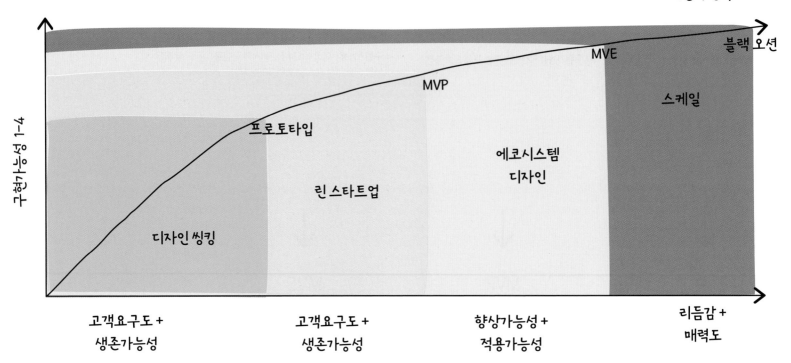

60

어떤 유형의 에코시스템이 있는가?

에코시스템이라는 용어는 여러 가지 방법으로 사용되고 있지만 불행하게도, 오늘날의 지식에 기반한 통일된 정의는 없다. 우리는 비즈니스 에코시스템 디자인의 일부인 세 가지 형태의 에코시스템을 설명할 것이다. 잘 알려진 (비즈니스) 에코시스템에 대한 정의는 종종 1990년대의 아이디어(예: Moore, 1996) 또는 2000년 이후의 인터넷 경제에 대한 반영(예: Stähler, 2002; Zerdick et al., 2001)에 기초한다. 이러한 접근 방식 중 일부는 현재 플랫폼 경제에 대한 조사에서 다시 채택되었다(예를 들어, Kapoor와 Agarwal (2017) 또는 Adner (2017)에 의해).

여기에 제시된 세 가지 구분은 에코시스템에 대한 개념적 혼란을 방지하기 위해 먼저 이해되어야 한다. 또한 시스템에 명확한 이름을 부여할 수 있기 때문에 다른 액터를 다룰 때 의사소통을 용이하게 한다. 이 책에서 우리는 에코시스템을 혁신 에코시스템, 지식 & 정보 에코시스템 그리고 거래 & 데이터 에코시스템으로 나눈다. 이 책의 핵심 용어는 "비즈니스 에코시스템 디자인"이며, 에코시스템의 하나 또는 여러 가지 표현을 나타낼 수 있다.

기교 있는 비즈니스 에코시스템은 모든 관련 액터뿐만 아니라 접근 가능하고 적합한 시스템의 모든 리소스를 활용하여 고객 및 에코시스템 파트너를 위한 부가가치를 창출한다.

혁신 에코시스템

이러한 유형의 에코시스템의 목적은 모든 액터들 간의 공동 가치창출을 통해 새로운 제품, 서비스 또는 프로세스를 개발하는 것이다. 이러한 이니셔티브는 종종 클러스터로 모이는데 싱가포르의 핀테크 또는 텔아비브의 IT 보안 클러스터 같은 곳들이 그 예이다. 스위스의 크립토 밸리 또는 실리콘 밸리도 또 다른 예이다. 이러한 에코시스템들은 때때로 정부기관의 지원을 받기도 하며, 엔젤 투자자와 벤처 기업 등 다양한 투자자들이 다양한 시기에 이니셔티브와 프로젝트에 자금을 지원하기도 한다.

지식 & 정보 에코시스템

이 범주의 에코시스템은 지식과 정보 자원을 활용하여 가치를 창출한다. 지식 및 정보 소스는 일반적으로 분산되어 있으며, 가치 교환을 통해 시너지를 창출한다. 이 대규모 그룹에는 자동화된 활동 체인에 정보를 제공하는 신뢰할 수 있고 안전한 출처인 연구 기관, 대학 및 정보 서비스 공급자가 포함된다.

거래 & 데이터 에코시스템

거래 에코시스템은 다양한 제품과 기술 인터페이스 및 과학 기술을 조직화하는 기술 플랫폼을 기반으로 한다. 기술 플랫폼은 다양한 제품과 기술 인터페이스 및 기술을 조정하는 역할을 한다. 이러한 기술적 조합을 기반으로 하는 것이 바로 데이터 에코시스템이다. 데이터 에코시스템은 고객의 다양한 데이터를 중앙 집중형 또는 분산형 시스템으로 결합하여, 각 개별 고객에 대한 동기화되고 통합된 720도 뷰를 제공한다는 목표를 추구한다. 이러한 포괄적인 데이터 뷰를 통해 가격, 운영 및 마케팅에 대한 보다 나은 의사결정을 내릴 수 있다. 이런 과정 중에 경쟁업체 및 완전히 다른 분야의 산업에 속해 있는 기업과의 협업에서도 시너지가 발생하는 새로운 비즈니스 모델이 자주 탄생하기도 한다.

비즈니스 성장을 위한 디자인 씽킹의 맥락에서 비즈니스 에코시스템 디자인은 주로 시스템의 다른 액터들과 함께 가치 제안이 개발되고 고객의 니즈를 모든 활동의 중심에 둔다는 특징을 가지고 있다. 비즈니스 에코시스템은 부가가치를 창출하기 위해 접근가능한 모든 에코시스템 또는 가치 제안을 이행하는데 유용한 개별 액터를 자원으로 활용한다.

비즈니스 에코시스템에는 이미 알려진 혁신 에코시스템, 지식 & 정보 및 데이터 에코시스템뿐만 아니라 기존 공급자, 경쟁업체 및 비산업 기업의 액터를 의식적으로 참여시킨다. 일반적으로 기업은 구체적인 디자인에 따라 나중에는 전통적인 파트너 네트워크, 중앙집중형 시스템 또는 분산형 에코시스템으로 존재하는 시스템의 이니시에이터가 되기도 한다. 컨소시엄, 커뮤니티, 협동조합 또는 다른 형태의 비즈니스가 설립된다.

비즈니스 에코시스템은 가능한 최선의 방법으로 액터들을 통합하여 모든 액터가 이득을 가질 수 있도록 하는 것을 목표로 한다. 협업은 분야의 액터들 간 경쟁을 배제하지는 않는다. 지속 가능한 비즈니스 에코시스템은 유연성과 통제력을 결합한 조직화된 시장 구조이다. 이는 가치 흐름과 구성 요소를 정기적으로 조정하고 제공 범위를 점진적으로 확장함으로써 달성할 수 있다.

에코시스템 디자인

비즈니스 에코시스템 디자인은 혁신 에코시스템, 지식 & 정보 에코시스템, 거래 & 데이터 에코시스템들 사이의 인터페이스에 위치한다. 이 책은 의도적으로 비즈니스 에코시스템을 디자인하는 데에 초점을 맞추고, 비즈니스 에코시스템 디자인을 실현하기 위한 디자인 구성 요소(design building blocks)로 다른 에코시스템의 요소들을 활용한다.

비즈니스 에코시스템

혁신 에코시스템

거래 & 데이터 에코시스템

지식 & 정보 에코시스템

비즈니스 에코시스템 디자인의 목표는 고객의 니즈에 맞게 시스템을 조정하는 통합된 분야가 되는 것이다. 협업과 오케스트레이션은 기하급수적으로 성장하고 역동적인 시스템을 만들어가는 과정이다. 그 과정은 협력적일 수도 있고, 때로는 보다 분산되는 경향이 있다.

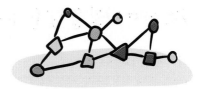

	절차 설명	경영 및 조직의 목표	결과물
통합된 분야로서의 비즈니스 에코시스템	협업 및 분산화(탈중앙화)	**시작과 조정** 목표 : 기하급수적 성장	에코시스템에서 가치 제안은 특정 대상 그룹과 그들의 니즈를 목표로 한다. 시스템은 역동적이며 변화에 민첩하게 대응한다.
거래 & 데이터 에코시스템	가치 중심 및 데이터 중심	**구축과 수익화** 목표 : 네트워크 효과 및 확장	자동화 및 표준화를 통해 일반적인 가치 제안을 확장하고 새로운 제품, 서비스 및 가치 제안을 위한 데이터를 수집할 수 있다.
혁신 에코시스템	개방형 혁신 및 비즈니스 모델 혁신	**발명과 스케일** 목표 : 차별화 및 기술 리더십	주요 산출물은 비즈니스 모델 혁신 또는 신기술에 의해 주도되며, 때로는 핵심 기술을 중심으로 클러스터링 된다.
지식 & 정보 에코시스템	자격을 갖춘 조직 및 연구 기관과의 협업	**자금과 실행** 목표 : 지적재산권(IP) 및 협상력	연구를 통해 또는 신뢰할 수 있는 기관(독립체)의 검증된 정보를 기반으로 새로운 지식이 등장한다

에코시스템에서 어떤 역할을 맡을 수 있는가?

에코시스템에서의 역할은 다양하며, 그 역할에 주어진 각각의 이름도 다양하다. 이러한 이유로 에코시스템을 정의할 때 첫 번째 단계에서 역할에 대한 대략적이고 이해하기 쉬운 분류가 이루어지고 있다. 핵심 요소는 고객과 고객의 니즈이다. 대부분의 경우 비즈니스 에코시스템의 이니시에이터는 시장 기회를 포착하거나 고객들에게 새롭거나 변화된 니즈가 생길 때 에코시스템을 개발하고자 한다. 그 아이디어들은 클라우드 컴퓨팅, IoT, 블록체인과 같은 새로운 기술에 의해 종종 촉발된다.

오케스트레이터는 여전히 대부분의 에코시스템에서 중심적인 역할을 맡고 있다. 시스템이 어떤 유형인지에 따라 오케스트레이터의 역할은 분산될 수도 있다. 종종 이니시에이터가 이 역할을 맡게 되지만, 자본 측면에서 이 시스템에 참여하고 있는 액터가 이 역할을 맡을 수도 있고, 이 역할 수행에 필요한 능력이 더 낮다고 판단되거나 더 넓은 도달 범위 및 가능성을 가진 액터가 맡을 수도 있다.

시스템의 다른 액터는 고객에게 가치 제안을 제공하고, 개발된 규칙에 근거하여 이를 발전시키고, 직접 또는 간접적인 고객 액세스를 통해 그 가치 제안을 이용할 수 있도록 한다. 시스템의 모든 액터들이 시스템에서 일하고 기여함으로써 이익을 얻는 것이 중요하다.

공급자의 역량은 시스템의 구현과 운영에 있어서 똑같이 중요한 역할을 한다. 공급자는 가치 제안을 제공하는 데 직접적인 영향을 미치지는 않는다. 대신, 그들은 에코시스템, 필요한 기술 플랫폼 또는 분산형 시스템을 지원해주는 역할을 한다. 어떤 특정 에코시스템인가에 따라서 기타 플레이어가 다른 작업을 수행할 수도 있다. 이러한 참여자들은 정보를 수신하거나 거래를 검증하는 공공기관일 수 있다.

오른쪽 그리드에서 볼 수 있듯이, 각 역할은 비즈니스 에코시스템의 일부가 됨으로써 직간접적인 이점을 얻을 수 있다. 그들은 가치 제안을 창출하는데 직접적인 책임이 있거나 시스템을 위한 인에이블러 기술을 제공한다.

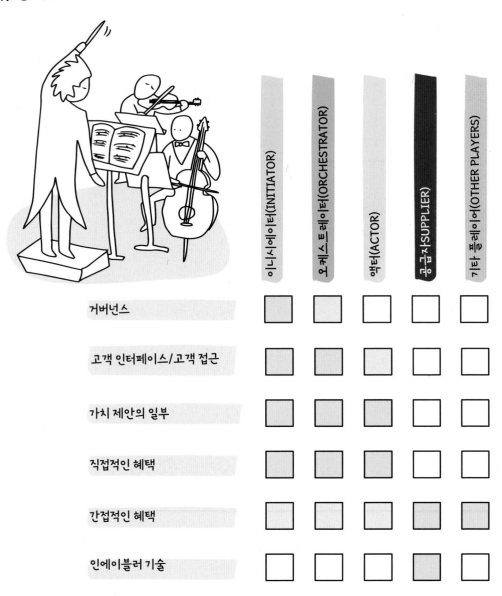

	이니시에이터(INITIATOR)	오케스트레이터(ORCHESTRATOR)	액터(ACTOR)	공급자(SUPPLIER)	기타 플레이어(OTHER PLAYERS)
거버넌스	■	■			
고객 인터페이스/고객 접근	■	■			
가치 제안의 일부	■	■	■		
직접적인 혜택	■	■	■		
간접적인 혜택	■	■	■	■	■
인에이블러 기술				■	

고객(CUSTOMER)

- 서비스 제공
- 에코시스템과 반복적 상호 작용
- 행동방식 및 거래에 대한 데이터 공유
- 직간접적 부가가치 획득

이니시에이터(INITIATOR)

: 시장 기회를 포착하거나 고객의 니즈에 맞게 에코시스템을 초기에 시작하는 주체

- 고객의 니즈 및 시장 기회 인식
- 초기화 활동 시작
- 초기 프로토타입 및 최소 생존가능한 제품에 필요한 예산 제공
- 오케스트레이터 역할로 전환하거나 액터가 됨

오케스트레이터(ORCHESTRATOR)

: 시장에서 더 넓은 도달범위와 가능성을 가지고 시장의 조정을 담당하는 주체
 (종종 이니시에이터가 이 역할을 담당하기도 함)

- 활동 조율
- 원칙과 규칙 정의
- 성장을 위한 프레임워크 조건 정의
- 지속가능한 거버넌스 실현

액터(ACTOR)

: 시장에서 관련 기술과 서비스를 보유하고 고객에게 가치 제안을 제공하고 발전시키는 주체

- 통합된 기술 또는 서비스 보유
- 가치제안 관련 서비스 및 일부 서비스 제공
- 원칙과 규칙을 기반으로 한 혁신
- 프로젝트 진행 과정에서 활동의 일부를 연결

공급자(SUPPLIER)

: 관련 기술, 소프트웨어, 구성 요소, 기술 플랫폼 등을 제공하는 주체

- 기술 또는 기술 구성요소 제공
- 소프트웨어 또는 통합계층 제공
- 인프라 제공 및 연결성 보장
- 고객과 무관

기타 플레이어(OTHER PLAYERS)

: 시장에서 관련된 것들을 주고받거나 시장에 참여하는 여러 주체

- 자주 정보를 받는 사람
- 자동화된 프로세스에서 데이터 검증을 위한 조언자 역할 수행
- 일반적으로 직접적인 고객 인터페이스가 없음

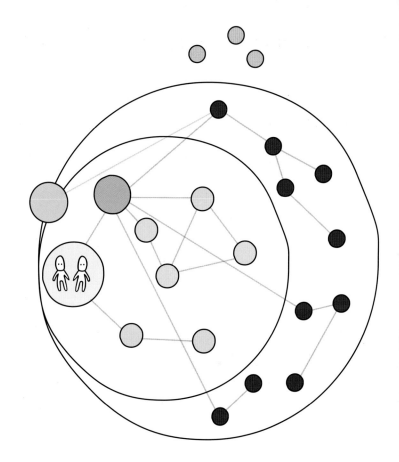

비즈니스 에코시스템을 정의하는 데는 5~6개의 역할이면 충분하다. 언급된 역할들은 일반적으로 다양한 작업과 기능을 담당하며, 제공될 가치 제안에 대한 근접성도 서로 다르다.

가치 제안은 어떤 방식으로 이루어지는가?

비즈니스 에코시스템의 핵심 요소는 가치 제안이다. 이는 가치 있는 고객 상호 작용을 위한 전제 조건이며, 시스템의 액터들에 의해 공동으로 지원되고 더 발전되어야 한다. 하나의 가치 제안은 제품이나 서비스를 제공하는 데에 크게 기여하는 각각의 가치 흐름에 내재되어 있다. 이러한 현상은 개별 액터들이 차례로 가치 창출과 가치 획득을 교환하면서 이루어진다. 복잡하고 역동적인 시스템에서는 에코시스템 전체가 다양한 위험을 감수하며, 각각의 개별 액터들도 시스템의 일부가 되는 순간 같은 위험을 감수하게 된다.

위험

전체 에코시스템 또는 특정 가치 제안을 담당하는 액터는 성능 보장 위험, 아웃소싱 위험, 규정 준수 등의 위험을 감수해야 한다.

위험 유형: 운영 위험, 성과 관련 위험, 재정 위험, 인센티브로 인한 다른 액터의 활동 또는 시스템 자체의 위험 또는 그 역학적 측면의 위험.

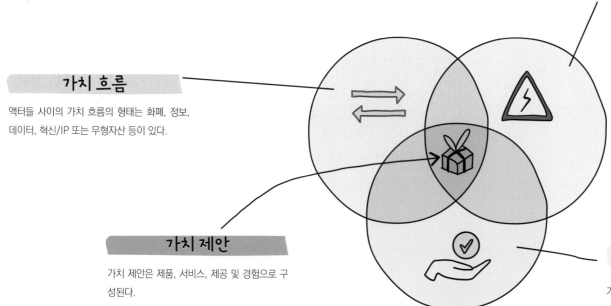

가치 흐름

액터들 사이의 가치 흐름의 형태는 화폐, 정보, 데이터, 혁신/IP 또는 무형자산 등이 있다.

가치 제안

가치 제안은 제품, 서비스, 제공 및 경험으로 구성된다.

서비스 제공

가치 제안을 이행하고 전달하는 데 필요한 활동, 자원 및 기술의 형태로 제공한다.

가치 흐름, 가치 창출 및 가치 획득의 상호 작용이란 무엇인가?

비즈니스 에코시스템의 가치 창출 네트워크는 위에서 설명한 액터들로 구성된다. 그들은 보완적인 범위를 가지거나 서로 경쟁하게 된다. 이들은 함께 정의한 가치 제안을 제공한다.

개별 액터와 그들 사이의 가치 흐름이 어떻게 이루어지는지 그 관계를 이해하는 것은 시스템을 디자인하는 데에 있어서 매우 중요하다. 액터를 위해 반복적이거나 지속 가능한 가치를 창출할 수 있는 비즈니스 에코시스템만이 살아남고 성장한다. 이러한 유형의 가치 설계는 MVE(최소 생존가능 에코시스템) 정의의 일부이며 비즈니스 에코시스템 디자인에서 가장 복잡한 작업 중 하나이다.

비즈니스 에코시스템은 액터들을 가치 흐름과 연결한다. 액터들은 스스로 개발하고 조정된 공존 속에서 그들의 부가가치를 제공한다.

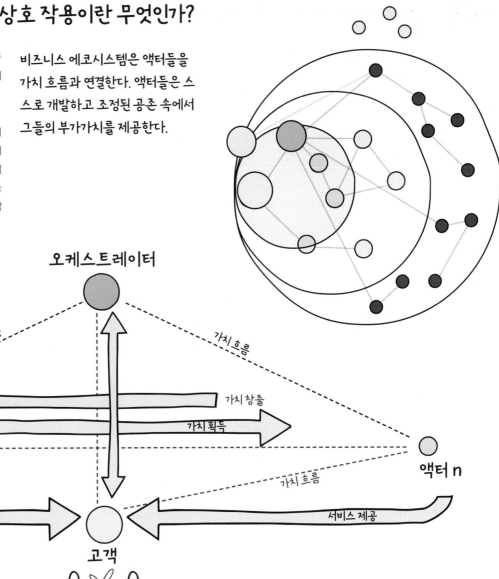

오케스트레이터

가치 흐름

가치 흐름

가치 획득

가치창출

가치창조

가치 획득

액터 1

액터 n

가치 흐름

서비스 제공

서비스 제공

고객

생물학적 생태계 vs. 인간이 만든 에코시스템

인간이 만든 비즈니스 에코시스템은 생물학적 생태계(공생, 공-진화, 협력)를 비유로 사용하지만, 그 성격은 여러 측면에서 상당히 다르다. 생물학적 생태계는 상대적으로 안정적인 조건이 존재하는 하나 또는 그 이상의 여러 가지 균형 상태를 가지며, 개체군과 영양분의 교환이 일정 수준으로 유지된다. 그러나 모든 종의 관점에서 볼 때 균형이 이상적으로 보이는 경우는 드물다.

생물학적 생태계는 협력과 경쟁 속에서 운영된다. 종들은 장기적으로 생존할 수 있도록 그에 상응하는 적응을 해야 한다. 이는 기본적으로 비즈니스 에코시스템에서도 마찬가지이다. 비즈니스 에코시스템에 참여하려면 인센티브가 필요하다. 즉, 시장 참여자들은 비즈니스 에코시스템에서 무언가를 얻거나, 그에 상응하는 후원을 받거나, 혼란으로 인해 변화할 수밖에 없는 경우에만 비즈니스 에코시스템에 참여할 것이다.

비즈니스 에코시스템을 디자인할 때에는 공동 가치창출, 모든 액터를 위한 가치 창출 그리고 참여자 모두가 지지하는 가치 제안이라는 긍정적인 원칙을 따른다. 경직된 공급망을 가진 많은 통합 기업들은 지금까지 변화의 필요성을 느끼지 못했다. 이들은 특정 시장에서 운영되며 새로운 기술과 파괴적인 제품의 위협을 감지하지 못하고 있다. 우리는 그것을 섬의 생물학적 생태계와 비교할 수 있다.

섬에서 사는 생물종들은 포식자들을 두려워할 필요가 없기 때문에(예를 들어, 포식자를 피해 날아다닐 필요가 없는 조류) 섬에서 그들의 역할을 하며 살아갈 수 있다. 생물학적 생태계와 마찬가지로 기업도 그 규모에 따라 변화와 적응 속도가 크게 좌우된다. 어떤 생물들은 지구 온난화와 같은 새로운 환경에 더 빨리 적응하는 반면, 어떤 생물들은 상대적으로 느리게 적응하는 것을 볼 수 있다.

이 질문은 생물체뿐만 아니라 기업에 대해서도 마찬가지로 주어지는 질문이다. 얼마나 빨리 변화를 수행할 수 있으며, 생존하기에 충분한 시간이 있는가?

특히 수명이 길고 천천히 성장하는 생물종들은 생물학적 생태계의 새로운 조건에 적응하기 위해 더 오랜 시간이 필요하다. 기업에 이를 비유해보면 명백해진다.

"비즈니스 에코시스템은 자연 생태계와 같습니다. 먼저 이해해야 하고, 그 다음에 잘 계획되어야 하며, 또한 신중하게 갱신되어야 합니다."

– 펄 쥬Pearl Zhu, 『디지털 마스터Digital Master』 시리즈 저자

청사진과 같은 생태학과 생물학

많은 사람들이 비즈니스 에코시스템에서 생각하고 행동하는 데 어려움을 겪는다. 그 이유는 에코시스템에 참여하거나 비즈니스 에코시스템을 구축하는 초기 아이디어를 따를 때 오래된 패턴을 적용하기 때문이다. 과거에는 기업들이 필연적으로 중앙집중화 되고 계층적으로 조직화되어 있었다. 그러나 오늘날에는 새로운 기술과 네트워크 통신 덕분에 새로운 형태의 더욱 분산된 시스템을 실현할 수 있게 되었다.

따라서 생태학과 생물학은 비즈니스 에코시스템 디자인에 유용한 청사진을 다양하게 제시함과 동시에 위에서 설명한 몇 가지 마인드 전환을 촉발할 수 있다. 공생과 공-진화와 같은 핵심 개념은 경영에 관한 글에서도 강조하고 있고, 기업들이 필수적으로 숙달될 필요가 있다는 점에서 가장 중요한 핵심이라 할 수 있다.

공동 가치창출은 조간 지역(intertidal zones)에서 자원을 공동으로 개발하고 아이디어를 상호 수정하는 것 이상을 의미하지는 않는다. 시스템에서 다양한 액터의 공유된 작업은 고유한 가치 제안과 혁신을 실현하기 위한 기반을 구성한다.

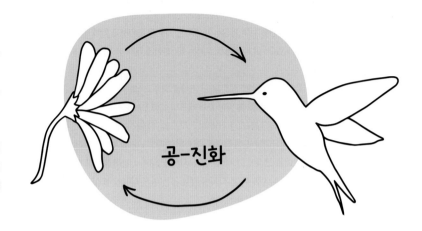

공-진화

공생과 공-진화의 한 예는 애플과 골드만 삭스 간의 협업에서 볼 수 있다. 두 기업은 풍요로운 시장 부문에서 그들의 활동을 점진적으로 확장해 왔다. 물론 풍족한 타겟 그룹은 특히 탐낼 만하다; 결국, 그들은 국가와 은행에 따라 25만 달러에서 100만 달러 사이의 금융 자산을 마음대로 사용할 수 있게 되었다. 이러한 협업 과정을 통해 부유층 및 다른 타겟 그룹에 서비스를 제공할 수 있는 더 큰 에코시스템의 기반을 구성할 수 있다. 애플과 골드만 삭스의 개별 요소가 어떻게 에코시스템의 공생 관계로 이어지고, 시간이 지남에 따라 부유한 은행 고객을 위한 고유한 고객 경험이 어떻게 나타나는지를 알아보는 데는 많은 상상력이 필요하지 않다.

생물학적 시스템에 존재하는 생명체들처럼, 기업들도 함께 진화할 수 있다.

애플과 골드만 삭스의 공-진화

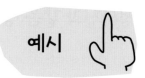

예시

새로운 비즈니스 에코시스템은 언뜻 보면 연관성이 없지만 서로를 보완하고 함께 발전하는 액터들 사이에서 종종 등장하는 경우가 있다. 이 시점에서 우리는 공-진화에 대해 이야기할 수 있다.

골드만 삭스는 월 스트리트에서 프라이빗 뱅킹과 큰 거래를 다루고 있는 기업의 상징이다. 애플은 애플리케이션, 음악 및 기타 디지털 콘텐츠를 위한 자체 비즈니스 에코시스템을 포함하여 라이프 스타일 스마트폰, 태블릿 및 컴퓨터 시장을 대표하는 기업이다. 디지털 콘텐츠는 애플 비즈니스 에코시스템에서 중요한 미래 가치 흐름 중 하나이다. 단계적으로, 애플은 고객의 니즈를 수용하기 위해 이러한 서비스를 구축하고, 의식적으로 애플 고객이 그 서비스를 유지하게 하며, 시간이 지남에 따라 이 에코시스템에서 벗어나는 것은 더욱 어려워지게 된다. 디지털 결제 옵션(애플 페이)을 통합한 애플 카드도 고객이 애플 서비스를 유지하게 하는 예라 할 수 있다.

골드만 삭스는 월 스트리스에서 거물로 여겨지지만 몇 년 전까지만 해도 신용카드 사업에는 적극적이지 않았다. 골드만 삭스의 신뢰와 애플의 기술 라이프 스타일 접근 방식은 낮은 위험도로 새로운 시장 영역을 정복할 수 있게 했다. 골드만 삭스가 백그라운드에서 처리를 맡은 가운데, 골드만 삭스의 마커스 은행에 대한 새로운 고객 접점이 등장했다. 그리고 애플 고객에게는 애플 스토어 내에서 디지털, 물리적 상품 및 서비스에 대해 거래 구매 금액의 최대 3% 환급이라는 추가적인 혜택이 주어졌다. 애플에 따르면, 이 데이터는 지금까지 광고 목적으로 분석되거나 사용되지 않았다.

전통적인 투자 금융 기관

골드만 삭스는 미국 뉴욕에 본사를 둔 투자 은행 및 증권 거래 회사이다. 골드만 삭스의 고객 중에는 주요 기업과 정부는 물론 이전에 인수합병, 자산관리 및 중개 등 은행의 컨설팅 서비스를 주로 이용했던 고액 순자산가(HNWI)들이 있다.
골드만 삭스의 마커스 은행은 2018년부터 무이자 개인 대출, 이자가 발생하는 온라인 저축계좌 및 예금증서를 제공하고 있다.

+

선도적인 기술 기업

애플은 하드웨어와 소프트웨어 사업부를 보유한 기술 그룹으로 컴퓨터, 스마트폰, 소비자 가전은 물론 독점 운영체제와 애플리케이션 소프트웨어를 개발해 자신들의 에코시스템에 제공한다. 또한, 애플은 음악, 영화 그리고 기타 디지털 콘텐츠까지 다룬다. 애플사는 아이폰, 아이패드, 애플 워치, 맥과 같은 애플 기기에서 애플 페이와 함께 사용할 수 있도록 2019년에 애플 카드를 개발하여 출시하였다.

골드만 삭스의 최고 경영자 데이비드 솔로몬은 은행의 애플 카드 출시를 "역대 가장 성공적인 신용카드 출시"라고 평가했다.

=

공-진화

공-진화의 예

애플 페이 – 2014

- 모바일 비접촉식 결제 시스템 및 디지털 지갑 서비스
- POS에서 근거리 무선 통신을 통해 제품 및 서비스에 대한 비용 지불(직접 지불, iOS 앱으로 지불 또는 인터넷 지불)

마커스(MARCUS) – 2016

- 개인 고객을 위한 오픈 크레딧 및 저축 계좌를 위한 온라인 플랫폼
- 무이자 고정 수익 가계 대출, 고수익 온라인 저축 계좌 및 예금 증서
- 마커스는 투자 관리에 통합되고 있는 필수 디지털 자산 상품의 구성 요소 중 하나이다.

애플 카드 – 2019

- 월렛 앱에 통합된 신용 카드뿐만 아니라 실제 신용 카드
- 수수료 없음
- 월렛 앱에서 애플 캐시 카드로 출금 시 매일 1~3% 캐쉬백 환급
- 실시간 이자 추정
- 사기로부터 실시간 보호
- 색상으로 구분된 비용 개요와 같은 월렛 앱의 대화형 기능

"대량의 부유한" 시장을 위한 미국의 자산 관리 솔루션 – 2019

- 유나이티드 캐피털 파이낸셜 어드바이저, LLC 인수
- 마커스를 통해 고객과의 상호작용을 실현하는 투자 플랫폼 개발

애플 로그인 – 2019

- 웹 서비스에 대한 보안 ID(신분증명)
- 일회용 이메일 주소는 타사가 애플 ID를 읽을 수 없도록 한다.
- 사용자 데이터 보호
- 인터넷 익명 서핑 옵션

엘린바(ELINVAR)의 지분 – 2019

- 전직 도이치 은행 은행원들이 설립한 독일 스타트업
- 기존 대출 기관이 온라인으로 서비스를 제공할 수 있도록 지원하는 디지털 플랫폼
- 골드만은 스타트업 지분 13.9% 보유

애플 크립토(암호화) 키트 – 2019

- 지원 및 사용자 편의성이 향상된 애플리케이션을 위해 더 많은 보안 기능을 제공하는 암호화 개발자 도구인 Swift API
- 해싱, 공용 및 개인 키 생성, 키 교환 및 iOS 애플리케이션의 암호화와 통합 옵션

넛멕(NUTMEG)의 지분 – 2019

- 웹 서비스에 대한 보안 ID
- 일회용 이메일 주소는 제3자가 애플 ID를 읽을 수 없도록 한다.
- 사용자 데이터 보호
- 인터넷에서 익명 서핑 옵션

비즈니스 시스템의 복잡성 수준은 어느 정도인가?

안정적인 시스템과 애자일 시스템이라는 두 상태 사이에는 이미 뚜렷한 차이가 있다(38페이지 참조). 안정적인 시스템은 대부분 정적인 고객 – 공급자 체인을 가진 통합된 기업에서 찾을 수 있다. 애자일 시스템은 고객이 필요에 따라 다양한 제품과 서비스를 수집하고 소비하며, 정부 규제가 없는 보다 개방적인 자본 경제 시장에서 보여진다. 그 중간에는 분산된 에코시스템에 이르기까지 다양한 파트너 및 비즈니스 네트워크가 있다.

이러한 비즈니스 시스템에는 다양한 복잡성을 나타내는 여러 가지 징후들이 있다. 시작과 참여를 위해서는 새로운 기술이 필요하다. 지난 수십 년 동안 비즈니스 에코시스템의 진화는 주로 신기술에 의해 주도되어 왔다. 핵심 기술은 인터넷, 블록체인, 빅데이터 분석으로, 단순한 구조에서 복잡한 구조로 진화하는 형태를 보이고 있다. 비즈니스 에코시스템의 복잡성과 관련하여, 특정형 파트너 네트워크, 중앙집중형 비즈니스 네트워크 및 분산형 에코시스템 간의 차별화가 이루어질 수 있다.

집중적인 파트너 네트워크는 실질적인 비즈니스 에코시스템의 특성이 없기 때문에 파트너십과 가치 사슬의 범주에 할당되어야 한다. 그러나 그 차이점을 보여주기 위해 간략하게 설명하겠다.

> 비즈니스 에코시스템은 전통적인 고객-공급자의 관계를 뛰어넘는다. 여기에는 전략, 판매, 제품 또는 역량에 직간접적인 영향을 미칠 수 있는 모든 액터들이 포함된다.

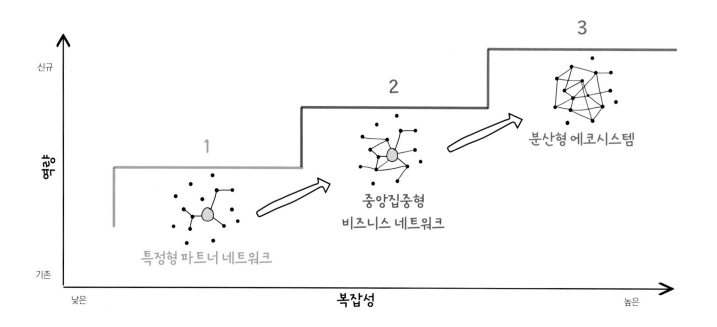

1 ──────── 특정형 파트너 네트워크

비즈니스 시스템의 가장 기본적인 형태는 2차 산업혁명 시대에 전성기를 누렸던 가치사슬이다. 개별 시장 참여자들은 핵심 역량에 집중했고, 가치사슬을 통해 더 많은 제품이 생산되었다. 나중에 (3차 산업혁명에서), 활동은 기업의 다른 중요한 요소들로 확장되었다. 대표적인 예가 IT 인프라 운영을 아웃소싱하는 것이었다. 이를 통해 표준화된 서비스형 인프라(IaaS) 제품 또는 서비스형 소프트웨어(SaaS) 제품이 탄생했다. 일반적으로 협업은 SLA를 기반으로 한다. 서비스 가격은 소싱 파트너의 권력 관계를 기반으로 계산되었다.

2 ──────── 중앙집중형 비즈니스 네트워크

이러한 시스템은 인터넷 시대에 중요성을 얻었던 방식이다. 소위 플랫폼 경제는 네트워크 효과, 확장성 및 API로 특징지어진다. 데이터를 기반으로 하는 새로운 비즈니스 모델은 플랫폼에서 시장 참여자들이 상호 작용하는 과정에서 실현되고 수익화 되었다. 이러한 형태의 협업은 중간 정도의 복잡성을 가지며, 대부분의 기업은 그들이 참여할 수 있는 일반적인 시장이나 이니셔티브를 알고 있다. 대부분의 경우, 이러한 중앙집중식 비즈니스 네트워크는 기존의 권력 관계에서 작동하며 친숙한 비즈니스 모델을 기반으로 한다. 중앙집중식 비즈니스 네트워크의 이니시에이터는 어떤 방법으로 다른 액터들을 참여시켜야 할지, 그들이 어떤 이점을 가지고 있는지 그리고 참여자들이 시스템에서 돈을 벌 수 있도록 하는 비즈니스 모델이 어떤 것인지에 대해 생각해야 한다. 즉, 플랫폼 경제에서 비즈니스 모델에 대한 다차원적 관점이 각 시스템이 성공할 수 있는지를 결정짓는 관건이 되었다. 예를 들어, 아마존, 애플, 우버 및 스포티파이와 같이 플랫폼 경제에서 성공적인 기업들은 이러한 수단에 의존한다. 이러한 기업에서는 디자인 씽킹의 프레임워크와 작업 방식에 기반한 마인드세트가 중요한 특징으로 자리잡고 있다.

3 ──────── 분산형 에코시스템

최근에는, 보다 분산된 시스템으로 전환되는 모습을 볼 수 있다. 이러한 시스템에는 일반적으로 오케스트레이터가 있으며, 고객의 변경된 요구사항을 충족시켜 준다. 분산형 에코시스템은 매우 복잡하며, 새로운 리더십 기술은 물론 비즈니스 에코시스템, 오케스트레이션 및 거버넌스를 디자인하기 위해 새로운 기능이 필요하다. 비즈니스 모델에 대한 다차원적 관점은 사업 성공에 있어서 필수적인 디자인 요소가 되고 있다. 이러한 다차원적 관점을 지님으로써 시스템의 모든 액터들에게 필요한 혜택을 제공하는 에코시스템을 실현할 수 있다. 더 나아가 이러한 관점을 통해 기하급수적 성장 가능성을 발견할 수 있다.

비즈니스 에코시스템은 시스템의 액터를 통해 확장되어 고객을 위한 제품 및 유연성의 범위를 넓혀 나간다. 서비스는 광범위하게 제공된다. 고객은 자유롭게 이동하고 시스템은 개방되어 있다. 에코시스템 내에서 동일한 서비스를 제공하는 두 액터가 있더라도 어느 한 액터를 배제하지 않는다. 액터는 서비스 범위, 품질 및 가격 책정을 통해 자신들을 차별화시킬 수 있다.

새로운 비즈니스 모델과 성장 잠재력을 향한 전환과 진화

시스템의 역량과 복잡성 외의 요소들도 타임라인에 표시할 수 있다. 점점 더 분산된 에코시스템으로의 전환은 현재 이러한 접근
방식이 이미 실현되었거나, 새로운 가치 제안을 위해 실험적으로 테스트되고 있는 수많은 이니셔티브에서 볼 수 있다.

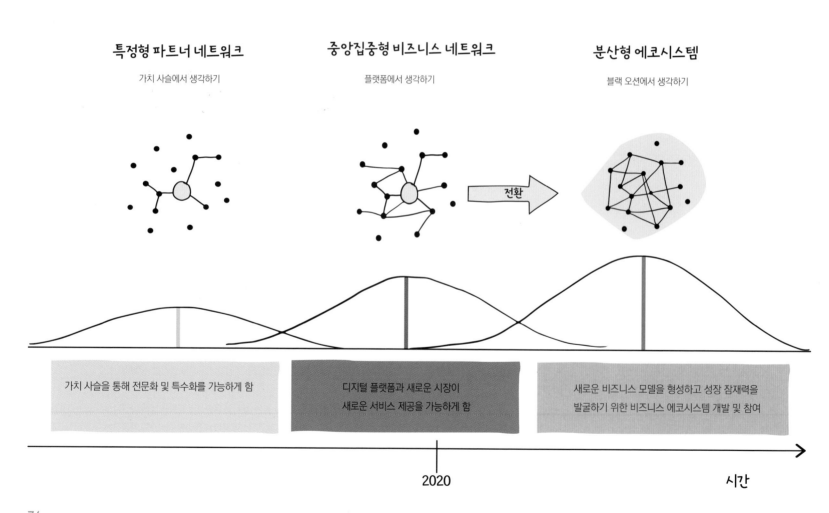

특정형 파트너 네트워크

가치 사슬에서 생각하기

중앙집중형 비즈니스 네트워크

플랫폼에서 생각하기

분산형 에코시스템

블랙 오션에서 생각하기

전환

가치 사슬을 통해 전문화 및 특수화를 가능하게 함

디지털 플랫폼과 새로운 시장이
새로운 서비스 제공을 가능하게 함

새로운 비즈니스 모델을 형성하고 성장 잠재력을
발굴하기 위한 비즈니스 에코시스템 개발 및 참여

2020

시간

전략의 통합

많은 기업에게 있어 비즈니스 에코시스템에 전념한다는 목표는 기업 전략의 일부가 되어 핵심 비즈니스와 연결되는 경우에만 가치가 있다. 에코시스템 전략은 전통적인 전략의 관점과 근본적으로 다르기 때문에 이렇게 바라보는 것은 상당히 균형 잡힌 시각이다. 성공적인 에코시스템 전략은 기업 가치를 보호하는 대신 기업 가치를 서로 연결하려고 한다; 다른 액터들을 위해 시스템 진입 장벽을 낮추고, 결과적으로, 그들의 서비스와 제품을 다른 기업의 것과 구별할 수 있도록 하기 위해 액터들과 함께 가치 제안을 만들어 나간다.

이러한 협업과 기술의 가속화는 우수한 비즈니스 에코시스템을 위한 새로운 기회를 제공한다. 에코시스템은 기존 제품 및 서비스의 매출 증대를 목표로 하는 대신 고객과 고객의 니즈에 초점을 맞춘다.

이러한 배경에서 우리는 비즈니스 성장을 위한 디자인 씽킹과 관련된 전략 및 에코시스템에 대한 주제를 98~146페이지에서 자세히 살펴볼 것이다.

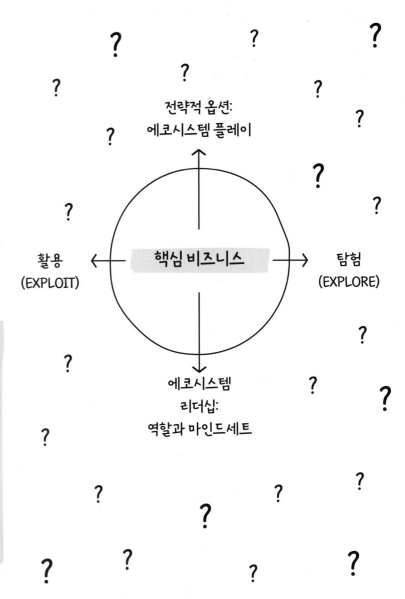

에코시스템 다이어그램:
전략적 옵션: 에코시스템 플레이
핵심 비즈니스
활용 (EXPLOIT)
탐험 (EXPLORE)
에코시스템 리더십: 역할과 마인드세트

주요 질문:

- 비즈니스 에코시스템에 참여하거나 초기화를 통해 달성하고자 하는 목표는 무엇인가?
- 활용(EXPLOIT)과 탐험(EXPLORE)을 모두 사용하여 균형 잡힌 포트폴리오를 실현할 수 있는 방법은 무엇인가?
- 기존 기술과 기능, 파트너십 및 고객 액세스를 에코시스템 플레이에서 어떻게 활용할 수 있는가?
- 에코시스템에서 다양한 역할을 수행하기 위해 어떤 기술과 리더십 접근 방식을 재구축해야 하는가?
- 거버넌스는 어떻게 조직되어야 하는가?
- 기하급수적 성장을 실현하고 확장할 수 있는 옵션은 무엇인가?

성공한 기업으로부터 얻는 교훈

플랫폼 경제 단계에서 이미 비즈니스 성장을 위한 디자인 씽킹을 적용한 기업은 현재와 미래의 성공에 기여하는 원칙을 활용하고 있다. 애플, 아마존, 구글, 텐센트 그리고 알리바바와 같은 기업의 경우, 가치와 리더십의 원칙이 반복되는 패턴을 보여주고 있다. 이러한 원칙의 대부분은 비즈니스 에코시스템 디자인의 기초가 되는 디자인 씽킹 및 시스템 씽킹 마인드세트와 유사하다.

앞서 언급한 기업들의 사례에서 가장 중요한 요소는 바로 고객 지향성이다. 아마존의 경우, 고객이 최우선이다. "100% 고객 지향"이라는 구글의 가치관 또한 사용자를 최우선으로 생각한다.

텐센트와 같은 기업은 명시적으로 비즈니스 에코시스템의 초기화에 초점을 맞춘다. 첫 번째 핵심은 다른 액터들과의 개방적인 협업이다. 두 번째 핵심은 비즈니스 모델의 다차원적 관점을 기반으로 시스템의 모든 액터들에 대한 이익을 실현하는 것이다. 텐센트는 상생과 기하급수적 성장을 목표로 하는 다른 액터와의 협력 프로젝트에서 이러한 비즈니스 시스템을 성공적으로 구현할 수 있는 기초적인 부분을 살핀다. 알리바바의 "102년"이라는 사명은 비즈니스 에코시스템의 다른 참가자들과 장기적인 사고와 지속적인 관계를 구축하는 것을 의미한다. 알리바바는 자체적으로는 시장 진입이 어렵고, 제품을 글로벌 시장에 공급할 수 없는 경쟁업체 및 기타 혁신가들을 지원한다.

애플의 7가지 리더십 원칙

- **우수한 제품:** 세상을 바꿀 우수한 제품을 디자인한다.
- **단순하고 복잡하지 않게:** 단순한 것이 복잡한 것보다 낫다.
- **탁월성:** 상당한 기여를 할 수 있는 시장에 참여한다.
- **"No"라고 말하기:** 우리에게 진정으로 중요하고 의미 있는 몇 가지에 집중하면서 수천 개의 프로젝트에 대해 "No"라고 말한다.
- **협업:** 고유한 방식으로 혁신하려면 긴밀한 협업, 지식과 생각의 교류(상호 영감)가 필요하다.
- **실수를 용납하기:** 기업 업무 전반에 걸친 탁월함, 실수를 다루는 정직함 그리고 변화에 대한 용기가 필요하다.
- **에코시스템:** 제품 및 서비스의 이면에 있는 주요 기술에 대한 소유권과 제어

(Source: Apple's core values according to CEO Tim Cook: https://think-marketingmagazine.com/apple-core-values/)

아마존의 16가지 리더십 원칙

- 고객 집착
- 주인 의식
- 창조하고 단순화하라
- (리더들은) 많이 옳아야 한다
- 학습하고 호기심을 가져라
- 최고의 인재를 채용하고 육성하라
- 최고의 기준을 고집하라
- 생각의 폭을 넓혀라
- 신속하게 판단하고 행동하라
- 근면, 검소
- 신뢰를 쌓아라
- 심층적으로 분석하라
- 기개를 가져라; 반대하고 받아들여라
- 성과를 내야 한다
- 지구 최고의 고용주가 되기 위해 노력하라.
- 성공과 스케일에는 광범위한 책임이 따른다.

(출처: https://www.amazon.jobs/principles)

구글의 가치관

- 사용자에게 초점을 맞추면 나머지는 저절로 따라온다.
- 한 분야에서 최고가 되는 것이 최선의 방법이다.
- 느린 것보다 빠른 것이 낫다.
- 인터넷은 민주주의가 통하는 세상이다.
- 책상 앞에서만 검색이 가능한 것은 아니다.
- 부정한 방법을 쓰지 않고도 돈을 벌 수 있다.
- 세상에는 무한한 정보가 존재한다.
- 정보의 필요성에는 국경이 없다.
- 정장을 입지 않아도 업무를 훌륭히 수행할 수 있다.
- 최고라는 것에 만족할 수 없다.

(출처: https://www.google.com/about) (참조: https://about.google/philosophy/?hl=ko)

텐센트의 문화

- **고객이 중심이다:** 고객의 의견에 귀를 기울이고, 고객의 니즈를 충족하며, 고객의 기대치를 뛰어넘는다.
- **모든 직원이 기업의 평판을 지속적으로 개선하도록 장려한다:** 직원들은 텐센트에 고용된 것을 자랑스러워 한다.
- **지속적으로 성장하고 디지털 경제에서 인정받는 기업이 된다:** 상생의 별자리를 지향하는 비즈니스 에코시스템의 다른 액터들과의 협력 프로젝트는 우리의 성공 기반이 된다.
- **책임감 있는 기업시민으로서의 역할:** 사회 전체의 발전에 적극적으로 기여한다.

- **인터넷은 전기와 같다:** 고객/사용자의 삶을 더 쉽고 즐겁게 만드는 기본 서비스를 제공한다.
- **서로 다른 지역에 있는 사용자의 다양한 니즈를 해결한다:** 사용자의 니즈에 맞춘 고유한 제품과 서비스를 제공한다.
- **파트너와의 개방적인 협업을 기반으로 완벽한 비즈니스 에코시스템을 구축한다:** 기본적인 아이디어는 항상 모든 액터들이 상생할 수 있는 상황을 위해 노력하는 것이다.
- **비즈니스 철학:** 사용자의 니즈가 우리의 최우선 과제이다.

(출처: https://www.tencent.com/en-us/about.html)

알리바바의 비전, 사명 및 가치

Alibaba

- 고객이 언제 어디서나 가능한 한 쉽게 비즈니스를 수행할 수 있도록 한다.
- 데이터를 공유할 때 최우선으로 선택되는 플랫폼이 된다.
- 직원들이 가장 행복한 회사가 된다.
- 적어도 102년 동안 존재하는 기업이 된다.
- **고객 우선:** 사용자와 유료 고객의 이익이 최우선이다.
- **팀 작업:** 직원들은 팀으로 작업하고, 의사 결정에 참여하며, 팀의 목표에 전념한다.

- **변화 예측:** 이 산업은 역동적으로 발전하고 있다. 직원들은 유연하고 혁신적이며 적응력이 뛰어나야 한다.
- **청렴성 입증:** 신뢰는 에코시스템에서 필수적인 요소이며 직원들은 최고 수준의 청렴성을 준수하고 모든 의무를 이행한다.
- **열정을 가져라:** 고객에게 서비스를 제공하든 새로운 서비스와 제품을 개발하든 직원들은 열정을 가지고 행동해야 한다.
- **헌신을 보여주기:** 중국 및 글로벌 고객과 중소기업(SMEs)의 요구를 이해하고 충족시키기 위해 많은 노력을 기울인다.

(출처: https://www.alibabagroup.com/en/about/overview)

생물학에 비유하자면, 에코시스템은 적응력 있고 탄력적이며 광범위한 유기체 네트워크를 의미한다. 이 유기체들은 공생에서 협력 그리고 경쟁에 이르기까지 서로 다양한 상호 관계에 있다.

비즈니스 맥락에서 비즈니스 에코시스템은 여러 기업 액터들이 산업 경계를 넘어 비교적 자유롭게 협업하는 협력 프로젝트이다. 이때 이루어지는 네트워크는 물리적이거나 실제이거나 혹은 가상일 수도 있다.

이러한 시스템을 디자인할 때는 비즈니스 성장을 위한 디자인 씽킹의 다양한 '디자인 렌즈'가 도움이 된다. 디자인 렌즈는 디자인 씽킹, 린 스타트업, 시스템 씽킹 그리고 스케일 마인드세트에 기반을 두고 있다.

플랫폼 경제와 기존 시장의 기업들을 살펴보면 어떠한 가치와 리더십 원칙 그리고 비전이 복잡한 시스템의 성공에 기여하는지, 그 지표를 찾을 수 있다.

실습

에코시스템의 관점으로 생각하기 시작하라. 지금부터!

에코시스템 디자인에 대한 60분 소개

비즈니스 성장을 위한 디자인 씽킹의 기본 원칙은 경험을 통해 가장 잘 이해할 수 있다는 것이다. 다음 실습에서는 비즈니스 에코시스템 디자인을 검토하기 위해 선택한 단계를 보여준다. 전문가 팀이 이러한 방법으로 좋은 기초 작업을 완료하고 이미 고객의 문제를 해결했기 때문에 에코시스템 디자인 방법을 이해하기 위해 이보다 더 좋은 경험은 없다. 또한 다양한 옵션 중에서 해결책을 선택하고, MVP(최소 생존가능 제품)를 통해 문제/시장 적합성을 테스트하였다. 여기에서 비즈니스 성장을 위한 디자인 씽킹을 하게 된다. 문제는 시장에서 MVE(최소 생존가능 에코시스템)의 형태로 테스트할 수 있는 적합한 에코시스템을 디자인하는 것이다. Pharmacy Today 저널의 기사에서 볼 수 있듯이 선택된 디자인 챌린지는 의료 부문에서 가져왔다. 현재 많은 산업 분야에서 고객의 문제를 해결하고 효율적인 시스템을 개발하기 위해 비즈니스 에코시스템 디자인이 필요하며, 미디어, 금융 서비스, 농업 또는 제약 분야에도 적용해볼 수 있다.

실습은 비즈니스 에코시스템 디자인에 대한 감각을 키워줄 것이다. 실습을 통해 60분 만에 간단한 비즈니스 에코시스템을 개발할 수 있는 방법을 보여준다. 각 단계에는 시간 표시로 플래그가 지정되어 있어 시간 안에 실습을 완료할 수 있다. 책에는 글을 쓸 수 있는 공간이 부족하므로 메모장, 연필, 포스트잇 몇 개를 가지고 실습을 시작하는 것이 가장 좋다. 해결책 아이디어는 여유 공간 아래에 설명되어 있다. 하지만 그것들은 결코 모범적인 해결책이 아니다. 이 에코시스템 문제를 해결할 수 있는 방법은 셀 수 없이 많다.

비즈니스 에코시스템은 전통적인 고객-공급자 관계 그 이상을 의미한다. 여기에는 전략적인 판매, 제품 또는 기능에 대해 직간접적인 영향을 미칠 수 있는 모든 액터가 포함된다.

디지털 처방전의 전국적인 적용 시기는 아직 정해지지 않았지만 전자처방전은 분명히 임박했습니다. 약국에는 새로운 하드웨어와 소프트웨어가 필요하고, 환자용 앱 시장은 이미 급격히 성장하고 있으며, 소프트웨어 회사와 데이터 센터는 프로세스와 제품을 변경해야 합니다.

(출처: DAZ Online [www.deutsche-apotheker-zeitung.de] Photo: imago images / Westend 61)

오리지널 디자인 챌린지

"어떻게 하면 환자를 위해 의료 시스템의 비용 절감과 동시에 더 나은 디지털 의료 경험을 디자인할 수 있을까?"

다양한 반복과 심층 인터뷰 및 사용자와의 상호작용을 통해 환자는 처방전을 간단하게 처리하는 방법을 원한다는 것이 분명해졌다.

환자(사용자 프로필)는 고충, 자체 해결방법 및 수행할 작업에 대한 정보를 제공한다.

환자의 니즈는 다양한 프로토타입 개발과 MVP(최소 생존가능 제품) 구성의 기반이 되었으며, 이는 다음 페이지에 나와 있다.

실습

6분

시작: 이 두 페이지 읽기

페르소나: 일반 환자의 현황(사용자 프로필)

해결 과제

환자가 진료실에 있을 때 처방된 약이 다른 유효 성분과 병용 투약하면 안 되는지 여부를 알게 되어 걱정 없이 약을 복용할 수 있다.

환자가 진료실을 떠날 때, 가장 가까운 약국에서 약을 구입하여 통증이 빨리 완화되고 가능한 빨리 치료가 시작되기를 원한다.

환자에게 연간 처방전이 있는 경우, 휴가 중이나 이동 중에 약을 받기를 원한다.

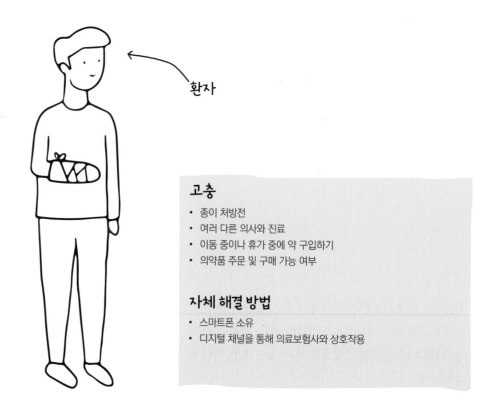

환자

고충

- 종이 처방전
- 여러 다른 의사와 진료
- 이동 중이나 휴가 중에 약 구입하기
- 의약품 주문 및 구매 가능 여부

자체 해결 방법

- 스마트폰 소유
- 디지털 채널을 통해 의료보험사와 상호작용

중요 항목 다이어그램: 환자/사용자를 위한 주요 경험 및 기능을 기반으로 하는 전자 처방전에 대한 비전 프로토타입과 테스트된 MVP:

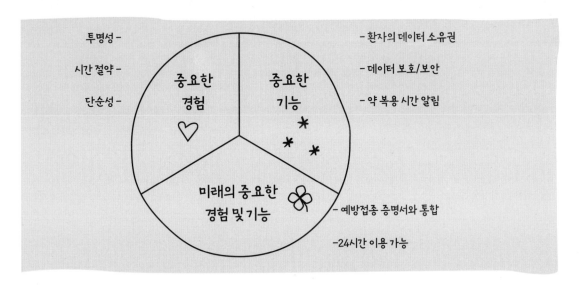

가치 제안: 전자 처방전을 통해 환자는 필요한 약에 대한 처방전을 어느 약국에든 제출하고 올바른 복용량에 대한 알림을 받을 수 있다. 또한 이 정보는 호환되지 않는 다른 의약품과의 병용 투약을 방지하는데 도움이 된다.

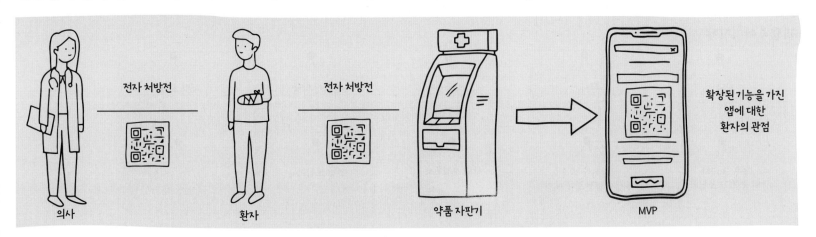

1. 브레인스토밍: 브레인스토밍으로 비즈니스 에코시스템에 대한 사고를 시작한다: 현재 기존 처방전과 관련된 액터는 누구인가?

환자의 전체 에코시스템의 여정을 살펴보고 어떤 액터가 처방전을 제출하고, 정리하고, 청구하는지 생각해본다. 명백한 상호 작용과 백그라운드에서 실행되는 상호작용을 포함한다.

5분

해결책 아이디어:

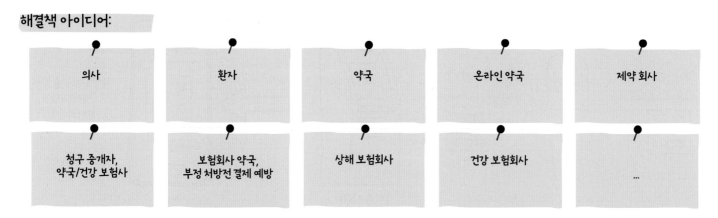

의사	환자	약국	온라인 약국	제약 회사
청구 중개자, 약국/건강 보험사	보험회사 약국, 부정 처방전 결제 예방	상해 보험회사	건강 보험회사	...

2. 시각화: 현재 시스템의 스케치 그리기=실제 상태

처방전이 환자에게 어떻게 전달되는지 보여준다. 현재 시스템의 문제 영역을 강조 표시한다.

8분

해결책 아이디어:

- 부정 처방전에 취약 및 높은 거래 비용
- 중개인로 인한 긴 처리 시간
- 데이터 불일치 및 모순, 고립된 기술 플랫폼
- 환자에 대한 정보가 없거나 비효율적임
- ...
- ...

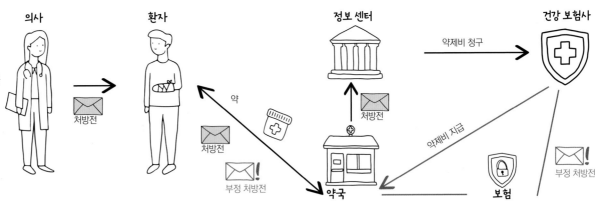

3.　(리)디자인: 비즈니스 에코시스템

현재 시스템보다 우수하고 주요 MVP를 실현할 수 있는 비즈니스 에코시스템은 어떤 모습인가?

3.1 비즈니스 에코시스템의 1~2가지 변형을 디자인하고 각각의 가치 흐름(데이터, 돈, 정보)을 입력한다.

디자인

리디자인

6분

- 어떤 액터가 누락되었는가?
- 새로운 기술로 제거될 수 있는 것은 무엇인가?
- 시스템이 지속가능한가?
- 모든 액터에게 장점이 있는가?
- 어떤 액터가 필수적인가?
- 그들의 관심사는 무엇인가?

해결책 아이디어:

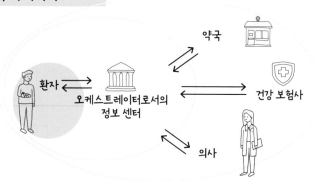

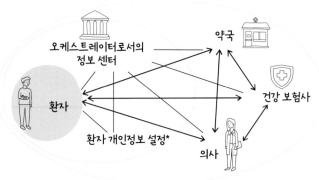

*(블록체인을 통한 데이터 소유권)

3.2 각 액터가 에코시스템에 참여함으로써 얻을 수 있는 혜택과 그들이 그 시스템의 일부가 되도록 동기부여를 하는지 생각해본다.

실습

장점:

6분

해결책 아이디어:

환자
- 항상 최신 처방전 소지
- 약국에서 빠른 사전 주문
- 빠른 약국 찾기
- 재고가 있는 약과 구입 가능한 위치 표시
- 사용 편의성

건강 보험회사
- 복수 청구 방지 ➡ 절감

의사
- 종이 없는 처방전
- 위조 방지 처방전
- 다양하고 구체적인 선택사항으로 의약품에 대한 투명한 정보와 개요

약국
- 청구서 비용 없음
- 수수료 지불 없음
- 유동성 향상
- 환자용 앱에 통합된 로열티 프로그램 및 약국 찾기

➡ 진료실에서의 부정 처방전 예방
- 예를 들어 이중 인증을 사용하면 제3자의 처방전 발행을 방지할 수 있다. (예: 의사의 어시스턴트에 의한)
- 의사의 승인 없이 작성된 처방전을 확인하고 분석할 수 있다(날짜, 환자, 약).

의사 및 약국에서의 부정 처방전 예방
- 부정행위는 주로 고가의 약물, 특히 화학요법제, 진통제 및 기타 중독성 약물의 경우에 발생한다.
- 처방전 복수 청구 불가

의사, 약국 및 제약 업계의 부정 처방전 방지
- 처방전에서 일부 약물을 선호하는 비밀 계약을 감지하고 분석할 수 있다.

4. 비즈니스 모델의 다차원적 관점: 시스템의 액터뿐만 아니라 가능한 비즈니스 모델 살펴보기

실습

4.1 핵심
전체 시스템의 비즈니스 모델은 무엇인가? 설치 비용과 운영 자금은 어떻게 조달되는가?

전체 시스템의 비즈니스 모델

8분

해결책 아이디어:

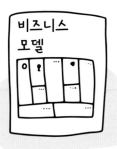

비즈니스 모델

잠재적 수익	잠재적 비용
• 건강보험사 제공, 연계 • 건강 및 상해 보험사의 재정적 참여 • 제약회사 통합(법적 문제) • 약국 거래 수수료	• 의사의 시스템 참여 인센티브 • 운영 블록체인, 환자용 앱 • 진료실에서 사용하는 소프트웨어 통합 • 액터 인지도 제고를 위한 마케팅 비용 • 마케팅 최종 소비자(환자) • 환자를 위한 새로운 부가가치의 추가 개발

4.2 액터

시스템 내의 액터에 의해 구현될 수 있는 또 다른 비즈니스 모델은 무엇인가? 시스템의 성공에 필수적인 다른 인센티브로 시스템의 어떤 액터를 설득해야 하는가?

액터의 비즈니스 모델 및 기타 인센티브

8분

해결책 아이디어:

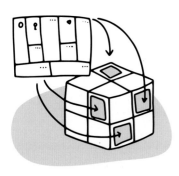

의사를 위한 가능한 인센티브

- 쉽고 빠른 처방전 입력을 위한 진료실용 무료 웹 기반 소프트웨어
- 치료에 대한 제안 및 과민증에 대한 정보
- 다양한 약품에 대한 비용 추정의 실시간 보기

건강 보험 및 상해 보험 회사에 대한 인센티브

- 최적화된 처방으로 환자 치료 개선/빠른 회복
- 비용 승인 확인 및 청구로 비용 절감
- 환자를 위한 추가 서비스 가능성

병원을 위한 인센티브:

- 처방 및 투약에 대한 업데이트된 화면 보기(환자가 볼 수 있도록 하는 경우)
- …
- …
- …

5. MVE 요건: 최소 규모의 시스템에서 액터들이 서로 상호작용하는 방법과 어떤 기술들이 사용될 수 있는지 생각해본다.

실습

MVE를 구현하기 위한 요건은 무엇인가? 원하는 에코시스템의 실현을 가능하게 하는 기술은 무엇인가?

6분

해결책 아이디어:

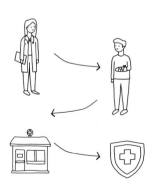

- **의사**는 환자의 ID로 블록체인에 처방전/관련된 처방 약제를 작성한다.

- **환자**는 모바일 애플리케이션에서 QR코드를 받고 약을 찾으러 약국으로 이동한다.

- **약국**은 환자 ID와 QR코드 스캔을 확인한 후 환자에게 약을 건네준다.

- **건강보험사 및 상해보험사**: 처방에 대한 청구서가 직접 전송되고 지불되거나 예상 치료 비용에 대한 정보가 블록체인에 직접 저장된다.

 중앙집중식 청구 및 정보센터는 점차 블록체인으로 대체될 수 있다.

6. 스토리텔링: 액터가 에코시스템의 일부가 되어야 하는 이유는 무엇인가?

시스템의 액터들은 어떻게 그들이 참여해야만 하고, 가치제안의 일부를 제공하고 있다고 확신할 수 있는가?

- 각 액터에게 강조되어야 할 개별적인 혜택은 무엇인가?
- 고객/사용자의 어떤 니즈가 충족되는가?

6분

해결책 아이디어:

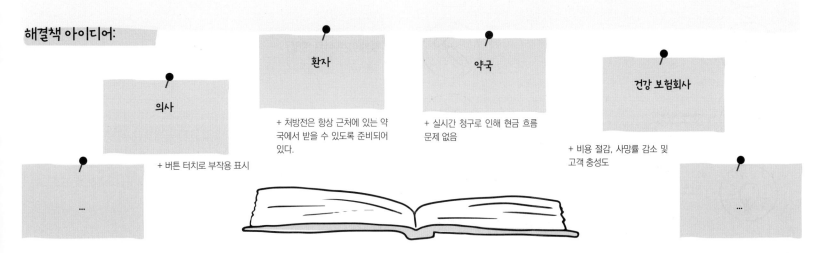

환자

의사

약국

건강 보험회사

+ 처방전은 항상 근처에 있는 약국에서 받을 수 있도록 준비되어 있다.

+ 실시간 청구로 인해 현금 흐름 문제 없음

+ 버튼 터치로 부작용 표시

+ 비용 절감, 사망률 감소 및 고객 충성도

...

...

실습에서 얻은 교훈은 무엇인가?

이어지는 회고는 모의 테스트에서 얻은 구체적인 교훈을 유사한 비즈니스 에코시스템 챌린지의 맥락에 활용하는데 도움이 된다.

비즈니스 에코시스템 디자인에 대한 모의 테스트에서 얻은 일반적인 교훈

5분

 목표 이미지?

 펀딩?

 이해관계자/경영진?

 확장?

 가치 흐름

 고객을 위한 중요한 경험/기능?

 시작?

 시스템에서 액터의 역량?

 운영 방법?

 새로운 기술?

 마인드세트?

 협업?

에코시스템의 명확한 목표 이미지는 시스템의 잠재적 액터와 의사소통을 하는데 도움이 된다.

에코시스템은 시스템의 모든 액터가 혜택을 받는 경우에만 작동한다.

가치 흐름을 정리하면 전체 시스템을 이해하는 데 도움이 된다.

에코시스템을 구축하기 위해서는 모든 액터의 동의가 중요하다.

시도하고, 빨리 실패하고, 실패로부터 배우는 것이 이 작업의 모토이다-초기 프로토타입부터 MVP, MVE까지.

비즈니스 에코시스템 디자인은 기존 사고방식에서 의식적으로 벗어나는 새로운 마인드세트를 필요로 한다.

에코시스템을 구축하고 조정하려면 재정적 자원이 필요하다.

잘 디자인된 에코시스템은 더 빠르게 확장될 수 있다.

고객의 니즈에 따라 개별적인 주요 경험과 기능에 초점을 맞추면 성공 확률을 높이는 데 도움이 된다.

액터의 능력을 알게 되는 순간 새로운 아이디어와 접근법이 등장하고 대화를 시작할 수 있다.

새로운 기술(예: 클라우드, AI 및 블록체인)은 시스템을 효율적으로 만드는 데 도움이 된다.

비즈니스와 기술 간의 협업이 필수적이다.

디자인 씽킹, 전략적 디자인 및 에코시스템 디자인 교육의 맥락에서 "비즈니스 성장을 위한 디자인 씽킹"을 위한 모의 테스트 실습의 활용

MVE로 비즈니스 에코시스템을 실현한다는 것은 MVP에 관한 기본적인 아이디어를 따르는 것이라고 볼 수 있다. 즉, 적은 예산과 매우 제한된 수의 액터(예: 역할 당 하나씩)로 시스템을 테스트한 다음 가장 유망한 시스템이 검증될 때까지 최적화한다.

이러한 실습은 비즈니스 에코시스템 디자인의 트레이닝에 매우 유용하며 MVP에서 MVE로 전환한 훌륭한 예이다.

중요 기능 및 경험의 정의에 디자인 씽킹 도구(예: 중요 항목 다이어그램)의 활용

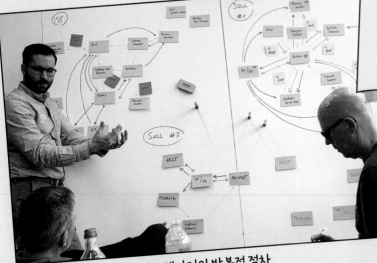

실제 환경에서 목표 에코시스템까지의 반복적 절차

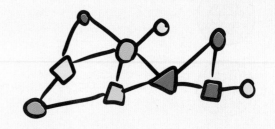

비즈니스 모델의 다차원적 관점에서 시스템 최적화에 대한 논의

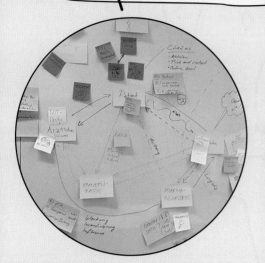

가치 흐름 및 네트워크 구조의 시각화

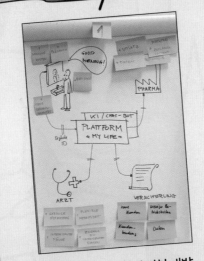

다양한 에코시스템의 변형 개발

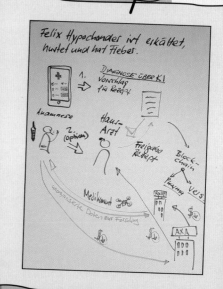

전략적 선택을 발전시키기 위한 기반으로써
비즈니스 에코시스템과 기업의 미래 성장 디자인

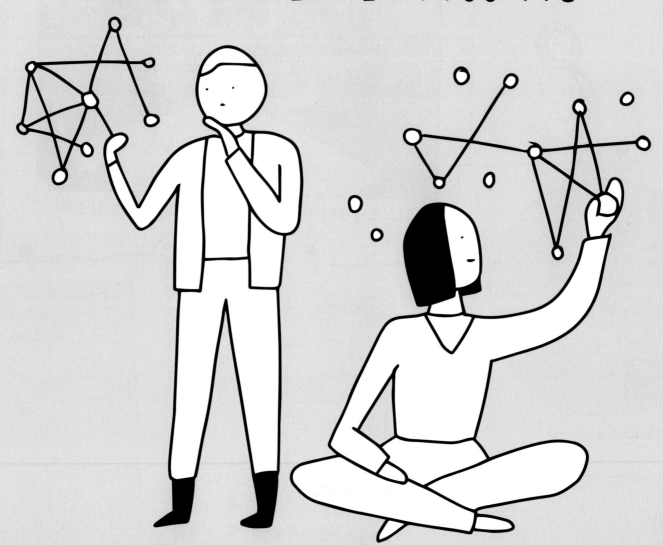

에코시스템 전략

전략적 옵션으로써 에코시스템에 대한 인식

비즈니스 에코시스템의 메커니즘을 이해한 많은 기업은 고객을 위한 고유한 가치 제안의 디자인에만 관심을 집중하고, 전통적인 산업의 사일로에서 탈피할 수 있는 성장 전략에 대해 생각한다.

에코시스템 플레이에서 기업이 자사 영역 밖의 활동 분야에 침투하는 것이 그 어느 때보다 쉬워졌다. 이 작업을 과거보다 오늘날 더 쉽게 수행할 수 있는 이유는 분명하다. 클라우드 컴퓨팅 및 관련 기술을 통해 수많은 대화형 플랫폼을 통합하고, 종합적인 방법으로 고객의 문제를 해결할 수 있게 되었기 때문이다. 빅데이터 분석, 인공지능 및 분산 원장 기술은 또한 엔드-투-엔드(end-to-end) 자동화를 가능하게 하고 동시에 대량 맞춤 제작의 일환으로 고객에게 맞춤형 서비스를 제공한다.

또한 외부 리소스 및 기능에 쉽게 접근할 수 있도록 집단적 역량이 확립되었다. 간단히 말해서, 산업 간의 전통적인 경계가 사라지는 과정에 있으며, 이는 이전에 서로 관련이 없었던 산업과 제공 범위의 융합이 가능해졌음을 의미한다.

결과적으로 이전에 독립된 단위의 서비스, 제품 및 브랜드가 액터들에 의해 포괄적인 비즈니스 에코시스템으로 결합되고 있다. 업계를 선도하고 있는 기업을 비롯하여 많은 기업들이 조만간 이러한 글로벌 현상에 직면하게 될 것이다. 위에서 설명한 패러다임 전환을 수용할 수 있는 새로운 방법을 찾는 것 외에는 선택의 여지가 없다. 그렇지 않으면 핵심 비즈니스 조차도 새로운 경쟁자에 의해 중단될 위험이 있다.

비즈니스 에코시스템에 참여하거나 이를 초기화함으로써 얻게 되는 기회와 가능성은 대개 위험요소보다 크다. 그러나 이러한 성장 경로에서 성공하려면 투자, 좋은 지배구조 그리고 새로운 마인드세트가 필요하다.

따라서 많은 의사결정권자는 다음과 같이 자문해야 한다.

회사가 보유하고 있는 기능, 제품 및 고객 인터페이스는 무엇이며, 이미 알려진 외부의 산업 구조 하에서 이는 어떻게 활용될 수 있는가?

요약하면: 우리는 누구이며, 기업이 에코시스템에서 어떤 역할을 맡을 수 있는가?

대부분의 의사결정권자에게 에코시스템에서 생각하는 것은 아마도 미지의 영역일 것이다. 지금까지 그들은 서비스를 제공받는 고객이 진정으로 필요로 하는 것이 아니라 과거에 한 일에 너무 집중해왔다. 고객 경험은 일반적으로 제품의 기능으로 제한되었다.

오늘날 제안 및 전체 플랫폼은 더 큰 에코시스템으로 융합되고 있다. 지불 솔루션의 디지털 공급자는 자동차 공유를 제공한다; 백화점은 전자 상거래 대기업에게 문을 연다. 그리고 보험회사는 더 이상 사람들의 재정적 건강뿐만 아니라 산업 전반에 걸쳐 그들의 정신 건강도 돌보고 있다. 자동차 제조업체는 자동차 공유를 위한 오케스트레이터가 되고 마이크로 모빌리티 공급자가 된다. 이 모든 것은 액터들이 신규 또는 변경된 고객 니즈를 충족할 수 있도록 산업 경계를 넘어 시장 기회를 점점 더 찾고 있음을 분명히 보여준다.

진보적인 시장의 액터들은 에코시스템이 큰 기회와 성장 전략을 수반한다는 것과 동시에 고객을 위한 새로운 가치 창출을 위해 협동과 협업이 필요하다는 사실을 이미 깨달았다.

기존 기업 전략에 비즈니스 에코시스템 이니셔티브의 통합

기업 전략에 대한 정의는 지난 70년 동안 다양한 단계를 거쳤다. 전통적인 "계획 및 실행" 접근 방식부터 "블루 오션" 및 "가치 변화" 운동의 영향에 이르기까지 다양하다. 이들의 공통점은 목표와 포괄적인 시장 및 경쟁자 분석을 기반으로 하는 전략의 선형 개발이며, 이러한 분석을 통해 개별 사업부가 상세한 구현 계획과 방안을 도출한다.

이러한 프로세스와 계획의 단계를 비즈니스 에코시스템 전략에 적용하는 이들은 속도, 공-진화 및 프레임워크의 상황들이 훨씬 더 역동적이기 때문에 빠르게 그들의 한계에 도달하게 될 것이다. 우리는 경험을 통해 이러한 요소들이 전통적인 계획을 불필요하게 만든다는 것을 알고 있다.

에코시스템의 목표 이미지를 개발하려면 에코시스템의 다른 액터들과 함께 가치 제안을 진전시키고, 데이터 중심 혁신을 추구하며, 액터들의 필요에 따라 가치 흐름을 조정할 수 있는 실험 절차가 필요하다. 전략 프로세스는 공동 가치창출을 촉진하고, 실험에 필요한 자금을 제공하며, 마지막으로 다른 액터들과 함께 환경을 형성하는 인에이블러에 가깝다.

반복적이고 애자일 접근 방식에서 나온 초기의 고품질 프로토타입은 종종 비즈니스 에코시스템의 기초를 형성한다. 고객의 니즈로부터 시작하여 초기 프로토타입을 개발하고 테스트하며, 반복을 통해 점진적으로 개선한다. 예를 들어, 비전 프로토타입은 MVP에 대한 요구사항이 정의되기 전에 서비스, 제품 또는 비즈니스 모델의 환상적인 버전을 실현하기 위한 비즈니스 에코시스템 디자인 팀의 상상력을 목표로 한다.

> 전통적인 접근 방식에서는, 에코시스템 접근 방식을 위한 활동 분야가 경쟁사 분석에서 얻어지는 것이 불가피했다. 그러나 고객의 니즈가 고려되지 않거나 시스템의 다른 액터들과 함께 공동으로 지원되는 가치 제안을 하지 않으면 성공은 일반적으로 실현되지 않는다.

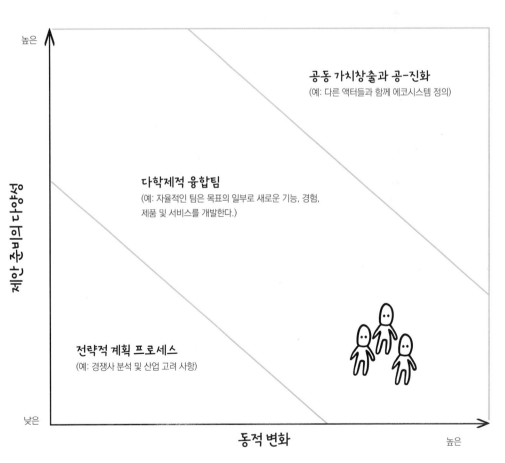

높은

공동 가치창출과 공-진화
(예: 다른 액터들과 함께 에코시스템 정의)

다학제적 융합팀
(예: 자율적인 팀은 목표의 일부로 새로운 기능, 경험, 제품 및 서비스를 개발한다.)

전략적 계획 프로세스
(예: 경쟁사 분석 및 산업 고려 사항)

제안 혁신의 다양성

낮은

동적 변화

높은

비즈니스 에코시스템에 관한 주요 질문

성장 전략을 정의하기 위한 각각의 출발점은 비즈니스 에코시스템의 맥락에 따라 다르기 때문에 주요 질문은 다음과 같아야 한다:

"고객이 원하는 것은 무엇인가?"

- 고객의 깊은 내면의 니즈와 바람은 무엇인가?
- 어떤 고객의 문제를 해결할 수 있는가?
- 고객이 해결하고자 하는 과제는 무엇인가?

고객과 함께 전략 디자인 작업을 시작하려면 비즈니스 에코시스템에 대해 생각하기 전에 잠재 고객에 대한 깊은 이해가 있어야 한다. 디자인 씽킹 마인드세트는 반복을 통해 고객의 니즈를 충족하는 해결책을 달성하는데 도움이 되기 때문에 여기에서 매우 유용하다.

디자인 씽킹의 최종 프로토타입과 중요한 항목은 MVP에 대한 요구사항을 제공한다. 하나 또는 여러 MVP는 비즈니스 에코시스템 디자인의 기초를 구성한다. 문제 정의에 따라 잠재적인 파트너와 함께 초기 프로토타입을 미리 개발해야 하는지, MVP 요구사항이 정의되어야 외부에 오픈이 가능한지, 또한 다른 액터가 에코시스템 고려 사항을 위해 초기 MVP에 나중에 참여해야 하는지 여부를 고려할 필요가 있다

실제 기업의 실무에서는 종종 엄선된 파트너만 첫 번째 단계에 참여한다. 시작은 주로 MVP 이후에 이루어진다. 왜냐하면 성숙도가 높기 때문에 의사결정권자와 디자인 팀에게 잠재적 솔루션에 대한 확신을 주기 때문이다.

"디자인 렌즈"를 통한 반복적인 절차와 각 단계에 대한 일반적인 질문은 170페이지에서 시작하여 더 심층적으로 검토된다.

기업 전략의 통합에 대한 이러한 시도는 전략적 옵션을 선택할 때 나타나는 질문이 상당히 일반적이기 때문에 의미가 있다.

또한 에코시스템 플레이 옵션은 다른 전략적 옵션과 경쟁한다. 문제를 확장하고 성장 프레임워크에 적용하면 에코시스템 플레이 & 성공 프레임워크 디자인에 대한 콘텐츠가 생성된다. 목표는 잘 알려진 전략 도구를 반복적인 접근 방식에 결합하는 것이다. 에코시스템 디자인 전문가의 경우에는 디자인 렌즈로 작업하는 것으로도 충분하다. 목표는 다룰 수 있는 시장의 익숙한 아이디어를 뛰어넘는 우수한 시스템을 디자인하는 것이기 때문이다.

고객의 관점에서 생각하라!

성장 및 스케일 프레임워크

새로운 마인드세트, 일하는 방식 및 애자일 도구는 문제 정의에서 고객 요구사항을 포함하는 것에 이르기까지 초기 프로토타입 및 MVP 실현에 도움이 되며, 나중에 에코시스템 디자인을 시작할 때 고객에게 고유한 가치 제안을 할 수 있다.

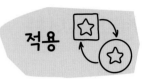

적용

출발 →

에코시스템 플레이 구성 프레임워크

반복적으로 얻은 결과는 기존 전략 도구의 맥락과 관련성을 가지고 필요한 시장 데이터로 개선될 수 있다.

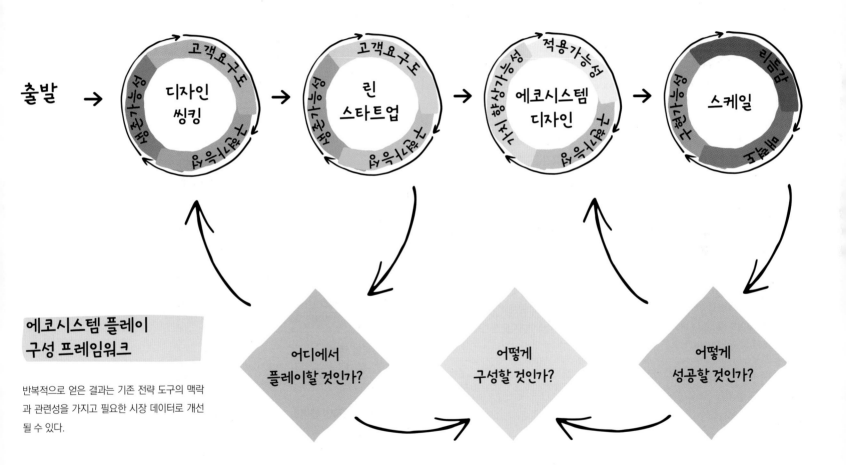

디자인 씽킹 — 고객요구도, 적용가능성, 수익가능성

린 스타트업 — 고객요구도, 적용가능성, 수익가능성

에코시스템 디자인 — 적용가능성, 고객요구도, 수익가능성

스케일 — 리듬감, 고객요구도, 민첩함

어디에서 플레이할 것인가?

어떻게 구성할 것인가?

어떻게 성공할 것인가?

전략 문서화

디자인 렌즈로부터 얻은 결과와 일반적인 전략적 이슈에 대한 지속적인 문서화를 위해 플레이할 영역, 구성 방법 및 성공 방법에 대한 핵심 질문을 다루는 에코시스템 전략 캔버스를 사용하는 것이 좋다. 캔버스는 고객 요구사항에서 거버넌스, 활동 확장에 이르기까지 필요한 모든 요소를 파악하는데 도움이 된다.

좋은 출발점은 내부 및 외부 분석을 위해 기존 리소스와 도구를 사용하는 것이다. 여기서 초점은 주로 실제 분석을 하고 주제를 대략적으로 작성하며 잠재적인 비즈니스 에코시스템과 함께 PESTLE(정치 political, 경제economic, 사회social, 기술technological, 법률legal, 및 환경 요소environmental factors) 분석을 통해 더 큰 맥락을 파악하는 것이다. 이러한 예비 작업은 가치가 있지만 첫 번째 디자인 렌즈, 즉 디자인 씽킹을 대신하지는 않는다. 수행하는 조사 작업은 보완적인 요소로 간주해야 한다; 이를 통해 문제와 상황에 대해 포괄적으로 이해하는 것은 물론 아직 불분명한 초기의 가정을 검증할 수 있다. 초기 단계에서 프로젝트 스폰서와 함께 팀으로 디자인 원칙을 준비하고 수립하는 것은 전략 및 디자인 작업에는 전혀 지장을 주지 않는다. 디자인 원칙은 팀을 위한 가이드라인이다. 디자인 원칙은 열린 질문에 대한 빠른 오리엔테이션을 제공하고 다음 단계를 결정할 수 있게 해준다. 원칙은 특정한 에코시스템 이니셔티브를 위해 고안되거나 에코시스템 프로젝트에 대한 일반적인 용어로 정의될 수 있다.

에코시스템 전략 캔버스의 주요한 용도는 디자인 렌즈에서 발생하는 지속적인 활동을 기록하는 것이다. 각 디자인 렌즈의 반복은 고객 니즈, 기능, 비즈니스 모델 및 가치 흐름에 대한 새로운 통찰을 제공한다. 이러한 방식으로 전략 캔버스는 역동적이고 점진적인 방식으로 구체화되고 개발될 것이다. 목표 달성 이후에도 요소들이 변하기 때문에 에코시스템의 더 큰 목표 이미지를 놓치지 않는 것이 더욱 중요하다.

전형적인 활동

| 어디에서 플레이할 것인가? | 어떻게 구성할 것인가? | 어떻게 성공할 것인가? |

전략 문서를 위한 적절한 방법 및 도구 미리보기

전략적 디자인에 대한 주요 질문

가치 제안

- 어떤 제품, 서비스 또는 경험이 제공되는가?
- 대상 고객은 누구인가?
- 고객은 제품, 서비스 또는 경험에서 어떤 혜택을 얻는가?
- 제안을 특별하게 만드는 것은 무엇인가?

어떻게 구성할 것인가?

- 비즈니스 에코시스템에서 어떤 역할을 담당해야 하는가?
- IT, 인프라, AI 및 API와 관련하여 필요한 역량은 무엇인가?
- 검증할 MVP와 MMF는 무엇인가?
- 제품 및 서비스의 백로그는 무엇인가?
- 거버넌스는 어떻게 구성되어 있는가?
- 비즈니스 에코시스템을 구축하고 성장시키기 위해 어떤 조직 구성을 선택해야 하는가?

플레이

구성

성공

어디에서 플레이할 것인가?

- 어떤 고객 문제가 해결되었는가? 에코시스템에서 다루는 주제 영역은 무엇인가?
- 목표 에코시스템의 범위(지역, 국가, 글로벌)는 어느 정도인가?
- 비즈니스 에코시스템에 사용되는 기존 스킬과 역량, 기술, 제품 및 서비스는 무엇인가?

어떻게 성공할 것인가?

- 비즈니스 에코시스템의 비전은 무엇인가?
- 에코시스템의 비즈니스 모델은 무엇인가?
- 다른 액터들에게 익숙하거나 새로운 비즈니스 모델을 구현할 수 있는 기회는 무엇인가?
- 시스템이 어떻게 기하급수적으로 성장할 수 있는가?
- 미래 성장에 필요한 새로운 스킬과 역량, 기술, 제품 및 서비스는 무엇인가?

에코시스템 전략 캔버스

어디에서 플레이할 것인가?	어떻게 구성할 것인가?		어떻게 성공할 것인가?
주제 영역 및 환경 분석 주제 영역을 어떻게 설명할 수 있는가? 주제 영역에 미치는 환경적 요인은 무엇인가?	**가치 제안** 고객에게 어떤 가치를 제공하는가? 고객이 얻는 제품, 서비스 또는 경험은 무엇인가? 다른 액터는 가치 제안을 제공하기 위해 무엇을 할 수 있는가?		**에코시스템 비전** 비전은 무엇인가? 목표는 어떻게 달성되는가?
고객의 니즈, 고객의 문제 문제는 어디에 있는가? 지금까지 문제는 어떻게 해결되었는가? 누구의 니즈인가?	**IT 관련 기능, 데이터, 인프라, AI** 어떤 기술과 기능이 존재하는가? 어떤 기술을 확장해야 하는가? 다른 액터와 공급자가 비즈니스 에코시스템에 기여하는 기술은 무엇인가?	**비즈니스 에코시스템에서의 역할** 시스템에는 어떤 역할이 있는가? 액터는 어떤 역할을 맡는가?	**에코시스템의 비즈니스 모델** 에코시스템은 어떻게 돈을 버는가? **비즈니스 모델의 다차원적 관점** 에코시스템의 다른 액터는 어떻게 돈을 버는가?
고객 인터페이스, 고객 관계 어떤 채널을 통해 고객에게 서비스를 제공해야 하는가? (예: 멀티 채널, 옵티 채널) 고객과의 관계는 무엇인가? (예: 개인, 디지털, 자동화)	**최소 생존 가능 제품, 최소 시장성 제품, 제품 및 서비스의 백로그** 어떤 기능과 경험을 먼저 다뤄야 하는가? 어떤 제품, 서비스 및 경험이 시간이 지남에 따라 가치 제안을 완성하고 보완하는가?	**조직적인 디자인 거버넌스** 설정, 운영 및 성장은 조직에 어떻게 포함되어야 하는가? 거버넌스는 어떻게 이루어지며 누가 관리하는가?	**성장과 스케일** 스케일링은 어떻게 실현되는가? 어떤 새로운 기술이 필요한가? 성장 자금은 어떻게 마련되는가?
기존 파트너십, 이니셔티브, 기술 및 전략 어떤 기존 파트너십을 사용할 수 있는가? 어떤 기존 기술을 사용할 수 있는가? 이미 개척되고 분명한 시장 기회는 무엇인가? 활용	탐험		**새로운 파트너십, 이니셔티브, 기술 및 전략** 어떤 새로운 파트너십이 필요한가? 어떤 새로운 기술이 필요한가? 어떤 개척되지 않은 시장 기회를 탐색할 수 있는가?

디자인 렌즈로부터 입력

템플릿
다운로드

에코시스템 디자인 캔버스

P.244

디자인 씽킹 캔버스

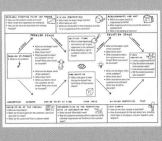

P.186

기하급수적 성장과 스케일 캔버스

P.270

어디에서 플레이 할 것인가?	어떻게 구성할 것인가?		어떻게 성공할 것인가?
주제 영역	가치 제안		에코시스템 비전
고객 니즈/ 고객 문제	IT, 데이터, 인프라, AI 관련 기술	비즈니스 에코시스템에서의 역할	에코시스템의 비즈니스 모델 ----- 비즈니스 모델의 다차원적 관점
고객 인터페이스, 고객 관계	최소 생존가능 제품, 최소 시장성 제품, 제품 및 서비스의 백로그	조직 디자인, 거버넌스	성장과 스케일
기존 파트너십, 이니셔티브, 기술 및 전략 활용	활용	탐험	기존 파트너십, 이니셔티브, 기술 및 전략 활용

린 스타트업 MVP 캔버스

P.208

에코시스템 전략 캔버스는 개별적인 전략 분석을 문서화하여 디자인 렌즈의 결과를 파일화하는데 도움이 된다.

워크툴킷 다운로드
https://en.business-ecosystem-design.com/strategy

105

비즈니스 모델 형성에 디자인 원칙 활용

도구

디자인 원칙은 비즈니스 에코시스템 디자인 팀이 명확한 형태로 특정한 에코시스템 디자인에 대한 가이드라인을 정의하는데 도움이 된다. 특히 협업을 통해 기업의 경계를 넘나드는 경우(공동 가치창출) 이러한 원칙을 함께 개발하고, 기업 간 팀으로 이를 수용하는 것이 바람직하다. 디자인 원칙은 특정한 목적을 위해 개발되어야 하고 프로젝트에 맞게 조정되어야 한다. 이러한 원칙은 최첨단화되고, 복잡하며, 네트워크화된 시스템을 위한 전략 개발에 큰 도움이 된다.

디자인 원칙은 비즈니스 에코시스템 디자인 팀이 다음을 수행하도록 돕는다:

- 프로젝트 초기에 특정한 마인드세트나 에코시스템 또는 주제 영역에 대한 요구 사항에 명확하게 초점을 맞춘다.
- 모든 사람이 같은 목표를 가질 수 있도록 작업에 대한 일관된 이해를 팀에 제공한다.
- 비즈니스 에코시스템 디자인 팀의 결정이 더 빨리 이뤄질 수 있도록 지침을 제공한다.
- 더 높은 우선순위로 다뤄져야 하는 일반적인 특성을 정의한다.
- 미래 에코시스템 프로젝트가 동일한 핵심 원칙에 따라 생성되는 것을 보장하는 가이드 라인을 개발한다.

재료
(=디자인 원칙)
바구니

구체적인
프로젝트

일반적인

절차 및 디자인 원칙 템플릿:

1. 모든 참가자에게 포스트잇에 디자인 원칙을 적어 "바구니"에 붙이라고 한다.
2. "바구니"가 가득 차면 피라미드에 디자인 원칙을 세 그룹으로 나누어서 정렬한다. 정렬은 다음 규칙에 따라 수행한다: 피라미드의 위쪽으로 갈수록 프로젝트에 더 구체적인 원칙들을 붙이고, 비즈니스 에코시스템의 일반적인 원칙들은 피라미드의 아래쪽에 붙인다.
3. 디자인 원칙의 할당이 완료되면 예를 들어 도트 스티커를 활용해 투표를 진행한다. 디자인 원칙을 섹션 당 최대 3개, 즉 피라미드당 최대 9개로 줄이는 것을 목표로 한다.
4. 선택되고 채택된 디자인 원칙은 비즈니스 에코시스템 팀이 자주 접하고 빠르게 접근할 수 있는 곳에 두는 것이 가장 좋다.

에코시스템
프로젝트를 위한
디자인 원칙

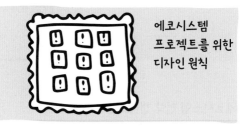

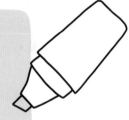

주로 관련된 디자인 렌즈에 대한 비즈니스 에코시스템의 개발에
초점을 맞춰야 한다.

전통적인 전략 개발 방법과 통합하기 위해서는 문제 정의 방법과 절차를
비즈니스 성장을 위한 디자인 씽킹의 기본적인 요구사항인 '고객 중심적'이라는
원칙에 맞게 적용하는 것이 바람직하다.

시스템의 반복적인 개발과 전통적인 전략 프레임워크를 맥락화한 내용들을
종합하여, 전략적 옵션으로써 비즈니스 에코시스템으로 소통하고 평가할
수 있다.

어디에서 플레이할 것인가?

에코시스템: 기업 및 환경과 관련된 일반적인 질문

비즈니스 에코시스템을 다루는 것은 많은 기업에게 완전히 새로운 작업이기 때문에 기존 전략, 기능 및 파트너십의 목록은 종종 에코시스템에 대한 고려사항(자신의 기업 및 환경과 관련된 질문)의 시작을 나타내기도 한다. 이러한 실제 목록은 하나 혹은 여러 에코시스템의 목표 이미지와 기존의 이니셔티브 또는 파트너십이 조화를 이루게 하는데 도움이 되므로 정말 추천할 만하다.

또한, 주제 영역 및 비즈니스 에코시스템의 구성 측면에서 항상 다양한 옵션이 존재할 것이다. 대부분의 기업은 미래에 서로 다른 역할(예를 들어, 이니시에이터, 오케스트레이터 또는 참여하는 액터)을 맡는 다양한 비즈니스 에코시스템에서 운영될 것이다. PESTLE 분석 또는 "플레이할 권리/성공 방법"과 같은 고전적인 전략 도구는 비즈니스 에코시스템 프로젝트의 전략적 옵션을 맥락화하여 의사결정자와 경영진이 액세스할 수 있도록 한다.

기업에 대한 일반적인 질문

- 기업의 강점과 약점은 무엇인가(SWOT 분석)?
- 현재 핵심 비즈니스는 무엇인가?
- 기업에 어떤 기술과 역량이 있는가?
- 현재 시장에서의 역할은 무엇인가? 자신의 비즈니스를 보완하지 않고 어떤 시장 역할을 맡을 수 있는가? 미래에 기업이 생각할 수 있는 시장 역할은 무엇인가?
- 고객 및 거래 데이터의 가치는 얼마나 높은가?
- 기업이 제공할 수 있는 데이터의 종류와 고객을 종합적으로 보기 위해 필요한 데이터는 무엇인가?
- 의사결정자의 마인드세트는 비즈니스 에코시스템에 어느 정도 열려 있는가?
- 직원들이 비즈니스 에코시스템의 구조, 비즈니스 모델 및 가치 흐름에 대해 생각할 수 있는 능력이 있는가?
- 다른 기업과의 비즈니스 관계, 파트너십 또는 공유 네트워크를 사용할 수 있는가? 그들은 어떤 기업인가?
- 특정한 에코시스템 주제에 기여할 수 있는 기능, 징후 및 전략적 계획이 마련되어 있거나 계획되고 있는가?

비즈니스 에코시스템을 구축하거나 여기에 참여하는 것은 비즈니스 모델과 향후 기술 결정에 영향을 미칠 수 있는 전략적 선택이자 필수적인 요소이다.

필요한 역량 — 에코시스템 플레이를 위한 결정부터 (기하급수적) 성장의 실현까지 모든 방법

비즈니스 에코시스템을 구축하는데 필요한 기술과 역량은 광범위하다. 고객의 요구사항을 이해하는 것 외에도 다른 기업과 함께 초기 프로토타입을 구현하고 MVE에서 테스트할 수 있는 능력도 포함되어 있다.

에코시스템에 액터로 참여하려면 비즈니스 에코시스템에서 사고하고, 시스템에서 새로운 역할을 맡으며, 다른 액터와 연결하기 위한 기술적 전제 조건을 만드는 능력도 필요하다.

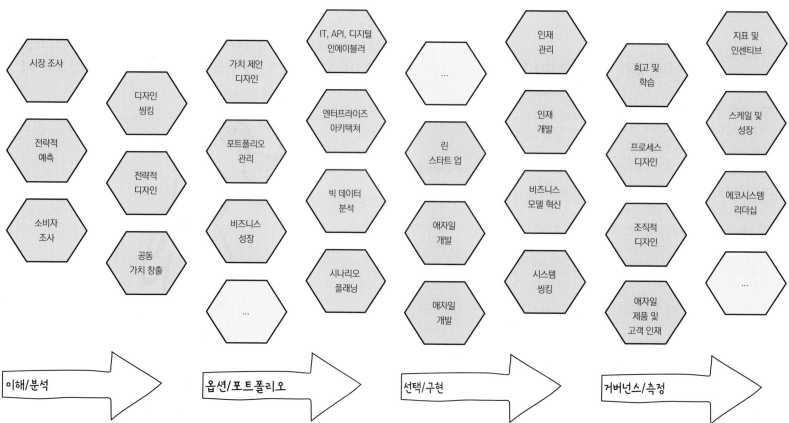

이해/분석	옵션/포트폴리오	선택/구현	거버넌스/측정
시장 조사	가치 제안 디자인	IT, API, 디지털 인에이블러	지표 및 인센티브
디자인 씽킹	엔터프라이즈 아키텍쳐	인재 관리	회고 및 학습
전략적 예측	포트폴리오 관리	...	스케일 및 성장
전략적 디자인	빅 데이터 분석	인재 개발	프로세스 디자인
소비자 조사	비즈니스 성장	린 스타트 업	비즈니스 모델 혁신
공동 가치 창출	시나리오 플래닝	애자일 개발	조직적 디자인
...	애자일 개발	시스템 씽킹	에코시스템 리더십
		애자일 제품 및 고객 인재	...

이니셔티브/산업 매트릭스

비즈니스 에코시스템을 다루는 것은 복잡한 문제이므로 기업에서 현재 시행되거나 계획되고 있는 모든 이니셔티브의 목록을 먼저 만드는 것이 좋다. 그러므로 기존의 내부 이니셔티브 또는 리소스에 대한 관점에서 에코시스템을 고려해볼 수 있다. 이니셔티브/산업 매트릭스는 기존 활동을 분류하고 실제 상황을 더 잘 이해하는데 도움이 된다.

기능

징후

전략적 이니셔티브

이니셔티브/산업 매트릭스는 비즈니스 에코시스템 디자인 팀이 다음을 수행할 수 있도록 지원한다:

- 미래에 계획된 다른 전략적 이니셔티브를 간략히 설명한다;
- 어떤 새로운 제품과 서비스를 출시해야 하는지를 심의에 포함시킨다;
- 개별 관련 시장, 기타 지역 또는 국가에서 계획중인 프로그램, 제품 또는 이니셔티브를 확인한다.

절차 및 디자인 원칙 템플릿:

1. 초기에는 기업 전체의 모든 이니셔티브를 책임자가 작성하거나 워크숍을 개최하는 경우 다른 부서의 워크숍 참가자가 작성할 수 있다.
2. 그 후, 이니셔티브가 매트릭스에 배치된다. 축은 기업과 초점에 따라 달라질 수 있다. X축은 일반적인 라벨링(기능, 징후/이니셔티브)에 사용되며 도달 범위는 동종 산업 또는 이종 산업으로 나뉜다.

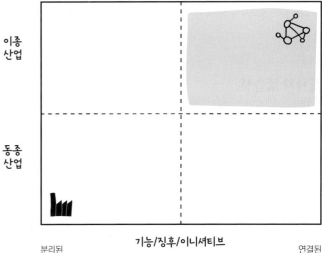

이종 산업

동종 산업

분리된   기능/징후/이니셔티브   연결된

이미 네트워크로 연결되어 있고 산업 전반의 특성을 가진 이니셔티브는 특히 흥미롭다.

워크툴킷 다운로드
https://en.business-ecosystem-design.com/initiatives

111

협력/산업 매트릭스

에코시스템 디자인을 위해 자주 선택되는 또 다른 출발점은 기존 파트너십 및 협력 프로젝트를 검토하는 것이다. 많은 경우 기업에게는 비즈니스 에코시스템 디자인을 위한 빠른 고객 액세스, 데이터 또는 기술을 제공할 오랜 협력자가 이미 어딘가에 있는지도 모른다.

협력/산업 매트릭스는 비즈니스 에코시스템 디자인 팀이 다음을 수행할 수 있도록 지원한다:

- 다른 기업과의 파트너십 및 연결이 이미 구축되어 있는지 분석한다;
- 다른 기업과의 이러한 연결이 동일한 산업에 속하는지, 우리 산업과 관련이 있는지, 아니면 완전히 해당 부문 밖에 있는지를 확인한다;
- 기존 파트너 네트워크에서 이미 어떤 역량과 기술을 보유하고 있는지 확인한다;
- 예를 들어, 협력사 및 비즈니스 관계 사이에 적합한 공급자가 있는지 확인한다.

절차와 템플릿:

1. 초기에는 모든 협력 프로젝트, 공급자 관계 및 파트너십을 책임자가 작성하거나, 워크숍을 개최하는 경우 다른 부서의 워크숍 참가자가 작성할 수 있다.
2. 이어서 다른 기업과의 연결이 매트릭스에 배치된다. 축은 기업과 초점에 따라 다를 수 있다. X축은 일반 라벨링(초점/다양화)에 사용되며 도달 범위는 동종 산업 또는 이종 산업으로 구분된다(이전 페이지에 제시된 도구 참조).

파트너십

협력

공급자

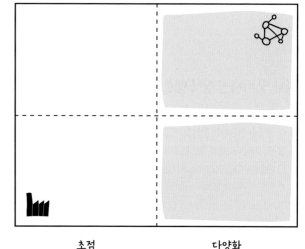

이종 산업

동종 산업

초점   다양화

일부 파트너십 및 협력 프로젝트는 "활용(EXPLOIT)" (매트릭스의 왼쪽)에 더 많이 사용되는 반면, 다른 것들은 산업 및 제공되는 서비스 측면에서 다양화를 추진하도록 디자인되었다.

워크툴킷 다운로드
https://en.business-ecosystem-design.com/cooperations

에코시스템: 기업 및 환경과 관련된 일반적인 질문

기업 환경에 대한 많은 질문은 일반적으로 기업 전략의 지속적인 정의의 일부로 제기되고 평가된다. 기존의 전략 실행은 대개 엄격하고 자기 분야의 익숙한 차원만을 고려하도록 설계되었기 때문에, 전략 개발을 위해서는 디자인 렌즈의 모든 결과를 체계적으로 사용하는 것이 좋다. 이러한 방법으로, 목표 달성을 위한 기업 제휴 또는 개별 기업 인수로 제한된 고려사항에서 벗어날 수 있다.

PESTLE 분석과 같은 도구를 사용하려면 비즈니스 에코시스템의 요구사항에 맞게 질문을 조정하는 것이 좋다.

일반적으로 기업들은 신흥 에코시스템에서 자신을 포지셔닝 할 수 있는 다양한 옵션을 가지고 있다. 그러나 끊임없이 협상 능력을 추구하는 과거의 오래된 방식으로 되돌아갈 위험이 있다. 고객의 니즈, 기존 역량 및 새롭고 파괴적인 비즈니스 모델에 대한 욕구가 중심이 되어야 한다. 에코시스템을 구상할 때 지역과 국가를 구분하는 기존의 울타리는 많은 디지털 서비스와 경험에서는 인위적인 경계가 없기 때문에 버려야 할 개념이다.

환경에 관한 일반적인 질문

- 어떤 비즈니스 에코시스템이 지역적으로 나타나고, 어떤 것이 전 세계적으로 나타나는가?
- 개별 산업은 어떻게 발전하며, 산업 간 구조에서 새로운 가치 창출은 어디에서 발생하는가?
- 비즈니스 에코시스템 측면에서 다른 산업은 무엇을 하고 있으며, 기업이 제공하는 서비스, 제품 또는 데이터는 해당 시스템에서 어떻게 부가가치를 창출할 수 있는가?
- 각 에코시스템에서 자체 산업/부문은 얼마나 크며, 통합 네트워크 경제의 보급률은 얼마나 높은가?
- 개별 시스템의 성장 잠재력은 얼마나 큰가?
- 국내 및 국제 경쟁자들이 어느 정도까지 비즈니스 에코시스템을 초기화하거나 참여하기 시작했는가?

비즈니스 에코시스템을 구축하거나 여기에 참여하는 것은 전략적 선택이자 비즈니스 모델과 미래 기술 결정에 영향을 미치는 필수적인 요소이다.

주제 영역 지도

비즈니스 에코시스템의 다양한 주제 영역이 있는 지도를 통해 참여 기업을 포함하여 특정 지역의 에코시스템을 나타내거나 목록을 작성하여 누가 이니시에이터 또는 오케스트레이터의 역할을 하고 있는지 알아낼 수 있다. 해당 액터에 대한 참조사항을 포함하여 주제 필드가 있는 이러한 지도는 나중에 에코시스템의 다양한 옵션에 대한 논의에 도움이 된다. 일반적으로 지도는 고객 니즈와 관련하여 개별 산업, 역량 및 에코시스템의 영역을 나타내는데 사용된다. 이 시각화 도구를 사용할 때, 관점은 항상 에코시스템의 목표와 전략적 고려사항에 맞게 조정되어야 한다. 그렇지 않으면 지도가 매우 빠르게 혼란스러워지기 때문이다.

주제 영역 지도는 비즈니스 에코시스템 디자인 팀이 다음을 수행하는데 도움이 된다:

- 특정 이니시에이터 또는 경쟁자의 비즈니스 에코시스템의 현재 상황을 하나의 주제로 시각화한다;
- 하나 이상의 비즈니스 에코시스템에서 액터들의 관계 및 각각의 참여를 탐색한다;
- 다양한 관점과 잠재적인 액터를 통해 계획된 가치 제안을 개략적으로 설명하고 논의한다.

절차 및 디자인 원칙 템플릿:

1. 우리는 이러한 시스템의 이니시에이터로 등장하고, 활동과 주제 및 다른 액터와의 연결을 나타내는 기업으로부터 시작할 수 있다.
2. 또다른 변형은 특정 주제 영역에 어떤 기능과 역량이 필요한지 확인한 다음 지도에 표시하는 것이다. 고객의 니즈를 탐색하거나 비즈니스 에코시스템을 (리)디자인하면 지도에 더 많은 정보를 입력할 수 있다.

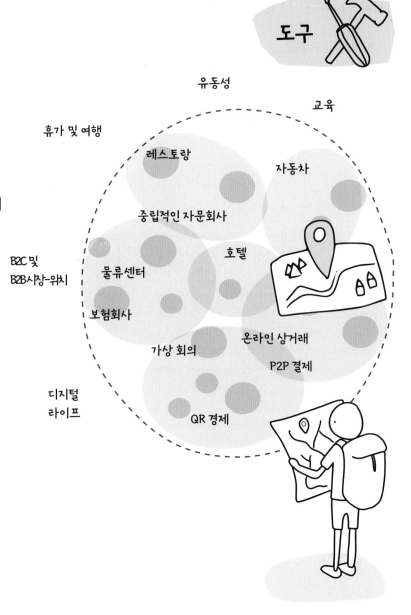

주제별 다양한 에코시스템의 옵션 분류

주제 영역 매트릭스

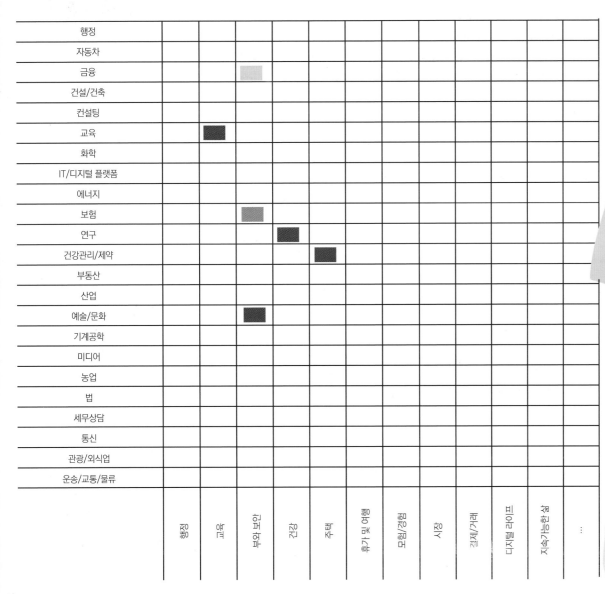

	행정	계약	보험 및 보증	건강	주택	휴가 및 여행	모임/경험	시장	결제/거래	디지털 라이프	지속가능한 삶	…
행정												
자동차												
금융			▨ 이니시에이터									
건설/건축												
컨설팅												
교육		■ 전략적 이니셔티브										
화학												
IT/디지털 플랫폼												
에너지												
보험			▦ 오케스트레이터									
연구				▦								
건강관리/제약					■							
부동산												
산업												
예술/문화			■									
기계공학												
미디어												
농업												
법												
세무상담												
통신												
관광/외식업												
운송/교통/물류												

범례:
- ▨ 이니시에이터
- ▦ 오케스트레이터
- ■ 전략적 이니셔티브

고객 중심의 주제 영역 분석

기존 에코시스템의 이니셔티브에 대한 좋은 개요가 이미 있는 경우, 새롭거나 변화된 니즈를 가진 고객이 필요하다는 것을 인식하게 된다면, What-if 질문으로 주제 필드 탐색을 시작할 수 있다. 가장 큰 시장 기회는 자사의 역량과 공동 가치창출 그리고 많은 잠재 고객 및 사용자의 니즈에 맞게 에코시스템을 디자인하고 구현함으로써 얻을 수 있다.

탐험을 위한 가능한 출발점은 에너지, 음식, 물과 같은 기본적인 니즈에서부터 커뮤니티에 소속되거나 자신의 잠재력을 최대한 활용하는 것과 같은 더 복잡한 니즈에 이르기까지 다양하다. 만약 이러한 경험, 기능 또는 제품이 액터와 기술의 결합으로 기능해진다면 어떨까? 어떤 시스템이 등장할까?

주제 영역 지도는 비즈니스 에코시스템 디자인 팀이 다음을 수행하는데 도움이 된다:

- 기본적인 니즈에서 대략적으로 시작하여 새로운 주제를 간략하게 설명한다;
- 기존 산업의 경계를 초월한다;
- 초기 아이디에이션 단계에서 창의적인 프로세스를 시작한다;

- 개별적인 기능, 제품 또는 서비스에 집중하는 대신 전체적인 해결책을 생각한다;
- 기존 에코시스템에 대한 완전한 분석으로 지금까지 파악되지 않았던 새로운 주제 영역을 창출한다.

절차를 포함한 What-If 질문

1단계: 현재 니즈는 무엇인가?

첫 번째 질문은 "현재 니즈는 무엇인가?"이다.
이 질문은 현재 상태와 현재의 사실을 조사한다. "What if…" 질문은 잠재적인 주제 영역을 탐색하기 전에 현재 일어나고 있는 상황에 대한 확실한 평가와 공감적인 이해를 기반으로 해야 한다.

2단계: What if? (만약 ~라면?)

"What if"라는 질문은 자동으로 아이디어를 생성한다. 이 질문은 비즈니스 에코시스템의 잠재적인 주제 분야로 바로 연결된다. 이 질문 기법은 의식적으로 새로운 생각을 하는데 도움이 된다.

3단계: 고객을 위한 "Wow!"는 어디에서 만들어지는가?

주제에 대한 초기 아이디어를 기반으로 이후에 디자인 씽킹 과정에서 검토할 가정을 만들 수 있다.

4단계: 어떤 것이 효과가 있는가?

마지막 질문은 일반적으로 디자인 렌즈 #1~3을 통한 반복적인 프로세스에서 답변 되며, 고객 피드백에 의해 검증된다.

만약 우리의 잠재 고객이...

…음식과 깨끗한 공기, 물 그리고 에너지가 있다면?

자원

…건강하고 적절한 체중을 유지하고 있다면?

건강

…개인의 잠재력을 최대한 활용할 수 있다면?

개인적인 성장

…안전한 곳/집이 있다면?

공간

고객 중심의 에코시스템 주제 영역 분석

…독특한 것을 만들거나 소원을 이룰 수 있다면

실행자

…모두 같은 기회를 가졌다면?

감사

…환영받는 어딘가에 속해 있다면?

커뮤니티

모빌리티

…A에서 B로 언제든지 쉽게 이동할 수 있다면?

여가

…

…원하는 대로 바쁘고 즐겁게 지낼 수 있다면?

에코시스템에 대한 PESTLE 질문

PESTLE 분석의 결과는 SWOT분석, SOAR분석, 비즈니스 모델 디자인을 위한 리스크 평가와 같은 다른 비즈니스 관리 도구를 작성하기 위해 자주 사용되거나, 이 책에서 하는 것처럼 비즈니스 에코시스템 전략의 맥락화를 위한 기초로 사용된다.

이 프레임워크로 특정 산업에 구체적인 외부 요인의 다양한 조합을 검토해보는 많은 변형을 만들 수 있다. 예를 들어 PEST, STEEPLE, STEER 및 STEEP이 있다. 일반적인 비즈니스 에코시스템의 고려사항에 대한 기초 자료로 조정된 표준 PESTLE 분석을 사용하였다.

정치(POLITICS)

프로젝트에 영향을 미칠 수 있는 정치적 또는 정치적인 동기 부여 요인

예시:
정부 정책, 정치적 안정 또는 불안정, 관료주의, 부패, 대외 무역 정책, 조세 정책, 무역 제한, 노동법, 환경법, 저작권 및 소비자법, 공정 경쟁 규제, 보조금 및 자금 지원 이니셔티브

일반적인 질문:
- 어떤 정부 정책이나 정치 단체가 에코시스템의 성공에 유익하거나 해로울 수 있는가?
- 정치적 환경이 안정적이거나 변화될 가능성이 있는가?

경제(ECONOMIC)

프로젝트에 영향을 미칠 수 있는 거시경제의 힘

예시:
경제 동향, 성장률, 계절적 요인, 과세, 인플레이션, 금리, 국제 환율, 국제 무역, 인건비, 소비자 가처분 소득, 실업률, 대출 가능성, 통화 정책, 원자재 비용

일반적인 질문:
- 우리의 향후 행동 방침에 영향을 미치는 경제적 요인은 무엇인가?
- 에코시스템이 현재의 경제적 성과에 영향을 받는가?
- 유사한 산업 또는 에코시스템의 변화가 가격, 수익 및 비용에 어떤 영향을 미치는가?

사회(SOCIAL)

비즈니스 또는 비즈니스 에코시스템과 목표 시장에 영향을 미치는 사회적 측면, 사고방식 및 트렌드

예시:
건강, 일, 여가 시간, 돈, 고객 서비스, 수입, 종교, 문화적 금기 사항, 환경, 인구증가 및 인구통계, 가족 규모/구조, 이민/이주, 라이프스타일 트렌드와 같은 여러 요인에 대한 태도 및 공유된 신념

일반적인 질문:
- 소비자의 가치와 신념은 구매 행동에 어떤 영향을 미치는가?
- 인간의 행동이나 문화적인 트렌드가 비즈니스 에코시스템에 중요한 역할을 하는가?
- 고객의 니즈는 어떻게 변화하는가?

PESTLE 분석은 비즈니스 에코시스템 팀을 다음과 같이 지원한다:

- 기업의 자체 액터의 시장 및 비즈니스 포지션을 더 잘 이해한다; 전략적으로 계획하고 시장조사를 수행한다.
- 주제 영역 또는 에코시스템 전략 및 에코시스템 디자인 방법을 찾는다.
- 에코시스템 이니셔티브에 영향을 미칠 수 있는 외부 영향에 대한 개요를 확보한다.
- 보다 확실하고 정보에 기반한 결정을 내린다.
- 관리 기관에 대한 의사 결정 문서를 매핑한다.

절차와 템플릿

- 각 관점에 대해 정치, 경제, 사회, 기술, 법률 및 환경적인 측면에서 일반적인 질문이 다뤄진다.
- 답변은 초기 프로젝트 단계에서 위험과 기회를 탐색하는데 도움이 된다.
- PESTLE 분석 결과는 에코시스템 디자인 및 에코시스템 전략의 정의에 관련된 모든 팀이 이용할 수 있도록 해야 한다.

기술(TECHNOLOGICAL)

제품 및 서비스의 제조, 판매, 확장 및 전달되는 방식에 영향을 미치는 기술

예시:
기술 및 통신 인프라, 기술에 대한 소비자의 접근방식, 신기술, 자동화, 기술 관련 법률, 연구 및 혁신, 지적 재산권 규제, 기술 및 경쟁업체 개발

일반적인 질문:
- 어떤 혁신과 기술의 발전이 가능하거나 미래에 가능한가?
- 어떻게 하면 에코시스템의 디자인, 거버넌스 및 확장에 영향을 미칠 수 있는가?

법률(LEGAL)

에코시스템에 영향을 미치는 현재 그리고 미래의 법적 및 규제 요건

예시:
소비자 보호, 작업, 건강과 안전, 독점 금지, 지적 재산권, 데이터 보호, 세금 및 차별 분야의 법률; 국제 및 국내 무역 규정과 제한, 광고 지침, 제품 라벨 및 안전 표준

일반적인 질문:
- 원하는 가치 제안과 새로운 비즈니스 모델(예: 데이터 측면에서)에 적용되는 규정 및 법률은 무엇인가?
- 그것들이 프로젝트를 돕거나 방해하는가?
- 비즈니스 에코시스템이 운영될 모든 범위의 법률과 규정을 이해하고 있는가?

환경(ENVIRONMENTAL)

에코시스템, 제공되는 서비스, 환경 및 사용되는 천연 자원에 영향을 미치는 환경적 영향

예시:
날씨, 기후 변화, 탄소 발자국, 환경 요구사항, 환경 법률 및 목표, 재활용 및 폐기물 처리 정책, 멸종위기종, 재생 에너지 지원

일반적인 질문:
- 물리적 환경이 에코시스템에 어떤 영향을 미치며 그 반대의 경우도 마찬가지인가?
- 기후, 날씨 또는 지리적 위치로 인한 영향은 무엇인가?

 워크툴킷 다운로드
https://en.business-ecosystem-design.com/pestle

환경 분석 2.0

전략 분석을 위해 전통적인 도구를 사용할 때는 새로운 사고방식이 필요하며 여기에 적합한 모델을 사용해야만 한다.

특히 기업과 환경과의 관계는 비즈니스 에코시스템이 형성될 수 있다는 점에서 다르다. 마찬가지로 서비스의 다양성은 업계에서 관행적으로 사용되는 요소로 제한되지 않는다. 비즈니스 에코시스템은 기존의 환경 분석, 산업 분석 및 경쟁 분석보다 더 개방적이고 다양하며 다차원적이어야 한다.

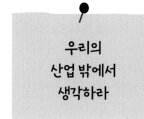

우리의
산업 밖에서
생각하라

에코시스템
씽킹을
적용하라

관점	환경 요인 분석에 대한 전통적인 접근 방식	에코시스템 디자인에 적합한 환경 요인 분석 모델
환경 분석의 역할	전략적 의사결정의 기초로써의 분석	새로운 가치 제안 및 가치 흐름의 실현을 위한 디자인 원칙의 기초
환경 분석의 특성	이미 주어짐	다양한 디자인 렌즈(예: 최소 생존가능 에코시스템)에 대한 탐험의 일부로 수행됨
기업, 에코시스템 및 환경 간의 관계	기업은 환경 요인에 적합한 적응방법을 찾는다.	이니시에이터/오케스트레이터는 결국 가장 중요한 환경인 비즈니스 에코시스템을 선택하거나 형성한다.
분석 구성을 위한 핵심 요소	부문/산업 관점	에코시스템 씽킹
서비스 제공의 다양성	산업 중심	동종 업계에 속해 있는지 여부와 관계없이 다른 액터와 함께

요점 정리 !

자사의 역량, 이미 존재하는 에코시스템 및 이니셔티브와 기존 파트너십을 보유한 다른 기업에 대한 기본적이고 실제적인 분석은 환경과 사내 역량을 더 잘 이해하는데 도움이 된다.

특히, 기업과 환경의 관계는 비즈니스 에코시스템이 디자인될 수 있고, 환경을 있는 그대로 받아들일 필요가 없다는 점에서 다르다.
고객의 니즈, 전술 및 전략에 대한 반복적인 탐험 없이는 완전한 분석을 성공적으로 이뤄내기 어렵다.

잘 구성된 에코시스템을 위해서는 두 가지 관점이 모두 필요하며, 플레이할 영역이 어디에 있는지, 어떻게 플레이해야 성공할 수 있는지에 대한 명확한 정의가 필요하다.

 어디에서 플레이할 것인가?

어떻게 구성할 것인가? 어떻게 성공할 것인가?

어떻게 성공하고 구성할 것인가?

비즈니스 에코시스템을 위한 큰 플레이 영역

오늘날 기업 현실에서는 일반적으로 두 가지 즉, 활용(EXPLOIT)과 탐험(EXPLORE)의 융합을 비즈니스 에코시스템의 이니셔티브에 사용한다. 이것은 기업이 핵심 비즈니스 및 기존 비즈니스 모델과 관련된 활동뿐만 아니라 기존의 기술 및 역량에도 의존한다는 것을 의미한다. 이러한 것들은 참여 액터로서 에코시스템에 제공할 수 있는 것들이다. 새로운 수익원은 이러한 융합 방식으로 실현되거나 더 큰 시장 영역으로 다뤄질 수 있다. 마지막으로 기업은 경쟁력을 더 키우기 위해 기존 비즈니스 모델을 활용하는 것도 좋다. 일반적으로 이러한 고려 사항은 에코시스템과 멀티플라이어 및 다른 액터가 중심이 되는 것이 아니라, 자신의 비즈니스 모델을 비즈니스 에코시스템으로 전환하는 것이기 때문에 선형적인 성장만을 위한 에코시스템의 초기화라는 결과를 가져오게 된다.

이러한 결과에 대한 대안으로, 기업은 고유한 가치 제안과 파트너를 포함한 비즈니스 모델을 새롭게 구성하여 탐험적 성격의 새로운 시스템을 만들 수 있다. 올바르게 구성된 이러한 에코시스템은 성공적인 "블랙 오션" 전략이 될 가능성이 있다. 예를 들어, 에코시스템에 참여하기를 원하는 모든 액터는 매력적으로 만들어진 비즈니스 모델 디자인을 우수하게 여긴다. 기본적인 비즈니스 모델과 시스템의 액터가 사용하는 모든 비즈니스 모델의 매력은 가격, 기술, 고객 접근성 또는 시장에 알려진 브랜드의 영향력에 따라 차별성을 가진다. 이러한 에코시스템은 일반적으로 전통적인 기업 구조 및 사고 방식과는 거리가 먼 "그린필드 접근 방식"으로 나타난다. 탐험(EXPLORE)을 활용하여 새로운 비즈니스 에코시스템을 초기화하는 기업의 경우 기존 제품, 서비스 및 비즈니스 모델이 아니라 결과에 결정적인 역할을 하는 에코시스템이기 때문에 기하급수적 성장에 대한 전망이 좋다. 다양한 이니셔티브에서 얻은 경험들 중 특히 잘 작동한 활동들을 비즈니스 성장을 위한 플레이북에 기록해두면 도움이 된다. 이러한 활동들이 잘 작동하고 새로운 상황에 적합하다면 그에 상응하게 반복할 수 있다. 만약 작동하지 않는다면 즉흥적으로 하라! 과거의 활동들이 잘 작동하지 않고 실패했다면 계획된 활동을 즉흥적인 활동으로 대체해보는 것도 좋다. 이러한 패턴은 비즈니스 에코시스템 디자인에 적용될 수 있다.

리디자인된 비즈니스 에코시스템에서 근본적으로 다른 가치 제안을 확장하고 수익을 창출하기 위해 기존 역량이 에코시스템에 도움이 되도록 하는 방법은 무수히 많다.

터치다운!

플레이 영역/매트릭스 획득 방법

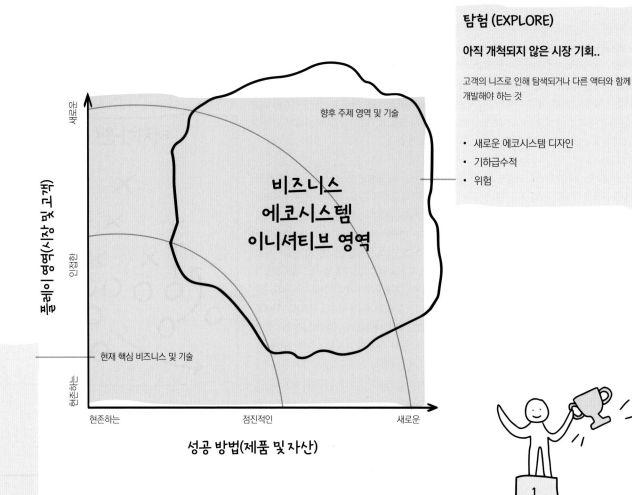

탐험 (EXPLORE)

아직 개척되지 않은 시장 기회..

고객의 니즈로 인해 탐색되거나 다른 액터와 함께 개발해야 하는 것

- 새로운 에코시스템 디자인
- 기하급수적
- 위험

향후 주제 영역 및 기술

비즈니스
에코시스템
이니셔티브 영역

플레이 영역(시장 및 고객)

새로운

인접한

현존하는

활용(EXPLOIT)

이미 개척된 명백한 시장 기회…
계획하고 해결할 수 있는

- 보유하고 있는 역량 및 기술 활용
- 보안에 대한 우려
- 예측 가능성

현재 핵심 비즈니스 및 기술

현존하는   점진적인   새로운

성공 방법(제품 및 자산)

활용(EXPLOIT)에만 의존하고 기존 초점만을 고수하는 기업은 기하급수적으로 성장하는데 어려움을 겪는다. 에코시스템을 통한 그들의 성장은 기껏해야 2배 정도 증가할 것이다. 전통적인 기업은 유형자본 및 인적 자본의 비율이 매우 높은 경우가 많다. 두 가지 모두 더 큰 마진을 달성하고 새로운 성장 기회를 활용하는 것을 어렵게 만든다. 이에 반해 시스템 내 모든 액터들의 상호작용으로 구성되는 에코시스템 자본의 중요성을 이해하고, 비즈니스 모델에 대한 다차원적 관점을 통해 상생의 상황을 창출하는 기업은 기하급수적 성장을 실현할 수 있는 기회를 갖게 된다. Staeritz and Torrance(2020)의 연구에 따르면 투자 수익률은 일반적으로 20% 이상이고, 마진은 40% 이상이며, 주가 매출 비율은 10배이다. 지적 자본의 비중이 큰 산업(예: 생명공학, 소프트웨어 제공업체)을 제외한 전통적인 부문은 이러한 수치보다 훨씬 낮다. 예를 들어 은행은 일반적으로 자본 수익률이 1.5%, 마진이 7~8%, 주가 매출 비율이 1.5배이다. 보험사도 상황은 비슷하다. 전통적인 소매업은 5~6%의 마진, 3% 미만의 투자 수익률, 1배의 주가 매출 비율로 만족해야 한다.

아마존과 같은 에코시스템 참가 기업은 기존 비즈니스 모델 조합에 대한 보완책으로 에코시스템 자본을 성장을 위한 수단으로 점점 더 많이 사용한다. 핑안(Ping An)(원래 전통적인 보험 회사)과 같은 기업은 10년 만에 에코시스템 오케스트레이터로 성장했다. 현재 성공한 많은 에코시스템 액터들은 탐험(EXPLORE)과 활용(EXPLOIT)의 균형 잡힌 포트폴리오를 추구한다. 핑안의 성장 차트에서 인상적으로 보여주듯이, 여기에서 지적 자본 및 에코시스템 자본의 꾸준한 성장과 확장을 확인할 수 있다. 305페이지의 예를 참조.

예시

전통적인 기업의 구성 vs. 에코시스템 오케스트레이터(자본/비즈니스 모델)

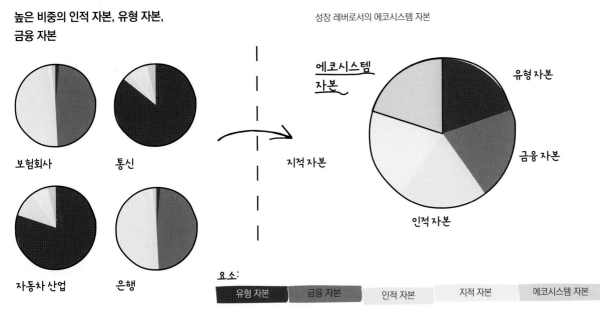

높은 비중의 인적 자본, 유형 자본, 금융 자본

보험회사　　통신

자동차 산업　　은행

성장 레버로서의 에코시스템 자본

에코시스템 자본

지적 자본

유형자본

금융 자본

인적 자본

요소:
유형 자본　금융 자본　인적 자본　지적 자본　에코시스템 자본

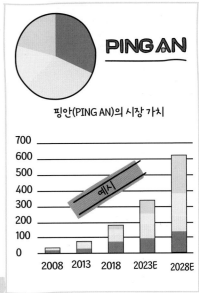

핑안(PING AN)의 시장 가치

700
600
500
400
300
200
100
0

예시

2008　2013　2018　2023E　2028E

S자형 성장: 에코시스템 플레이에서의 발전 가능성

비즈니스 에코시스템 전략의 분류방법에 대해 확립되거나 표준화된 패턴은 없다. 다양한 이니셔티브의 초안을 작성하고 관찰하여, 선택된 범위에서 제시할 수 있는 몇 가지 패턴을 도출할 수 있다. 이를 바탕으로 "적극적인 참여자", "집중적인 도전자", 또는 "라이프 사이클 접근방식"과 같은 몇 가지 전략적인 표현으로 유형화할 수 있다. 이러한 변형은 140페이지 이후에 상세히 설명할 것이다.

기업이 현재 어떤 위치에 있으며 에코시스템의 액터, 통합자 또는 오케스트레이터가 되기 위한 S자형 성장이 어떻게 진행되고 있는지 회고해보는 것도 흥미롭다. 최근 몇 년 동안 이러한 도전이 가속화되었지만 많은 기업은 여전히 디지털 혁신에 대처하느라 분주하다. 기업들은 이러한 혁신의 일환으로 이미 고객 인터페이스를 개선하고, 빅데이터 분석을 유용하게 활용하며, 기술 스타트업과의 협업을 강화하기 위한 다양한 조치를 시작했다. 이는 API를 통해 디지털 시장에서 회사를 설립하거나 고객에 대한 보다 포괄적인 데이터(외부 공급업체 포함)를 통합하기 위한 좋은 기반을 제공한다.

기술 스타트업과의 협업은 실험과 학습의 장으로 인식되고 있다. 종종 다음 단계에서는 라이프 사이클 접근 방식에서 솔루션 통합자/번들러로서의 역할을 수행한다. 여기에서 초점은 일반적으로 각각의 제안 범위에 대해 디지털 시장/플랫폼을 제공하는 형태를 취하는 기업 파트너와의 서비스 통합 또는 조합에 있다. 점점 더 많은 기업들이 활용(EXPLOIT) 접근 방식에 의존하고 있다. 이를 기점으로 기업들은 완전히 새로운 에코시스템 이니셔티브에 도전하고 있다. 이러한 그린필드 접근 방식의 장점은 기존 비즈니스 모델, 제품 및 서비스가 백그라운드에서 유지되는 동안 일반적으로 새로운 가치 제안에 대해 일관된 작업이 수행된다는 것이다.

대안으로 기업은 비즈니스 에코시스템의 이니에이터 또는 오케스트레이터가 되기 위한 직접적인 경로를 택하기도 한다. 일반적으로, 이러한 급진적인 조치는 정신적으로 모든 마인드 전환을 수행하고 내재화한 기업과 비즈니스 리더들에 의해서만 받아들여진다.

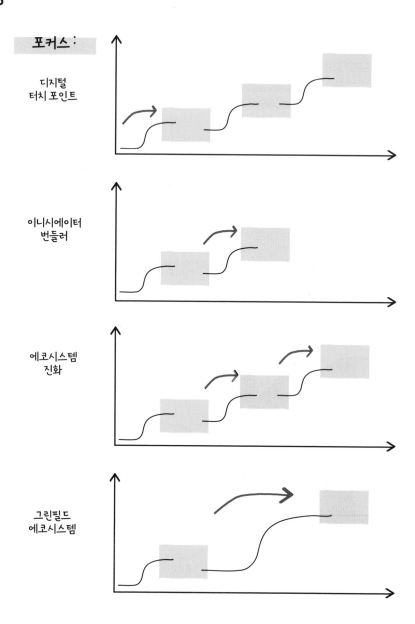

포커스:

디지털
터치 포인트

이니시에이터
번들러

에코시스템
진화

그린필드
에코시스템

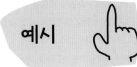

고객 중심의
개방형
에코시스템

기업 중심의
폐쇄형

디지털 트랜스포메이션 및 디지털
채널 확장에 전략적으로 중점을 둔
기존 기업

라이프 사이클 접근 방식에서
전략적으로 솔루션 통합자/번들러의
역할에 초점을 맞춘
에코시스템 플레이어

새로운 기술을 이용한 그린필드
접근 방식을 기반으로 예를 들어,
이니시에이터와 오케스트레이터의
역할에 전략적 초점을 맞춘
에코시스템 플레이어

새로운 가치 흐름에 대한 복잡성 및 액세스

낮은

중간

높은

- 디지털 고객 인터페이스 개선에 집중
- 빅 데이터 분석 분야의 첫 번째 이니셔티브
- 혁신 에코시스템(예: 스타트업 이니셔티브)
  후원 및 상호작용

- 비즈니스 파트너가 제공하는 서비스의 통합
  또는 종합에 초점
- 제안을 위한 디지털 시장/플랫폼 제공
- 새로운 직간접적 가치 흐름을 가진 새로운 비
  즈니스 모델 활용

- 비즈니스 에코시스템 오케스트레이터로서의
  적극적인 역할
- 최첨단 정보기술 활용
- 다중 가치 흐름 및 비즈니스 모델 옵션의 정의
- 데이터 수익화 옵션을 통한 데이터 기반 서비
  스 및 제품 개발

다양한 에코시스템의 역할을 개방하고 선택하도록 하는 것은 관련된 모든 결과와 함께 해당 비즈니스 모델에 영향을 미칠 것이다. 다시 말하지만, 비즈니스 에코시스템에 따라 크게 달라질 수 있는 많은 가능성과 표현이 존재한다. 자원, 기술, 조직 및 가치 제안과 관련된 결과가 표에 나와 있다.

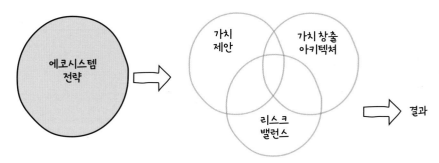

선택...	예시	가능한 결과
고객 상호 작용	• 새로운 고객 그룹/세그먼트 다루기 • 가격 차별 수단을 활용하기 • 물리적, 다차원적 또는 100% 디지털 채널을 통한 고객 상호 작용 유형	• 경쟁의 강도 • 고객 세그먼트 유형 • 터치 포인트 수, 사용자 경험 디자인
고객 인터페이스 고객 관계	• 세그먼트 당 오퍼의 너비와 깊이 정의 • 분산, 허브 앤 스포크 또는 고객 접점간 지원 및 고객 관계	• 자동화 가능성 • 전문가의 노하우 • 물리적 및 디지털 존재감
IT, DATA, 인프라, AI 측면에서의 역량	• 전략적 중요성이 낮은 자원 활용 • 자체 기술 개발	• 노동 시장의 자원 가용성 • 기술 개발 파트너가 필요 없음
비즈니스 에코시스템에서의 역할	• 이니시에이터로서의 기능 • 오케스트레이터의 역할	• 프로토타입 및 MVP에 대한 사전 투자 금액 • 성장에 대한 책임 정도 • 개방, 적응 및 기술 제공 정도
제품 및 서비스 포트폴리오 요소	• 특정 또는 일반적인 작업에 참여하는 액터 • 광범위하고 깊이 있는 제안을 제공하는 전체 서비스 • 특정 제안 또는 기존 제안의 확대	• 시스템의 다양한 액터의 수 • 오케스트레이션의 복잡성 • 개인 또는 다양한 고객의 니즈 충족
조직 디자인의 특징	• 새로운 액터와의 상호 작용/공동 가치창출 • 다이렉트 마케팅/번들링	• 이해관계자의 교섭력 • 유통업체가 필요 없음
경쟁 전략(오션)	• 레드 오션 전략의 지속 • 블루 오션 전략을 통한 강력한 차별화 • 고유한 가치 제안을 통한 블랙 오션 전략 실현	• 차별화 정도 • 성장 기회 • 현재 및 미래 혁신의 급진성

"에코시스템 플레이 & 성공 프레임워크 디자인"에서 전략적 선택의 맥락화

위에서 설명한 바와 같이, 전략 작업에서의 질문과 소위 선택 단계는 전략적 선택을 맥락화하기 위한 기준으로 사용할 수 있으므로, 의사 결정자와 의사 결정 기관이 에코시스템 측면에서 다양한 행동 분야에 대한 평가를 보다 쉽게 할 수 있도록 한다. 잘 알려진 도구는 AG Lafley와 Roger Martin의 "성공을 위한 경영전략(Playing to win)" 접근 방식으로, 비즈니스 성공을 위해 전략적 선택을 할 수 있는 방법들을 보여준다. 이 프레임워크는 상호 연관되어 있으며, 여기 예제에서 볼 수 있듯이 에코시스템 이니셔티브에 적용할 수 있는 여러 질문을 기반으로 한다.

이 전략은 다양한 옵션의 조직화되고 통합된 접근 방식으로 구성된다:

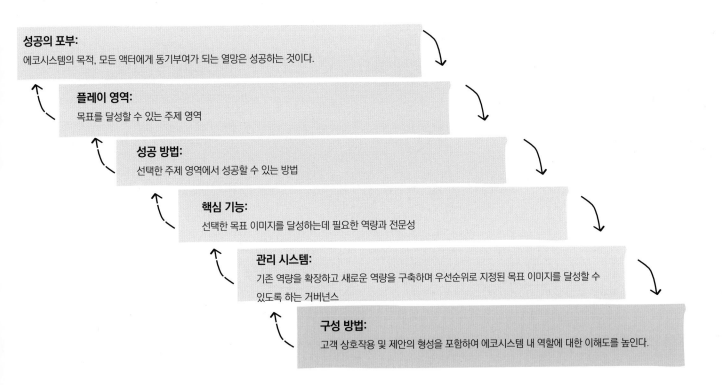

성공의 포부:
에코시스템의 목적, 모든 액터에게 동기부여가 되는 열망은 성공하는 것이다.

플레이 영역:
목표를 달성할 수 있는 주제 영역

성공 방법:
선택한 주제 영역에서 성공할 수 있는 방법

핵심 기능:
선택한 목표 이미지를 달성하는데 필요한 역량과 전문성

관리 시스템:
기존 역량을 확장하고 새로운 역량을 구축하며 우선순위로 지정된 목표 이미지를 달성할 수 있도록 하는 거버넌스

구성 방법:
고객 상호작용 및 제안의 형성을 포함하여 에코시스템 내 역할에 대한 이해도를 높인다.

에코시스템 플레이 & 성공 프레임워크 디자인

도구

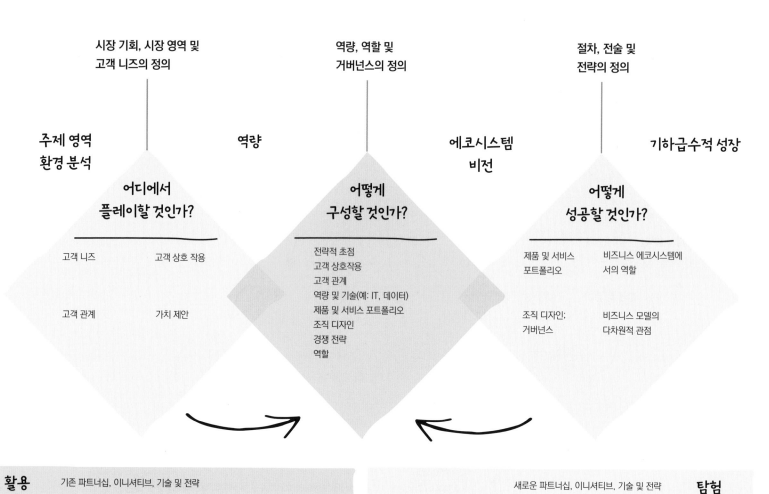

시장 기회, 시장 영역 및
고객 니즈의 정의

역량, 역할 및
거버넌스의 정의

절차, 전술 및
전략의 정의

주제 영역
환경 분석

역량

에코시스템
비전

기하급수적 성장

**어디에서
플레이할 것인가?**

고객 니즈   고객 상호 작용

고객 관계   가치 제안

**어떻게
구성할 것인가?**

전략적 초점
고객 상호작용
고객 관계
역량 및 기술(예: IT, 데이터)
제품 및 서비스 포트폴리오
조직 디자인
경쟁 전략
역할

**어떻게
성공할 것인가?**

제품 및 서비스   비즈니스 에코시스템에
포트폴리오   서의 역할

조직 디자인: 비즈니스 모델의
거버넌스   다차원적 관점

활용   기존 파트너십, 이니셔티브, 기술 및 전략

새로운 파트너십, 이니셔티브, 기술 및 전략   **탐험**

에코시스템 구성 그리드
"플레이 영역"에서 "성공 및 구성 방법"으로

"구성 방법"에 대한 구체적인 범위는 각 에코시스템에 대해 개별적으로 개발되어야 한다. 다음 페이지에 제시된 표현은 예시적이고 전형적인 성격을 가지고 있다. 앞서 언급한 기준에 따라 기업의 관점에서 본 비즈니스 에코시스템의 구성은 140~143페이지에 나와 있다.

에코시스템 구성 그리드 맵은 비즈니스 에코시스템 디자인 팀이 다음을 수행하는 데 도움이 된다:

- 비즈니스 에코시스템을 위한 중요한 구성을 수행한다;
- 이니셔티브 및 역할(예: 이니시에이터 또는 적극적인 참가자)과 일치하는 구성을 개발한다;
- 전략적 초점에서 고객 상호작용, 조직 설계에 이르기까지 성공에 필수적인 요소를 다룬다;
- 목적 및 목표 달성을 명확하게 하기 위해 구성요소를 정확하게 설명한다.

절차 및 에코시스템 구성 그리드 템플릿:

1. 시장 기회, 시장 영역, 각 고객의 니즈(어디에서 플레이해야 하는지)에 대한 정의 결과는 구성을 형성하는데 도움이 된다.
2. 구성은 프로젝트의 실제 정의, 선택된 전술 및 전략(성공 방법)과 밀접하게 연결된다.
3. 결국, 구성에는 에코시스템 비전을 단계적으로 현실화하는데 필요한 모든 요소가 포함되어야 한다. 범위와 표현은 이니셔티브에 맞게 선택되고 설명된다.

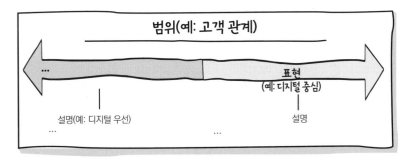

범위와 표현은 비즈니스 에코시스템의 초점에 맞게 선택해야 한다.

워크툴킷 다운로드
https://en.business-ecosystem-design.com/win-configure

131

성공 및 구성 방법: 전략적 초점

기존의 많은 기업들은 활용(EXPLOIT)과 탐험(EXPLORE) 사이의 균형 잡힌 전략을 추구하여 비즈니스 에코시스템에 참여하거나 초기화할 수 있도록 이러한 범위에서 운영된다. 탐험(EXPLORE) 전략의 경로는 고유한 가치 제안을 가진 새로운 에코시스템을 구축하는데 필요한 접근 방식 및 마인드세트와 더 일치한다. 활용(EXPLOIT) 성격의 에코시스템 이니셔티브와 참여는 추가 채널이나 시장을 통해 제품과 서비스를 마케팅하는 것을 목표로 하는 경향이 있다. 48페이지의 표에서 활용(EXPLOIT)과 탐험(EXPLORE)을 비교할 수 있다.

예시

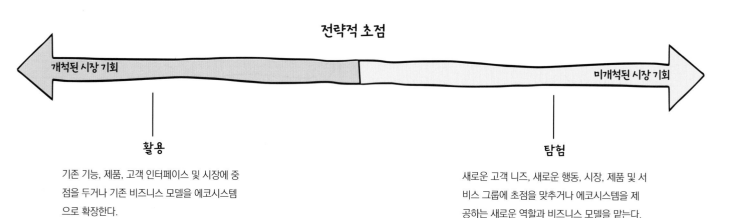

전략적 초점

개척된 시장 기회

미개척된 시장 기회

활용

기존 기능, 제품, 고객 인터페이스 및 시장에 중점을 두거나 기존 비즈니스 모델을 에코시스템으로 확장한다.

탐험

새로운 고객 니즈, 새로운 행동, 시장, 제품 및 서비스 그룹에 초점을 맞추거나 에코시스템을 제공하는 새로운 역할과 비즈니스 모델을 맡는다.

성공 및 구성 방법: <u>고객 상호작용</u>

올바른 고객 상호작용을 선택하는 것은 비즈니스 에코시스템에서 자주 사용되는 또다른 기능이다. 고객 상호작용의 범위는 광범위하다. 여기에 제시된 선택 범위에서는 인간과 디지털 중심을 구분한다. 많은 서비스와 제품에는 실제 대면 담당자가 필요하지만, 어떤 서비스나 제품의 경우에는 100% 디지털 방식으로도 문제없이 구입이 가능하다. 많은 에코시스템은 "디지털 우선"에 중점을 두고 시작하고, 이후에는 제품 또는 서비스 구매를 위한 "체험 센터" 또는 "플래그십 스토어"와 같은 보조적인 물리적 터치 포인트를 구축한다. 다른 에코시스템 이니셔티브는 물리적 터치 포인트로부터 배우고 나중에 디지털 상호작용으로 제품을 보완한다.

예시

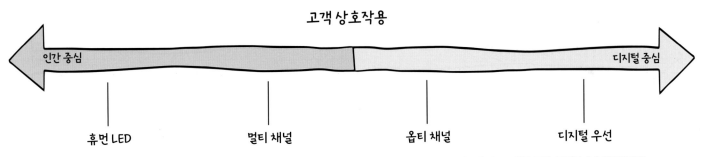

고객 상호작용

인간 중심 ——————————————————————————————— 디지털 중심

휴먼 LED

예를 들어, 모든 거래 유형 및 세그먼트에서 고객과의 물리적 상호 작용에 중점을 둔다.

멀티 채널

예를 들어, 모든 거래 유형 및 부문에 걸쳐 디지털 방식이 지원되거나 완전히 자동화된 고객 상호작용을 하는 멀티 채널 접근 방식에 중점을 둔다.

옵티 채널

예를 들어, 각 개별 고객의 니즈에 따라 맞춤화된 상호작용을 통해 최적화된 서비스 모델에 중점을 둔다

디지털 우선

예를 들어, 물리적 상호작용이 가치 제안의 필수적인 부분이 아닌 한 물리적인 상호작용을 최소화하는 디지털 상호작용 모델에 중점을 둔다.

성공 및 구성 방법: 고객 인터페이스, 고객 관계

고객 상호작용 외에도 비즈니스 에코시스템은 다양한 형태의 고객 관계를 구축하고 실행할 수 있다. 여기서 "디지털 및 자동화" vs "디지털 및 개인"과 같이 상반되는 표현을 상상할 수 있다. 여기에서도 무수한 변형이 가능하며, 에코시스템과 가치제안에 따라 크게 다르다. 예를 들어, 고객 접점간 관계는 전문가의 개입이 요구되는 특정 문제에 대해 개인적인 고객 상호작용을 활용한다. 자동화된 상호작용의 경우 예를 들어, 지능형 음성 봇 및 채팅 봇을 통해 보다 분산된 접근 방식이 사용된다.

예시

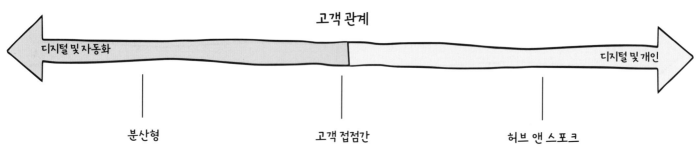

고객 관계

디지털 및 자동화 ← → 디지털 및 개인

분산형

예를 들어, 고객 관계를 책임지는 개인 담당자 없이 일관된 디지털 고객 인터페이스에 중점을 둔다.

고객 접점간

예를 들어, 주제 전문가(SMEs)가 특정 문제에 대해 개인 고객 상호작용을 목표로 하는데 중점을 둔다.

허브 앤 스포크 (HUB-AND-SPOKE)

예를 들어, 특정 대상 그룹, 문제 또는 거래 유형에 대한 특별한 관계가 있는 개별 서비스 모델이다.

성공 및 구성 방법: IT, 데이터, 인프라, AI

활용(EXPLOIT) 및 탐험(EXPLORE)의 전략적 범위는 이미 많은 사람들이 IT, 데이터, 인프라 측면에서 인공지능에 이르기까지 기술을 다루기 위해 적용하고 있다. 활용에 중점을 둔 기업은 종종 IT 및 데이터 기능을 천천히 점진적으로 구축하는 경향이 있다. 이와 대조적으로 그린필드 접근 방식은 새로운 기술 플랫폼에서 이니셔티브를 구현하고 디지털화의 잠재력을 최대한 활용한다. 모든 유형의 시스템 또는 데이터 분석 기술에 대한 API 부족으로 인해 구현 속도가 느려지고 확장성이 저하된다.

예시

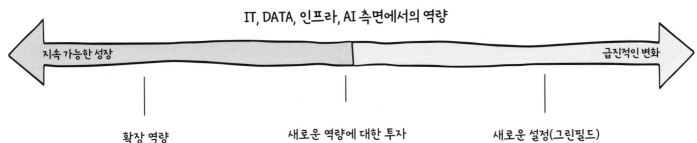

IT, DATA, 인프라, AI 측면에서의 역량

지속 가능한 성장 ⟵ ⟶ 급진적인 변화

확장 역량

예를 들어, 디지털화에 대한 투자 또는 새로운 가치 제안에 이르기까지 새로운 기능 및 고객 경험 디자인을 위한 핵심 기술의 교체이다.

새로운 역량에 대한 투자 (END-TO-END)

예를 들어, 최첨단의 혁신적인 기술을 사용하여 가치 사슬의 많은 부분에 걸친 역량을 포괄적으로 변환하는 것의 일부이다.

새로운 설정(그린필드)

예를 들어, 별도의 기업 또는 비즈니스 단위로 운영되고, 새로운 디지털 기능의 잠재력을 최대한 활용하는 완전히 새로운 기술 플랫폼을 그린필드에 구축한다.

성공 및 구성 방법: 제품 및 서비스 포트폴리오

에코시스템에 제공되는 제품 및 서비스의 범위는 먼저 가치 제안에 기반하고, 다음으로는 비즈니스 에코시스템 생성을 위해 계획된 스텝 및 단계를 기반으로 한다. 처음에는 소위 킬러 경험과 기능이 자주 사용되는데, 이는 고객을 시스템에 머무르게 하고 가능한 최선의 방법으로 고객의 니즈를 충족시키는 것을 목표로 한다. 다시 말하지만, 설정에서 목표 이미지에 이르기까지 제안은 여기에서 가장 다양한 형태를 취할 수 있다. 제품 및 서비스 포트폴리오의 예로는 풀 서비스 제안에서 번들 및 고객과 기업의 라이프 사이클에 중점을 둔 제안에 이르기까지 다양하다.

예시

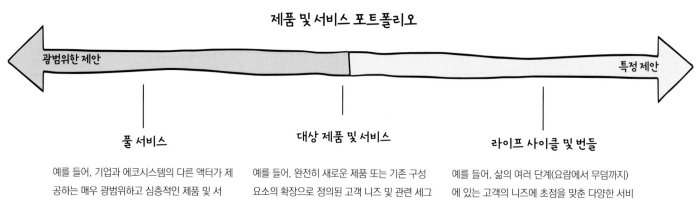

제품 및 서비스 포트폴리오

광범위한 제안 ← → 특정 제안

풀 서비스

예를 들어, 기업과 에코시스템의 다른 액터가 제공하는 매우 광범위하고 심층적인 제품 및 서비스

대상 제품 및 서비스

예를 들어, 완전히 새로운 제품 또는 기존 구성 요소의 확장으로 정의된 고객 니즈 및 관련 세그먼트에 맞게 조정된 특정 제품의 개발

라이프 사이클 및 번들

예를 들어, 삶의 여러 단계(요람에서 무덤까지)에 있는 고객의 니즈에 초점을 맞춘 다양한 서비스 및 제품 디자인

성공 및 구성 방법: <u>조직 디자인</u>

조직을 디자인하는 것은 일반적으로 선택한 거버넌스와 IT, 데이터 기술과 같이 새로운 역량이 구축되고 활용되는 방식에 크게 영향을 받는다. 다학제적 융합팀이 있는 고객 중심적인 접근 방식에서부터 잘 알려진 비즈니스 부문의 구조에 통합된 기존 접근 방식에 이르기까지 그 특징은 다양하다. 경험에 따르면 비즈니스 에코시스템을 성공적으로 구현하려면 고객 중심의 모델이 선택되어어야 하고, 이에 맞춰 조직을 조정해야 한다.

예시

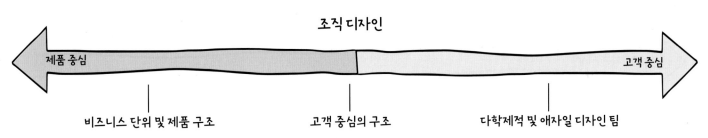

조직 디자인

제품 중심 ← → 고객 중심

비즈니스 단위 및 제품 구조

에코시스템에 참여하기 위한 조직 구조는 잘 알려진 제품 영역과 기업의 비즈니스 부문에 따른다.

고객 중심의 구조

구조와 프로세스는 조직의 많은 부분이 고유한 고객 경험을 디자인하는데 집중할 수 있도록 디자인된다. 이 과정에서 디지털 채널과 반복되는 고객 상호작용의 "닻" 역할을 하는 새로운 인센티브를 포함하게 된다

다학제적 및 애자일 디자인 팀

조직의 구조는 더 크게 민첩성을 높일 수 있는 다양한 디자인 팀의 다학제적 협업에 의해 형성되므로, 고객 니즈와 시장 요구사항을 더 잘 처리하고 빠르게 대응할 수 있다.

성공 및 구성 방법: 경쟁 전략

레드 오션, 블루 오션 그리고 블랙 오션 전략은 경쟁 전략의 디자인에 대해 서로 다른 관점을 가지고 있다. 기본적인 아이디어는 성장과 지속 가능한 기업 성공을 달성하는 세 가지 다른 방법이 있다는 것이다. 레드 오션은 보다 전통적인 관점을 설명하는 반면, 블루 오션은 대다수의 고객 및 비고객에게 진정으로 차별화되고 관련성 있는 혜택을 제공하는 새로운 시장을 개발하는 것을 목표로 한다. 블랙 오션 전략은 훨씬 더 급진적인 과정을 추구한다. 이 전략은 구성, 액터 및 고유한 가치 제안으로 인해 경쟁업체가 경쟁할 수 있는 여지를 거의 제공하지 않는 비즈니스 에코시스템을 만드는 것을 목표로 한다.

예시

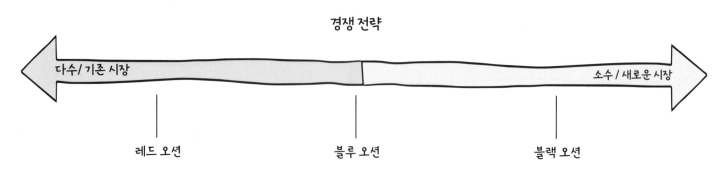

경쟁 전략

다수 / 기존 시장 ← → 소수 / 새로운 시장

레드 오션

예를 들어, 기존 시장에서의 경쟁에 집중하거나 경쟁자를 이기기 위해 기존 수요를 활용한다.

블루 오션

예를 들어, 새로운 시장을 구축하거나 경쟁자를 피하기 위해 새로운 수요를 창출하는데 중점을 둔다.

블랙 오션

예를 들어, 개별 기업이 제공할 수 없는 고유한 가치 제안에 집중하거나 다른 액터와의 상호경쟁과 공–진화로 구성된 에코시스템을 조성하기 위해 새로운 고객 니즈를 충족시키는데 중점을 둔다.

성공 및 구성 방법: 비즈니스 에코시스템에서의 역할

비즈니스 에코시스템에서의 역할은 이니시에이터에서 오케스트레이터, 시스템의 액터에 이르기까지 다양하다. 종종 특정 비즈니스 에코시스템과 관련된 더 많은 역할이 정의되기도 한다. 일반적으로 목록에 있는 세 가지 역할이 전략적으로 가장 중요하며, 비즈니스 에코시스템 전략의 맥락에서 적절하게 분석되고 정의되어야 한다. 기업은 다양한 에코시스템에서 여러가지 역할을 할 수 있다. 기업들은 에코시스템에 참여함과 동시에 다른 환경에서 새로운 비즈니스 에코시스템을 적극적으로 구축한다. 공급자와 같은 추가 역할이 있으며, 이 책에서 설명하는 것처럼 다른 플레이어는 예를 들어, 기술 인에이블러 또는 정보 검증 포인트의 역할을 한다.

예시

비즈니스 에코시스템에서의 역할

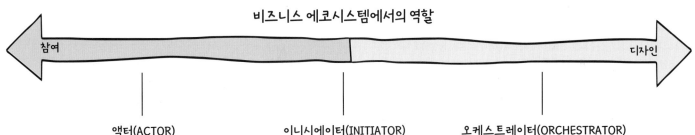

참여 ← → 디자인

액터(ACTOR)

비즈니스 에코시스템의 액터는 일반적으로 가치 제안을 개발하는데 필요한 통합된 역량 또는 제안을 가지고 있다. 액터들은 또한 원칙과 규칙의 프레임워크 안에서 혁신해야 한다는 과제를 가지고 있다. 그들은 프로젝트에 따라 활동, 비즈니스 모델 및 전략의 일부를 조정한다

이니시에이터(INITIATOR)

예를 들어, 이니시에이터는 새로운 고객 니즈를 발견하고 활동을 시작한다. 대부분의 경우 이들은 초기 프로토타입과 MVP에 대한 예산을 제공한다. 종종 이니시에이터는 오케스트레이터의 역할로 전환하거나 자체 시스템에서 액터가 된다.

오케스트레이터(ORCHESTRATOR)

이들의 역할은 활동을 조정하는 것이다. 기하급수적 성장을 위한 프레임워크의 조건을 정의하기 위한 원칙과 규칙이 정해져 있다. 오케스트레이터는 지속 가능하고 목표가 있는 거버넌스를 달성하고자 한다.

전략적 표현의 예시

비즈니스 에코시스템은 서로 다르게 구성되어 있다. 이러한 시나리오가 어떻게 다르게 구성되어 있는지를 보여주기 위해 아래에는 세 가지 시나리오가 요약되어 있다. 첫 번째 전략적 표현은 비즈니스 에코시스템에서 어떻게 활성화될 수 있는지에 대한 가장 간단한 형태의 구성이다. 적극적인 참여자/혁신가의 역할을 통해 참여 기업으로서의 역량과 기술이 에코시스템에 도입된다. 원칙과 정의된 가치의 한계 내에서, 시스템에서 공동 혁신을 할 수 있는 기회를 가질 수 있다(141페이지 참조). 비즈니스 에코시스템에 참여한다는 것은 상상할 수 있는 모든 형태를 취할 수 있다는 것을 의미한다. 예를 들어 이니시에이터는 에코시스템이 구축되면 참여 액터의 역할을 맡을 수 있다.

두 번째 구성의 예는 기존 기업에서 시작된 디지털 에코시스템의 이니시에이터 구성이다(142페이지 참조). 이들은 비즈니스 에코시스템과 그에 수반되는 가치 제안을 통해 시장에 도전하고자 한다. 집중적인 도전자는 일반적으로 에코시스템 플레이에서 매우 타겟이 되는 제안으로 특정 시장 부문에 서비스를 제공하고자 하는 기업이다.

세 번째 예는 비즈니스 에코시스템에서 중요한 조정 역할을 맡은 기업의 사례이다(143페이지 참조). 비즈니스 에코시스템은 디지털 우선주의를 전제로 정의된 라이프 사이클을 중심으로 디자인된다. 일반적으로 가치 제안은 특정 이벤트(예: 라이브 이벤트)와 연결된다. 이러한 비즈니스 에코시스템에서 빅 데이터 분석의 가능성은 개발 초기 단계의 가치 흐름과 에코시스템 디자인 과정에서 고려될 수 있다.

구성의 예는 무한하다. 그리고 구성은 동적 구조이므로 시간이 지남에 따라 변화한다. 다음 예는 현재 진화 중이거나 이미 시장에 구축된 비즈니스 에코시스템의 스냅샷일 뿐이다.

 적극적인 실무자

 집중적인 도전자

 신뢰할 수 있는
라이프 사이클 플레이어

예시는 실제적인 예이며, 조합이 얼마나 많고 다양한지 보여주기 위한 것이다. 에코시스템은 복잡하고 끊임없이 진화하고 있다. 이러한 이유로 예시는 "성공 및 구성 방법" 프로세스의 스냅샷일 뿐이다.

전략적 표현의 예: 적극적인 참여/혁신가

참여 액터의 역할은 일반적으로 사내 역량을 비즈니스 에코시스템에 가져오는 것이 특징이다. 고객 연락처, 제품 또는 고객에 대한 채널 제공을 구성하는데 기여한다. 원칙과 규칙의 프레임워크 안에서 이러한 시스템의 액터는 혁신하고 디자인할 기회를 갖는다.

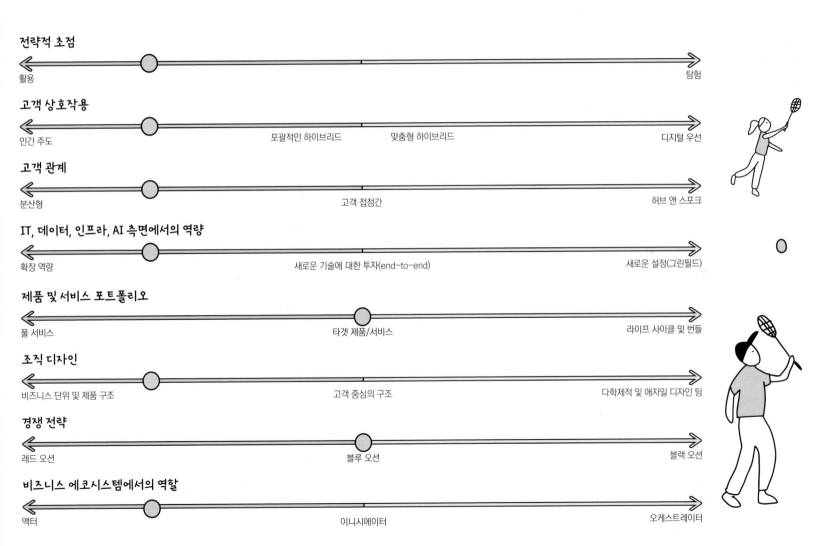

전략적 초점

활용 ←――――――●――――――――――――――――――――→ 탐험

고객 상호작용

인간 주도 ←――――●――――――――――――――――――――→ 디지털 우선
포괄적인 하이브리드   맞춤형 하이브리드

고객 관계

분산형 ←――――●――――――――――――――――――――→ 허브 앤 스포크
고객 접점간

IT, 데이터, 인프라, AI 측면에서의 역량

확장 역량 ←――――●――――――――――――――――――――→ 새로운 설정(그린필드)
새로운 기술에 대한 투자(end-to-end)

제품 및 서비스 포트폴리오

풀 서비스 ←――――――――――●――――――――――――――→ 라이프 사이클 및 번들
타겟 제품/서비스

조직 디자인

비즈니스 단위 및 제품 구조 ←――――●――――――――――――――――――――→ 다학제적 및 애자일 디자인 팀
고객 중심의 구조

경쟁 전략

레드 오션 ←――――――――――●――――――――――――――→ 블랙 오션
블루 오션

비즈니스 에코시스템에서의 역할

액터 ←――――●――――――――――――――――――――→ 오케스트레이터
이니시에이터

전략적 표현의 예: 집중적인 도전자

기존 기업이 이 제안(도전자)으로 시장에 도전하고 타겟 제품으로 특정 시장 부문에 서비스를 제공하기 위해 시작한 디지털 에코시스템 디자인. 디자인은 고객 중심적이며, 상호작용은 예를 들어, 오케스트레이터의 역할을 다른 액터에게 양도하는 방법과 함께 필요에 따라 맞춤형 가치 제안을 제공한다.

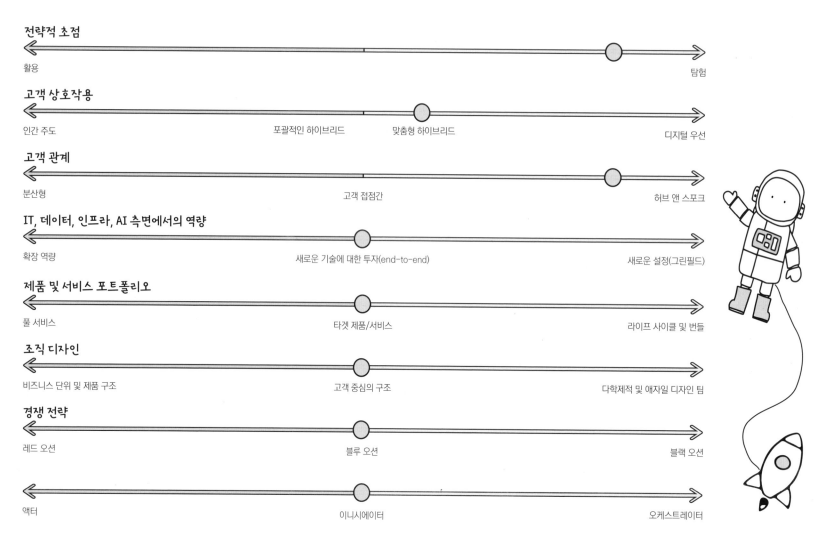

전략적 초점

활용 — 탐험

고객 상호작용

인간 주도 — 포괄적인 하이브리드 — 맞춤형 하이브리드 — 디지털 우선

고객 관계

분산형 — 고객 접점간 — 허브 앤 스포크

IT, 데이터, 인프라, AI 측면에서의 역량

확장 역량 — 새로운 기술에 대한 투자(end-to-end) — 새로운 설정(그린필드)

제품 및 서비스 포트폴리오

풀 서비스 — 타겟 제품/서비스 — 라이프 사이클 및 번들

조직 디자인

비즈니스 단위 및 제품 구조 — 고객 중심의 구조 — 다학제적 및 애자일 디자인 팀

경쟁 전략

레드 오션 — 블루 오션 — 블랙 오션

액터 — 이니시에이터 — 오케스트레이터

전략적 표현의 예: 신뢰할 수 있는 삶

고객 지원과 관련하여 디지털 우선을 전제로 한 에코시스템 구축을 목표로 하는 그린필드 접근 방법. 고객 또는 서비스의 라이프 사이클이 이를 위한 기반이 될 수 있다. 에코시스템은 고객 요구에 신뢰할 수 있는 응답을 하는데 필요한 적절한(중립적인) 전문 지식을 제공한다. 데이터와 빠르고 유연한 내부 구조는 새롭고 개별화된 제품을 신속하게 개발하는데 도움이 된다.

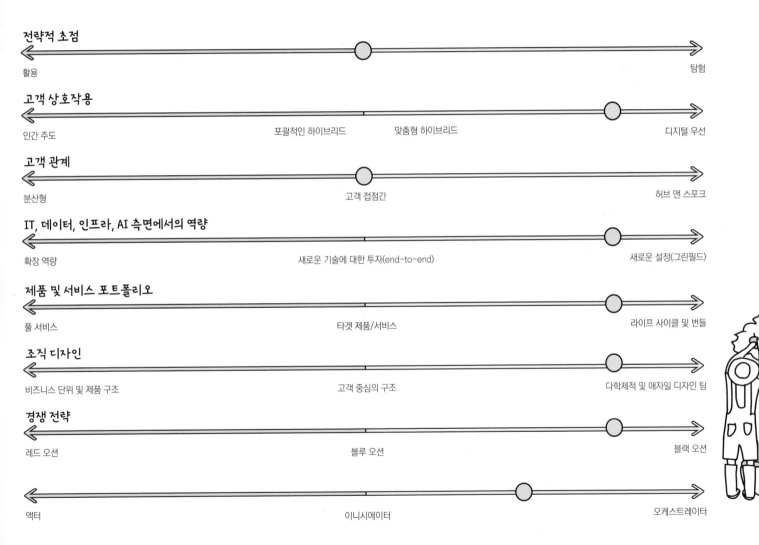

전략적 초점

활용 — 탐험

고객 상호작용

인간 주도 / 포괄적인 하이브리드 / 맞춤형 하이브리드 / 디지털 우선

고객 관계

분산형 / 고객 접점간 / 허브 앤 스포크

IT, 데이터, 인프라, AI 측면에서의 역량

확장 역량 / 새로운 기술에 대한 투자(end-to-end) / 새로운 설정(그린필드)

제품 및 서비스 포트폴리오

풀 서비스 / 타겟 제품/서비스 / 라이프 사이클 및 번들

조직 디자인

비즈니스 단위 및 제품 구조 / 고객 중심의 구조 / 다학제적 및 애자일 디자인 팀

경쟁 전략

레드 오션 / 블루 오션 / 블랙 오션

액터 / 이니시에이터 / 오케스트레이터

비즈니스 에코시스템을 전략적 옵션으로 인식하는 방법에 대해 소개한 이 섹션의 설명은 비즈니스 성장을 위한 에코시스템의 접근 방법과 디자인 씽킹의 적용이 기업 전체에 얼마나 중요한지를 보여준다. 이러한 이니셔티브의 복잡성으로 인해 전략 개발에서부터 성장 경로에 대한 올바른 거버넌스에 이르기까지 새로운 접근 방식을 필요로 한다. 또한 비즈니스 에코시스템 디자인은 비즈니스 내부 및 기업 전반의 협업 형태에 영향을 미친다. 여기에는 주요한 마인드 전환(22페이지)과 패러다임 전환(46페이지)이 수반된다.

에코시스템의 거버넌스는 비즈니스에서 파트너 관리라는 기존의 아이디어와는 공통점이 없다. 시스템에서 직원 및 기타 액터의 오케스트레이션에 관한 것이다. 그들은 혁신적이고 빠르게 변화하면서 관련된 모든 사람들을 위해 에코시스템의 잠재력을 최대한 활용할 수 있어야 한다. 또한 비즈니스 리더는 변화의 위험을 기꺼이 수용하고, 조직 구조를 수정하며, 미래의 일하는 방식의 한계를 올바른 방향으로 이끌어야 한다. 팀으로서 사람과 기술의 협업은 자원을 효율적으로 활용함에 있어서 단호하고 신속하게 대응할 수 있도록 하는 핵심 요인 중 하나이다. 비즈니스 에코시스템 플레이에는 다양한 스킬이 적절하게 혼합되어 있어야 한다. 이러한 스킬은 기술적인 지식에서 새로운 종류의 리더십에 이르기까지 다양하다. 이것이 바로 비즈니스 에코시스템의 목표 이미지를 달성하고, 마침내 기하급수적으로 성장할 수 있는 유일한 방법이다. 에코시스템 리더십, 목표 이미지의 달성 및 다학제적 융합팀 접근 방식의 활용에 대한 주제는 153페이지에 간략하게 설명되어 있다. 성공적인 에코시스템 이니셔티브에 필요한 마인드세트를 비롯하여 역량, 빠르고 유연한 작업을 위한 팀 구조에 이르기까지 모든 범위가 다뤄지도록 향후 작업 및 공동 가치창출 접근 방식에 대한 개요가 157페이지에 제시되어 있다. 또한 팀이 렌즈에서 활동을 시작하기 전에 디자인 원칙을 정의하는 것이 매우 유용하다. 디자인 원칙 도구는 이 장의 106페이지에 이미 소개되었다.

다양한 비즈니스 에코시스템 이니셔티브의 경험을 통해 기업의 가장 큰 도전 과제는 기존 시장 및 제품 세분화를 넘어서는 것임을 알 수 있었다. 여기에는 직간접적인 수익원을 가진 비즈니스 모델의 변화가 수반된다. 또한 이를 위해서는 정의된 에코시스템 전략을 단계별로 실행할 수 있는 적절한 거버넌스 구조가 필요하다. 오른쪽 페이지의 그림에는 가장 중요한 요소, 구성요소 및 역량이 요약되어 있다.

기하급수적
성장의 실현

비즈니스 에코시스템 디자인

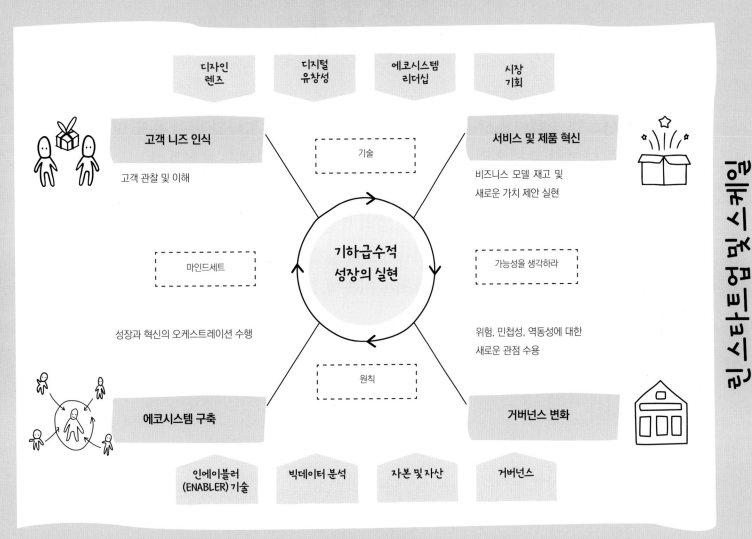

디자인 씽킹과 시스템 씽킹

리스타일링 및 스케일링

기업 전략

(그림 내 텍스트)

디자인 렌즈

디지털 유창성

에코시스템 리더십

시장 기회

고객 니즈 인식

기술

서비스 및 제품 혁신

고객 관찰 및 이해

비즈니스 모델 재고 및
새로운 가치 제안 실현

마인드세트

**기하급수적
성장의 실현**

가능성을 생각하라

성장과 혁신의 오케스트레이션 수행

위험, 민첩성, 역동성에 대한
새로운 관점 수용

원칙

에코시스템 구축

거버넌스 변화

인에이블러
(ENABLER) 기술

빅데이터 분석

자본 및 자산

거버넌스

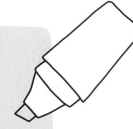

에코시스템 플레이 & 성공 프레임워크 디자인을 통한 절차와 관련 목표 및 전략은 다양한 구성으로 시장 기회를 실현할 수 있는 방법을 보여준다.

비즈니스 에코시스템의 구성은 시스템의 역할, 역량 및 거버넌스를 보여준다. 구성의 범위는 에코시스템의 이니셔티브에 맞게 정의되어야 하며, 모든 요소가 직간접적으로 연결되도록 지속적으로 조정되어야 한다.

비즈니스 에코시스템 구성에서 각 요소들의 변화는 다른 범위에 영향을 미친다. 그 역학관계는 끊임없이 움직이고 서로 영향을 미치는 부분이 모바일과 비슷하다.

어디에서 플레이 할 것인가?   어떻게 구성할 것인가?   어떻게 성공할 것인가?

에코시스템 리더십

에코시스템 리더십

에코시스템 리더십은 기존 기술을 최대한 활용하거나 새로운 기술을 구축해야 하기 때문에 비즈니스 성장과 비즈니스 에코시스템의 참여를 위한 디자인 씽킹의 핵심 과제이다. 또한 대부분의 경우 기업의 경계를 넘어 새로운 마인드세트를 확립해야 한다. 이는 에코시스템의 전략적 개발과 다양한 전략적 옵션을 선택해야 함을 의미할 뿐만 아니라, 오케스트레이터의 에코시스템 거버넌스 설정 방법, 핵심 역량의 사용 방법, 관련된 모든 사람의 이익을 위한 가치 흐름 정의 방법 그리고 마지막으로 조직 모델이 어떻게 보여야 하는지와 같이 비즈니스 모델을 다차원적으로 보는 방식을 의미한다. 성공의 열쇠는 디자인 씽킹 플레이북에 설명된 대로 팀, 조직 및 기업의 과감한 변화에 달려있다.

기술, 고객의 바람 그리고 에코시스템의 융합이 지금보다 빠르게 이루어진 적은 없었다. 이전의 마인드세트, 가치 및 위험 평가를 재고해야 할 때이다. 그러나 에코시스템을 혁신한다는 것은 새로운 비즈니스 모델을 정의하는 것 이상을 의미한다. 이를 위해서는 전체 시스템의 프로토타입이 필요하다. 즉,

적절한 역할(예를 들면, 오케스트레이터 또는 액터의 역할)을 수행하기 전에 주요 위험을 테스트하는 최소 생존가능 에코시스템(MVE)이 필요하다.

변화의 측면에서 "최소 생존가능"은 잘 작동하는 에코시스템을 디자인하기 위한 모든 중요한 요소를 철저히 조사해야 함을 의미한다. 특히 비즈니스 에코시스템이 끊임없이 역동적으로 진화하고 있기 때문에 변화는 항상 존재한다.

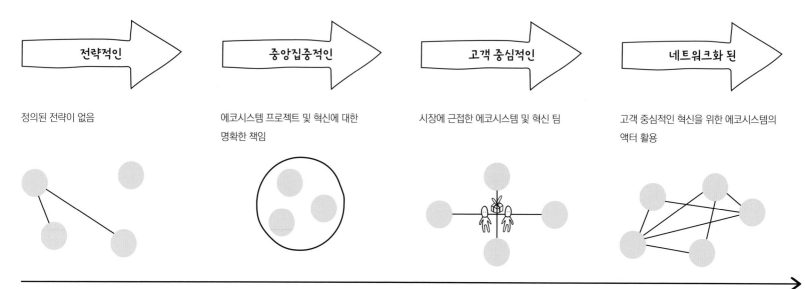

전략적인 — 정의된 전략이 없음

중앙집중적인 — 에코시스템 프로젝트 및 혁신에 대한 명확한 책임

고객 중심적인 — 시장에 근접한 에코시스템 및 혁신 팀

네트워크화 된 — 고객 중심적인 혁신을 위한 에코시스템의 액터 활용

에코시스템 리더십과 팀 성숙도

혁신 팀 매트릭스

비즈니스 성장을 위한 디자인 씽킹의 맥락에서 비즈니스 에코시스템 디자인은 완전히 새로운 작업 방식(일의 미래)을 적용하여 조직에 이를 확립할 수 있는 기회를 제공한다. 기존의 직원 성장 방식에서 벗어나 비즈니스에서 완전히 새로운 가치 흐름을 개발하기 위해 전체 스펙트럼을 개방할 수 있는 기회로 관점을 전환한다. 민첩성이 향상되고 위험을 공유할 수 있는 환경을 갖춘 기업이 이 접근 방식을 적용한다면 새로운 시장 영역을 확보할 수 있을 것이다.

성공적인 에코시스템 리더는 의도적으로 혁신 팀을 중요한 시장 및 고객 경험에 가깝게 배치하여 맥락을 직접 파악하고, 통찰을 다른 팀에 전달할 수 있도록 한다. 팀의 순환을 통해 부서별 사일로 전반에 걸친 과감한 변화와 대화가 보장된다. 예를 들어, 소프트웨어 개발 팀에게는 MVP를 검증하고 활용 사례를 정의할 수 있도록 시장 및 고객 지식이 필요하다.

기술적 복잡성: 낮음
시장 복잡성: 높음

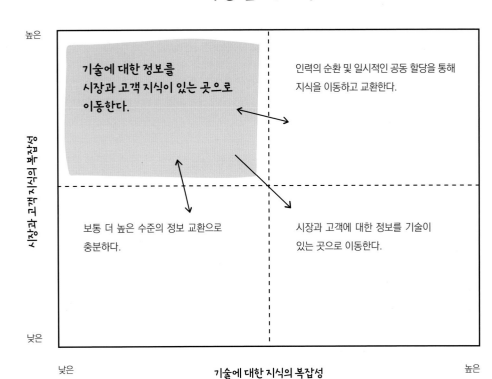

높은

시장과 고객에 대한 복잡성

기술에 대한 정보를 시장과 고객 지식이 있는 곳으로 이동한다.

인력의 순환 및 일시적인 공동 할당을 통해 지식을 이동하고 교환한다.

보통 더 높은 수준의 정보 교환으로 충분하다.

시장과 고객에 대한 정보를 기술이 있는 곳으로 이동한다.

낮은

낮은   기술에 대한 지식의 복잡성   높은

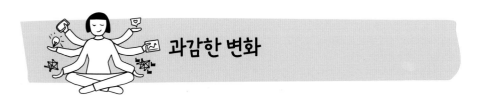

과감한 변화

에코시스템 플레이로의 변화를 위해 어떤 리더십이 필요한가?

비즈니스 성장을 위한 디자인 씽킹과 관련하여 우리는 이미 이 책에서 마인드 전환에 대한 다양한 관점을 알아보았다. 전략 정의, 공동 가치창출, 성장 및 새로운 비즈니스 모델 측면에서 패러다임의 전환에 성공적으로 대처하려면 에코시스템 이니셔티브를 시작하기 위한 적절한 리더십 프로필이 추가로 필요하다. 다양한 비즈니스 에코시스템 이니셔티브의 관찰을 통해 이러한 비즈니스 에코시스템의 구현과 참여에 더 적합한 리더십 프로필을 도출할 수 있다.

특히 6가지 자질은 성공적인 에코 리더십을 가능하게 한다:

- 고객 중심
- 디지털 방식에 능숙한
- 야심찬

- 인내심 있는
- 새로운 관계에 개방적
- 팀 중심

비즈니스 에코시스템 디자인을 구현하기 위해서는 구현 팀의 자율성이 필요하다. 여기에는 다양한 잠재적인 액터와의 열린 대화와 기업가정신을 반영하는 행동가의 문화가 모두 포함된다. 전통적인 기업은 구현 속도를 높이는데 도움이 되는 소위 벤처 단위 또는 전용 에코시스템의 단위를 정의하는 경우가 많다. 에코시스템 이니셔티브를 위해 팀을 구성하는 리더는 디자인 씽킹 및 시스템 씽킹 툴박스에서 확실한 방법론적 전문성을 갖춘 에코시스템 디자인 팀을 원한다. 또한 팀원들은 IT 전문지식분만 아니라 빅데이터 분석 및 UX 디자인 능력을 겸비해야 한다. 엔터프라이즈 아키텍처는 많은 경우에 기존 인프라와 에코시스템의 상호작용을 일치시키고, 멀티 채널 또는 옵티 채널 전략을 적용하여 점점 더 디지털화 되고, 아날로그적인 상호작용을 통해 직간접적인 고객 접촉을 가능하게 하는 것이 필요하기 때문에 주요 문제가 되고 있다.

에코시스템 리더의 새로운 역할

에코시스템 리더십은 가치 창출에 관여하는 모든 액터의 네트워킹이다.

리더십의 역할: 비즈니스 모델 및 조직의 혁신

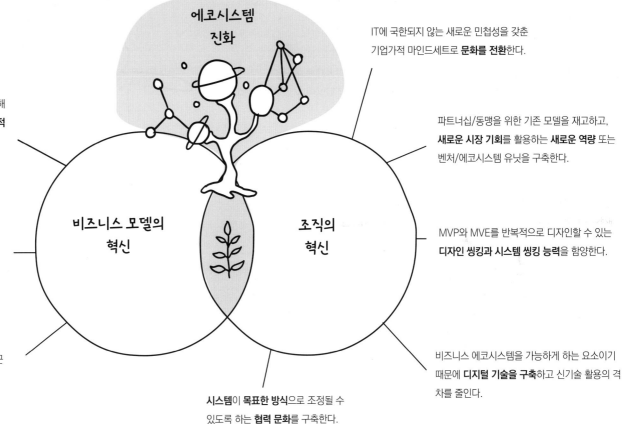

데이터, 제품, 서비스 및 이들의 조합을 통해 수익을 창출할 수 있는 가치 흐름으로 **전통적인 비즈니스 모델을 전환**한다.

액터들의 관계와 네트워크 효과의 활용을 통해 **에코시스템 자본을 구축**한다.

브랜딩과 고객 상호작용에 대한 새로운 접근 방식으로 **고객 경험에 집중**한다.

IT에 국한되지 않는 새로운 민첩성을 갖춘 기업가적 마인드세트로 **문화를 전환**한다.

파트너십/동맹을 위한 기존 모델을 재고하고, **새로운 시장 기회를 활용하는 새로운 역량** 또는 벤처/에코시스템 유닛을 구축한다.

MVP와 MVE를 반복적으로 디자인할 수 있는 **디자인 씽킹과 시스템 씽킹 능력**을 함양한다.

비즈니스 에코시스템을 가능하게 하는 요소이기 때문에 **디지털 기술을 구축**하고 신기술 활용의 격차를 줄인다.

시스템이 **목표한 방식**으로 조정될 수 있도록 하는 **협력 문화**를 구축한다.

에코시스템 진화

비즈니스 모델의 혁신

조직의 혁신

T자형 에코시스템 디자인 팀

비즈니스 에코시스템 디자인뿐만 아니라 디자인 씽킹에서도 다학제적 팀과 협력하는 것이 특히 중요하다. 강한 T자형 팀원들과 함께 하는 것이 좋다. 가로 막대는 광범위한 지식을 나타내며, 팀 구성원들은 다양한 문화, 분야 및 시스템에 기반을 두고 있다. 세로 막대는 예를 들어, 시스템, 산업 또는 분야에 대한 지식과 같은 팀 구성원들의 전문적인 노하우를 나타낸다.

또한 협업 능력 및 인터페이스 전문성과 같은 자질은 디자인 작업에 매우 중요하다. T자형의 팀 구성원은 개방적이고 다른 관점에 관심이 있으며 다른 사람, 환경 및 기타 분야에 대해 호기심이 많다. 경험에 따르면 다른 사람들이 생각하고 일하는 방식을 더 잘 이해할수록 비즈니스 에코시스템 프로세스에서 공동의 진보와 성공 경험이 더 빠르고 큰 것으로 나타났다.

점점 더 많은 T자형 팀이 MVP와 애자일 소프트웨어 개발을 위해 구성되었다. 이러한 팀은 각 (스크럼) 팀의 학제 간 소프트웨어 개발자와 테스터의 니즈를 다룬다.

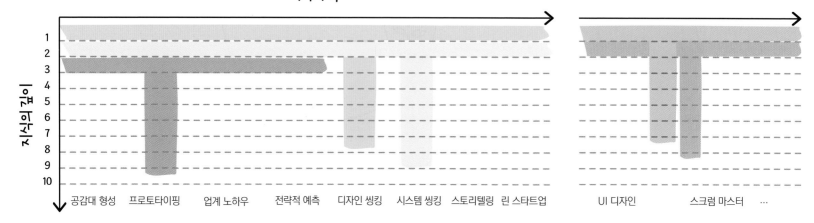

비즈니스 성장을 위한 디자인 씽킹 팀

소프트웨어 개발 팀

다학제적 융합팀 접근 방식

확장 가능한 효율성에서 확장 가능한 적용가능성으로 한 번에 팀과 관리 구조를 변환하면 비즈니스 에코시스템을 성공적으로 시작하고 기하급수적으로 성장하는데 도움이 된다. 전통적인 조직은 올바른 일을 하는데 중점을 두는 반면에, 비즈니스 에코시스템에서는 목표 이미지에 도달하기 위해 올바른 일을 해야 한다. 이러한 규칙은 시스템이 동적이고, 상황에 따라 팀이 지속적으로 적응하는 것이 필요하기 때문에 비즈니스 에코시스템에서 특히 중요하다. 예측할 수 없는 변화를 겪게 되는 경우 조직의 적응력은 단연 중요한 역량이 된다. 다학제적 융합팀 접근방식에서 각 단위 조직은 분산된 방식으로 작동된다. 이러한 유형의 조직 디자인을 통해 각 단위 조직이 알려지지 않은 상황에서 신속하게 행동할 수 있게 한다. 이미 설명한 필수 조직의 형태, 거버넌스 및 에코시스템 리더십은 동일한 가치와 운영 원칙을 기반으로 하며, 이를 통해 목표한 방식으로 초기화하고 동시에 오케스트레이션할 수 있다.

다학제적 융합팀을 위한 5가지 중요한 가치:

1. 다른 팀과 그 구성원의 기술과 결정에 대한 확신
2. 모든 팀에서 작업, 목표 및 결과의 투명성

   네트워크 구조에서의 개인적 관계(적어도 한 명의 팀 구성원은 다른 팀에서 한 명의 팀 구성원을 알고 있어야 함)

   권한을 부여받은 실행을 통해 책임과 행동을 분리하는 것을 특징으로 한다.

   급진적인 협업, 유연성 및 새로운 상황에 대한 적용가능성을 위한 집단적인 마인드세트

전통적인 조직
확장 가능한 효율성

다학제적 융합팀 접근 방식
확장 가능한 적용가능성

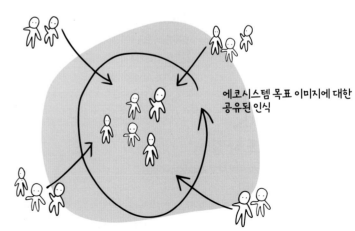

에코시스템 목표 이미지에 대한 공유된 인식

구체적인 첫 번째 단계와 함께 북극성과 같은 목표에 대해 소통하기

비즈니스 에코시스템의 초기화와 기존 에코시스템에 참여하는 것은 모두 명확한 비전으로 시작된다. 이니시에이터는 다른 기업이 비즈니스 에코시스템에 참여하는 것을 매력적으로 만드는 강력한 가치제안을 보여준다. 이러한 에코시스템에 참여하고자 하는 액터의 경우, 비전은 기업이 시스템을 통해 최대한 이익을 얻을 수 있는 방법(예: 스킬의 활용, 핵심 비즈니스에 미치는 긍정적인 영향 또는 완전히 새로운 수입원)과 비즈니스 에코시스템에 참여함으로써 장기적으로 성장을 통해 수익을 낼 수 있는 방법을 명확하게 보여줘야 한다.

목표 이미지

더 큰 목표, 새로운 가치 흐름 + 완전히 효과적인 디지털 인에이블러

질문에 답하기:

- 어떻게 목표를 달성할 것인가?
- 누구를 섬길 것인가?
- 가치 제안은 무엇인가?
- 공-진화에 꼭 맞는 것이 있는가?

최소 생존가능 에코시스템(MVEs)

새로운 액터, 새로운 가치 제안 테스트, 작동하는 시스템 디자인

질문에 답하기:

- 시스템에 필요한 역량은 무엇인가?
- 어떤 액터가 어떤 역할을 맡을 수 있는가?
- 시스템의 모든 액터가 시스템에 참여함으로써 이익을 얻는가?
- 적합한 액터가 있는가?

최소 생존가능 제품(MVPs)

원대한 비전을 바꾸지 않고 개선

질문에 답하기:

- 고객은 무엇을 지불할 용의가 있는가?
- 고객 및 기능에 대한 가정을 검증할 수 있는가?
- 시장 적합성이 있는가?

프로토타입

잠재적 해결책에 대한 초기 아이디어 얻기

질문에 답하기:

- 고객의 니즈는 무엇인가?
- 우리가 해결하고자 하는 고객의 문제는 무엇이며 어떻게 해결할 것인가?
- 문제/해결책이 적합한가?

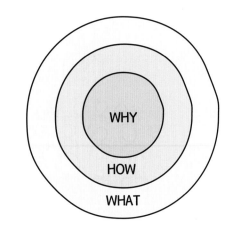

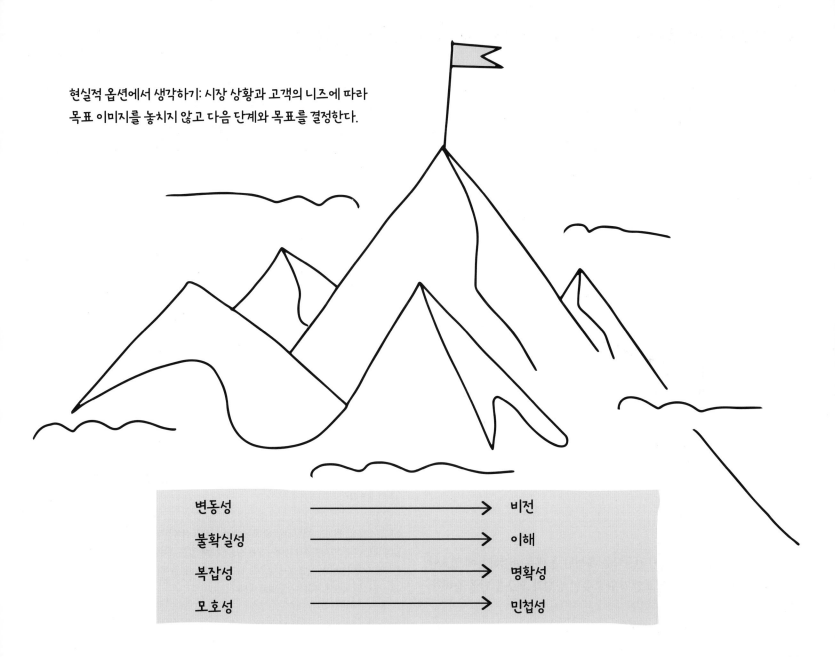

현실적 옵션에서 생각하기: 시장 상황과 고객의 니즈에 따라
목표 이미지를 놓치지 않고 다음 단계와 목표를 결정한다.

변동성	⟶	비전
불확실성	⟶	이해
복잡성	⟶	명확성
모호성	⟶	민첩성

목표 및 주요 결과

비즈니스 성장 이니셔티브를 위한 디자인 씽킹은 매우 빠르게 진행되며 최근의 통찰, 관점, 프로토타입 및 테스트는 항상 새로운 결과를 제공한다. 이러한 환경에서 팀의 행동 지표는 종종 특정 목표와 해당 핵심 결과에 초점을 맞춰 더 정확한 경우가 많다. 이것이 그들이 더 빨리 움직이고 더 구체적인 결과를 제공할 수 있는 이유이다.

특정 목표가 없거나 특정 사용자 혜택이 없는 비즈니스 성장 팀을 위한 디자인 씽킹은 각 개발 단계에서 훨씬 더 많은 시간을 필요로 한다. 성장의 목표는 가능한한 빨리 배우고 실행할 때 구체화된다. 그러나 이것은 서두름에 관한 것이 아니라 속도에 관한 것임을 강조해야 한다. 팀은 너무 자주 서둘러서, 디자인 렌즈의 중요한 단계들을 단지 몇 주 일찍 끝내기 위해 생략해버리는 경우가 있다. 경우에 따라서 지름길을 택하는 것이 옳은 방법이지만, 해결책이 충분히 급진적이지 않고 명확한 실행 결과가 없을 위험성이 크다. 두 발짝 뒤로 물러서서 무엇이 실제로 영향을 미치고, 고객이 원하는 것이 무엇인지 숙고하는 것이 성공의 열쇠이다.

목표 및 핵심 결과(OKR)는 다학제적 융합팀의 구현에 도움이 된다; 또한 투명하고 이해하기 쉬운 협업, 확장 역량 및 적절한 측정 포인트를 위해 비즈니스 성장 팀에 개별적인 디자인 씽킹 프레임워크를 제공한다. 이니셔티브에 대한 기술이 부족한 경우, 비즈니스 성장을 위한 디자인 씽킹에 맞는 마인드 세트를 가진 더 많은 팀원과 자원을 팀에 갖추는 것이 중요하다. 그런 팀원을 선발하고 채용할 때는 어떤 직책보다 마인드세트와 기술이 중요하다. 그 이유는 비즈니스 에코시스템을 디자인할 수 있는 능력과 관련하여 적합한 후보자를 확보할 수 있는 올바른 마인드세트와 성장 배경을 가진 기업이 소수에 불과하기 때문이다.

> 비즈니스 성장 및 디자인 씽킹 전문가는 특정한 문제를 해결하는데 필요한 도구를 이해하고 있으며, 필요한 경우 고유한 방법과 도구를 만들 준비가 되어 있다.

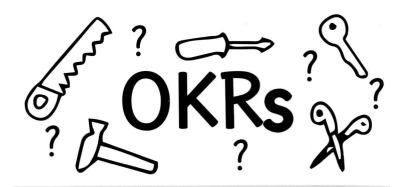

> 비즈니스 성장을 위한 성공적인 디자인 씽킹을 위해서는 전기톱이 필요할 때도 있고 끌이 필요할 때도 있다. 팀은 목표를 달성하기 위해 어떤 도구를 사용해야 하는지 정확히 알고 감지해야 한다.

비즈니스 성장 이니셔티브를 위해 성공적인 디자인 씽킹을 하기 위한 OKR은 조직의 성숙도에 달려 있다. 비즈니스 에코시스템에서 생각할 수 있도록 마인드 전환이 완료된 정도는 성숙도의 지표가 될 수 있다. 마찬가지로 또 다른 지표는 선택한 거버넌스가 그러한 비즈니스 에코시스템의 오케스트레이션을 얼마나 촉진하는 지이다. 성장 이니셔티브를 위한 디자인 씽킹에 대한 일반적인 질문은 다음과 같다:

- 어떻게 하면 마인드세트를 바꾸거나 조정할 수 있는가?
- 어떻게 하면 전략적 지표를 과학적이고 가치 있게 보여줄 수 있는가?
- 무엇이 중요한가?
- 사용자/고객의 니즈를 어떻게 해결하는가? 사용자/고객이 계속해서 가치를 얻도록 하려면 어떻게 해야 하는가?

선택된 OKR은 원하는 마인드세트와 조직 유형, 문제가 신속하게 해결되는 방식 그리고 "성장 및 스케일에 대한 문제" 프레임워크 내에서 모든 성장 단계에 걸친 고객중심성을 고려할 수 있다. 일반적으로 전략에서 이니셔티브, 개별 목표 및 주요 결과에 의해 보완된 목표로 이어지는 단계적 과정이 있으며, 이는 다시 팀 목표에 긍정적인 영향을 미친다.

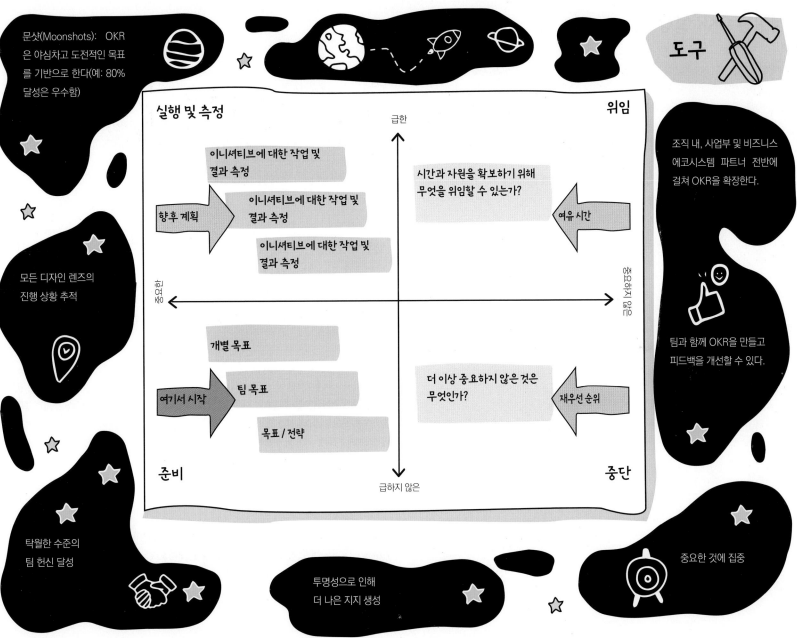

문삿(Moonshots): OKR은 야심차고 도전적인 목표를 기반으로 한다(예: 80% 달성은 우수함)

도구

조직 내, 사업부 및 비즈니스 에코시스템 파트너 전반에 걸쳐 OKR을 확장한다.

모든 디자인 렌즈의 진행 상황 추적

팀과 함께 OKR을 만들고 피드백을 개선할 수 있다.

탁월한 수준의 팀 헌신 달성

투명성으로 인해 더 나은 지지 생성

중요한 것에 집중

실행 및 측정

위임

급한

이니셔티브에 대한 작업 및 결과 측정

시간과 자원을 확보하기 위해 무엇을 위임할 수 있는가?

향후 계획

이니셔티브에 대한 작업 및 결과 측정

여유 시간

이니셔티브에 대한 작업 및 결과 측정

중요함

중요하지 않은

개별 목표

여기서 시작

팀 목표

더 이상 중요하지 않은 것은 무엇인가?

재우선 순위

목표 / 전략

준비

중단

급하지 않은

적절한 OKR 설정

OKR의 정의를 위한 절대적인 절차는 없다. 각 조직은 목표, 기업 문화, 성장 포부의 맥락에 맞게 목표를 진행해야 한다. OKR의 정의에 도움이 되는 작업으로 다양한 권장사항을 도출할 수 있다. 우선, 소위 단기 목표를 정의할 수 있다. 1분기 또는 12개월 이상의 장기 목표를 달성해야 한다. 경험에 따르면 분기당 최대 5개의 목표와 4개의 주요 결과를 도출하는 것이 이상적인 계획이다. 영감을 얻고 야심찬 목표를 도출하는 것은 OKR 철학의 중요한 부분을 차지한다. 목적은 모든 팀원에게 동등하게 동기부여를 하는 것이지만 약간의 불편함을 유발시킬 수도 있다. 하지만 목표 달성률이 100%가 되어야 하는 것은 아니다. 대신 우리는 목표에 전념하고, 스스로 동기부여를 할 수 있으며(신뢰 구축), 동시에 안전지대를 벗어날 수 있는 다학제적 융합팀을 개발하고자 한다. OKR이 100% 달성된다면, 목표가 충분히 야심차지 않은 것이다. 이는 80%의 목표 달성이 뛰어난 성과라고 정의할 수 있음을 의미한다.

비즈니스 목표 관리(MBO)와 같은 기존 목표 측정 방법과 비교하면 OKR은 더 짧은 주기로 결정된다. 위에서 언급한대로 2~4개월 정도 지속하며 측정 가능한 핵심 결과로 보완된다. 이러한 목표는 연중 조정될 수 있다. 비즈니스 성장과 비즈니스 에코시스템 이니셔티브를 위한 디자인 씽킹에 이어 각 디자인 렌즈 또는 디자인 스프린트 후에 새로운 통찰을 얻게 된다. 새로운 발견은 개별적인 단기 또는 장기 목표에 차례로 영향을 미친다. 목표와 주요 결과에 대한 투명성은 팀과 팀의 경계를 넘어 기업의 전략적 주제와 잠재적인 성장 이니셔티브를 조직의 모든 부분에서 가시화하는 것을 목표로 한다.

> 업무에 영향을 미치기를 원하는 경우: 실행 계획으로 시작하지 마십시오. 작업으로 가득한 칸반 보드를 만들지 마십시오. 어떠한 영향을 미칠지 결정한 다음, 이를 위해 작업하면서 전체적으로 측정을 수행합니다. 실제 상황에서의 피드백을 사용하여 실제 차이점을 만드십시오.

OKR을 사용한 계단식 전략

비전	1. –목표와 비전을 일치시킨다.
	2. –영향/우선순위가 높은 목표를 결정한다.
이니셔티브	3. –팀 목표를 이니셔티브로 세분화하고, 각 팀원이 개별 목표를 도출하도록 한다.
목표	4. –각 이니셔티브 및 개별 목표에 대한 주요 결과를 설정하고 바로 작업을 시작한다!
전략	5. –정의된 핵심 결과를 제공하기 시작한다.
전술	6. –작업을 정의한다.
행동 계획	7. –활동을 계획한다.

단순화된 오른쪽 예에서 볼 수 있듯이 OKR은 조직의 전략적 주제를 구현하는데 예를 들어, 참여 또는 초기화의 맥락에서 특정 비즈니스 에코시스템의 주제에 대한 전략을 개발하려는 목표에 사용된다. OKR은 측정 가능한 주요 결과로 달성해야 하는 야심찬 목표로 구성된다. OKR의 개념은 특히 조직을 팀 단위로 전환하고 효율적인 자기 조직문화를 구축하는데 도움이 된다. OKR은 또한 비즈니스 성장 마인드세트, 새로운 기술 및 투명성과 같은 일반적으로 새로운 기업 가치에 대한 새로운 디자인 씽킹을 성공적이고 점진적으로 확립하는데 도움이 될 수 있다.

> 비즈니스 성장을 위한 디자인 씽킹을 다학제적 융합팀과 함께 적용하면 많은 전략적 계획들이 획기적인 혁신으로 이어진다는 것이 입증되었다.

예시: 비즈니스 에코시스템 디자인 이니셔티브를 위한 OKR

예시

특정 주제 영역의 비즈니스 에코시스템 전략

"짜임새 있는 조직 디자인"

다학제적 융합팀

팀
목표 1

팀
목표 2

팀
목표 3

적극적인 협업 시작

개별적인 장기 목표 (1-2)

개별적인 단기 목표 (2-4)

신뢰와 공감대 구축

다양한 목표에 대한 설명:

- 다학제적 융합팀 문화를 구축하는 것은 전체 팀의 장기적인 목표로 설정되었으며, 원하는 마인드 전환의 변형 및 적용에 대한 정의 부분을 구성한다

- 팀의 목표는 전체적인 전략(예: 신규 또는 변경된 고객의 니즈 또는 행동을 기반으로 비즈니스 에코시스템의 특정 주제 영역을 만들거나 참여하려는 목표)과 일치한다.

- OKR은 예를 들어 1~2개의 "개별 목표"와 2~4개의 "개별 단기 목표"를 정의하는데도 사용된다. 개별 목표는 모든 팀원이 팀 목표에 개별적으로 기여하는 방식을 반영한다.

- 모든 목표는 모든 팀원에게 투명하다. 또한 모든 팀은 다른 팀의 업무와 전문성을 신뢰한다.

에코시스템 리더십은 기능적인 시스템을 초기화하고, 명확한 목표 이미지를 가지고 그것을 조정한다는 생각에 기초하고 있다.

에코 리더는 이러한 에코시스템 구현에 필요한 기술을 이해하는 관계 구축자이다.

탐험에서 확장에 이르기까지 다양한 단계에 T자형 프로필을 가진 다학제적 팀이 필요하다.

비즈니스 에코시스템의 개발과 성장을 위해서는 시스템의 모든 액터가 혁신가로 활동할 수 있어야 하며, 다학제적 융합팀 아이디어에는 개별적으로 분산된 단위 조직의 활동에 대한 투명성과 신뢰가 포함되는 것이 중요하다.

팀 및 팀의 경계를 넘어 목표와 주요 결과에 대한 투명성은 전적으로 조직의 모든 수준에서 기업의 성장 이니셔티브를 가시화하는 것을 목표로 한다.

새로운 업무 방식

비즈니스 성장을 위한 새로운 업무 방식 및 디자인 씽킹

공동목표 달성의 목적 외에도, 비즈니스 에코시스템과의 상호 작용은 더 많은 가능성을 제공한다. 에코시스템은 기술 공급자, 연구 기관, 신생 기업 또는 경쟁자에 관계없이 인재와 전문 지식에 대해 접근성을 가진다. 기업 내 자원은 한정되어 있으며, 기업 내에서 모든 (새로운) 역량을 개발한다는 것에는 한계가 있다. 비즈니스 에코시스템에 참여함으로써 협력 방식으로 새로운 지식을 생성하고, 문제해결 능력을 습득하며, 기술을 활용하도록 디자인된 새로운 업무 방식을 구현할 수 있게 된다.

비즈니스 에코시스템 플레이에 진입하기로 한 기업의 결정은 인력에 대해 필요한 기술 부분에 직접적인 영향을 미치게 된다. 가장 중요한 것은 팀이 신속하게 적응하고, 변화를 기회로 인식하며, 비즈니스 에코시스템의 디자인 및 참여과정에서 복잡성을 수용하는 능력이다. 위에서 설명한 바와 같이 이러한 변화에는 에코시스템 리더십 팀뿐만 아니라 애자일 시스템에 참여하는 모든 직원의 업무 확장이 수반된다.

인간과 기술은 각각의 장점이 제대로 활용될 때 가장 잘 작동한다. 그리고 이러한 상호 관계는 공감을 통해 새로운 고객의 니즈를 파악하고, 인간의 호기심과 상상력 그리고 기술을 활용하여 효율성을 높이고, 빠른 성장을 실현하기 위한 요소이다. 도전과제는 사람과 기계의 성공을 보장하는 방식으로 업무를 디자인하는 것이다.

미래의 업무 방식은 기존의 역할과 기능을 기술과 결합하여 생산성과 효율성을 크게 향상시키는 것이다.

미래:
한 팀으로서 인간과 기술의 긴밀한 관계

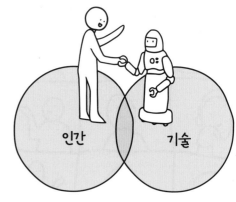

인간 및 사회 시스템과 지능적인 (반)자율적 기계의 통합

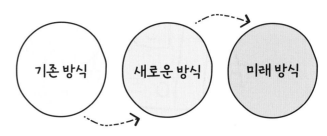

미래의 업무 방식에는 기술적 능력, 전문 지식 및 사회적 기술을 갖춘 여러 전통적인 역할의 조합이 필요하다.

혁신: 일의 미래와 VUCA

일의 미래는 주요한 변화를 이루게 되고, 이러한 변화는 세 가지 측면에서 발생하게 된다. 첫 번째 레벨은 원하는 목표를 달성하고, 개발될 비즈니스 에코시스템 이니셔티브에 대한 가치를 창출하기 위해 실제로 수행되는 업무에 대한 현대 기술의 지원이다. 그런 다음 두 번째, 직원(인력) 레벨에서 다양한 일의 기술과 재능이 결합된다. 예를 들어, 관련된 비즈니스 에코시스템 이니셔티브의 공동 가치창출 맥락에서 정규직분만 아니라 프리랜서, 긱워커, 크라우드 소싱 팀 그리고 함께 일하는 다학제적 팀도 포함된다. 세 번째 레벨은 업무 현장, 즉 업무가 완성되고 팀이 협업하는 곳이다. 업무 현장이라는 말은 첫째, 물리적 공간을 의미하고 둘째, 디지털 협업에 사용되는 기술을 의미한다. 협업이 이루어지는 위치와 방식은 "일의 미래" 문화를 특징지을 수 있다. 로봇 공학, 인지 기술 및 AI의 사용이 증가함에 따라 사람이 기계와 함께 팀으로 행동하는 새로운 업무 형태가 등장한다. 오늘날 세상은 파괴, 변화, 트랜스포메이션으로 구성되어 있다. 이러한 세상은 VUCA(Volatility 변동성, Uncertainty 불확실성, Complexity 복잡성, Ambiguity 모호성)라는 용어로 표현할 수 있다. 이런 맥락에서 모든 조직은 새로운 학습 방법을 모색하게 되고 학습 조직이 된다.

각각의 디자인 렌즈는 불확실성을 파악하고, 복잡성을 가시적이고 매핑 가능하게 만들며, 가정을 반복적이고 민첩하게 테스트하는데 도움이 된다.

일의 미래에 대한 주요 질문:

- 누가 일을 할 수 있는가?
- 자동화할 수 있는 작업 단계는 무엇인가?
- 인간과 기계가 팀으로 협업하는 데 도움이 되는 기술은 무엇인가?
- 작업은 어디에서 수행되는가?

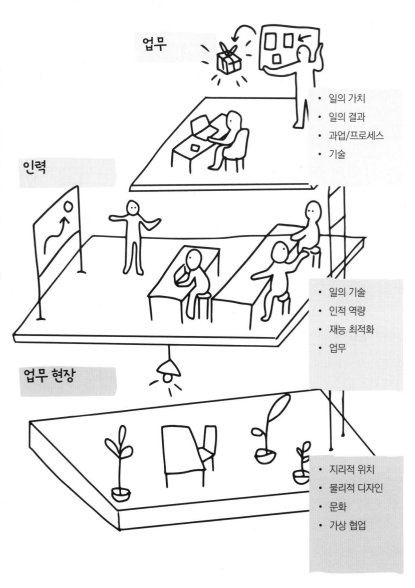

업무

- 일의 가치
- 일의 결과
- 과업/프로세스
- 기술

인력

- 일의 기술
- 인적 역량
- 재능 최적화
- 업무

업무 현장

- 지리적 위치
- 물리적 디자인
- 문화
- 가상 협업

다양한 자동화 기술이 팀과 함께 작동한다. 일은 이렇게 하면 더 빨리 완성된다. 인간과 기술이 팀으로 함께 일하는 새로운 업무 방식을 통해 작업 순서를 재정의할 수 있다.

VUCA 세계의 관점

VUCA는 시스템이 거의 정적이지 않기 때문에 비즈니스 성장을 위한 디자인 씽킹의 맥락에서 중요한 요소가 된다. 시스템은 동적이며 특정 레벨에서는 매우 빠르고 불규칙하게 변화한다. 또한 어떤 일이 일어날 시기와 그 결과에 대해 어느 정도의 불확실성을 가진다.

비즈니스 에코시스템은 복잡하고 네트워크화 되어 있기 때문에 완전하고 정적인 관점이 불가하다. 또한, 비즈니스 에코시스템의 상황은 액터/사람에 따라 다르게 기술되고 평가되어 모호성을 유발한다.

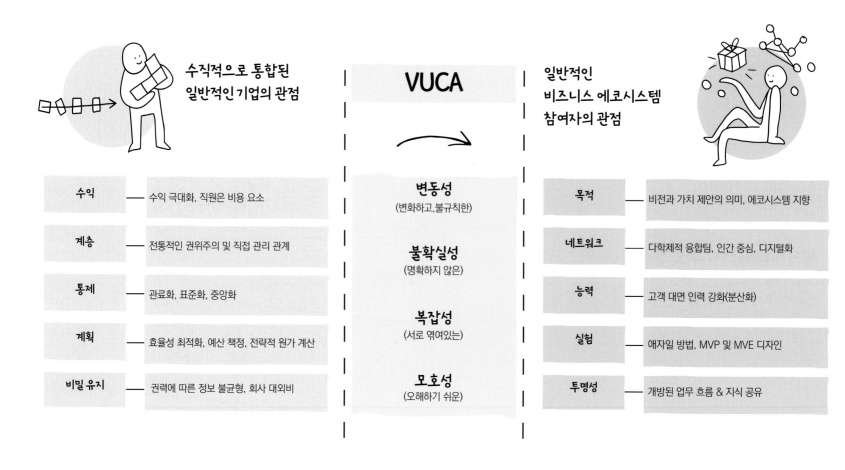

수직적으로 통합된 일반적인 기업의 관점		VUCA	일반적인 비즈니스 에코시스템 참여자의 관점	
수익	수익 극대화, 직원은 비용 요소	**변동성** (변화하고, 불규칙한)	목적	비전과 가치 제안의 의미, 에코시스템 지향
계층	전통적인 권위주의 및 직접 관리 관계	**불확실성** (명확하지 않은)	네트워크	다학제적 융합팀, 인간 중심, 디지털화
통제	관료화, 표준화, 중앙화	**복잡성** (서로 엮여있는)	능력	고객 대면 인력 강화(분산화)
계획	효율성 최적화, 예산 책정, 전략적 원가 계산	**모호성** (오해하기 쉬운)	실험	애자일 방법, MVP 및 MVE 디자인
비밀 유지	권력에 따른 정보 불균형, 회사 대외비		투명성	개방된 업무 흐름 & 지식 공유

협력 및 개방 시점

공동 가치창출은 시스템의 액터가 각 고객의 니즈에 가장 근접한 혁신가로 간주되기 때문에 디자인 챌린지, 초기 프로토타입 구축, MVP 및 비즈니스 에코시스템 디자인 영역에서 가장 핵심적인 요소이다. 앞서 간략하게 설명했듯이 비즈니스 에코시스템 고려 사항의 출발점은 다양하다. 처음부터 협력과 개방에 의존하는 회사가 있는 반면, 다른 회사는 지위에 따라 주제를 논의하고 초기 프로토타입과 MVP의 초안을 바쁘게 작성하기도 한다.

개방 방법에 관한 4가지 접근 방식을 관찰할 수 있다. 이는 모두 장점과 단점을 가진다:

1. **협력식:** 초기 단계에서 다른 액터와 논의할 아이디어가 있거나 공유 시스템을 정의하기 위해 처음부터 다른 사람과의 협업에 의존하는 회사.

2. **탐구식:** 이러한 기업들은 전략을 가지고 있을 뿐만 아니라 다양한 에코시스템 접근 방식을 실험하고 다른 에코시스템에서 능동적으로 참여할 기회를 찾는다.

3. **탐색식:** 시장 기회가 어디에 있는지에 대한 명확한 아이디어가 있는 회사. 그들은 스스로 에코시스템을 구축하기 위해 혹은 자신의 능력을 기여할 수 있는 특정 포지셔닝을 위해 다른 액터를 적극적으로 찾는다.

4. **미스터리식:** 이 유형의 회사는 신중하고 폐쇄적이다. 전략은 최고 경영진이 논의한다. 프로토타입과 MVP는 독립적으로 개발된다. 비즈니스 에코시스템이 구현된 후에 잠재적 액터와 정보가 공유된다.

	단극, 양극	다극
독자적, 위계적	**미스터리식** + 다른 액터에 의해 복제될 위험성이 낮음 − 가치 제안 검증이 늦음	**탐색식** + 타켓 이미지 및 구현에 대한 명확한 비전 − 향후 단계에서 새로운 아이디어와 변경된 가치 제안 가능성이 거의 없음
진화적, 협력적	**탐구식** + 시장 기회는 임시 활용 가능 − 많은 액터들과 여러 번의 대화를 조정하기 위한 노력과 비용이 높음	**협력식** + 근본적으로 새로운 에코시스템의 공동 가치창출과 개발에 중점 − 협업과 공동 가치 창출이 더 복잡하고 시간 소모적임

공동 가치창출 접근 방식

다양한 형태의 협업은 다양한 목표로 이어진다. 목록에 있는 협업 형태는 개방적이고 급진적인 협업을 위한 디자인 렌즈의 마인드세트와 반복적인 절차를 보여준다. 공동 가치창출은 고객/사용자와 함께 하는 것이 가능하며, 이후에는 시스템의 다른 액터와 함께 비즈니스 에코시스템을 디자인하는 맥락에서 수행될 수 있다.

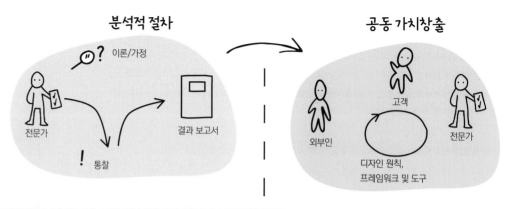

협업의 형태	목표	행동
조사 실행	배우고 이해하라	고객의 니즈에 호기심을 가지고 관찰하고 이해한다. WH 질문(참조: 누가? 무엇을? 언제? 어디서? 왜? 어떻게?)을 통해 사실을 탐색하고 더 깊이 파고들 수 있다.
개방	개발하고 성장하라	가정(assumption)과 편견을 버려야 한다; 의식적으로 다른 경험과 새로운 관점을 찾아야 한다; 새로운 통찰로 자신의 의견을 바꾸려는 강한 의지가 필요하다.
반복	인정 및 해결책 지향적으로 행동하라	모든 액터를 위한 윈윈 상황을 찾을 때 불균형적인 타협을 삼간다. 변화의 역동성을 활용하여 세계에 대한 다양한 관점을 창의적으로 재구성하고 활용해야 한다.
협업	팀 워크 & 다학제적 융합팀	협업을 통해 사회적 결속을 강화하기 위해 적극적으로 경청하고 다른 사람들의 아이디어를 실행해야 한다.
회고	신중하며 나선형으로 발전하라	실행과 효과를 회고한다; 더 넓은 맥락에서 도전과제와 문제를 바라보고 서로 다른 견해가 있을 때 협의될 수 있도록 중재해야 한다.

비즈니스 에코시스템을 디자인하고 참여하기 위해서는 특정 가치, 마인드세트 및 아이디어가 중요할 뿐만 아니라 다른 액터와의 개방적이고 투명한 협업이 필수적이다.

전통적으로 관리되는 회사는 새로운 협업 방식을 수용하고 동시에 기존 전략 도구에 접목하여 매핑해야 하는 문제에 직면해 있다.

미래에는 반복적이고 일상적인 작업은 기계와 자동화로 전환되고, 직원들은 점점 더 복잡한 작업을 수행해야 하므로 업무에서 중요한 역할로 남게 될 것이다.

다양한 디자인 렌즈에서 반복적인 프레임워크를 사용하고 비즈니스 성장을 위한 디자인 씽킹에 적응된 전략 방법을 활용하면 에코시스템과 성장 전략을 정교화하고 맥락화 하는데 도움이 된다.

에코시스템 리더십은 본질적으로 가치 창출에 관련된 모든 액터들의 네트워킹 작업을 의미한다.

문제 정의에서 스케일링에 이르기까지 모든 과정에 필요한
핵심 질문과 선별된 도구들

디자인 렌즈
툴박스

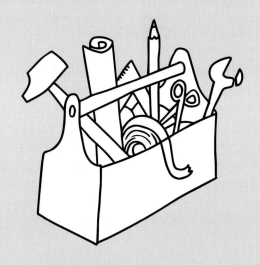

비즈니스 성장을 위한 디자인 씽킹: 프로젝트 단계와 계획의 범위

모든 성장 이니셔티브가 조금씩 다르고 각각의 이니시에이터가 다른 역량을 가지고 있기 때문에 보편적인 프로젝트 계획을 정의하는 것은 불가능하다. 기껏해야 고객 니즈가 어느 정도 윤곽이 잡히는 조사 단계가 먼저 수행된 다음, 잠재적인 주제 영역에 대한 확실성을 높이고 더 정확하게 인지하기 위해 내부 역량과 기술이 검토된다. 또한 이 단계에서 시장에 이미 존재하는 성장 및 에코시스템 이니셔티브에 대해 배울 수 있다.

각 스프린트, 프로젝트 및 구현 단계가 지속되는 기간은 팀, 민첩성 및 예산에 따라 크게 달라진다. 디자인 씽킹 스프린트에서는 6주 만에 확실한 결과를 얻을 수 있다. 일반적으로 의미 있는 비전 프로토타입과 기능 및 경험을 위한 프로토타입을 만들기 위해서 고객 피드백을 여러 번 받고 반복하는 과정을 거치며 그 시간은 더 길어질 수 있다. 엄격한 기한에 각각의 게이트가 있는 기존 환경에서 이니셔티브에 영향을 미치는 다양한 의사 결정 기관이 있다. 이상적으로, 의사 결정권자는 목표를 달성한 직후 예를 들어, 디자인 씽킹에서 최종 프로토타입을 발표한 후 다음 단계에 대한 각 예산을 발표한다. 린 스타트업 단계의 경우 시장 검증 없이는 가정한 상태가 그대로 유지되기 때문에 확인해야 하는 가정이 무엇인지 알고 있는 것이 좋다. 이러한 가정에 대한 일반적인 예시는 고객이 지불 의지가 있는가이다. 복잡도에 따라 MVP는 일반적으로 4주에서 10주 안에 테스트 준비가 완료된다. MVP는 가치 제안과 비전의 잠재적 액터를 설득하는 주력 제품이 된다.

비즈니스 에코시스템의 디자인은 또한 가치 흐름, 에코시스템의 비즈니스 모델, 그리고 개별 액터가 참여를 통해 얻을 수 있는 혜택이 무엇인지에 대한 정보를 제공한다. 이 디자인 단계는 가장 까다로운 단계 중 하나이며, 12주에서 16주 이상 지속된다. MVE는 시스템이 가장 작은 형태로 어떻게 작동하는지 보여준다. 이어지는 구현 및 운영 단계에서는 복잡성과 상호 종속성에 따라 더 많거나 적은 시간이 소요된다. 일부 에코시스템은 다른 에코시스템보다 빠르게 기하급수적 성장의 임계점에 도달한다. 또한 일부 이니셔티브는 빠르면 1년 후에 이 임계값에 도달하지만, 다른 이니셔티브는 이 마일스톤에 도달하는 데 몇 년이 걸리는 경우도 있다. 마찬가지로 네트워크 효과와 가치 제안의 의미 있는 확장을 통해 성장하지 못하는 많은 에코시스템 이니셔티브가 있다. 중요한 것은 시스템을 지속적으로 상황에 맞추고, 다른 액터의 혁신적 강점을 활용하여 성공하는 것이다.

에코시스템의 거버넌스와 조정은 항상 고객과 시장의 역동적인 상황에 보조를 맞춰야 한다. 여기에는 무엇보다도 시장 영역을 확대하고, 시장 지위를 안정화하며, 새로운 고객 니즈를 해결하기 위한 가치 제안을 확장하는 부분이 포함되어야 한다.

디자인, 구성, 제작

비즈니스 에코시스템 이니셔티브의 계획 범위

 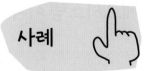

	조사	디자인 씽킹	린 스타트업	에코시스템 디자인	구현 및 작동	스케일
결과	• 주제 영역/고객 니즈 • 기존 보유 역량 및 스킬/관계	• 최종 프로토타입 • 비전 프로토타입 • MVP 요구사항	• MVP • 지불 의향 • 가정의 검증	• MVE • 가치 흐름 • 비즈니스 모델 • 시스템의 액터	• 실현 계획 • 제품 포트폴리오 • 빠른 학습 및 적응 주기	• 가치 제안의 확장 • 액터에 의한 혁신 • IT 스케일링
상세	• 해결책의 기능 및 프레임워크의 조건 정의 • 디자인 원칙의 정의	• 프로토타입을 시각화하고 제품 또는 서비스의 경험과 기능을 시연	• 가능한 기능 범위 출시 • 중요한 기능과 경험에 집중 • 측정 및 반복	• 가치 제안의 검증 • 액터와 그들의 역할 정의 • 가치 흐름의 정의	• 문화, 역량, IT, 거버넌스, 리더십 등의 수준에서 에코시스템 이니셔티브의 구현 • 로드맵 수립	• 가치 제안 확장을 위한 니즈 발견 • 에코시스템 전략의 조정 • IT 요구사항 재평가 • 오케스트레이션
팀	• 내부 팀 • 전략 전문가 • 다학제적 팀 • 회사 간 팀	• 비즈니스 에코시스템/디자인 팀 • 사용자/테스트 그룹 • 최초의 잠재적 파트너/에코시스템 액터와의 공동 가치창출	• UX 디자이너 • 소프트웨어 개발자 • 잠재적 파트너/에코시스템 액터	• 비즈니스 에코시스템 디자인 팀 • 다른 액터와의 공동 가치창출 • 고객 및 잠재 파트너와의 테스트	• 오케스트레이터 • 구현 파트너 및 공급자 • 액터	• 디자인 씽킹, 에코시스템 디자인, 그로스 해킹 팀 • IT, 소프트웨어 개발자 • 파트너, 액터 및 공급자
기술 시장성 수준	아이디어, 제안, 전망	중요한 기능과 경험을 갖춘 비전 프로토타입	MVP, MMF, 백로그	가치 제안의 일부	가치 제안의 실현	가치 제안의 확장
	~ 6 주	~ 6-10주	~10-12주	~ 12-16주	〉16주	기간 제한 없음

에코시스템 이니셔티브의 전형적인 과정

비즈니스 에코시스템은 끊임없이 변화하기 때문에 디자인, 구현 및 확장을 지원하는 반복적이며 빠르고 유연한 도구가 필요하다. 불행하게도, 의사 결정권자가 그러한 청사진에 대한 희망을 자주 표현하더라도, 이니시에이터는 특정 주제 영역 또는 이니시에이터의 특정 산업에 대한 청사진 없이 수행해야 한다.

BCG Henderson Institute에서 2019년 비즈니스 에코시스템 구축에 대해 수행한 과거 분석에서조차 이는 어려운 것으로 나타났다. 이것은 구조화된 데이터가 부족하기 때문만은 아니다. 당연히 정량적 분석이 거의 없기 때문에 현재 가장 잘 알려진 사례(예: 위챗, 아마존, 알리바바)를 보고 비즈니스 에코시스템이 항상 성공적이라고 믿게 된다. 그러나 이러한 믿음은 성공을 이루어 내지 못한 훨씬 더 많은 수의 이니시에이터, 오케스트레이터 및 액터를 간과한 것을 의미한다. 그러한 회사와 이니셔티브에서 배우고 이를 자신의 프로젝트에 활용하는 것은 훌륭한 방법이다(296페이지 이하 에코시스템 사례 참조).

이러한 이유로 4가지 디자인 렌즈에 대한 초점은 비즈니스 에코시스템 디자인에 사용되는 중요한 질문과 방법 및 도구에 있다. 의사 결정권자는 높은 수준의 역동성을 가지고 성공적으로 시작된 에코시스템이라도 거버넌스와 리더십이 부족하다면 영원한 성공이 보장되지 않는다는 점을 인식해야 한다. 또한 기본 전략을 지속적으로 재평가해야 한다. 비즈니스 에코시스템이 지속적으로 발전하는 동안 새로운 플레이어들이 계속 진입하고, 또 어떤 참여는 더 이상 가치 제안 생성에 관련이 없어질 수 있다. 또한 시간이 지남에 따라 비즈니스 에코시스템의 이니시에이터가 다른 액터의 금융지분을 차지하거나, 파트너가 100% 이상 또는 과반수 지분을 인수하는 일도 일어난다. 이러한 움직임은 일반적으로 고객 인터페이스 또는 접점 데이터를 장기적으로 사용하려는 욕구 때문에 발생하게 된다.

기회	행동 원칙	성공률
최종 프로토타입	• 초기 프로토타입 만들기 • 비전 프로토타입 만들기 • 고객 니즈를 기반으로 한 잠재적 가치 제안 설명	높음
MVP	• 선점자(first-mover) 이점 활용 • 고객 중심 접근 방식 고수 • 킬러 기능 또는 경험 구축	중간
MVE	• 에코시스템 구축을 위한 투자 • 적합한 액터 선택 • 공유 가치 시스템 및 협업 모델에 동의	중간
실행	• 시스템에서 액터의 역량 활용 • 작은 단계의 구현 • 정의된 거버넌스 내에서 다학제적 융합팀 접근 방식으로 작업	낮음/중간
스케일	• 빠른 확장 • 에코시스템의 범위 확장 • 투입 증가	낮음

* BCG Henderson Institute에 따른 성공률 (2019)174

비즈니스 에코시스템은 역동적이다. 일반적으로 시장 점유율을 확보하고 유지하는 능력은 아래에 표시된 경로 및 줄기 중 하나에서 발전한다. "지하철 노선"으로 표시된 그림에서, 성장 및 확장을 위해 올바른 지점에 분기점을 배치하는 것이 중요하다.

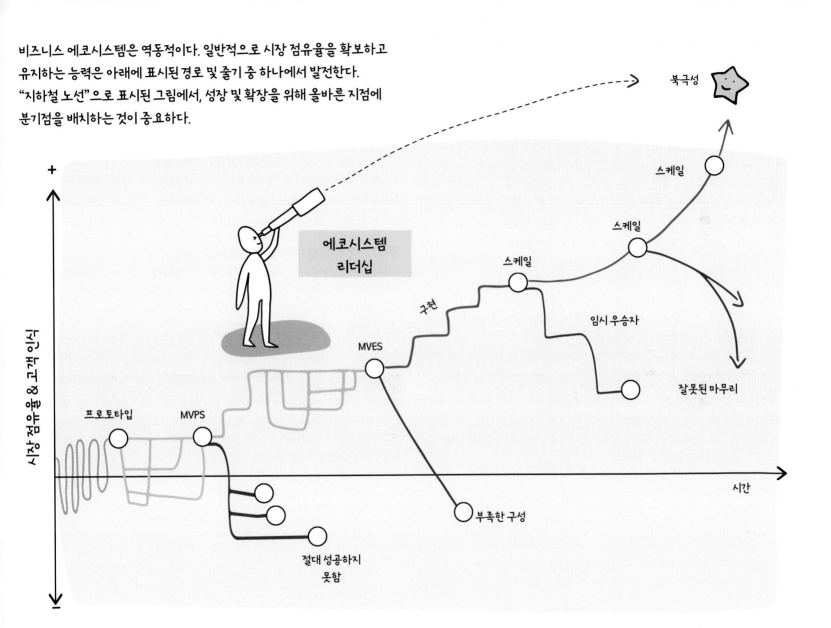

단순화된 "성장 및 스케일의 문제" 프레임워크

비즈니스를 위한 디자인 씽킹의 조감도에서 볼 때, 비즈니스 에코시스템 디자인은 때때로 MVP의 실현, 즉 높은 수준의 해결책 성숙도에서 시작된다. 종종 비즈니스 에코시스템 워크숍에서 집중적인 탐색과 시스템의 액터들과의 상호작용을 통해 제품 또는 서비스에 대한 완전히 새로운 아이디어가 발전되거나 새로운 가치 제안이 이루어지기도 한다. 이는 원래 해결책이 완전히 폐기되고, 그 결과가 새로운 공유 가치 제안으로 이어진다는 것을 의미할 수도 있다. 따라서 비즈니스 에코시스템 디자인의 적용은 문제를 탐색하는 초기 단계로 바로 되돌아가게 하는 새로운 아이디어를 위한 방아쇠가 될 수 있다. 각각의 디자인 렌즈를 설명하는 다음 4개의 섹션에서는 비즈니스 에코시스템 디자인에서 고려해야 할 요소와 질문을 제시하고, 이러한 시스템을 확장하는 방법에 대한 지침을 설명하고 있다. 4개의 렌즈를 통해 제시된 절차는 안내되고 구조화된 프로세스로서 상당히 까다로워 보이는 접근 방식으로 인식될 수 있다. 그러나 이미 디자인 씽킹과 시스템 씽킹의 조합을 활용해 본 사람이라면 각 단계가 팀에 방향을 제시하여, 현재 진행 중인 프로세스와 해결책의 성숙도 측면에서 팀이 어디에 위치해 있는지를 설명하고 있다는 것을 이해할 것이다. 일반적으로 우리는 모든 디자인 렌즈에서 반복적으로 작업한다. 4가지 디자인 렌즈는 공동 가치창출 과정에서 다른 액터 및 팀 구성원과 공통 언어를 설정하고, 유사한 방법과 도구를 사용하며, 공동 접근 방식을 반영하는 데 도움이 된다.

렌즈 #1: 디자인 씽킹(Design thinking)

비즈니스 성장을 위한 디자인 씽킹은 고객과 고객의 니즈에 중점을 둔다. 디자인 씽킹 방식은 문제 정의 측면에서 다양한 경험, 의견 및 관점을 통합하고 MVP의 기초를 구성하는 초기 프로토타입을 만드는 데 도움이 된다. 다음 섹션에서는 성장 이니셔티브의 다음 단계에서 유용하게 활용할 수 있는 가장 중요한 디자인 씽킹 도구에 대해 설명할 예정이다.

렌즈 #2: 린 스타트업(Lean start-up)

린 스타트업 마인드세트는 초기 해결책을 구현하고 가장 필요한 기능과 경험에 집중하는 데 도움이 된다. 시장에서의 초기 경험은 MVP를 반복적으로 개선하는 데 도움이 된다. 이 절차에는 몇 가지 장점이 있다. 첫째, 시간과 업무 그리고 비용을 절약할 수 있다. 둘째, MVP는 초기 대화 또는 에코시스템의 다른 잠재적 액터와의 공동 가치창출을 위한 가설로 사용되어, 공식화된 가치 제안을 검증하고 이후 실현할 수 있다.

렌즈 #3: 에코시스템 디자인(Ecosystem design)

비즈니스 에코시스템 디자인의 출발점은 일반적으로 디자인 씽킹 및 린 스타트업 활동의 맥락에서 이미 테스트된 가치 제안의 초기 가설이다. 이 단계에서는 고객에게 집중해야 한다. 그러나 이제는 고객의 니즈를 고려하여 올바른 액터를 선택하는 것이 중요해졌다. 성공을 위해서는 액터, 역량 및 고객 접근성을 고려한 시스템을 구성하는 것이 매우 중요하다.

렌즈 #4: 스케일(Scale)

스케일링 및 기하급수적 성장에는 고객을 위한 가치 제안을 점진적으로 확장하기 위해 정교한 타겟 거버넌스와 의미 있는 요소들이 필요하다. 목표는 고객 상호 작용 지점을 최적화하고 빈도를 높이는 것이다. 스케일링 프로세스의 일부로 획득한 데이터는 시스템의 또 다른 자산이 된다. 또한 획득한 디지털화 기술과 고성능 인프라를 기반으로 하는 새로운 버전의 비즈니스 모델로 진화한다(예: B2B 서비스 또는 데이터의 수익화).

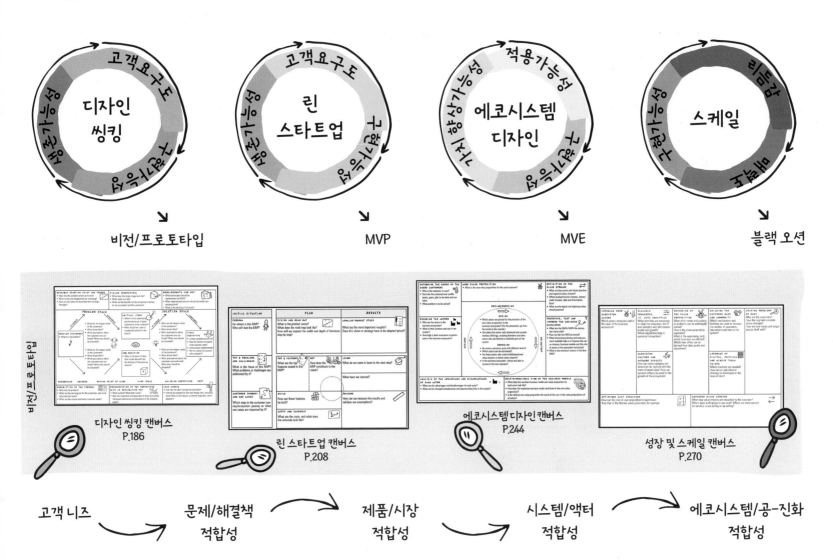

디자인
씽킹

고객요구도
구현가능성
경제가능성

비전/프로토타입

린
스타트업

고객요구도
구현가능성
경제가능성

MVP

에코시스템
디자인

적용가능성
경제가능성
구현가능성

MVE

스케일

리듬감
경제가능성
민첩성

블랙 오션

디자인 씽킹 캔버스
P.186

린 스타트업 캔버스
P.208

에코시스템디자인캔버스
P.244

성장 및 스케일 캔버스
P.270

고객 니즈 → 문제/해결책
적합성 → 제품/시장
적합성 → 시스템/액터
적합성 → 에코시스템/공-진화
적합성

중요한 가정 vs. 그다지 중요하지 않은 가정

각 디자인 렌즈에서 고객, 액터 및 개별 가치 흐름에 대한 다양한 가정에 의문을 제기하고 초기 결과를 검증한다. 어떤 가정이 미래의 성공에 결정적이며, 덜 중요하거나 무시할 수 있는 가정이 있는지 아는 것이 성공을 위해 중요하다. 또한 이미 검증된 가정과 다소 불확실성이 있는 가정도 있을 것이다.

일부 영역에서는 각각의 디자인 렌즈가 MVP를 이용하여 문제/해결책 적합성을 검증함으로써 더 많은 이해가 가능해진다. 시간이 지나면 관점도 바뀐다. 당연히 새로운 가정, 특히 시스템의 일부가 될 수 있는 액터 또는 에코시스템에서 이익을 얻을 수 있는 액터에 대한 가정이 추가된다. 스케일링에도 동일하게 적용된다. 다시 말해, 에코시스템에서 실행하기 전, 이러한 가정을 테스트해야 한다. 루프는 가치 제안의 확장으로 다시 시작되며, 여기에서 가정은 다시 디자인 씽킹의 프레임워크 내에서 확인해야 한다.

이를 수행하는 좋은 방법은 개별 가정을 매트릭스에 배치하여 팀에서 이에 대해 논의하고, 오른쪽 상단 사분면에서 검토하는 것이다.

중요한 가정 검토

예시

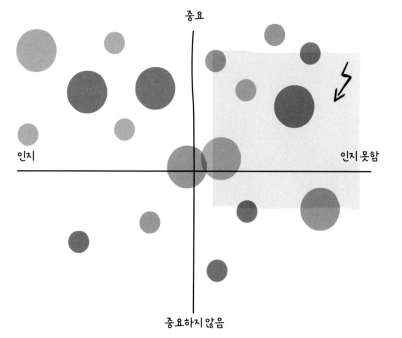

- 우리는 언제 마지막으로 "고객의 입장에서 생각"하였는가?
- 고객들에게 진짜 WOW! 효과를 일으키는 것은 무엇인가?
- 고객은 언제 그리고 어디에서 이 제안을 사용하는가?

범례:

● 고객요구도(예: 고객의 희망사항 및 니즈)

● 생존가능성 (예: 물리적 및 디지털 터치 포인트 비용)

● 구현가능성(예: 보이스 커뮤니케이션 영역에서 상호 작용을 위한 특수 알고리즘에 이르기까지 표준화)

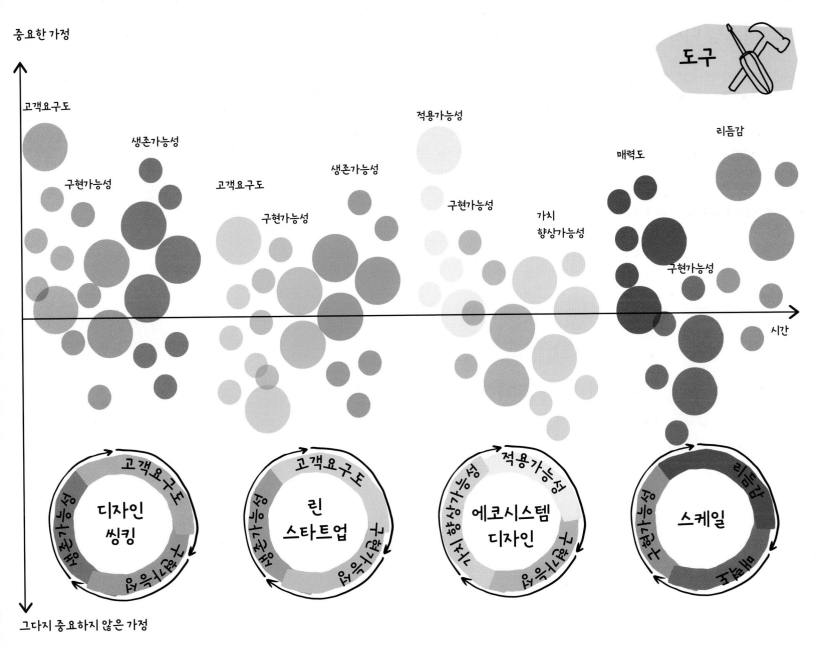

중요한 가정

고객요구도

생존가능성

구현가능성

고객요구도

구현가능성

적용가능성

생존가능성

구현가능성

리듬감

매력도

가치
향상가능성

구현가능성

시간

그다지 중요하지 않은 가정

디자인
씽킹

린
스타트업

에코시스템
디자인

스케일

도구

177

에코시스템 디자인을 바로 시작하면 어떨까?

대부분의 경우 실제 에코시스템 디자인을 다루기 전에 이전 디자인 렌즈를 다시 검토할 필요가 있다. 앞의 단계를 생략하면, 기업은 고객을 모든 활동/가치 제안의 절대 중심이 아니라 시스템의 액터로 보기 쉽다.

이러한 이유로 이 섹션에는 페르소나/사용자 프로필, 아이템 다이어그램, 브레인스토밍에서 최종 프로토타입까지 디자인 씽킹 툴박스에서 가장 중요한 도구와 기법이 포함되어 있다. 개념을 검증하고 선택한 기능과 경험에 대해 비용을 지불할 의사가 있는지 확인하는 데 도움이 되는 린 스타트업 접근 방식이 제공된다. 두 가지 마인드세트 모두 해결책을 찾는 프로세스를 지원한다. 많은 경우, 비즈니스 에코시스템 디자인의 기초를 제공한다고 할 수 있다.

이러한 절차는 고객/사용자를 모든 고려 사항의 중심에 두기 때문에 실제로 그 가치가 입증되었다. 추가적인 이점은 이러한 방식으로 에코시스템의 고려 사항에서 자신의 회사에 너무 많은 초점을 맞추어 활용에만 집중하는 것이 아니라 외부의 탐험에 더 중점을 두게 된다는 것이다. 이미 고객 니즈를 성공적으로 확인하고, MVP를 통해 필요한 검증을 수행한 비즈니스 성장 팀을 위한 디자인 씽킹은 섹션 #3 에코시스템 디자인(226페이지 이하 참조)으로 즉시 시작할 수 있다.

성공적인 비즈니스 에코시스템 이니셔티브는 자신의 회사가 아니라 모든 고객과 가치 제안을 고려 사항의 중심에 둔다.

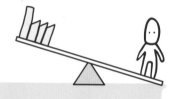

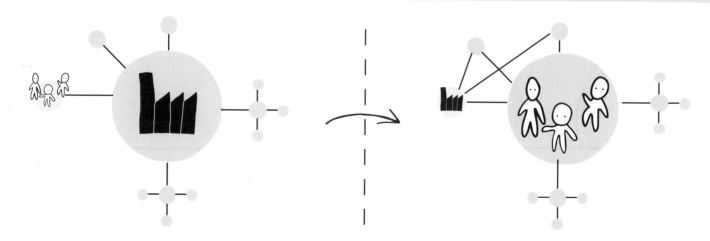

회사의 입장에서 생각하지 말고 고객의 입장에서 생각하세요!

고객과 함께 시작하고, 가정을 검증하고, 이를 기반으로 에코시스템을 만들어라.

위에서 설명한 바와 같이 고객은 성공적인 비즈니스 에코시스템의 중요한 출발점이다. 고객의 니즈와 수행할 작업에 대한 초기 조사를 통해 MVP를 생성하여 선택한 기능과 경험을 테스트할 수 있다. MMF(Minimum Marketable Features 최소 시장 기능)는 일반적으로 MVE(Minimum Viable 최소 생존가능 에코시스템)에 대한 테스트 환경도 구성한다. 목표는 비즈니스 에코시스템이 구현되고 올바른 메커니즘으로 확장되기 전에 공유 가치 제안을 생성하여 가치 흐름과 액터 간의 상호 작용을 검증하는 것이다.

관점	관련 접근법	성공을 위한 행동
고객 니즈	디자인 씽킹	• 니즈 탐색 • 수행할 작업 도출 • 중요한 기능 및 경험 활용
프로토타입(MVP, MMF, MVE)	린 스타트업 에코시스템 디자인	• 기능, 경험 등 검증 • 타겟 시스템의 반복 개발 • 비즈니스 모델 보기(다차원)
리더십	미래의 일하는 방식 에코시스템 리더십	• 새로운 마인드세트 확립 • 광범위한 이해 관계 관리 • 차별화 요소의 영구적인 개발(가치 제안)
스케일링	스케일 애자일 개발	• 급진적인 파괴를 위한 선점자의 이점 활용 • 빠른 스케일링 • 에코시스템 구축에 대한 영구적이고 지속 가능한 투자
역동적인 발전	공동 가치창출	• 고객 니즈에 기반한 에코시스템의 확장 • 시스템에 대한 헌신도 상승 • 혁신 및 검증을 위한 데이터

구현가능성 4 –
기술 구성 요소의 구축, 전문화 및 활용

구현가능성 3 –
에코시스템 접근 방식의 실현을 위한
기술 구성 요소 및 인터페이스의 사양

구현가능성 2 –
선정된 기술 구성 요소의 테스트 및 검증

구현가능성 1 –
현대적이고 효과적이며 적용 가능한
인에이블러 기술의 사용

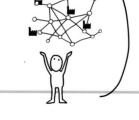

에코시스템 자본

지적 자본

- **고객요구도** – 고객과 그들의 니즈에 집중
- **생존가능성** – 혁신적이고 생존가능한 비즈니스 모델의 생성

- **고객요구도** – 개별 기능 및 경험을 기반으로 한 고객 니즈 검증
- **생존가능성** – 제공 제품/서비스의 비즈니스 모델 및 가치 검증

- **적용가능성** – 액터의 니즈와 가치 제안을 함께 생성할 수 있는 능력에 중점
- **가치 향상가능성** – 시스템의 모든 액터를 위한 지속 가능한 가치 흐름과 혜택을 형성

- **매력도** – 고객 상호작용의 빈도, 지출 점유율 및 시스템에 대한 유대감 강화에 중점
- **리듬감** – 네트워크 효과 및 스케일 효과의 활용

고객 니즈 파악에서 여러 액터가 제공하는 해결책에 이르기까지 대부분의 이니셔티브는 구현에 실패한다.

디자인 렌즈 간의 각각의 전환, 마인드세트 및 액터의 다양한 이해관계 관리는 성공에 이를 수 있는 중요한 요소이다.

많은 에코시스템 이니셔티브에는 해결책의 빠른 확장에 필요한 거버넌스와 스킬이 부족하다.

시스템이 새롭게 변화하는 고객의 니즈와 그에 수반되는 개발에 지속적으로 적응하기 위해서는 참여하는 액터를 위한 공간과 오케스트레이터의 통합적 접근이 필요하다.

결국 프로젝트에 맞는 모든 액터들의 마인드가 결정적으로 중요하다.

렌즈 #1

디자인 씽킹

DESIGN THINKING

디자인 씽킹 소개

디자인 씽킹 마인드세트는 비즈니스 성장을 위한 디자인 씽킹을 반영하는 핵심 요소이자 기초이다. 고객과 고객의 니즈는 숙의 과정의 중심이 된다. 문제 정의부터 스케일링에 이르기까지 이를 간과해서는 안 된다. 특히 처음 두 가지 디자인 렌즈(디자인 씽킹 및 린 스타트업)에서는 고객에게 초점을 맞춰야 한다. 이 단계에서 전문 지식과 산업 지식은 부차적인 요소이다. 고객의 문제를 해결하는 방법에 대한 생각에는 편견이 없어야 한다. 특히 현재 문제가 어떻게 작동하는지 또는 해결책이 미래에 어떻게 작동할 것인지에 대해 명확한 아이디어가 이미 있는 경우, 더욱 그러하다. 두 경우 모두 비즈니스 디자인 팀은 모든 것을 개방적이고 편견 없이 바라봐야 한다. 모든 것의 본질에 도달하는 것이 중요하며, 디자인 씽킹에서 이것은 우리가 많은 호기심과 공감을 통해 잠재 고객에게 접근한다는 것을 의미한다. 극단적 사용자와 선도 사용자의 상호 작용과 관찰은 영감의 원천이 되거나 해결책에 대한 접근 방식을 정의하는 데 사용할 수 있다. 페르소나/사용자 프로필을 사용하면 전통적인 고객 세분화에서 벗어나 잠재 고객의 실제 니즈와 수행할 작업을 탐색하는 데 도움이 된다. 소위 HMW 질문은 이해 및 관찰 단계의 통찰을 관점으로 변형하는 데 도움이 된다.

다양한 유형의 브레인스토밍은 창의적인 활동에서 잘 작동한다. 문제 해결의 초기 단계에서 아이템 다이어그램으로 작업하는 것이 좋다. 첫째, 고객의 가장 중요한 기능과 경험을 바라보기 위한 귀중한 도구이다. 동시에 에코시스템에서 전체 가치 제안 또는 MVP를 확장하는 추가 기능에서 린 스타트업 단계의 백로그 역할을 한다. 관점을 정의하고 아이디어를 구상하며 프로토타이핑, 테스트하는 단계는 하나의 프로세스로 간주되어야 한다. 반복 작업을 통해 프로토타입은 시간이 지날수록 더 높은 품질로 구현된다. 최종 프로토타입은 MVE의 프레임워크 내에서 그리고 이후 에코시스템의 구현과 함께 실현될 하나 이상의 MVP 사양의 기초가 된다. 모든 도구와 방법을 사용하여 디자인 씽킹에 더 깊이 들어가고자 하는 사람들은 디자인 씽킹 툴박스를 사용할 것을 권한다. 디자인 씽킹 전문가와 퍼실리테이터 그리고 그 이상으로 영감을 얻고자 하는 모든 사람들에게 디자인 씽킹 플레이북은 최선의 선택이다.

대표적인 활동

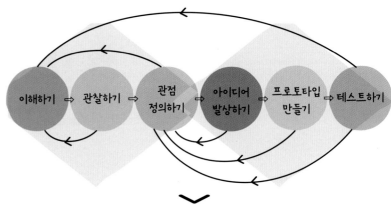

최종 프로토타입은 그것의 실현뿐만 아니라 그동안 생각했던 것을 다듬을 수 있다. 비전 프로토타입은 예를 들어, 전체 시스템의 성취 가능한 미래를 설명한다.

디자인 씽킹의 적절한 방법과 도구 미리보기

디자인 씽킹에 대한 주요 질문

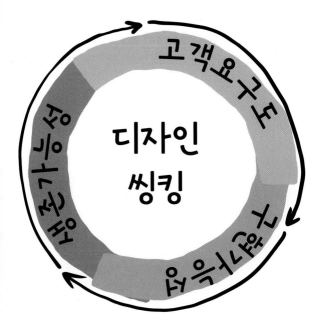

고객요구도

- 문제를 겪는 사람은 누구인가?
- 문제는 현재 어떻게 해결되고 있는가?
- 고객이 해결해야 할 과제(수행해야 할 작업)는 무엇인가?
- 고객의 알려진 고충과 자체 해결방법은 무엇인가?
- 고객의 어떤 니즈와 감정이 연결되어 있는가?
- 해결책에는 고객을 위한 어떤 중요한 기능과 경험이 포함되어야 하는가?
- 해결책에 대한 접근 방식은 알려진 해결책과 어떻게 다른가?
- 고객 혜택이 서비스 가치와 어느 정도 일치하는가?

구현가능성

- 구현을 위한 중요한 구성 요소는 무엇인가?
- 어떤 기술이 필요한가?
- 디자인, 구축 및 운영에 필요한 기술은 무엇인가?
- 어떤 시스템이 영향을 받는가?
- 어떤 작업 프로세스가 필요한가?
- 어떤 가정이 가장 위험하고 테스트를 진행해야 하는가?
- 시장 기회를 잃지 않고 "빨리 실패하고, 자주 실패"할 수 있는 방법은 무엇인가?
- 성공은 어떻게 정의되는가? 어떻게 측정되고 이해관계자에게 전달되는가?

생존가능성

- 해결책으로 어떻게 돈을 벌 수 있는가?
- 대안: 해결책으로 비용을 어떻게 절감할 수 있는가?
- 회사의 부가가치는 어디에서 발생하는가?
- 투자를 어떻게 정당화할 수 있는가?

디자인 씽킹 캔버스

리서치 출발점 및 트렌드

- 지금까지 문제는 어떻게 해결되어 왔는가?
- 어떤 트렌드와 메가트렌드가 등장하고 있는가?
- 전략적 전망으로 미래를 어떻게 설명할 수 있는가?

비전(프로토타입)

- 북극성 (이상적인 미래)은 어떻게 묘사되는가?
- 어떤 니즈를 만족시키는가?
- 관련된 회사(에코시스템 내)와 고객에게 어떤 이점이 있는가?

MVP 요건
- 어떤 프로토타입을 MVP로 구현해야 하는가?
- 먼저 어떤 경험/기능을 테스트하고 검증해야 하는가?
- 기능의 백로그는 무엇인가?

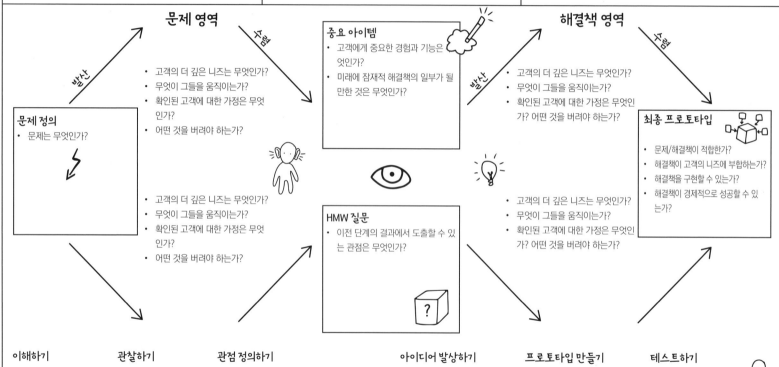

문제 영역

발산

수렴

중요 아이템
- 고객에게 중요한 경험과 기능은 엇인가?
- 미래에 잠재적 해결책의 일부가 될 만한 것은 무엇인가?

해결책 영역

발산

수렴

문제 정의
- 문제는 무엇인가?

- 고객의 더 깊은 니즈는 무엇인가?
- 무엇이 그들을 움직이는가?
- 확인된 고객에 대한 가정은 무엇인가?
- 어떤 것을 버려야 하는가?

- 고객의 더 깊은 니즈는 무엇인가?
- 무엇이 그들을 움직이는가?
- 확인된 고객에 대한 가정은 무엇인가?
- 어떤 것을 버려야 하는가?

최종 프로토타입
- 문제/해결책이 적합한가?
- 해결책이 고객의 니즈에 부합하는가?
- 해결책을 구현할 수 있는가?
- 해결책이 경제적으로 성공할 수 있는가?

- 고객의 더 깊은 니즈는 무엇인가?
- 무엇이 그들을 움직이는가?
- 확인된 고객에 대한 가정은 무엇인가?
- 어떤 것을 버려야 하는가?

- 고객의 더 깊은 니즈는 무엇인가?
- 무엇이 그들을 움직이는가?
- 확인된 고객에 대한 가정은 무엇인가? 어떤 것을 버려야 하는가?

HMW 질문
- 이전 단계의 결과에서 도출할 수 있는 관점은 무엇인가?

이해하기 · 관찰하기 · 관점 정의하기 · 아이디어 발상하기 · 프로토타입 만들기 · 테스트하기

페르소나에 대한 설명/사용자 프로필

- 누가 문제를 가지고 있는가?
- 고객의 고충/자체 해결방법, 수행해야 할 작업 및 활용 사례는 무엇인가?
- 현재 및 미래의 고객 니즈는 무엇인가?

탐험 지도가 있는 프로토타입 문서화
- 효과가 있었던 것은 무엇인가? 무엇이 작동하지 않았는가?
- 각각의 프로토타입이 고객의 니즈에 맞는 개별 경험과 기능을 충족하고 만족시킬 수 있었는가?

린 캔버스

- 간략한 컨셉을 어떻게 설명할 수 있는가?
- 주요 인물, 고객 세그먼트, 얼리 어댑터에 대한 초기 아이디어를 포함하여 다음 디자인 렌즈를 어떻게 준비하는가?

템플릿 다운로드

디자인 씽킹 캔버스

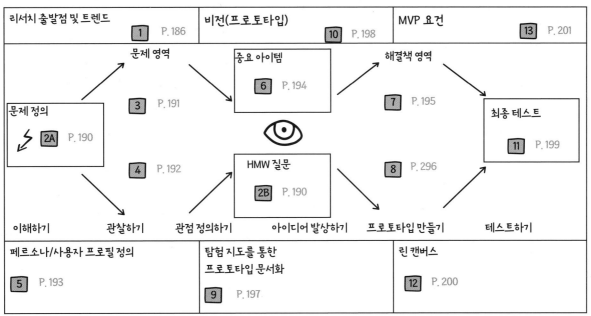

리서치 출발점 및 트렌드 **1** P. 186	비전(프로토타입) **10** P. 198	MVP 요건 **13** P. 201

문제 영역   중요 아이템 **6** P. 194   해결책 영역

3 P. 191   **7** P. 195

문제 정의   **2A** P. 190   최종 테스트 **11** P. 199

4 P. 192   HMW 질문 **2B** P. 190   **8** P. 296

이해하기   관찰하기   관점 정의하기   아이디어 발상하기   프로토타입 만들기   테스트하기

페르소나/사용자 프로필 정의 **5** P. 193	탐험 지도를 통한 프로토타입 문서화 **9** P. 197	린 캔버스 **12** P. 200

방법과 도구 키

1. 리서치/트렌드/예측
2. a) 문제 정의
   b) HMW 질문
3. 여정 지도로 공감 인터뷰
4. 극단적 사용자/선도 사용자
5. 페르소나/사용자 프로필
6. 아이템 다이어그램

7. 브레인스토밍
8. 테스트용 프로토타입
9. 탐험지도를 통한 프로토타입 문서화
10. 비전 프로토타입
11. 최종 프로토타입
12. 린 캔버스
13. MVP 요건

디자인 씽킹 캔버스는 개별 단계와 사용된 도구 및 방법의 결과를 문서화하는데 도움이 된다.

진행 곡선 형태의 리서치/트렌드/예측

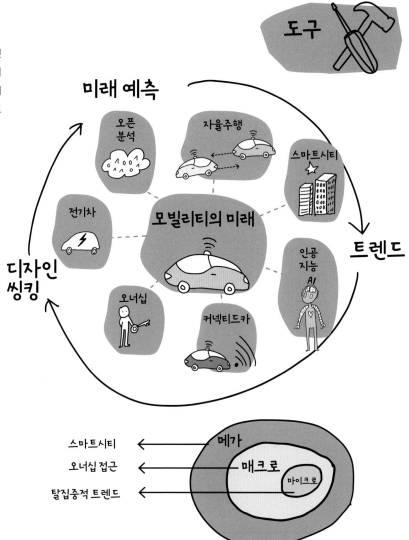

다소 일반적이지만 문제 정의 맥락에서 관련 트렌드, 인구 통계학적 변화 및 글로벌 활동을 다루는 것은 여전히 디자인 팀에게 유용한 접근 방식이다. 여기에 적용할 수 있는 수많은 방법과 도구가 있다. 미래를 다루는 한 가지 좋은 방법은 "진행 곡선"을 적용하는 것이다. 미래 시나리오, 비즈니스 모델에 대한 진화적 사고, 이른바 혁신 액셀러레이터 차원에서 이러한 진행 곡선은 마이크로 트렌드, 매크로 트렌드 및 메가 트렌드를 파악하는 데 도움이 된다..

진행 곡선은 비즈니스 성장을 위한 디자인 씽킹 팀이 다음을 수행하는 데 도움이 된다:

- 이벤트, 수명 주기 및 기타 개발 사항을 올바른 맥락에 배치;
- 이후 비전 프로토타입의 검증이나 비즈니스 에코시스템의 해당 미래 목표 이미지의 검증;
- 비전과 미래 고객의 니즈를 좀 더 명확하게 제공;
- 전체 디자인 주기에 걸쳐 중요한 주제의 디자인 및 선택(필터링);
- 미래에 있을 문제 해결을 위한 방법 찾기.

절차 및 템플릿:

1. 약간 다르지만 관련된 주제를 진행 곡선에서 함께 묶을 수 있다.
2. 주어진 테마에 대해 전략적 예측, 확인된 트렌드 및 디자인 씽킹의 조합으로 테마 맵을 만들 수 있다("모빌리티의 미래" 참조).
3. 각각의 트렌드는 프로젝트에 대한 영향과 관련성을 논의하고 평가하기 위해 다양한 레벨로 활용될 수 있다.
4. 진행 곡선의 시각화는 미래 관찰과 트렌드 연구의 관련 보고서를 기반으로 한다.

진행 곡선

다음은 디지털화, 기술 및 비즈니스 모델과 관련된 시나리오의 몇 가지 사례다. 진행 곡선의 여러 경향의 조합을 통해 새롭고 혁신적인 아이디어를 구성할 수 있다.

예시

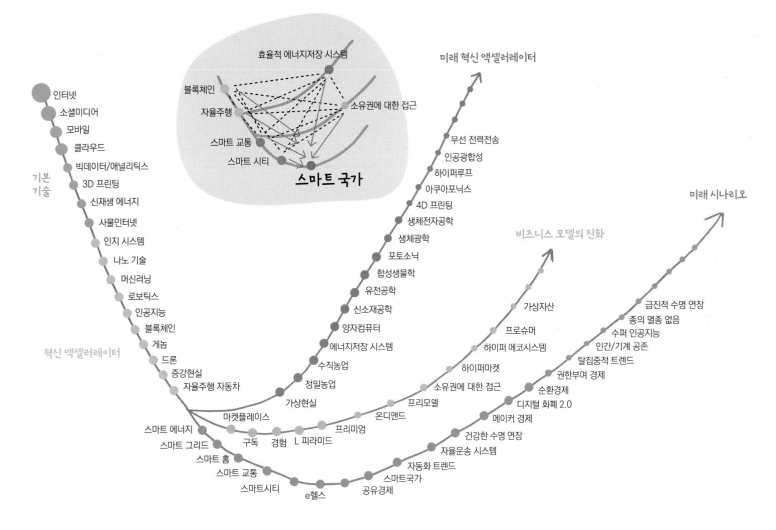

189

문제 정의/HMW 질문법

사람들은 쉽게 해결책을 먼저 생각한다. 이것이 디자인 씽킹의 첫 번째 단계에서 고객의 문제에 대한 인식부터 개발하는 이유다. 문제 정의는 문제를 한 문장으로 간결하게 표현할 수 있게 해준다. 따라서 뒤에서 소개하는 문제 정의와 HMW 질문은 디자인 씽킹에서 문제 영역의 시작이자 끝이다.

도구

문제 정의는 비즈니스 성장을 위한 디자인 씽킹 팀이 다음을 수행하는 데 도움이 된다:

- 문제에 대한 공유된 이해로 발전;
- 문제 분석에서 수집된 결과를 한 문장으로 표현;
- 아이디어 발상을 위한 방향과 프레임워크를 개괄적으로 설명;
- 우리가 어떻게 하면 ~할 수 있을까" 질문(HMW 질문)으로 표현하기 위한 기초 다지기;
- 이후 성공 측정을 위한 기준 값 개발.

1

왜 그것이 문제인가?

누가 그것이 필요한가?

언제 발생하는가?

오늘날 문제는 어떻게 해결되고 있는가?

2a.) 문제 정의:

1. 처음에는 문제에 대해 다음과 같이 다양한 WH 질문을 할 수 있다. 왜 이것이 문제인가? 이는 팀이 문제 공간에 대해 공유된 이해를 가지는데 도움이 된다.
2. 답변을 기반으로 팀에서 반복적으로 문제 정의를 발전시킨다. 문제 정의의 형식은 다음과 같다: "우리가 어떻게 하면 (누구를 위해) (그/그녀의 니즈)가 충족되도록 (무엇을?) 리디자인할 수 있을까?"

2b.) HMW 질문의 절차:

HMW 질문은 수집된 결과에서 나온 것이며 관점을 기반으로 한다. 즉, HMW 질문은 문제 정의의 실체화에 해당한다.

2

어떻게 하면 ... 할 수 있을까?

맥락: 무엇을?

액터: 누구를 위해?

문제: 어떤 문제를 해결할 것인가?

공감 인터뷰

도구

공감 인터뷰를 통해 사용자의 관점에서 미리 정의한 문제를 확인한다. 특히 초기 단계 중 하나인 인터뷰는 잠재적인 사용자 또는 고객이 행동하는 맥락을 이해하는 데 도움이 된다. 비즈니스 에코시스템 디자인 팀의 경우 기존의 사고 패턴을 탈피하고 제품 중심 또는 회사 중심에서 고객 중심의 태도로 마인드를 전환하는 것이 중요하다.

공감은 자신 안에서 울리는 다른 사람의 메아리를 듣고 그들의 니즈를 알아차리는 것이다.

공감 인터뷰는 비즈니스 성장을 위한 디자인 씽킹 팀이 다음을 수행하는데 도움이 된다:

- 잠재 고객의 니즈, 감정, 동기 및 사고 방식에 대해 명확하게 이해한다;
- 피상적인 생각 아래 숨겨져 있던 통찰을 얻는다. 예) 잠재 고객의 좌절과 더 깊은 동기;
- 고객이 선호하는 작업 흐름과 그 기반이 되는 정신적 모델을 찾는다.

절차 및 템플릿:

1. 1차적으로 질문 지도를 만들 수 있다. 이는 인터뷰에서 공감을 위한 질문뿐만 아니라 초기 정의를 검토하기 위해 WH 질문을 한다는 장점이 있다.
2. 질문 지도 외에도, 이른바 여정 단계는 패턴을 조기에 인식하는 데 도움이 될 수 있다. 예를 들어, 인터뷰 대상자가 스케치 또는 시간 순서의 형태로 주제를 제시하거나 심화하도록 유도한다. 이것은 더 심도 있는 질문을 함으로써 특정 행동의 원인과 이유를 탐색할 기회를 제공한다. 이 방법으로 우리가 발견할 수 있는 것은 다음과 같다:
   - 사용자가 이전에 정보를 수집한 모든 장소;
   - 어떤 정보가 가치가 있었는가;
   - 그가 언제 구매를 결정했는가;
   - 지불이 얼마나 쉬웠는가.

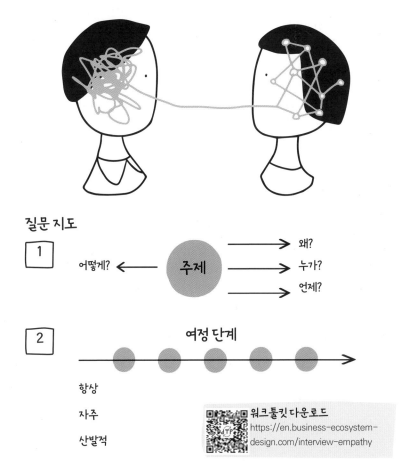

질문 지도

1   어떻게? ← 주제 → 왜?
                    → 누가?
                    → 언제?

2   여정 단계

향상
자주
산발적

워크툴킷 다운로드
https://en.business-ecosystem-design.com/interview-empathy

극단적 사용자/선도 사용자

도구

극단적/선도 사용자와의 상호 작용은 혁신적인 아이디어를 찾고 일반 고객에게 아직 알려지지 않은 니즈를 확인하는 데 도움이 된다. 선도 사용자는 종종 혁신가 역할을 한다. 그들은 지금까지 대중 시장에 알려지지 않은 요구사항을 알려준다. 극단적 사용자는 일반적으로 제품, 서비스 또는 시스템의 정상적인 사용 한계를 넘어선다. 두 개념 모두 아직 해결되지 않은 새로운 시장 영역의 첨단 지식을 얻는 데 도움이 된다. 비즈니스 에코시스템에서 사람들의 일상적인 니즈와 바람은 특히 중요하다.

극단적/선도 사용자 개념은 비즈니스 성장을 위한 디자인 씽킹 팀이 다음을 수행하는데 도움이 된다:

- 일반 사용자와 고객이 설명할 수 없는 고객의 니즈를 탐색한다;
- 새롭고 혁신적인 아이디어를 찾는다;
- 사용자의 행동이나 니즈의 초기 트렌드를 확인한다;
- 보다 통합적인 디자인을 위한 아이디어를 발굴한다.

절차 및 템플릿:

- 예를 들어, 문제의 맥락과 관련이 있는 차원을 먼저 정의하거나(극단적 사용자의 경우) 소셜 미디어 게시물을 통해 혁신적 선도자가 된 이유를 확인할 수 있다.
- 두 경우 모두 인터뷰와 관찰을 통해 새로운 통찰을 얻을 수 있다. 그런 다음 발견된 사항을 활용하여 페르소나를 만들고 기존 가정을 검증할 수 있다. 초기 솔루션 아이디어를 포함할 수 있다.
- 선도적 혹은 극단적 사용자의 결과는 비디오 프레젠테이션 또는 삽화가 있는 스토리텔링의 형태로 문서화되고 내부와 외부 팀과 공유할 수 있다.

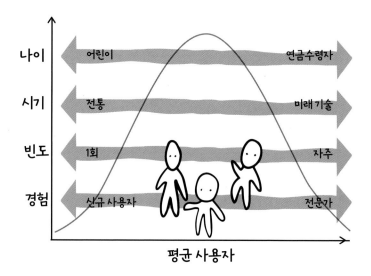

성장 이니시에이터의 성공적인 비즈니스는 단순히 낚시하듯 뭔가를 낚아서 새로운 제품을 만드는 것이 아니다. 그들은 어떤 가치 제안이 고객으로부터 큰 반응을 불러일으킬지 매우 구체적으로 생각한다.

페르소나/사용자 프로필

페르소나의 개념은 심층 인터뷰, 공감 인터뷰 또는 확인된 문제에 대한 니즈가 있는 고객 그룹의 프로필로 선도적/극단적 사용자와의 상호 작용에서 얻은 결과 제시에 도움이 된다. 사용자 유형 또는 고객 유형을 나타내기 위해 하나 이상의 가상 캐릭터를 생성한다. 페르소나는 가능한 한 정확하게 묘사해야 한다. 이는 이름, 성별 및 나이, 직업, 취미와 같은 기본적인 인구통계학적 특성을 가지고 있음을 의미한다.

페르소나는 비즈니스 성장을 위한 디자인 씽킹 팀이 다음을 수행하는데 도움이 된다:

• 해결책의 잠재 고객인 가상의 인물 만들기;
• 팀의 모든 사람이 공유할 수 있는 잠재 고객의 이미지 만들기;
• 일반적인 고객의 목표, 욕구 및 니즈를 시각화하고 디자인 팀과 공유;
• 타켓 그룹에 대한 일관된 이해도 확보

절차 및 템플릿

1. 페르소나를 가능한 한 정확하게 묘사한다(이름, 나이, 성별 등).
2. 페르소나가 실행할 작업을 설명한다.
3. 문제 정의의 맥락에서 활용 사례를 설명한다. 기본적인 질문: 어디서? 무엇을? 어떻게?
4. 고충 즉 도전 과제 또는 기존 문제에 대해 설명한다.
5. 자체 해결방법, 즉 존재하는 기회 또는 혜택에 대해 설명한다.   예) 생활 형편이나 사회적 지위로 얻어지는 것
6. 페르소나의 스케치 또는 그림을 그린다.
7. 페르소나의 주위 환경을 탐색한다. 일반적인 질문: 누가 페르소나에 영향을 미치는가?
8. 페르소나에 영향을 미칠 수 있는 트렌드는 무엇인가?

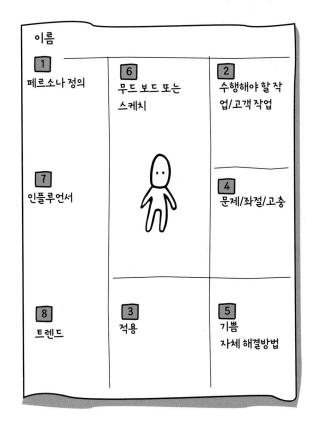

아이템 다이어그램

아이템 다이어그램은 팀이 초기 발견, 관점 정의 또는 페르소나 구축을 기반으로 대상 그룹의 중요한 성공 요소에 동의하는 데 도움이 된다. 이러한 요소는 이후 최종 프로토타입으로 해결되어야 하며, 종종 MVP 개발 단계에 적용된다. 아이템 다이어그램에서 설명된 요소는 사용자가 해결책에 대해 기대하는 경험을 설명하거나 기대하는 기능을 제시할 수 있다. 다이어그램의 요소는 각 반복이 일어난 후에 질문으로 이어져야 한다. 그러나 일부는 최종 프로토타입/MVP에 와서 중요한 경험이나 중요한 기능과 관련을 가지기도 한다.

아이템 다이어그램은 비즈니스 성장을 위한 디자인 씽킹 팀이 다음을 수행하는데 도움이 된다:

- 이해 및 관찰 단계의 결과를 평가하고 중요 요소를 필터링한다;
- 아이디어 및 프로토타입 단계를 준비하고 이후 MVP 단계를 실현하여 주요 시작점을 수립한다;
- 프로젝트에 필수적인 사항을 파악하고 성공에 중요한 사항이 무엇인지에 서로 동의한다.

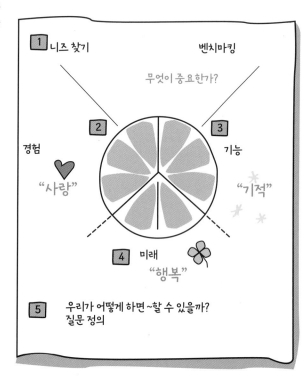

절차 및 템플릿:

1. 이 단계를 시작할 때 "문제를 성공적으로 해결하기 위해 무엇이 중요한가?"라는 질문에 대해 깊이 생각해야 한다. 이것은 이해 및 관찰 단계의 결과를 기반으로 한다.
2. 화이트보드나 큰 종이에 아이템 다이어그램을 스케치하고 사용자가 가져야 하는 경험/사용자에게 중요한 기능에 대해 팀 내 토론을 진행한다.
3. 팀원 각자가 자신이 생각하는 중요한 8가지 요소를 포스트잇에 쓴다.
4. 각 구성원은 4가지 경험과 4가지 기능을 언급하며 그 중 하나는 완전히 새로운 또는 미래의 기대 사항에 중점을 둔다.
5. 결과를 통합하고 8가지 중요한 요소에 대하여 팀내 동의를 구한다. 이를 기반으로 아이디어 단계를 성공적으로 시작하기에 충분히 흥미로운 "우리가 어떻게 하면 ~할 수 있을까?" 질문을 정의한다.

아이템 다이어그램의 내용은 프로토타입 생성, MVP, MVE 구현에 이르기까지 매우 관련성이 높다.

워크툴킷 다운로드
https://en.business-ecosystem-design.com/critical-items

194

브레인스토밍

브레인스토밍은 모든 참가자가 자신의 지식을 쏟아낼 수 있는 아이디어 발상 기법이다. 브레인스토밍 세션은 정의한 문제에 대한 많은 아이디어를 찾거나 관점을 개발하는데 유용하다. 좋은 브레인스토밍 세션은 창의성을 자극하고 직위에 관계없이 모든 참가자가 아이디어를 제공할 수 있도록 한다. 브레인스토밍에는 제한이 없다. 모든 아이디어를 환영한다. 브레인스토밍과 관련된 다양한 질문은 창의력 향상에 도움이 된다. 특별한 형태의 브레인스토밍 도구 세트에서 슈퍼 히어로(예: 스티브 잡스라면 이 문제를 어떻게 해결했을까?) 또는 비유/벤치마크(예: 아마존이라면 이 문제를 어떻게 해결했을까?)와 같은 방법을 사용할 수 있다.

브레인스토밍은 비즈니스 성장을 위한 디자인 씽킹 팀이 다음을 수행하는데 도움이 된다:

- 팀이 자발적으로 많은 아이디어를 생각해낼 수 있다;
- 팀 전체의 창의적 잠재력을 활용할 수 있다;
- 단기간에 다수의 변화된 아이디어를 만들어낼 수 있다;
- 다양한 스킬과 지식을 표현으로써 다학제적 관점을 확보할 수 있다;
- 이질적인 그룹에서 아이디어와 관점을 수집할 수 있다.

절차 및 템플릿:

1. 브레인스토밍 세션을 위해 명확한 HMW 질문을 준비한다.
   예) "우리가 어떻게 하면 ~할 수 있을까" 또는 "어떤 가능성이 ...에 있을까?"의 형태(190페이지 참조).
2. 브레인스토밍 세션 전에 브레인스토밍 규칙을 상기시킨다. 그룹이 세션 중에 더 많은 아이디어를 제공하고 다른 사람들의 아이디어를 기반으로 더 많은 아이디어를 낼 수 있도록 동기부여를 한다. 모든 의견을 듣고 모든 아이디어를 작성한다. 포스트잇 당 하나의 아이디어만 작성해야 하며 명확하고 읽기 쉽게 작성해야 한다는 것을 알려준다. 포스트잇에 말 대신 스케치/그림을 그릴 수도 있다.
3. 정기적으로 팀과 함께 아이디어를 클러스터링하고 평가한다.
4. 더 많은 창의성이 필요한지 판단한다. 예) 더 와일드한 아이디어를 확보하거나 많은 아이디어가 필요한 영역에서 브레인스토밍 세션을 진행한다.

창의성은 팀 스포츠이다. 생각의 자유로운 연상과 브레인스토밍 세션에서 많은 사람들의 무작위적인 생각이 최고의 해결책 아이디어로 이어질 수 있다.

브레인스토밍 규칙

창의적 자신감

질보다 양

아이디어의 시각화

제스처 활용

다른 사람의 아이디어를 발전시킨다.

항상, 한 번에 한 사람만 말한다.

비판 금지

브레인스토밍을 지속한다.

빨리 실패하고, 자주 실패한다

 워크툴킷 다운로드
https://en.business-ecosystem-design.com/brainstorming

195

테스트용 프로토타입

프로토타입 작업은 디자인 씽킹의 기본 개념이다. 이 절차는 피드백을 받기 위한 직접적인 고객 상호 작용에 도움이 된다. 예) 경험이나 기능 테스트. 다양한 아이디어 단계와 다양한 창의성 기법을 적용한 후에 아이디어는 프로토타입으로 구현되고, 잠재 고객과 함께 테스트된다. 절차는 기본적으로 사용자가 프로토타입을 개선하기 위한 상호 작용에서 무언가를 배울 수 있도록 실험을 설계하는 것이다. 잠재 고객이 프로토타입과 상호 작용하고 이러한 방식으로 프로토타입을 경험할 때 가장 좋다.

테스트용 프로토타입은 비즈니스 성장을 위한 디자인 씽킹 팀이 다음을 수행하는데 도움이 된다:

- 아이디어를 구체화하고 잠재 고객이 프로토타입과 상호 작용하는 방식을 관찰한다;
- 잠재 고객에 대한 이해의 깊이를 더한다;
- 니즈를 확인하고 가정을 검토한다;
- 구현가능성, 고객요구도, 생존가능성의 다양한 차원에 대한 피드백을 확보한다.

절차 및 템플릿:

1. 프로토타입을 만들기 전에 어떤 유형의 통찰을 얻고 싶은가, 왜 테스트를 하고 싶은가에 대해 스스로 자문해야 한다. 따라서 테스트할 가정을 공식화하고 테스트를 수행하는 방법을 결정해야 한다.
2. 프로토타입과의 상호 작용이 사용자(테스트 담당자)에게 어떻게 흥미진진한 경험이 될 것이며 테스트가 어떻게 새로운 통찰을 가져올지 생각해본다.
3. 문제를 해결할 수준과 정확히 수행할 작업을 결정한다. 다른 프로토타입에는 어떤 것이 있는지 정의한다. 가끔은 다른 대안으로 만든 프로토타입이 합리적일 수 있다.
4. 필요시 수정하고 실험 개요를 정리한다. 필요시 낮은 품질의 프로토타입으로 니즈, 실용성 및 기능과 관련된 통찰에 중점을 두기도 하며 이는 대부분 확산 단계에서 사용된다. 고품질의 프로토타입은 구현가능성과 수익성에 중점을 둔다.

테스트용 프로토타입 – 준비

왜?
어떤 가정을 확인하고 싶은가?

`1` _____

어떻게 하면 사용자가 그것을 실감하고
인지할 수 있게 만들 수 있는가?

`2` _____

어떻게 해야 하는가?
가능한 변형 개요 정리

`3`

최고의 아이디어 선정 및
실험 방법 정리

`4`

탐험 지도를 통한 프로토타입 문서화

탐험 지도는 이미 수행된 모든 실험과 프로토타입을 추적하는 데 도움이 된다. 일반적으로 경험축과 기능축으로 구성된다. 두 축은 각각 알려졌거나 기존에 있던 것, 새롭거나 예상치 못한 동작과 기능을 상징한다. 또한 탐험 지도에는 실험에 대한 사용자/고객의 피드백을 입력할 수 있다. 이러한 방식으로 예상되는 사용자의 행동이 실제 경험과 일치하는지 여부를 확인할 수 있다. 탐험 지도는 전체 디자인 주기가 끝날 때 팀이 궁극적인 해결책에 도달하기 위해 지나온 경로를 보여준다.

탐험 지도는 비즈니스 성장을 위한 디자인 씽킹 팀이 다음을 수행하는 데 도움이 된다:

- 수행된 실험 유형과 실현된 프로토타입을 가시화한다;
- 아직 수행할 수 있는 실험 또는 프로토타입에 대해 전반적 개요를 파악할 수 있다;
- 실험의 예상 결과와 실제 결과 간의 차이를 기록한다;
- 지금까지 수행된 실험에 대한 공통된 이해에 도달한다.

절차 및 템플릿

탐험 지도는 팀에 수행된 실험에 대한 개요를 제공하고 실험을 계속 수행할 수 있는 영역을 보여준다. 실험에 대한 기대치와 대상 그룹에 미치는 영향에 대한 정보를 제공한다.

1. 이미 수행된 실험을 입력한다. 위치를 변경해야 할 수도 있다. 각 실험을 탐험 지도에 기록한다. 이름과 이미지를 사용하여 기록하는 것이 가장 좋다. 예) 프로토타입과 테스트
2. 팀에서 실험의 포지셔닝에 대해 토론한다. 우리는 정말로 우리의 안전 지대를 넘어섰는가? 예를 들어, 이전 탐험 및 이전 실험을 기반으로 새로운 실험의 목표를 정의할 수 있다.

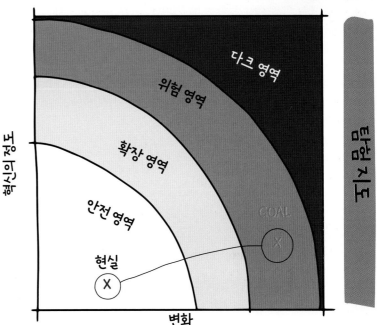

3. 프로토타입이 제작되고 결과에 대한 기대치가 공식화되면 탐험 지도에도 입력되고 해당 위치에 배치된다.
4. 테스트 후 사용자의 반응과 테스트 결과도 캡처할 수 있다. 피드백에 대한 건설적 비판과 토론에 따라 탐험 지도에서 실험의 위치를 변경할 수 있다.

워크툴킷 다운로드
https://en.business-ecosystem-design.com/exploration-map

비전 프로토타입

비전 프로토타입은 사용자의 확인된 모든 니즈와 문제를 해결하기 위해 시도하는 초기 컨셉이다. 스케치 된 비전은 일반적으로 제품이나 서비스 형태로, 일련의 해결책을 통해 도달할 수 있는 다소 긴 시간 범위를 가지고 있다. 이 개념도 사용자와 함께 테스트하고 확인해야 한다. 이 단계에서 사용자와 그들의 행동에 대한 새로운 통찰이 나타나는 것은 매우 일반적이다. 비전 프로토타입은 팀이 문제 탐색의 발산 단계에서 문제 해결의 수렴 단계로 전환하는 "고충 영역"을 더 잘 극복할 수 있도록 설계되었다.

비전 프로토타입은 비즈니스 성장을 위한 디자인 씽킹 팀이 다음을 수행하는데 도움이 된다:

- 문제를 해결할 수 있는 방법에 대한 초기 비전을 개발한다;
- 미래에 무엇을 마케팅 할 것인지에 대한 비전을 만든다;
- 비전이 사용자의 니즈와 문제를 해결하는지 확인한다;
- 문제 탐색에서 문제 해결로의 전환을 디자인한다.

절차 및 템플릿:

1. 대상 그룹 설명: 비전 프로토타입에 대한 특정 용어로 대상을 다시 한번 설명한다. 페르소나 및 기타 세분화 기술을 통해 얻은 통찰이 활용된다.
2. 니즈 설명: 해결책이 개발된 근거인 특정 니즈를 설명한다.
3. 제품/서비스에 대한 설명: 여기에서 매우 중요한 것은 문제/해결책 적합성의 달성 방법과 고객이 자신의 니즈를 충족시키거나 문제를 해결하여 얻는 것은 무엇인가이다.
4. 고객 및 관련 액터에 대한 혜택: 고객 혜택에 대한 설명이다. 이 시점에서 이미 에코시스템을 생각하고 있는 사람은 시스템 또는 개별 액터에 대한 이점을 통합할 수 있다.
5. 비전 정의: 1-4단계는 실제 비전을 설명하는 가이드이다. 좋은 비전 정의는 야심차며, 해결책이 누구를 위해 만들어졌고, 정의된 대상 세그먼트가 어떤 이점을 가져오는지에 대한 정보를 포함한다.

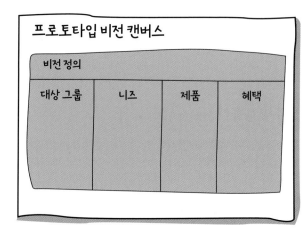

아이디어는 고객과 비즈니스 에코시스템의 잠재적 파트너에게 중요한 스토리로 전환되어야 한다.

워크툴킷 다운로드
https://en.business-ecosystem-design.com/vision-prototype

최종 프로토타입

프로토타입은 반복적인 절차를 통해 시간이 지남에 따라 점점 더 품질이 높아진다. 최종 프로토타입은 문제 해결 단계를 마무리한다. 최종 프로토타입은 우아하고 단순해야 한다. MVP에 대한 사양을 공식화하기 전에 해결책이 처음 확인된 니즈와 대상 그룹의 문제에 맞는지 다시 한번 확인하는 것이 중요하다. 늦어도 이 단계에서는 하나 이상의 최소 생존가능 제품에 대한 모든 기준이 충족되어야 한다.

최종 프로토타입은 비즈니스 성장을 위한 디자인 씽킹 팀이 다음을 수행하는데 도움이 된다:

- 프로토타입 단계의 마무리로 초기 혁신 단계가 종료된다;
- 니즈를 넘어선 충족은 피한다;
- 모든 요구된 요소를 필수적인 요소로 축소한다;
- 하위 기능의 지능적인 조합을 매핑한다;
- 니즈와 문제에 대한 궁극적인 해결책을 만든다;
- 린 스타트업 단계에 더 가까워지고, 비전을 실현하기 위한 시장성 단계에 가까워지며, 비즈니스 모델에 대한 초기 가정을 검증한다.

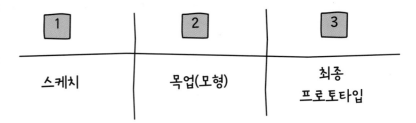

1	2	3
스케치	목업(모형)	최종 프로토타입

절차 및 템플릿:

이전의 많은 프로토타입은 품질이 다소 낮았지만 최종 프로토타입을 만들 때, 일반적으로 성공에 매우 중요하기 때문에 아이템 다이어그램의 요소가 포함되어 있는지 확인하는 것이 중요하다. 구현을 위한 계획이 제대로 준비되어 있어야 한다. 테스트를 통과한 후 우리가 받을 수 있는 모든 도움을 받는다. 예) UI 디자이너 또는 기타 서비스 제공자. 최종 프로토타입의 한 가지 원칙은 기능은 단순할수록 좋다는 것이다. 최종 프로토타입을 구현할 때 우아함은 사고와 그 실현을 통해 저절로 나타난다. 결국 현실만이 진실을 보여준다. 고객은 해결책을 좋아하거나 빠르게 관심도가 떨어질 수 있다.

워크툴킷 다운로드
https://en.business-ecosystem-design.com/final-prototype

린 캔버스

캔버스는 프로젝트를 구조화하고 시각화 하는데 도움이 된다. 완성된 린 캔버스는 최종 문제/해결책 적합성을 문서화하는 것이다. 린 캔버스의 각 블록은 고객 문제에서 차별적 경쟁우위에 이르기까지 논리적인 순서로 이어진다. 캔버스는 다음 디자인 렌즈로 전환하기 위한 좋은 기반을 제공한다. 비즈니스 모델 캔버스를 린 캔버스 대신에 사용할 수도 있다. 린 캔버스는 비즈니스 모델 캔버스보다 내부 지향성이 상대적으로 낮기 때문에 최소 생존가능 제품으로의 전환에 훨씬 더 적합하다.

도구

린 캔버스는 비즈니스 성장을 위한 디자인 씽킹 팀이 다음을 수행하는 데 도움이 된다:

- 디자인 씽킹 반복의 결과를 요약하여, MVP/MVE 요구사항에 대한 명확한 개념을 확보한다;
- 가설을 시각화하고 구조화하여 이후 검토하고 전반적인 개요를 파악한다;
- 구현에 수반될 수 있는 위험요소를 확인하기 위해 구현 또는 비즈니스 모델에 대해 생각하고 관찰한다;
- 다양한 변형 및 비즈니스 모델을 비교한다.

절차 및 템플릿

1. 린 캔버스를 순서대로 채우고 새로운 발견 사항을 보충한다. 초기 단계에서는 문제/해결책 적합성(문제, 고객 세그먼트, 가치 제안, 해결책 및 현재 대안)을 검토하기 위해 필드 I에서 V까지 초점을 맞춘다.

    팁: 먼저 안정적인 이미지(개념)가 나타날 때까지 이 5개 필드를 반복한다.

2. 다른 필드는 순서에 관계없이 완료한다. 팁: 선호도에 따라 다양한 고객 세그먼트 또는 위험 정도에 따라 다른 색상의 포스트잇을 사용하면 좋다(예: 분홍색 = 고위험, 신속하게 테스트해야 함, 노란색 = 중간 위험, 녹색 = 이미 테스트했거나 낮은 위험).

3. 가장 위험한 가설을 확인하고, 실험을 통해 테스트를 진행한다.

제목:

문제 ⬛I	해결책 ⬛IV	고유한 가치 제안 ⬛III	차별적 경쟁우위	고객 세그먼트 ⬛II
현재 대안 ⬛V	핵심 지표	높은 수준의 컨셉	채널	초기 수용자

비용 구조	수익 흐름

MVP 요건

최종 프로토타입에는 하나 이상의 MVP 요구사항이 포함될 수 있다. 아이템 다이어그램 및 비전 프로토타입의 우선 순위 요소와 함께 린 스타트업 렌즈 #2의 다음 단계를 위한 기초를 형성할 백로그를 정의할 수 있다.

요구사항 목록은 비즈니스 성장을 위한 디자인 씽킹 팀이 다음을 수행하는데 도움이 된다:

• 유효성 확인을 위해 모든 관련 정보를 주제별, 시간순으로 가져온다;

• 특징, 기능, 경험과 함께 타사 시스템의 통합을 다루는 요소가 포함되어야 한다;

• 미래 비즈니스 에코시스템의 관련 구성 요소, 제품 및 인터페이스를 포함하여 전체 엔터프라이즈 아키텍처 및 시스템 아키텍처의 미래가 어떻게 보일지를 초기부터 고려하고 시작한다.

절차:

MVP 요건은 일반적으로 디자인 씽킹 단계의 최종 프로토타입을 기반으로 한다. 최종 프로토타입은 종종 비전 프로토타입으로 다시 거슬러 올라갈 수 있는 다양한 MVP 또는 접근 방식으로 이어진다.

• 요구사항은 항목별 목록으로 정리할 수 있으며, 이는 초기 스케치와 와이어프레임으로 기술할 수 있다. 팀이 구현해야 할 다음 단계에서 명확한 이미지를 갖는 것이 중요하다. 종속성이 있는 더 큰 목표 이미지를 다음 단계로 가져가는 것도 도움이 된다.

• 핵심 팀은 지식 이전과 전달에 손실이 발생하지 않도록 다음 단계에 함께 해야 한다.

• MVP 기반 디자인 렌즈 #3: 비즈니스 에코시스템에서 MVE(최소 생존가능 에코시스템)의 일부인 소위 MMF(최소 시장성 특징)를 시장에 장착하고 액터와의 상호 작용을 테스트할 수 있다. MVE 단계가 성공적으로 완료되면 제품 백로그에서 다른 특징, 기능 및 경험을 관리하고 평가할 수 있다.

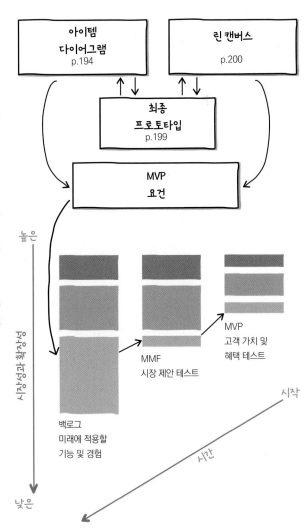

디자인 씽킹은 비즈니스 에코시스템 이니셔티브를 시작하기 위한 올바른 마인드세트, 절차 모델 및 방법을 제공한다. 고객 중심 사고 방식을 채택하고, 가정(assumption)에 대해 비판적 질문을 던지고, 문제 정의를 재정의하는 데 도움이 된다.

반복 작업과 다학제적 팀의 협업을 통해 타 회사와의 공동 가치창출에 이르기까지 조직을 준비하고, 이러한 업무 태도가 회사 및 산업의 경계를 넘어 적용될 수 있도록 한다.

비즈니스 성장을 위한 디자인 씽킹에서, 이 렌즈의 목표는 고객의 니즈를 충족하는 해결책을 개발하는 것이다. 아이템 다이어그램의 최종 프로토타입과 요소는 하나 이상의 MVP 구현과 관련된 사양의 기초를 구성한다.

디자인 씽킹에서 린 스타트업으로의 전환

관점	최종 프로토타입	최소 생존가능 제품
목적	주로 에코시스템에 통합될 해결책의 구현가능성 테스트와 프로토타입의 고객요구도	가능한 한 적은 노력과 최대한의 학습으로 디자인 렌즈의 모든 레벨에서 검증(구현가능성, 고객요구도, 생존가능성)
초점	예를 들어, 다음 단계의 자금 조달을 위해 의사 결정자 및 이해관계자에게 발표	시장 출시 및 실제 (테스트) 고객과의 상호 작용에 적합
특징	다양함; 여러가지 특징 중 검증의 일부분으로 MVP를 통해 판명	기본 기능, 기능 요소 및 경험
대상 그룹	이해관계자 및 의사 결정자의 소규모 청중	최우선 가치 제안을 실현하기 위해 더 큰 규모의 초기 (테스트) 고객 그룹과 에코시스템의 잠재적 액터
기존 시스템	최종 프레젠테이션과 MVP 요건 정의 후 폐기	시장성 있는 해결책의 초기 버전
피드백 유형	고객을 위한 컨셉, 아이디어 및 경험에 대한 피드백	개별 기능 및 경험에 대한 피드백 또는 다양한 MVP의 경험 체인
디자인	목업, 와이어프레임	제품 기능, 특징 및 경험
고객 혜택	잠재적인 가치 제안 보여주기	진정한/검증된 가치 제안 제공
전체 디자인 주기 생성 시간	비즈니스 사례 및 테스트되지 않은 제품; 자금 부족; 알 수 없는 미래 리스크; 현재 위험성 낮음	검증된 비즈니스 사례 및 제품/기능; 충분한 자금 조달; 적당한 위험
테스트	고객과 시장의 니즈	해결책 및 관련 기능 테스트; 고객이 서비스나 제품에 돈을 쓸 의향이 있는지 확인
매출	일반적으로 프로토타입에서 수익이 발생하지 않음.	(테스트) 고객으로서 조기 수용자와의 상호 작용에서 가능한 초기 수익

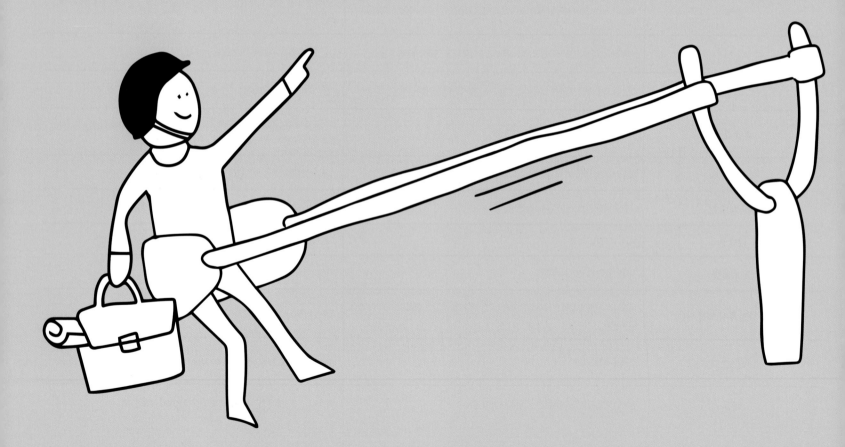

LENS #2

린 스타트업

LEAN START-UP

린 스타트업 소개

린 스타트업 방법 및 관련 절차 모델은 시장에서 제품 또는 서비스에 대한 초기 경험을 얻는 데 도움이 된다. 주요 목표는 고객 피드백에서 결론을 도출하여 MVP를 발전시키는 것이다. 이는 가장 중요한 경험과 기능을 반복적으로 테스트함으로써 수행된다. 또한 MVP를 통해 가격 측면에서 초기 테스트를 수행할 수 있다. MVP가 고객의 요구사항을 충족할 때까지 반복 지속한다. 린 씽킹의 마인드세트와 반복 작업은 디자인 씽킹에서 MVP, MVE에 이르기까지 모든 단계에서 이루어진다. MVE는 비즈니스 에코시스템 디자인 맥락에서 더 자세히 설명하겠다(241페이지 이하 참조). "최소 생존가능"은 모든 프로세스와 개발 단계가 가능한 간결하게 유지되는 제품 및 서비스 구현에 대한 접근 방식을 의미한다. 이러한 위험을 최소화하기 위한 실용적인 절차는 기존 기업의 모든 급진적 변화에 효과적인 방법이 되었으며, 오늘날 디지털 트랜스포메이션에서 새로운 성장 분야 탐색에 이르기까지 활용되고 있다. 이 섹션에서 제시된 모델은 Eric Ries, Steve Blank 및 Ash Maurya의 개념적 아이디어를 따른다. MVE를 준비하려면 여러 MVP가 필요하며, 다음 단계에 대한 적절한 결론을 도출할 수 있도록 다양한 옵션이 동시에 구현되는 경우가 많다.

린 스타트업 사이클의 결과는 전략적 고려 사항을 검증하고 이에 집중한다. 특히 비즈니스 성장을 위한 디자인 씽킹의 적용에서 성장 주제에 대한 정의에는 수십 년 된 공식을 그대로 남겨두는 것이 중요하다. 경쟁사, 접근 가능한 시장 및 시장 부문에 대한 분석을 통해 선형적 접근 방식에서 벗어나 애자일 방식으로 고객 개발이 진행되도록 하며, 처음부터 잠재 고객/사용자에 대한 혜택과 가치를 검증하는 접근 방식으로 최종 비즈니스 플랜을 작성하여 의사 결정자에게 판매한다(33페이지 참조).
검증된 가치 제안은 작동하는 비즈니스 에코시스템에 대한 고려 사항을 따르기 위한 출발점이기도 하다. 린 스타트업 캔버스는 시작점에 대한 설명, 하나 이상의 MVP 결과에 대한 계획 및 문서화에 도움이 된다.

대표적인 활동

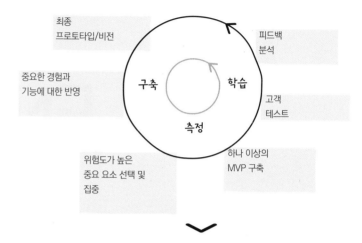

에코시스템의 최우선 가치 제안에 기여하는 새로운 기능, 경험 및 기능에 대한 MVP 실험을 기반으로 하는 지속 가능한 비즈니스 모델 아이디어.

린 스타트업에 적합한 방법 및 도구 미리보기

린 스타트업 주요 질문

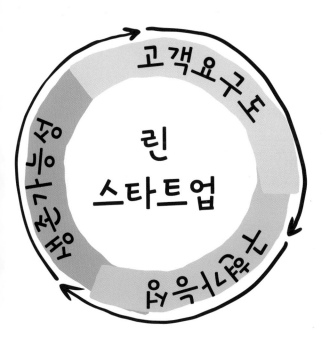

생존가능성

- 비즈니스 모델로 해결해야 할 문제는 무엇인가?
- 고정 및 변동 비용은 어디에서 발생하는가?
- 소득을 창출하는 가치 흐름은 무엇인가?
- 상용 모델과 가격이 모두 고객에게 매력적인가?
- MVP는 이후 에코시스템에서 기하급수적으로 성장할 가능성이 있는가?
- 개념을 어떻게 구현하고 자금을 조달할 수 있는가?

고객요구도

- 가장 중요한 고객은 누구인가?
- 잠재적인 얼리 어댑터는 어떤 고객인가?
- 고려해야 할 추가 요구사항(예: 파트너, 공급자, 외부 영향 요인, 의사 결정자)은 무엇인가?
- 가장 중요한 이해관계자와 이익집단은 누구인가?
- 가치 제안이 고객 프로필과 매칭이 되는가?
- 고객이 지속적으로 방문하는가?
- 고객 발굴에 가장 효과적인 채널은 무엇인가?
- 우리가 경쟁사와 다른 점은 무엇인가?

구현가능성

- 간단한 컨셉은 무엇인가?
- 성공을 어떻게 측정해야 하는가?
- 어떤 기능을 구축하고 테스트해야 하는가?
- 어떤 경험과 기능이 절대적으로 필요한가?
- 어떤 사용자 스토리가 MVP의 일부인가?
- 기존 시스템을 어느 정도까지 통합해야 하는가?
- 제품/해결책/서비스 시스템은 어떤 모습인가?

린 스타트업 MVP 캔버스

초기 상황	계획	결과

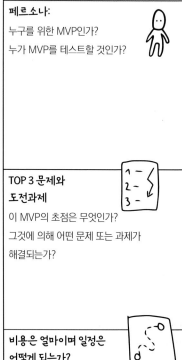

페르소나:

누구를 위한 MVP인가?

누가 MVP를 테스트할 것인가?

**TOP 3 문제와
도전과제**

이 MVP의 초점은 무엇인가?

그것에 의해 어떤 문제 또는 과제가
해결되는가?

**비용은 얼마이며 일정은
어떻게 되는가?**

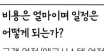

고객 여정/에코시스템 여정의 어느 단계에 해
당되는가 또는 이를 통해 개선된 활용 사례
는 무엇인가?

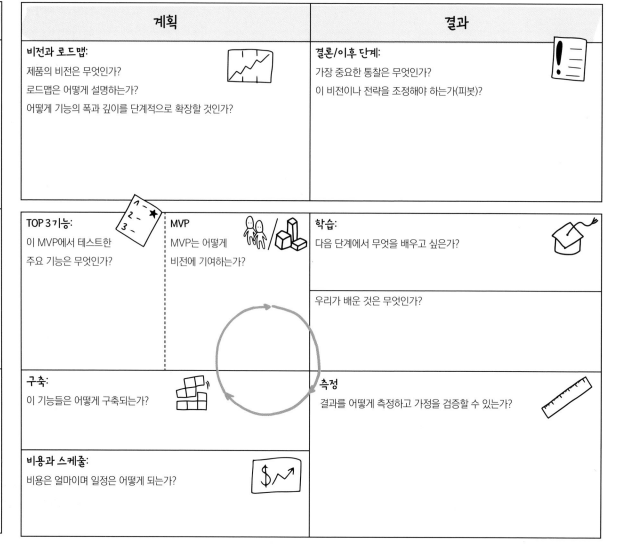

비전과 로드맵:

제품의 비전은 무엇인가?

로드맵은 어떻게 설명하는가?

어떻게 기능의 폭과 깊이를 단계적으로 확장할 것인가?

TOP 3 기능:

이 MVP에서 테스트한
주요 기능은 무엇인가?

MVP

MVP는 어떻게
비전에 기여하는가?

구축:

이 기능들은 어떻게 구축되는가?

비용과 스케줄:

비용은 얼마이며 일정은 어떻게 되는가?

결론/이후 단계:

가장 중요한 통찰은 무엇인가?

이 비전이나 전략을 조정해야 하는가(피봇)?

학습:

다음 단계에서 무엇을 배우고 싶은가?

우리가 배운 것은 무엇인가?

측정

결과를 어떻게 측정하고 가정을 검증할 수 있는가?

린 스타트업 MVP 캔버스

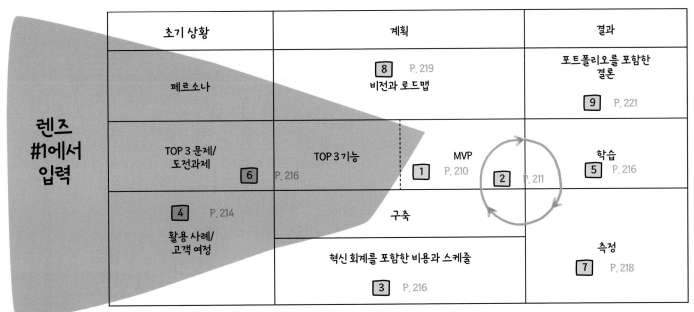

초기 상황	계획	결과
페르소나	**8** P. 219 비전과 로드맵	포트폴리오를 포함한 결론 **9** P. 221
TOP 3 문제/도전과제 **6** P. 216	TOP 3 기능 **1** MVP P. 210 **2** P. 211	학습 **5** P. 216
4 P. 214 활용 사례/고객 여정	구축 혁신 회계를 포함한 비용과 스케줄 **3** P. 216	측정 **7** P. 218

렌즈 #1에서 입력

린 스타트 MVP 캔버스는 디자인 씽킹 단계에서 MVP 검증 문서로 통찰을 전달하는 데 도움이 된다.

방법과 도구 키

1. 최소 생존가능 제품(MVP)
2. 구축-측정-학습
3. 혁신 회계
4. 사용자 스토리/사용자 스토리 맵/인수 테스트
5. 피봇
6. 사용성 테스트
7. 지불의향 분석
8. MVP 포트폴리오와 MVP 포트폴리오 계획
9. MVP의 MME를 위한 MMF 전환

 워크툴킷 다운로드
https://en.business-ecosystem-design.com/lean-startup

최소 생존가능 제품(MVP)

기존의 제품 개발과 달리 MVP는 잠재 고객과 개별 경험 및 기능을 테스트하고 최종적으로 고객이 가치를 체감할 수 있도록 하는 것을 목표로 한다. MVP는 반복적인 피드백 루프를 통해 실행된다(213 페이지 "구축 – 측정 – 학습" 참조). 여기에 제시된 절차적 모델에서 최종 프로토타입에 이르기까지 디자인 씽킹에서 실현된 프로토타입보다 고품질의 MVP를 구축하는 것에 초점을 맞춘다. MVP에서 "제품"이라는 단어는 많은 경우에 기능이나 경험을 가진 제품 또는 서비스의 조합을 의미한다.

MVP는 비즈니스 성장을 위한 디자인 씽킹 팀이 다음을 수행하는데 도움이 된다:

- 빠른 학습을 가능하게 하고 이후 실패하는 비용을 최소화한다;
- 잠재 고객으로부터 직접적인 피드백을 얻을 수 있다;
- 이후 아무도 사용하지 않으려는 제품, 해결책 또는 서비스를 구축하는 위험을 최소화한다;
- 고객 피드백을 기반으로 가치 제안을 발전시킨다;
- 제품, 서비스 또는 경험이 고객의 니즈를 충족할 때까지 많은 반복을 수행한다.

절차 및 템플릿:

1. 기존 결과를 기반으로 구축: 첫째, 디자인 씽킹 지원과 이미 관련이 있는 모든 활동을 포함한다. 아이템 다이어그램은 MVP의 기능과 경험을 정의하는 데 특히 유용하다. 또한 여러 MVP를 함께 개발하고 모두 테스트하며 학습하는 것이 좋다.
2. 기능, 경험 및 MVP의 우선 순위 선정: 개별 요소는 테스트의 긴급성과 고객의 부가가치에 대한 영향을 반영하는 매트릭스에 입력할 수 있다. 특히 MVP는 아직 확인되지 않았으며 고객 측의 지불 수락 및 지불 의향과 관련하여 매우 불확실한 가정을 테스트하는 데 사용된다(218페이지 "지불 의향 분석" 참조).

도구

INPUTS :

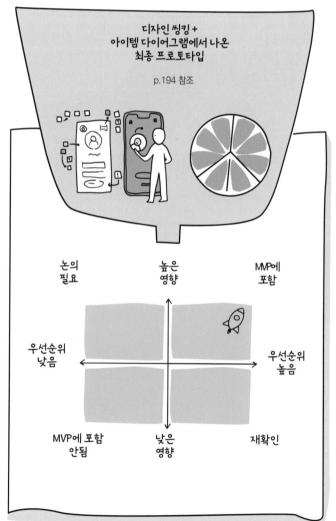

디자인 씽킹 +
아이템 다이어그램에서 나온
최종 프로토타입

p.194 참조

논의
필요 　　　높은
영향 　　　MVP에
포함

우선순위
낮음 　　　우선순위
높음

MVP에 포함
안됨 　　　낮은
영향 　　　재확인

구축-측정-학습

구축 – 측정 – 학습은 제품 또는 서비스가 원하는 시장 성숙도 또는 시장성에 도달할 때까지 적용되는 반복적인 피드백 루프이다. 이 절차로 시간과 비용을 절약할 수 있다. 이는 디자인 씽킹에서 프로토타입을 개발할 때 사용되는 절차와 유사하다. 예를 들어 MVP는 가격 책정과 관련된 질문에도 사용된다. 이는 미래 해결책에 있어서 제한된 버전의 실현을 의미하지는 않는다. 목표는 최소한의 노력으로 최대의 지식 획득을 달성하는 것이다. 결국 고객이 진정으로 원하는 것이 무엇인지 알아내는 것이 중요하다. 정말 중요한 것은 이후 거짓으로 판명되는 검증되지 않은 가정에 의존하지 않는 것이다.

구축 — 측정 — 학습은 비즈니스 성장을 위한 디자인 씽킹 팀이 다음을 수행하는데 도움이 된다:

- 가능한 한 빠르게 MVP의 개발 또는 급진적 변환에 대한 추론을 확보한다;
- 잠재 고객이 수용할 수 있는 (기능적인) 디자인 속성 또는 기능을 찾는다;
- 디지털 및 물리적 채널의 초기 테스트를 수행한다;
- 고객 피드백을 활용하여 가격 책정 기회를 가진다.

절차 및 템플릿:

1. **구축**: MVP가 고객을 위한 실제 부가가치(가치 제안)로 구축되고 잠재 고객에게 제공된다. 이제 효과를 측정할 때이다.
2. **측정**: 측정은 두 가지 핵심 질문을 기반으로 한다. 잠재 고객이 MVP를 수락하는 방법은 무엇인가? 어떤 개선이 필요한가? 이러한 통찰을 바탕으로 MVP를 개선하거나 고객 니즈에 맞게 조정하기 위한 학습 프로세스가 시작된다.
3. **학습**: 반복적인 피드백 루프를 통해 고객의 피드백을 기반으로 학습할 수 있다.
   구축 – 측정 – 학습 주기는 시장의 변화에 빠르게 대응할 수 있어 고객 피드백을 기반으로 MVP를 개선할 수 있다는 이점이 있다.

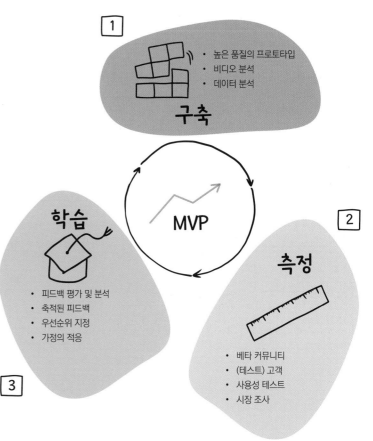

혁신 회계

혁신의 성공을 측정하는 것은 린 스타트업 방법의 필수적인 요소이다. 이를 통해 비즈니스 에코시스템 팀은 MVP를 사용한 실험에서 올바른 결론을 도출하고 MVP 개선에 사용되었음을 객관적으로 증명할 수 있다. 하나의 특정한 또는 다수의 MVP는 이후 여러 액터가 공유 가치 제안을 생성하는 비즈니스 에코시스템 디자인의 기초를 구성한다. 일반적으로 혁신 회계는 기업에서 일반적으로 사용하는 KPI와 다르다. 판매 수치의 초기 시뮬레이션은 소위 드라이버 트리를 사용하여 수행할 수 있다. 이 보기는 이후 렌즈 #4, 스케일을 디자인하는 데 도움이 된다.

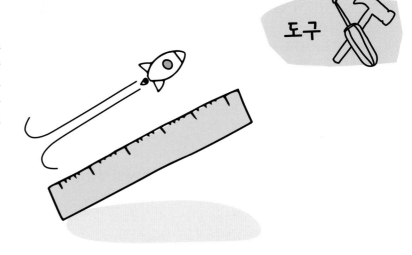

혁신 회계는 비즈니스 성장을 위한 디자인 씽킹 팀이 다음을 수행하는 데 도움이 된다:

- 어떤 관련 기능 및 경험이 있는 MVP가 구축 – 측정 – 학습 주기를 통해 실행되어야 하는지에 대한 시작점을 결정한다;
- 관련 가설을 테스트하여 미세 조정을 수행한다;
- 무엇을 버릴지(피봇) 또는 유지(보존)할지 결정한다.

혁신 회계의 목적은 고객과 경험적 테스트 방법으로 가장 리스크가 큰 비즈니스 모델의 가정을 검증하는 것이다.

예시 질문:

1. 획득: 고객은 우리를 어떻게 찾아오게 되는가?
2. 활성화: 고객이 초기에 긍정적인 경험을 했는가?
3. 유지: 고객이 재방문하는가?
4. 수익: 제안 또는 기능은 어떻게 수익을 창출하는가?
5. 추천: 고객이 다른 사람에게 우리의 제품/서비스를 추천하는가?

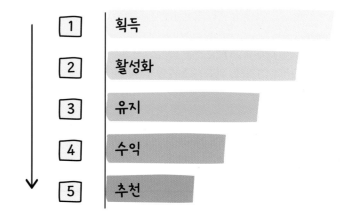

드라이버 트리

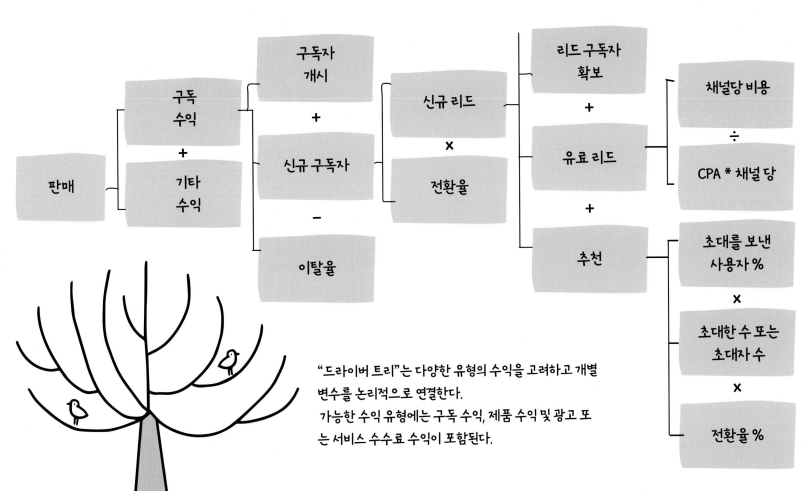

"드라이버 트리"는 다양한 유형의 수익을 고려하고 개별 변수를 논리적으로 연결한다.
가능한 수익 유형에는 구독 수익, 제품 수익 및 광고 또는 서비스 수수료 수익이 포함된다.

* CPA(Cost per acquisition): 획득 당 비용

사용자 스토리/사용자 스토리 맵/허용 기준

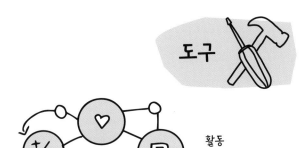

사용자 스토리는 애자일 개발의 기초를 제공한다. 이는 전체적으로 니즈에 대한 만족도를 검토하는 동시에, 예를 들어, 승인 테스트에 필요한 특정 요소를 매핑하는데 도움이 된다. 일반적인 사용자 스토리에는 세 가지 요소가 있다. 하나는 역할/페르소나(즉, 페르소나가 적용되는 시스템에서 무엇인가를 개발해야 하는 대상)를 설명한다. 둘째, 측정 가능한 결과(혜택)가 최종적으로 달성되도록 소원/목표(즉, 충족되어야 하는 니즈)가 포함된다.

사용자 스토리는 비즈니스 성장을 위한 디자인 씽킹 팀이 다음을 수행하는데 도움이 된다:

* 상위 수준의 목표와 고객의 니즈를 놓치지 않는다;
* MVP 백로그, 출시 백로그 및 스프린트 백로그를 계획하고 수행한다;
* 승인 테스트와 같은 요소를 자동화한다;
* 개발 팀의 개별 업무 주기를 작업으로 나눈다.

절차 및 템플릿:

1. 디자인 씽킹 단계에서 구현가능성과 생존가능성에 대한 첫 번째 평가가 진행되어, 어떤 것이 현실적이고 달성 가능한지 여부를 보여준다. 일반적인 시작 방법은 사용자의 의도를 한 문장으로 표현하는 것이다.

   〈역할/페르소나〉_____로서 나는 _____을/를 위해 ____을/를 하고 싶다.

2. 테스트 목표에 대한 자세한 평가를 위해 특별 허용 기준을 정의할 수 있다. 아직 완전히 설득력이 없는 사용자 스토리는 프로토타입으로 구현하거나 다시 테스트할 수 있고, 더 다듬을 수도 있다.
3. 이후 단계에서 승인 테스트를 자동화할 수 있다.
4. 개발 팀은 구현 프로세스의 개별 패키지를 세분화하여 하나씩 테스트를 수행하고 이를 통과시키거나, 필요시 개별 단계를 갈고 닦아 디자인 팀에서 다시 개선할 수 있는 기회를 갖는다.

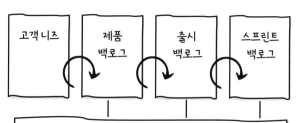

1 역할/페르소나〉_____
(특정 작업을 수행해야 하는 시스템/제안의 해당 부분)로서 나는 (목표/소원/충족하고자 하는 니즈)를 위해 (혜택/부가가치/측정 가능한 결과를 가지고) 싶다.

2 _____를 하면 된다

3 그것을 구현하기 위해   I. _____,
                        II. _____, 그리고
4   III. _____
                        해야만 한다.

템플릿: 사용자 스토리 및 허용 기준 캔버스

👤☰ 제목	⚠ 우선 순위	⚖ 비용 추산
누가 무엇을 왜	...로서 ....하기 위해서 .....하고 싶다	역할 목표/소원 혜택

허용 기준	
모든 사용자 스토리에는 다음과 같은 최소한 하나의 허용 기준이 있어야 한다: • 구현 전에 정의된다; • 테스트가 가능하다; • 명확한 결과가 있다(예: 합격/불합격); • 기능 및 비기능적인 기준을 포함한다. 또한 비즈니스 에코시스템의 구성원은 모든 기준을 설명할 수 있어야 하며, 모든 기준은 일반적으로 제품 소유자가 확인한다.	....................................로 정의되어 (어떻게 시작되었는가) ....을 실행하였으며 (무엇을 실행하였는가) 그 결과는.................................이다. (실행 결과는 무엇인가)

피봇

린 스타트업의 맥락에서 피봇은 전체 MVP 또는 그 일부를 근본적으로 수정한 버전을 의미한다. 실험 결과 원래 의도한 해결책이 작동하지 않는 것으로 나타난 경우에는 방향 전환이 중요하다. 급진적인 변화를 위한 적절한 시기가 결정적 요소이다. 때로는 이 방향 전환이 언제 이루어져야 하는지를 직감으로 결정한다.

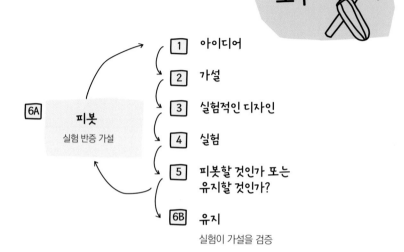

1	아이디어
2	가설
3	실험적인 디자인
4	실험
5	피봇할 것인가 또는 유지할 것인가?
6B	유지

6A 피봇
실험 반증 가설

유지 — 실험이 가설을 검증

다음과 같은 피봇의 실행 분야는 비즈니스 성장을 위한 디자인 씽킹 팀에 도움이 된다.

줌 아웃 피봇:
MVP는 새롭고 훨씬 더 큰 제품 또는 제안의 필수적인 부분이 된다.

줌 인 피봇:
MVP의 단일 구성 요소가 새로운 제품 또는 서비스가 된다.

플랫폼 피봇:
기능을 갖춘 앱이 비즈니스 에코시스템 또는 거래 플랫폼으로 변한다.

채널 피봇:
물리적 또는 디지털 채널이 변경되고 있다.

가치 확보 피봇:
가치 창출과 이에 관련된 사업 영역이 변화하고 있다.

고객 니즈 피봇:
고객 니즈가 변경되거나 잘못 판단되었다.

고객 세그먼트 피봇:
MVP에 대한 고객 타겟 그룹 또는 세그먼트가 변경되고 있다.

비즈니스 아키텍처 피봇:
역방향 – 높은 마진, 낮은 마진의 낮은 거래량, 높은 거래량.

성장 피봇 엔진:
선형에서 기하급수적 성장 모델로의 변경.

기술 피봇:
향상된 성능, 비용 절감 또는 데이터 모델을 위한 새로운 기술

절차 및 템플릿

개별 피봇은 매트릭스로 문서화가 가능하며, 실제 고객 가설뿐만 아니라 문제 가설과 해결책 가설에 이르기까지 문서화될 수 있다. 실험은 각각의 가정에 따라 수행된다. 가정과 관련하여 가장 위험이 큰 가정의 우선순위를 정하고 먼저 테스트하는 것이 합리적이다.

고객의 니즈 또는 기능/특징을 반영한 사소한 적응 및 특징은 피봇이 아니라 MVP 프로세스의 일부이다.

피봇 트랙	시작	1차	2차	3차	4차
고객 가설					
문제 가설					
해결책 가설					

사용성 테스트

MVP 구축 및 검증의 핵심 요소는 기능, 경험 또는 개별 기능에 대한 최대 사용자 경험을 생성하기 위해, 사용자 중심 개발 프로세스에 잠재 고객을 참여시키는 것이다. 정량적 및 정성적 결과를 모두 생성하는 사용성 툴박스가 있다. 단일 기능을 제공하는 것만으로는 시장에서 성공하기에 충분하지 않다. 중요한 것은 미래의 고객에게 제안하고, 문제에 대한 해결책을 제공하며, 궁극적인 가치 제안을 전달하는 것이다. 예를 들어 고객은 제안을 반복적으로 사용하거나 다른 사람에게 추천할 의향이 있는 경우 만족한다.

사용성 도구 툴박스	무엇을 테스트할 것인가?		어떤 결과를 원하는가?	
	형성적	총괄적	정량적	정성적
A/B 테스트		X	X	
현장 스터디		X		X
복도 테스트	X	X		X
휴리스틱 평가	X	X		X
가설 검증		X	X	
인터뷰	X	X		X
로그 분석		X	X	
원격 테스트		X	X	X
설문	X	X	X	
생각을 말하기	X	X		X
오즈의 마법사 기법	X			X

사용성 테스트는 비즈니스 성장을 위한 디자인 씽킹 팀이 다음을 수행하는데 도움이 된다:

- 매우 초기 단계에서 기능을 확인한다;
- 잠재 고객이 제안을 실제로 이해하는지 여부를 탐색한다;
- 제안 또는 하나의 기능이 고객의 사전 지식이나 설명을 필요로 하는지 여부를 결정한다;
- 제안이 고객에게 유발하는 반응과 감정을 인식한다.

절차

사용성 테스트의 피드백을 기록하는 방법은 4사분면의 매트릭스에 입력하는 것이다.

1. 잠재 고객이 무엇을 하는지 기록한다.
2. 테스트 고객의 주요 언급 사항을 문서화한다.
3. 고객이 특정 행동을 하는 이유와 현재까지 문제를 어떻게 해결해 왔는지, 어떤 해결방법을 선택했는지 확인한다.
4. 셀 수 있고 측정 가능한 모든 것을 기록해야 한다. 예) 필요한 클릭 수, 프로세스가 중단된 시간, 고객이 지불한 금액 등에 대한 정보

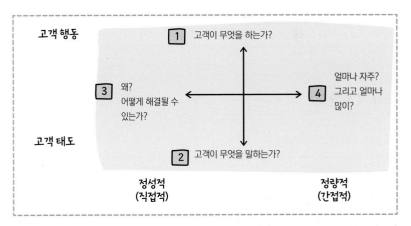

사용성은 고객/사용자가 무언가를 이해하고 인식하고 사용하는 방법에 대해 질문하는 것이다. 사용성은 사용된 기술에 관한 것이 아니다.

지불 의향(WTP) 분석

특정 제안의 경우 초기 단계에서 가격을 테스트하고, MVP의 일부로 검증할 수 있다. 가격 책정에 대해 잘 알려진 모델은 여기에 설명된 비용 플러스 가격 책정, 비교 가격 책정 또는 지불 의향 분석이다. 지불 의사를 결정하는 방법에는 여러 가지가 있다. 한 가지 옵션은 실제 구매 데이터를 기반으로 하거나, 다양한 속성을 가진 집단의 대안 중에서 고객 선호도를 묻는 신중한 선택 분석이다. 대부분의 경우 잠재 고객은 기능에 부여되는 가치를 직접 설명할 수는 없다. 그들이 할 수 있는 것은 A/B 테스트에서 두 가지 대안을 비교하고 선호도를 표현하는 것이다. 충분히 많은 수의 투표가 이뤄지면, 이 방법(컨조인트 분석)은 각 기능에 대한 고객의 암묵적인 평가가 될 수 있다.

* 컨조인트 분석: 어떤 제품 또는 서비스가 갖고 있는 속성 하나하나에 고객이 부여하는 가치(효용)를 추정함으로써, 그 고객이 어떤 제품을 선택할지를 예측하는 기법 [출처: 지식 백과]

지불 의향 분석은 비즈니스 성장을 위한 디자인 씽킹 팀이 다음을 수행하는데 도움이 된다:

- 특정 고객 및 세그먼트의 제품 및 서비스에 대해 지불할 의사가 있는지에 대한 초기 아이디어를 확보할 수 있다;
- 초기 에코시스템에 대한 시장 또는 부문의 전체 규모를 예측하기 위한 기초가 될 수 있는 수요 추정치를 설정한다;
- 일반적으로 지불 의향 분석에서 얻은 검증과 비용이 정상적인 관계에 있는지에 대한 평가를 진행한다;
- 가격 책정, 비즈니스 모델 및 에코시스템 디자인에 대한 전술적 사고에서 시작하여 개별 기능과 경험을 평가한다.

절차 및 템플릿:

1. 잠재 고객과의 상호 작용에서 열린 질문과 MVP를 출발점으로 삼을 수 있다: 귀하에게 가치가 있는 속성/기능은 무엇인가?
2. 또는 비용이 얼마인지, 지불 의향 분석을 위한 초기 상황이 무엇인지에 대한 지표가 이미 있는가?
3. A/B 테스트의 일환으로 다양한 가격 책정 측면에 대한 질문을 할 수 있다.
4. 분석은 전체 제안, 개별 기능 또는 특정 서비스와 관련될 수 있다. 예) 중립적인 컨설팅

각 고객이 특정 제품이나 서비스에 대해 동일한 지불 의향을 가질 가능성은 거의 없으며, 주어진 가격으로 얼마나 많은 고객이 구매할 것인지를 보여주는 시장 수요 곡선을 생성하는 것이 좋다. 이를 통해 시장 가격 탄력성을 계산할 수 있다.

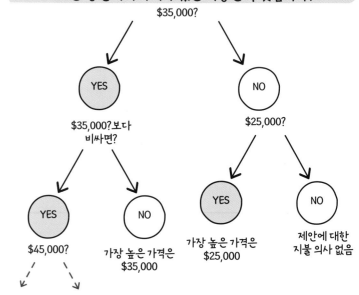

MVP 포트폴리오와 MVP 포트폴리오 계획

비즈니스 성장 리더를 위한 성공적인 디자인 씽킹은 기회 측면에서 생각하고, 초기 MVP를 넘어 새로운 목표 고객에게 지속적으로 제안을 전달해야 한다. 점진적으로 정의되고 구현되는 대상 포트폴리오가 여기에 적합하다. 처음에는 앤소프 매트릭스(Ansoff Matrix)를 사용할 수 있다. 원래 매트릭스는 4가지 포트폴리오 필드를 보여주며 시장 침투, 제품 개발, 시장 개발 및 다양화의 차원을 포함한다. 이 매트릭스는 프로젝트를 평가하는데 도움이 되는 잠재적인 비즈니스 에코시스템에서 MVP의 개발에 맞게 조정할 수 있다. 기존 제안 및 기존 시장 형태의 제품은 일반적으로 린 스타트업 고려 사항이 필요하지 않다. 비즈니스 성장을 위한 디자인 씽킹의 초점은 혁신적인 고객 개발에 있다(새로운 시장/새로운 제안 = 잠재적인 블랙 오션 제안).

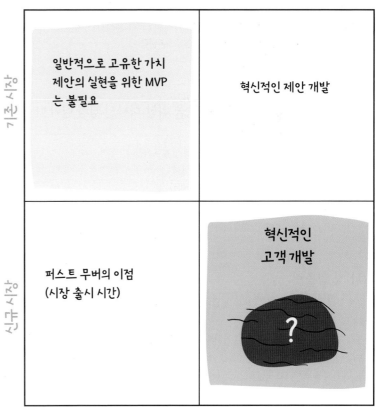

전체가 통합되어 있고 전통적으로 관리되는 기업의 마인드세트에서 "혁신적인 고객 개발"은 종종 기존의 노하우를 활용하거나, 규모의 경제를 달성할 여지가 거의 없기 때문에 위험한 것으로 간주되기도 한다.

MVP 포트폴리오 계획

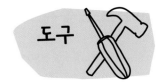

에코시스템 및 비즈니스 성장 이니셔티브에는 액터에 의한 탐색, 개발, 제공되는 기능, 경험, 특징의 포괄적인 조합이 필요하다. 포트폴리오 계획 및 포트폴리오 프레젠테이션을 위한 다양한 옵션이 있다. 개별 MVP는 발견과 전달을 번갈아 수행한다. 예를 들어, 개별 기능은 가능한 한 빨리 검증되고 시장에 도입되어야 한다. 출시 기간 측면에서 위험도가 높은 프로젝트는 일반적으로 추가 리소스, 구현 노하우가 필요하거나 새로운 기술에 의존한다.

포트폴리오 계획은 비즈니스 성장을 위한 디자인 씽킹 팀이 다음을 수행하는데 도움이 된다:

- 개별 MVP의 우선 순위를 정하고 전략적 목표에 맞게 조정한다;
- 미래의 기능과 경험을 비즈니스 목표에 맞게 조정한다. 예) 비즈니스 운영, 성장 또는 변경;
- 개별 포트폴리오 요소의 상태에 대한 개요를 얻는다;
- 각 프로젝트의 단계를 조정한다. 예) 계획, 구현 및 프로젝트 관리;
- 적절한 자원 계획을 수행하고 그에 따라 각각의 역할과 자원을 할당한다.

절차 및 템플릿:

- 개별 프로젝트를 포트폴리오 그리드에 입력한다. 진행 상황은 4주마다 또는 더 짧은 주기로 반영한다.
- 원의 크기는 이니셔티브 당 추가된 가치를 나타낸다. 프로젝트에 따라 순 현재 가치(NPV), 내부 수익률(IRR) 매출 또는 기타 수치로 계산할 수 있다.
- 4단계는 구현 측면에서 이니셔티브가 어디에 있는지 보여준다. 대략적인 분류는 발견 및 전달이다.
- 화살표는 예를 들어 첫 번째 사용성 테스트에서 새로운 통찰을 얻은 이후 다음 단계와 관련하여 어떤 변화가 있는지 또는 일부 이니셔티브가 발견 단계로 되돌아가는지 여부를 나타낸다.

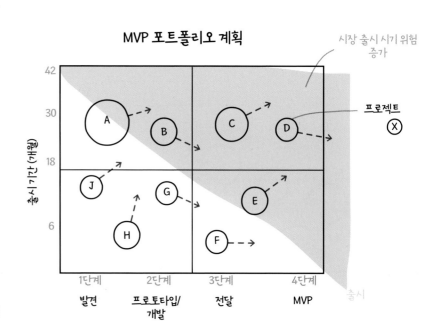

MVP 포트폴리오 계획

MVE를 위해 MVP를 MMF로 전환

여러 면에서 MVP는 관련 기능, 경험 및 특징에 대한 검증을 제공하므로 고객을 위한 진정한 부가가치를 얻을 수 있다. MVP 단계에서 비즈니스 에코시스템 디자인으로 이동하려면 비즈니스 에코시스템의 프로토타입에서 MVE를 설정하고 테스트하며, 점진적으로 개선하는데 사용되는 MMF(최소 시장성 특징)가 필요하다. 여기서 고객에게 가장 큰 혜택을 주는 기능과 가치 제안/제공의 일부를 선택해야 한다. 즉, 전반적인 시스템에서 에코시스템에 생명을 불어넣고, 고객에게 열정을 불러일으키며, 잠재적 액터를 설득하는 일종의 킬러 기능 또는 경험을 찾는다. 복잡성의 수준에 따라 MVP는 MVE의 개발 및 테스트에 직접 사용될 수도 있다.

다양한 질문은 비즈니스 성장을 위한 디자인 씽킹 팀이 다음을 수행하는데 도움이 된다:

- 실제로 프로젝트를 구현하는 올바른 방법인지에 대해 회고한다;
- 에코시스템에서 액터가 흥미를 가지도록 하기 위해 어떤 킬러 기능과 경험에 초점을 맞춰야 하는지 알아낸다;
- 기존 기술과 시스템, 시스템의 일부를 실현하는데 필요한 기술과 관련하여 갭 분석(Gap Analysis)을 수행한다.

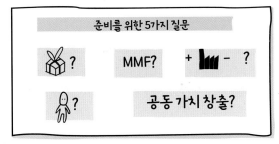

MVP에서 MVE 디자인으로의 전환

MVE 전환을 위한 5가지 질문:

1. 최우선 가치 제안의 실현을 위해 비즈니스 에코시스템이 필요한가, 아니면 일반 파트너십으로 충분한가?
2. 에코시스템의 최소 생존가능 변형(minimum viable variant)을 시작하기 위한 경험, 기능 또는 특징(MMF)은 무엇인가?
3. 다른 액터에게 필요한 스킬은 무엇인가? 당신의 기업은 무엇을 제공할 수 있는가?
4. 어떤 페르소나/타겟 그룹을 위한 초기 기능이자 경험인가?
5. 예비심의 과정에 잠재적인 비즈니스 에코시스템 파트너가 참여했는가? 그들은 비즈니스 에코시스템을 위한 공동 가치창출의 일부가 되어야 하는가? 디자인의 시작 단계에서 해결책을 찾는 과정에 참여해야 하는 다른 액터가 있는가?

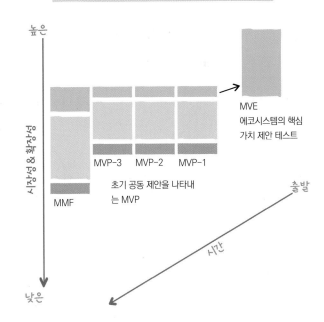

요점
정리

린 스타트업 디자인 렌즈는 주로 MVP를 기반으로 고객을 위한 가치 제안 및 부가가치의 초기 검증을 반영하는 것이다.

좋은 MVP는 고객의 가치와 혜택을 목표로 한다. 개별 기능 검증만으로는 대개 좋은 MVP가 되지 않는다.

개별 기능/경험	기능 검증	MVP 버전	최종 MVP

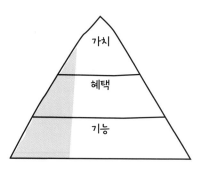

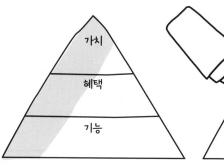

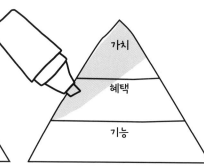

어떤 기능을 만들수 있는가?

어떤 기능이 고객에게 혜택을 제공할 수 있는가?

어떤 버전의 MVP가 측정 가능한 가장 큰 부가가치를 얻을 수 있는가?

가치 제안을 어떻게 검증할 수 있는가?

린 스타트업에서 에코 디자인으로의 전환

관점	OUTPUT: #2 린 스타트업	ACTIONS: #3 에코시스템 디자인
	최소 생존가능 제품	최소 생존가능 에코시스템
목적	디자인 렌즈의 모든 레벨에서 검증(구현가능성, 고객요구도, 생존가능성) 원칙: 가능한 적은 노력으로 최대 학습 달성	디자인 렌즈의 모든 수준에서 검증(구현가능성, 적용가능성, 가치 향상가능성) 원칙: 시스템에서 역할 당 최소의 액터로 최대 학습 달성
초점	시장 출시 및 실제 (테스트) 고객과의 상호 작용에 적합	모든 액터와 (테스트) 고객이 참여하여 작동하는 비즈니스 에코시스템을 테스트하기 위한 기반으로 MVP 사용
특징	기본 기능, 기능 요소 및 경험	정의된 가치 제안 측면에서 고객을 위한 최소한 하나의 핵심 경험에 필요한 모든 경험 및 기능
대상 그룹	최우선 가치 제안을 실현하기 위해 더 큰 규모의 초기 (테스트) 고객 그룹과 에코시스템의 잠재적 액터와의 대화 기반	비즈니스 에코시스템 구축 및 검증을 위한 시스템 내 액터와의 상호작용 및 공동 가치창출
기존 시스템	시장성 있는 해결책의 초기 버전	작동하는 비즈니스 에코시스템의 초기 검증
피드백 유형	개별 기능 및 경험에 대한 피드백 또는 다양한 MVP의 경험 체인	MVE 범위 내의 가치 흐름, 고객 인터페이스, 데이터, 알고리즘에 대한 피드백
디자인	제품 기능, 특징 및 경험	경험이나 기능 형태의 일부나 가치 제안 디자인을 위한 구성 요소의 상호 작용
고객 혜택	하나 이상의 MVP 범위 내에서 검증된 가치 제안을 제공	MVE의 액터로부터 검증된 가치 제안을 제공
전체 디자인 주기 생성 기간	검증된 비즈니스 사례 및 제품/기능; 충분한 자금 조달; 적당한 위험	검증된 액터와 가치 흐름의 상호 작용; 수행된 비즈니스 모델에 대한 다차원적 관점; 비즈니스 에코시스템의 비즈니스 모델이 알려짐. 이니시에이터나 시스템의 다른 액터에 의한 자금 조달; 위험 증가
테스트	해결책 및 관련 기능 테스트; 고객이 서비스나 제품에 돈을 쓸 의향이 있는지 확인	가치 제안과 관련 서비스, 가치 흐름 및 액터의 상호 작용에 대한 테스트; 고객 인터페이스 확인
매출	(테스트) 고객으로서 얼리 어댑터와의 상호 작용에서 가능한 초기 수입	(테스트) 고객과 함께 작동하는 에코시스템에서 가능한 초기 수입

렌즈 #3

에코시스템 디자인

ECOSYSTEM DESIGN

절차 모델 소개

이 섹션은 비즈니스 에코시스템 디자인을 위한 일반적인 절차 모델에 대한 설명으로 시작한다. 그런 다음 다른 디자인 렌즈와 마찬가지로 개별 도구와 방법, 주요 질문 및 해당 캔버스에 대한 설명으로 이어진다. 비즈니스 에코시스템 디자인은 MVE(Minimum Viable Ecosystem)를 개발하는 것을 목표로 하므로 결국 에코시스템과 그 가치 흐름의 잠재적인 타겟 시스템이 검증될 수 있다. 여기에서 중요한 것은 전체 디자인 주기에 걸쳐 서로 다른 마인드세트를 결합하는 것이다. 많은 경우에 MVE 디자인의 기초는 아이디어에 대한 초기 프로토타입이거나 이 책에서 제안한 MVP의 구조를 따르는 것이다.

프로토타입은 다른 잠재적 에코시스템 파트너에게 제공되거나 공동 가치창출 모드에서 생성된다. 단순한 에코시스템이라도 매우 복잡할 수 있으므로 전체 시스템을 하위 시스템으로 나누고 액터 간의 관계를 매핑하는 것이 좋다. 이 절차를 통해 최소한의 필수적인 액터로 공유 가치 제안을 생성, 테스트, 측정 및 개선할 수 있다. 이 절차의 기본적인 생각은 MVP를 통해 검증이 이루어지는 린 스타트업 접근 방식과 유사하다. 위험을 최소화하는 이 실용적인 방법은 대상 시스템에 어떤 액터가 적합한지, 어떤 가치 흐름이 지속 가능한지, 액터 당 원하는 혜택이 전체 시스템에 잘 맞는지 여부를 신속하게 보여준다. 여기에 제시된 절차 모델은 다양한 에코시스템 챌린지에 적용되었으며 점진적으로 개선되었다. 독립적인 분야로서의 비즈니스 에코시스템 디자인은 디자인 씽킹 플레이북 Design Thinking Playbook(2018)에서 성공적인 디지털 트렌스포메이션을 위한 미래 요소에 대한 논의에서 처음으로 제시되었다. 이 섹션에서는 절차 모델의 네 가지 루프에서 각 개별 단계를 설명한다. 비즈니스 에코시스템 디자인을 위한 도구와 방법은 242~265페이지에서 설명한다. 루프 모델과 관련 도구는 모두 에코시스템을 직관적으로 이해하고, 명확한 전략을 정의하며, 비즈니스 성장을 위한 강력한 핵심 가치 제안을 디자인하는 데 도움이 된다. 보완적인 기술, 데이터, 제품, 서비스 및 고객 액세스를 갖춘 적절한 에코시스템 액터를 식별하는 것부터 시스템에서의 역할 및 비즈니스 모델 기회의 다차원적 디자인에 이르기까지, 핵심 단계는 향후에 성공적으로 확장할 수 있는 시스템을 구성하는데 도움이 되는 에코시스템 디자인에서 다뤄진다.

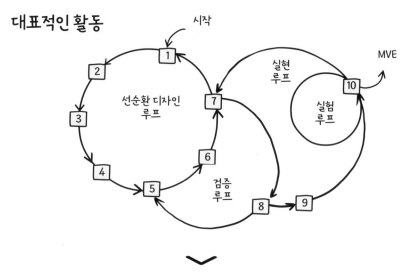

대표적인 활동

가치 제안 및 초기 MVP로 시작하여 비즈니스 에코시스템 디자인은 4개의 루프로 여정을 시작한다. 여러 번의 반복, 검증 및 초기 구현을 거친 후, MVE는 가장 작은 형태로 시장에 제안을 제공하는 최초의 기능 시스템이다.

다음 섹션에서 에코시스템 디자인을 위한 4가지 루프의 단계를 확인할 수 있다.

선순환 루프, 검증 루프, 실현 루프 및 실험 루프: 비즈니스 에코시스템의 (리)디자인 10단계

비즈니스 에코시스템 디자인의 출발점은 고객/사용자와 그들의 니즈이다. 최상의 시나리오에서 고객의 니즈와 가치 제안은 이미 디자인 씽킹과 린 스타트업 도구를 통해 검증되었다. 이것은 잠재적인 에코시스템 파트너와의 공동 가치창출 형태로 진행하거나, 에코시스템 내의 기존 이니시에이터의 활동을 통해 좁은 영역에서 시작할 수도 있다.

비즈니스 에코시스템 디자인은 일반적으로 고객, 비즈니스, 기술의 세 가지 수준에서 이루어진다. 아래 표시된 에코시스템 모델의 디자인 절차는 선순환 디자인 루프, 검증 루프, 실현 루프 및 실험 루프에 걸쳐 분산된 총 10개의 단계로 구성된다. 이는 절차에 대한 청사진이 아니다. 대신 MVE를 달성하기 위해 가장 중요한 요소를 매핑하는 것을 의미한다. 최종 MVE는 가장 효율적인 표현을 보여주는 초기 기능 시스템을 구성한다.

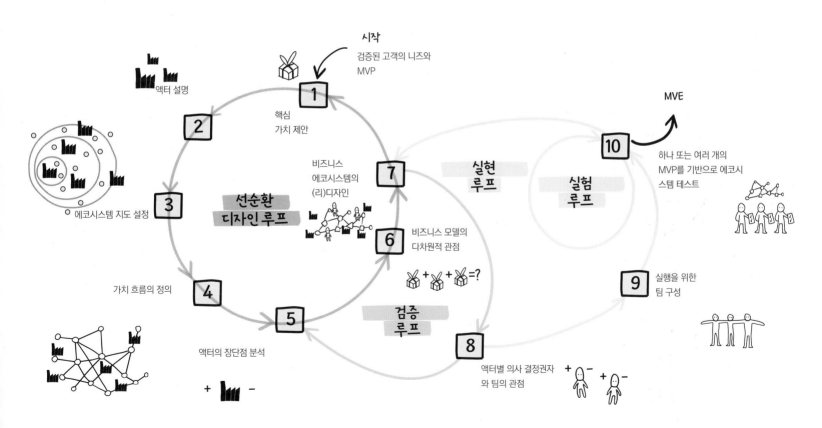

227

고객 여정에서 에코시스템 여정으로의 전환

이러한 개념은 실제 현장에서 관찰할 수 있지만 비즈니스 에코시스템 디자인을 위해서는 고객 경험 체인을 만드는 것만으로는 충분하지 않다. 액터와 고객을 참여시키는 전체적인 에코시스템 여정을 만들기 위해서는 상황에 대한 확장된 관점을 취해야 한다. 이러한 관점은 근본적으로 새로운 접근 방식을 정의하는 데 도움이 된다. 이 접근 방식은 모든 액터의 제안과 서비스를 최적으로 통합하고, 다음으로 고객/사용자와의 최적의 터치 포인트를 제공한다. 따라서 초점은 모든 고객 그룹과 고객 세그먼트뿐만 아니라 비즈니스 에코시스템에서 활동하는 액터, 공급자 및 기타 플레이어에 맞춘다.

전통적인 디자인 씽킹 관점 vs. 확장된 에코시스템 디자인 관점		
관점	**고객 여정**	**에코시스템 고객 액터 여정**
터치 포인트	기업과의 고객 터치 포인트	에코시스템의 모든 연결 및 상호 작용을 매핑
목적	고객/사용자와의 기존 상호 작용 개선, 예: 알림, 주문, 지불, 배달, 설치, 보증 처리, 폐기	고객/사용자에게 고유한 가치 제안을 함께 제공하는 시스템의 모든 액터를 위한 전체적인 경험 디자인
터치 포인트	고객/사용자와 기업 간의 상호작용 및 다양한 채널을 통한 제안	에코시스템 전반에 걸친 다양한 채널 및 고객 인터페이스의 다양한 구성을 통해 비즈니스 에코시스템에서 고객/사용자와 상호작용
적용	새로운 형태의 상호작용을 위한 데이터 분석, 관찰과 A/B 테스트를 통한 기존 고객 상호작용의 최적화	고객과의 반복적인 상호 작용을 위해 일반적으로 높은 수준의 자동화 및 대량 맞춤화 요소를 사용하여 고객 상호 작용에 대한 근본적으로 새로운 접근 방식; 가치 제안을 제공하기 위해 액터들의 제안을 쉽게 통합
역할	고객 경험 체인의 관점에서 특정 고객 그룹 및 고객 세그먼트와 그들의 니즈에 집중	비즈니스 에코시스템에서 활동하는 액터, 공급자 및 기타 플레이어뿐만 아니라 고객 그룹 및 고객 세그먼트에도 집중

선순환 디자인 루프의 핵심 요소는 무엇인가?

1) 핵심 가치 제안의 공식화

고객 또는 디자인할 비즈니스 에코시스템에 대한 가치 제안은 고객 니즈로 추론하거나 이후 프로토타입과 MVP 테스트를 통해
수행되는 검증으로 예상할 수 있다. 전체 시스템에 대한 핵심 가치 제안은 종종 두세 개 또는 그 이상의 MVP가 보다 포괄적인 에
코시스템 접근 방식으로 병합되기 때문에, 디자인 씽킹 및 린 스타트업에서 수행되는 개별 고려 사항과 매우 다를 수 있다. 핵심
가치 제안을 공식화하는 데에는 검증된 도구를 사용하는 것이 유용하다. 예) Osterwalder의 가치 제안 캔버스(246페이지) 또는
디자인 씽킹 렌즈의 맥락에서 193페이지에 제시된 사용자 프로필 캔버스. 도구 중 하나로 제시된 핵심 가치 제안 캔버스(247페
이지)는 고객/사용자 및 각 개별 액터/역할에 대한 가치 제안을 함께 제공한다.

에코시스템 내의 가치 제안은 가치
의 상호 전환으로 설명되어야 한다.
예) 이익실현 또는 비용 절감.

우리는 Y가 Z를 할 수 있도록 X를 돕는다.

→ 태그라인은 큰 아이디어이다.

→ 가치 제안은 큰 아이디어를 지원하는 것이다.

→ "브랜드 메시지의 핵심(BRAND MESSAGING PILLARS)"은 시스템의 다양한 액터가 비즈니스
에코시스템에 참여하고 가치 제안을 지원하도록 하기 위한 스토리를 정의한다.

핵심 가치 제안은 에코시스템 전체가 제공하는 기능적, 정서적 혜택에 대한 간결한 설명이다. 초점은 분명히 고객 문제를 해결하
거나 고객 니즈를 충족시키는 것이다. 자신을 드러내고 차별화된 특징을 강조하는 형태의 포지셔닝이 아니다.

2) 비즈니스 에코시스템에서 액터를 선택하고 설명하기 위한 브레인스토밍

에코시스템에 어떤 액터가 관련성이 있는지 먼저 고려하는 것은 좋은 출발점이며, 이는 이미 입증된 방법이다. 내부 분석에서 얻은 통찰, 예를 들어 협력/산업 매트릭스(112페이지)의 작업 결과를 이러한 목적으로 사용할 수 있다. 또한 사전에 정의할 수 있는 시스템의 일반적인 시장 역할이 많이 있다. 분석을 위해 잘 알려진 전략 및 시스템 분석 방법 예를 들어, PESTLE 분석(118페이지)과 같은 방법을 사용할 수 있다. 에코시스템의 목표 이미지 정의와 일치하도록 해당 질문이 작성된다. 액터에 대한 간략한 설명은 결과를 요약하는 데 사용되며, 이러한 설명에는 시스템의 기능과 역할, 주요 동기 및 가치 제안과의 상호 호환성이 포함된다(246페이지). 현재 관계의 강도와 각 액터의 현재 비즈니스 모델도 이 시점에서 결정될 수 있다.

올바른 액터를 선택할 때 현재와 미래의 가치 제안 제공에 기여할 수 있는 모든 잠재적 액터를 이해하는 것이 중요하다.

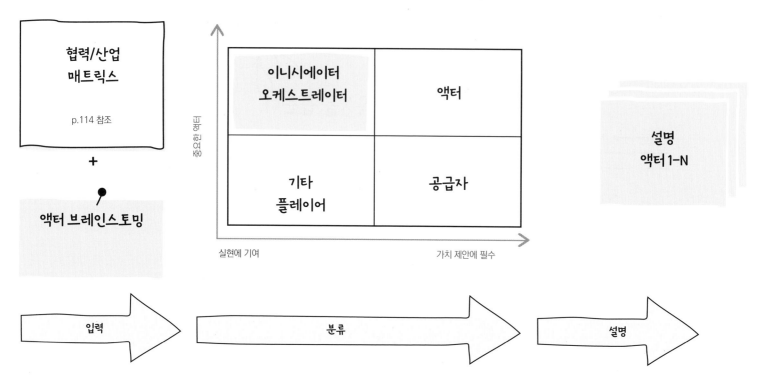

협력/산업 매트릭스

p.114 참조

+

액터 브레인스토밍

중요한 여러타

이니시에이터 오케스트레이터

액터

기타 플레이어

공급자

실현에 기여

가치 제안에 필수

설명 액터 1-N

입력

분류

설명

3) 에코시스템 지도에 액터 할당

3단계에서 액터는 에코시스템 지도(252페이지)에 입력된다. 예를 들어, 비즈니스 에코시스템 지도의 경우 세 개 또는 네 개 부분으로 구분되어 작업할 수 있다. 섹터 및 활용 사례에 따라 다른 구조화 방법이 가능하다. 기대 가치 제안을 가진 고객은 가장 중앙에 위치한다.

확장된 보완적인 제안 및 해당 액터와의 활성화 네트워크(그리고 고객과의 특정 에코시스템에 따라)는 외부 원에 배치될 수 있다. 개별 영역 간의 경계는 일반적으로 명확하지 않다. 에코시스템 지도는 가치 제안을 전달하기 위해 모든 액터와 공급자의 상호 작용에 대한 이해를 확립한다. 포괄적인 개요를 통해서만 시스템을 점진적으로 최적화하고, 후속 단계에서 가치 흐름과 비즈니스 활동을 매핑할 수 있다.

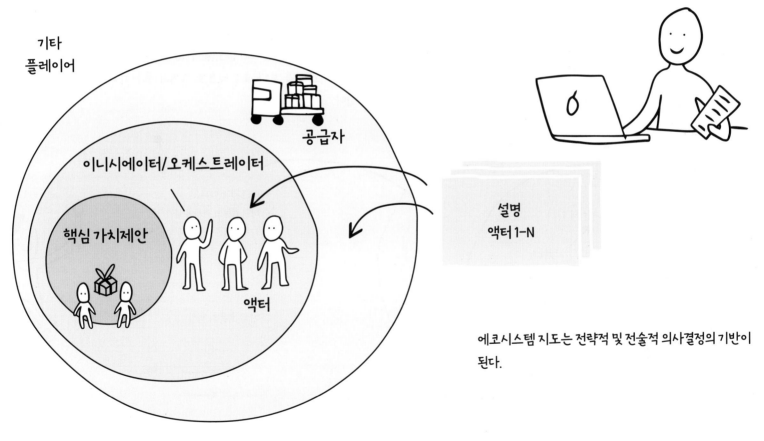

에코시스템 지도는 전략적 및 전술적 의사결정의 기반이 된다.

4) 가치 흐름의 정의 및 액터 간 연결

비즈니스 에코시스템 디자인의 핵심 요소는 현재와 미래 가치 흐름의 형성(253페이지)이다. 전통적인 비즈니스의 단순한 에코시스템은 물리적 제품/서비스 흐름, 돈/신용 흐름 및 정보로도 충분했다. 디지털 및 디지털화된 가치 흐름의 경우 무형의 가치가 매우 중요하다.

무형의 가치는 지식, 소프트웨어, 데이터, 디자인, 음악, 미디어, 주소, 가상 환경, 암호화폐, 토큰 또는 소유권과 소유권의 액세스 및 이전이 될 수 있다. 이러한 가치 흐름은 점점 더 탈집중화되고 액터 간에 직접 교환된다. 또한 시스템에는 위험요소의 이전으로 나타나는 부정적인 가치 흐름이 있을 수 있다는 점을 염두에 두어야 한다.

가치 흐름의 시각화는 비즈니스 에코시스템 디자인의 핵심 요소이다. 예를 들어, 중간 및 엔드-투-엔드(end-to-end) 디지털화를 제거하고, 자동화를 통해 시스템을 보다 효율적으로 설계하거나, 가치 제안의 확장을 실현할 수 있다.

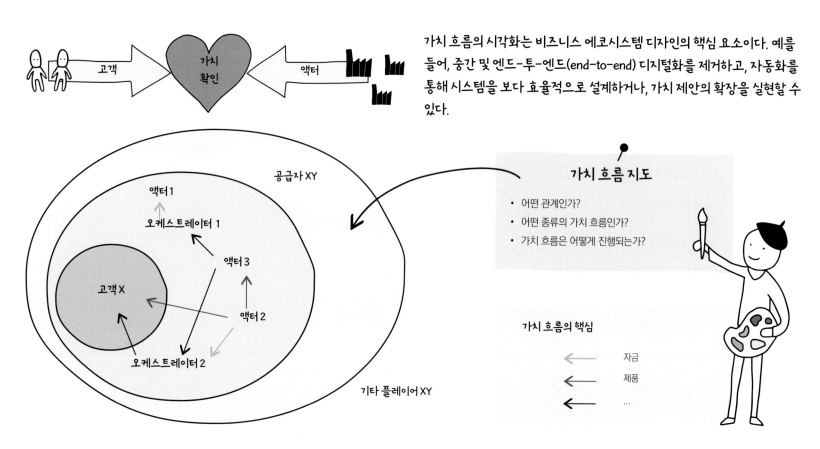

비즈니스 에코시스템에서 서로 다른 가치 흐름의 결합은 이론적으로 모든 액터가 서로 연결을 유지하는 역동적이고 네트워크화 된 교류로 가치 창출을 매핑할 수 있게 한다. 이러한 방식으로 잘 계획된 에코시스템은 서로 독립적으로 행동하는 개별 액터의 합보다 더 많은 가치를 창출할 수 있다. 이 풍부한 관계가 에코시스템 자본이다.

가치 창출, 통합된 기업　　　　**가치 창출, 비즈니스 에코시스템**

증대된 가치 창출; 투자 수익율을 충당하기 위한 기반으로 비용 추가.　　가치 흐름에서 투자 수익, 에코시스템 자본 및 지적 자본을 만들어내는 역동적이고 네트워크화 된 가치 창출.

5) 각 개별 액터에 대한 장/단점 설명

액터가 에코시스템에 배치되고 가치 흐름에 대한 명확성이 생기면 개별 액터에 대한 효과를 분석할 수 있다. 이 단계에서는 각 액터가 시스템에서 협업을 통해 가지는 장단점에 초점을 맞추는 것이 좋다. 명확한 혜택 없이는 액터에게 에코시스템에 대한 열정을 불러일으킬 수 없다(248페이지).

	장점	단점
액터 1		
액터 2		
액터 3		

각 액터에 대한 장점과 단점은 선순환 디자인 루프의 각 반복에서 논의되어야 한다.

6) 타겟 비즈니스 에코시스템/에코시스템 비즈니스 모델에서 모든 액터가 가지는 비즈니스 모델에 대한 다차원적 관점

이전 단계의 분석은 비즈니스 모델의 다차원적 관점에 도움이 된다. 개별 액터가 고객을 위한 가치 제안에 기여하는 것과, 궁극적으로 액터가 현재 고려 중인 비즈니스 에코시스템의 전체 가치 제안에 기여하는 것이 중요하다. 개별 액터의 (일부) 제안이 비즈니스 에코시스템의 가치 및 목표와 최적으로 일치하도록 해야 한다. 결국 모든 액터는 시스템에서 기회와 위험의 분배가 공정하다고 인식해야 하며, 시스템에서 직간접적으로 발생하는 가치 흐름을 이해해야 한다. 많은 기업에서 비즈니스 에코시스템과의 상호 작용은 성장 기회를 실현하기 위해 기존 기능을 활용하거나, 기존 시장 영역에 참여하기 위한 성장 전략 또는 전략적 옵션의 일부이다. 비즈니스 모델에 대한 다차원적 관점의 작업은 복잡하고, 많은 비즈니스 에코시스템 디자인 팀에게 너무 많은 것을 요구한다. 하지만 이러한 지식은 이후 고려할 사항들과 시스템에 참여할 잠재적 액터와의 상호 작용과 큰 관련성을 가진다. 비즈니스 모델의 유형도 각 액터가 선택한 역할이나 참여를 통해 제공되는 역할에 따라 다르다. 대부분의 액터는 자신의 스킬, 위험 선호도 및 성장 욕구에 따라 결정한다. 어쨌든 역할의 선택과 참여의 유형은 개별 액터가 선택한 전략에 따라 의식적으로 결정하는 것이 중요하다(257페이지).

모든 액터에게 더 많은 옵션이 있고, 긍정적인 가치 흐름을 통해 비즈니스 시스템에서 부가가치를 가지기 위한 옵션이 더 잘 고려될수록 에코시스템은 관련된 모든 사람들에게 더 매력적이게 된다.

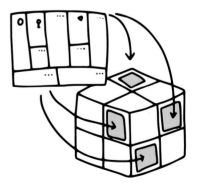

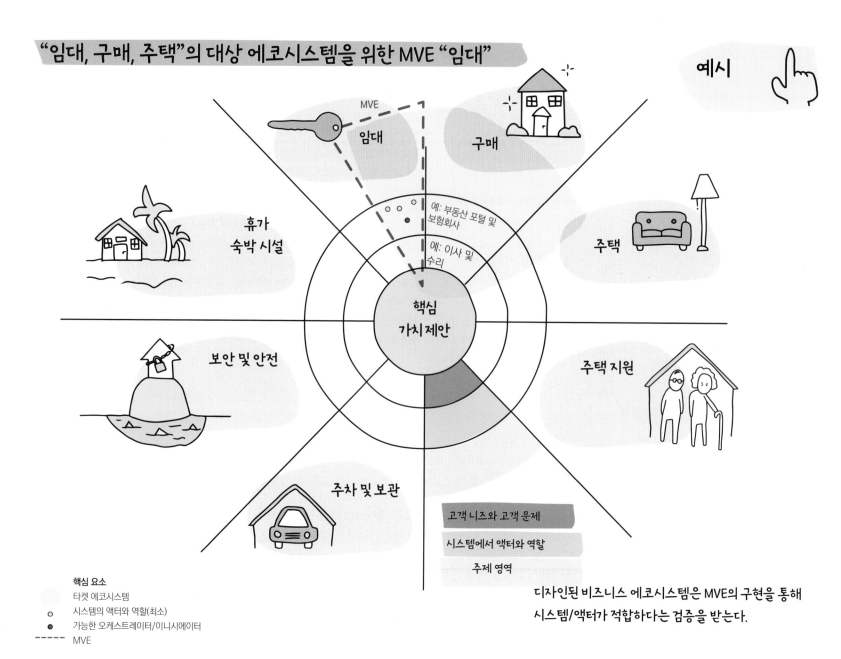

"임대, 구매, 주택"의 대상 에코시스템을 위한 MVE "임대"

예시

MVE

임대

구매

예: 부동산 포털 및 보험회사

예: 이사 및 수리

휴가 숙박 시설

주택

핵심 가치제안

보안 및 안전

주택 지원

주차 및 보관

고객 니즈와 고객 문제

시스템에서 액터와 역할

주제 영역

핵심 요소

타켓 에코시스템

시스템의 액터와 역할(최소)

가능한 오케스트레이터/이니시에이터

----- MVE

디자인된 비즈니스 에코시스템은 MVE의 구현을 통해 시스템/액터가 적합하다는 검증을 받는다.

7) 비즈니스 에코시스템의 (리)디자인

이 단계에서는 비즈니스 에코시스템이 반복적으로 개선된다. 액터는 반복 과정에서 추가되거나 제거된다. 예를 들어 기존 시스템을 변경하고 개선하는 플랫폼 공급자, 하드웨어 공급업체 또는 부가가치 서비스를 추가할 수 있다. 개별 액터와 가치 흐름에 미치는 영향은 새롭거나 적응된 에코시스템의 각 변형 또는 아이디어에 따라 결정되어야 한다. 무엇보다 반복과 실험을 통해 시나리오의 견고성을 입증하는 것이 중요하다. 액터와 가치 흐름이 부분적으로 변화하는 다양한 에코시스템 지도의 디자인 및 리디자인은 가장 큰 부가가치를 창출한다. 그 이유는 이러한 방식으로 실제 실현되기 전에 다양한 시나리오를 실행할 수 있기 때문이다(252페이지). 선순환 구조에서 다양한 집합체를 다루게 되면 고유성을 강화하거나 가치 제안을 확장하기 위한 새로운 경로를 찾는 데 도움이 되는 새로운 아이디어와 비즈니스 모델 접근 방식을 가지게 된다. 새롭게 발견한 사항은 다시 초기 MVE의 프레임워크 내에서 MVP로 테스트하거나, 향후 성장 및 확장 가능성을 위해 백로그로 보관할 수 있다.

검증 루프에서는 어떤 일이 일어나는가?

8) 액터 간 협업 보기

1~7단계에서는 에코시스템이 디자인되었다. 그러나 현실만이 아이디어가 실제 실행 가능한지를 보여준다. 검증 루프에서 비즈니스 에코시스템 디자인 팀은 일반적으로 구상된 시스템을 초기에 검증하고, 필요시 발전시켜 나갈 특정 액터를 고려한다. 참여하는 개인과 팀 간의 소위 상호 특정 관계는 비즈니스 에코시스템의 존재를 보장한다. 여기에는 관련된 이들의 개인적인 관심, 필요와 동기를 이해하는 것을 포함한다. 특히 모든 개인(기업과 함께)이 상호작용의 혜택을 받는 공생(광범위한 의미에서)관계로 긍정적인 효과가 생성되어 시스템의 성장으로 이어지게 된다. 에코시스템의 일부라는 합리적인 결정과 함께, 개인적인 동기(예: 의사 결정자의 동기)도 최소한 관련성을 가진다.

리디자인과 가치 흐름, 역할 및 액터에 대한 논의는 목표 시스템과 실현될 관련 시스템의 관점을 강화한다(예: MVE에서 잠재적으로 검증되고 나중에 구현된다).

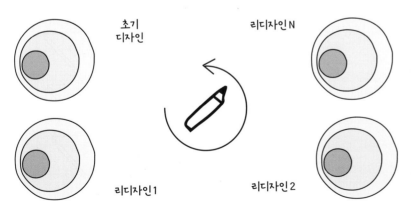

초기
디자인

리디자인 N

리디자인 1

리디자인 2

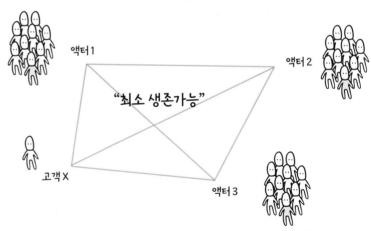

액터1

액터2

"최소 생존가능"

고객 X

액터3

비즈니스 에코시스템에서 활동하는 기업은 혜택과 목표 이미지를 알고 있다. 그들은 가치를 창출하기 위해 그들 모두의 협업과 조정이 필요하다는 것을 알고 있다.

실험 및 실현 루프에서는 어떤 일이 일어나는가?

9) MVE 구현을 위한 팀 구성

시스템의 잠재 고객과 액터의 니즈는 이미 비즈니스 에코시스템 디자인 과정에서 고려되었다. 성공적인 구현을 위해서는 비즈니스 에코시스템을 만드는 사람, 팀 및 의사 결정권자도 필요하다.

의사 결정권자는 MVE의 범위, 예산, 시간 프레임 등과 같은 프레임워크 조건을 설정한다. 그들은 프로젝트의 인에이블러이다. 팀은 자신의 기술을 제시하는 실질적 행위자이다. 잠재적인 에코시스템에서 다양한 주체를 위해 일하는 의사 결정권자 간의 개인적인 관계와 신뢰는 비즈니스 에코시스템의 실현에 있어 결정적인 요소 중 하나이다. 이러한 신뢰는 초기에 외부에 오픈하고, 공동 가치창출의 첫걸음을 내딛기 위해 필요하다.

상위 계층의 팀과 의사 결정권자는 MVE의 구현과 이후의 협업 형태를 상당 부분 결정한다. 그 아래의 계층은 각각의 디자인 렌즈를 통한 결과를 맥락화하여 반영한다(103페이지 이하의 플레이, 구성, 성공 참조). 관련된 디지털 인에이블러 기술은 전략 및 비즈니스 관점을 보완한다. 초기 MVE의 일부로 전체 시스템의 개별적인 측면을 수동으로 수행하거나, 실현 가능하다면 첫 번째 디지털 구성 요소를 사용하여 수행한다. 많은 디지털 에코시스템에서 기술의 검증은 매우 중요하다. 해당 구성 요소는 이에 맞춰 작동되어야 한다. MVE 고려 사항의 경우 린 스타트업의 요소와 절차를 적용하여 에코시스템을 회고하고 개선할 수 있다. MVP의 구현과 동일한 구축, 측정 및 학습 원칙을 적용하고, 구현 전에 MVE에 대한 준비를 완료하는 것은 이미 입증된 좋은 방법이다.

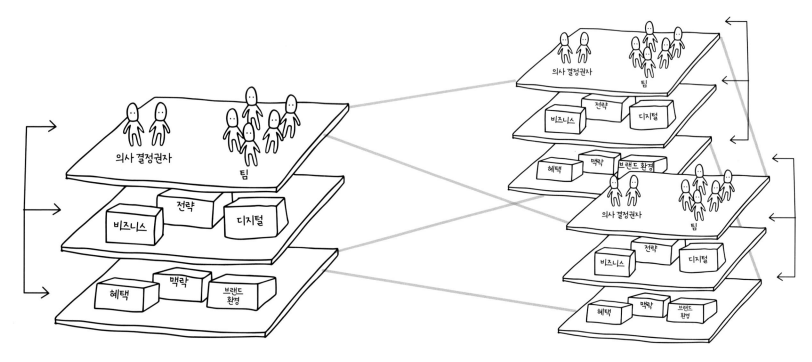

10) 최종 MVE의 구현

MVE의 구현을 위해서는 거버넌스 구조와 에코시스템 리더십이 필요한다. 이니시에이터가 점점 더 활동 영역의 백그라운드로 이동하는 동안 책임은 점점 더 오케스트레이터에게 이전된다. 최종 MVE 는 최소 액터의 수로 높은 수준의 효율성을 가지는 최초의 기능 시스템이다. 동시에 핵심 가치 제안의 일부인 초기 서비스 제안에 해당한다. 오케스트레이터는 구현 및 후속 오케스트레이션이 진행되는 동안 위험성을 인식해야 한다. 이는 주로 복잡한 프로젝트 또는 혁신 계획에 내재된 구현 위험성과 관련이 있다.

액터들의 공-진화에는 기회와 위험이 함께 수반되고, 이는 때때로 동시에 발생하기도 하며, 큰 역동성을 가진다. 시스템의 액터가 어떻게 행동하고 무엇을 해야 하는지를 정의하고 규제해야 한다. 그 목록들은 터치 포인트와 고객 인터페이스를 어떻게 다루어야 하는 지부터, 개별 구성 요소가 함께 작동하여 예를 들어, 기술 및 비즈니스 수준에서 가치 제안을 제공하는 방식에 이르기까지 다양하다. 에코시스템이 긍정적으로 발전하기 위해서는 일반적으로 지속적인 적응과 가치 제안을 확장하기 위한 작업을 허용해야만 한다. 많은 경우 이는 가치 흐름에 있어 가장 큰 도전이며, 각 액터의 비즈니스 에코시스템에 존재할 권리를 정의한다.

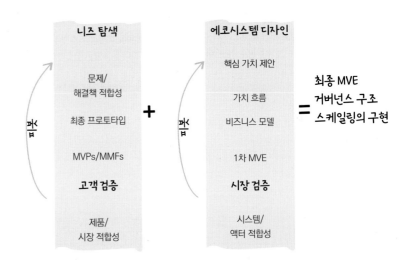

관점	이니시에이터와 오케스트레이터의 도전 과제	전체 에코시스템의 도전 과제
1차 MVE	• 역할에 적합한 액터 찾기 • 투명성과 신뢰 구축 • 자유도 및 적절한 규칙 정의	• 협업의 공유 문화 구축 • 시스템의 강점과 약점 인식 • 지속적인 개선 및 최적화
MVE 구현	• 복잡성 관리 • 불확실성 관리 • 거버넌스 설정	• 경쟁업체 대비 높은 진입 장벽 설정 • 공동 경쟁 허용(합리적인 경우)
리더십	• 비전을 명확하게 전달 • 변화에 역동적인 대응 • 가치 제안의 확장 및 적용	• 자신의 비전과 에코시스템의 목표 이미지의 조화 • 시스템의 성공, 새로운 요구사항 및 역동성에 대한 끊임없는 회고
스케일	• 다른 액터와의 협업 • 혁신과 성장을 함께 주도 • 가치 제안의 확장 및 시장 점유율 유지	• 자물쇠(lock-in) 효과 활용 • 네트워크 효과를 통한 확장 • 기하급수적 성장에 지속적으로 집중

올바른 거버넌스 구조의 선택

운영 모델 및 관련 구조를 포함하여 에코시스템 거버넌스에는 다양한 모델이 존재한다. 일부 기업은 벤처 포트폴리오에서 비즈니스 에코시스템을 주도한다. 다른 이니시에이터는 협회 및 협동조합에 의존한다. 여기에 제시된 접근 방식은 초기 구현 단계와 최종 MVE의 초기 스케일링 측정에 적절한 방법이다. 거버넌스는 한 부서로 구성되거나, 여러 주체가 참여하는 새로운 벤처를 설립하는 방법으로도 조직될 수 있다. 많은 경우 그 구조는 시간이 지남에 따라 발전한다. 아래 그림은 참조로 1에서 5까지의 옵션 및 경로를 보여준다.

예시

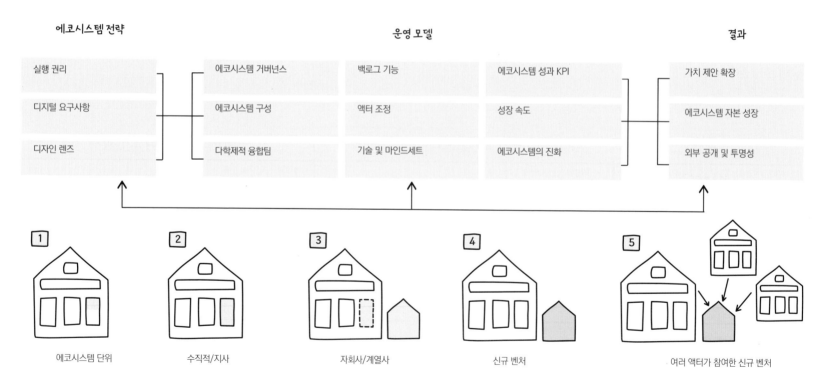

에코시스템 전략

실행 권리	에코시스템 거버넌스
디지털 요구사항	에코시스템 구성
디자인 렌즈	다학제적 융합팀

운영 모델

백로그 기능	에코시스템 성과 KPI
액터 조정	성장 속도
기술 및 마인드세트	에코시스템의 진화

결과

| 가치 제안 확장 |
| 에코시스템 자본 성장 |
| 외부 공개 및 투명성 |

1 에코시스템 단위

2 수직적/지사

3 자회사/계열사

4 신규 벤처

5 여러 액터가 참여한 신규 벤처

238

비즈니스 에코시스템의 성공 요소

비즈니스 에코시스템/디자인 에코시스템을 기반으로 한 패러다임을 성공적으로 적용하려면 다음과 같은 5가지 성공 요소를 염두에 두어야 한다.

1. 에코시스템 인식

각 기업은 스스로를 에코시스템의 일부로 여기고, 에코시스템 내에서 자신의 역할과 행동을 다른 액터와 다른 각도에서 인식할 수 있는 능력을 키워야 한다.

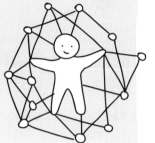

4. 지속가능한 에코시스템 지능

기업은 장기적인 시스템 씽킹과 디자인 씽킹을 촉진하고 개선하며, 에코시스템의 빠르고 유연한 발전을 위한 전략과 기술을 개발할 수 있는 능력을 확립해야 한다.

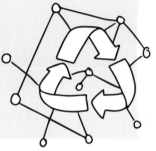

2. 시스템 가능성 이해

기업은 에코시스템에 대해 의식적으로 회고하고, 가치 흐름을 목표 방식으로 변화시키기 위해 자신과 전체 에코시스템을 위해 어떤 생산적인 행동이 가능한지 상상할 수 있는 능력을 갖추어야 한다.

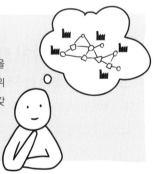

5. 비즈니스 에코시스템 디자인을 통한 리더십

기업은 조직의 문화에 시스템 디자인을 통합하고, 의식적으로 기존 규칙을 깨는 능력(블랙 오션)을 구축해야 한다.

3. 에코시스템 거버넌스

기업은 시스템에서 작업하고, 파트너를 통합하고(공동 가치창출), 모든 액터를 위한 이익을 창출할 수 있는 능력이 있어야 한다.

비즈니스 에코시스템 디자인은 여러 루프에서 수행될 수 있다. 목표는 에코시스템을 최소한의 표현으로 시장에 효율적으로 포지셔닝할 수 있는 MVE를 만드는 것이다. 공정 가치 교환에서 가치가 누구에게 발생하는지에 대한 에코시스템의 투명성이 요구된다.

시간이 지남에 따라 전체 핵심 가치 제안의 일부인 초기 가치 제안은 시스템의 기존 또는 새로운 액터가 차례로 제공하는 추가적인 부가가치 서비스로 점차 풍부해진다.

액터들이 제공하는 기술, 제품 및 서비스와 함께 에코시스템에서 사고하는 마인드세트와 능력은 성공의 중요한 요소이다.

다른 액터와의 관계는 기업의 경계를 넘어 신뢰와 장기적인 협력을 기반으로 한다.

에코시스템 디자인 도구

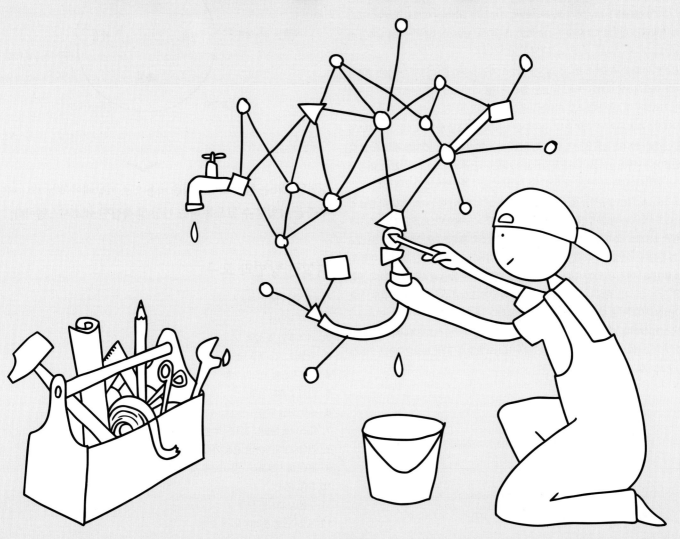

에코시스템 디자인

비즈니스 에코시스템 디자인은 그 자체로 하나의 원칙이 되었다. 특히 디지털 세계의 요구사항은 고유한 가치 제안을 전달하기 위해 다양하게 상호 연결된 종속성을 가지고 있기 때문에 새로운 마인드세트, 방법 및 도구가 필요하다. MVE의 반복적인 개발로 시스템에 참여하는 액터의 이해도가 높아지며, 유연하게 전환될 수 있도록 디자인되고, 그에 따라 매핑된다. MVE의 개발은 비용을 낮추고 성공 가능성을 높인다.

절차 모델에 표현된 반복 및 루프는 비즈니스 성장을 위한 디자인 씽킹의 중요 단계로 적절한 방법과 도구를 제공한다. 에코시스템 디자인 캔버스는 모든 필수 단계를 나타내고, 루프 및 리디자인 단계에서 주요 결과를 기록하는 데 사용된다. 작업 상태는 나중에 그 작업에 들어간 생각을 이해할 수 있도록 모든 주요한 리디자인 후에 문서화되어야 한다. 서로 다른 팀이 하위 시스템에서 작업하는 경우 시스템이 결국 함께 작동해야 한다는 점을 염두에 두는 것이 중요하다. 일반적으로 비즈니스 에코시스템 디자인 절차 모델을 통해 새로운 시스템(그린필드 접근 방식) 또는 기존 에코시스템을 개선할 수 있다. 근본적으로 새로운 에코시스템을 디자인할 때 비즈니스 에코시스템의 특정 액터는 준비 과정에서 조기에 제거될 수도 있다. 또 다른 실용적인 접근 방식은 먼저 오늘날 지배적인 비즈니스 에코시스템을 만들고 반복적으로 최적화하는 방법이다(리디자인). 특히 기존 비즈니스 에코시스템을 근본적으로 재구성해야 하는 경우 프로세스, 절차, 정보 및 가치 흐름이 고객의 니즈와 원하는 가치 제안을 놓치지 않도록 하고, 이러한 관점에서 재정의될 수 있으므로 두 번째 접근 방식이 타당하다고 할 수 있다. 이를 위해 이러한 요소를 캔버스에 다시 포함시킨다. 에코시스템을 디자인하는 동안 새로운 아이디어나 변경된 가치 제안은 자주 나타나는 현상이며, 이는 원래의 필요에 맞게 조정될 수 있다. 필요한 경우, 잠재고객과 함께 이러한 아이디어를 확인하고 다시 테스트해야 한다. 에코시스템 디자인 캔버스와 에코시스템 전략 캔버스(104페이지)에 있는 청사진의 최종 문서는 적절한 거버넌스(238페이지) 정의의 기초를 제공하고, 가치 흐름의 정의에 관련된 시스템으로서 데이터 에코시스템에 확장된 관점의 가능성을 보여준다(255페이지의 예 참조).

대표적인 활동

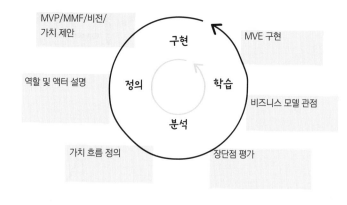

실현된 MVE는 참여 액터가 적은 비용으로 시장에서 핵심 가치 제안의 처음 부분을 확립할 수 있도록 하는 가장 덜 복잡한 에코시스템이다.

적절한 방법과 도구

에코시스템 디자인에 대한 주요 질문

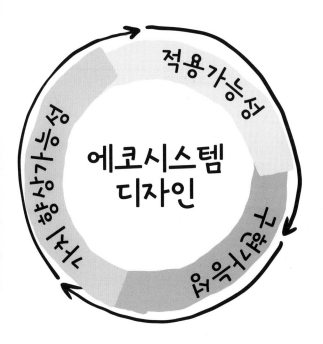

적용가능성

- 시스템의 다른 액터가 해결책을 지원하도록 하려면 어떻게 해야 하는가?
- 어떻게 지속적인 가치를 창출할 수 있는가(예: 선점, 고정, 독점)?
- 다른 액터들은 어떻게 혁신적인 발전을 이루고, 이를 에코시스템에 통합할 수 있는가?
- 관련된 액터는 어떻게 선정되며 스킬, 품질, 기술, 고객 인터페이스 처리 측면에서의 요구사항은 무엇인가?
- 고객과 제안 데이터는 다른 액터와 어떻게 공유되는가?

구현가능성

- 시스템의 다른 액터와의 통합 및 상호 작용을 위해 어떤 추가적인 기술이 필요한가?
- 디지털 상호 작용을 지원하는 시스템 아키텍처는 무엇인가?
- 어떤 파트너십과 공급자를 구축하고 활용해야 하는가?
- 필요한 스킬과 자산을 사용할 수 있거나, 다른 액터/공급자가 제공할 수 있는가? 예) 기술 플랫폼을 개발, 출시 및 스케일

가치 향상가능성

- 자신의 비즈니스 모델은 무엇이며 시스템에 있는 다른 액터의 비즈니스 모델은 무엇인가?
- 어떤 후속의 가치 흐름이 존재하는가?
- 어떻게 하면 에코시스템에서 함께 가치를 창출할 수 있는가?
- 에코시스템 경제는 어떤 모습인가?
- 규정 및 규칙 준수를 어떻게 보장할 수 있는가?
- 기하급수적 성장을 위해 네트워크 및 에코시스템 효과를 어떻게 활용할 수 있는가?

에코시스템 디자인 캔버스

사용자/고객의 니즈 결정

- 고객 또는 사용자는 누구인가?
- 고객/사용자 프로필(고충, 자체 해결방법, 해결 과제 및 활용 사례) 설명하기.
- 해결해야 할 문제는 무엇인가?

핵심 가치 제안

- 사용자/고객을 위한 핵심 가치 제안은 무엇인가?

가치 흐름의 정의

- 현재와 미래의 (긍정적 및 부정적) 가치 흐름은 무엇인가?
- 어떤 제품/서비스 흐름, 돈/신용 흐름, 데이터 및 정보의 흐름이 있는가?
- 디지털과 디지털화된 가치 흐름/자산은 무엇인가?

액터 설명

- 비즈니스 에코시스템의 액터는 누구인가?
- 시스템에서 그들의 기능과 역할은 무엇인가?
- 비즈니스 에코시스템에 참여하려는 동기는 어느 정도인가?

디자인/리디자인

디자인
- 비즈니스 에코시스템에서 핵심 가치 제안을 제공하는 데 중추적인 역할을 하는 액터는 누구인가? (이들을 배치할 때 내부에서 외부로 이동한다.)
- 또한 시스템의 직접 또는 간접적인 부분에 해당하는 기타 액터를 추가적인 고급 기능과 보충 제안, 기능 추가를 위해 배치한다.

리디자인
- 다른 액터와 함께 다양한 시나리오가 존재하는가?
- 어떤 액터를 제거할 수 있는가?
- 다차원적 가치 흐름 또는 더 나은 가치 흐름으로 확장하는 액터가 있는가?
- 비즈니스 에코시스템이 견고하고 새로운 시나리오에서 생존할 수 있는가?

프로토타입, 테스트 및 비즈니스 에코시스템 개선

- 에코시스템이 시작하는 MMF/MVP는 무엇인가?
- 첫 번째 MVE는 어떻게 테스트할 수 있는가?
- 가치 흐름, 비즈니스 모델 및 에코시스템에서 액터의 역할을 반복적으로 개선하는 데 도움이 되는 상호 작용/테스트 및 측정 방법은 무엇인가?
- 첫 번째 MVE의 최소 버전은 무엇인가?

각 액터별 장단점 분석

- 각 액터의 장점과 단점은 무엇인가?
- 시스템에서 강점/약점 및 기회/위험은 무엇인가?

비즈니스 모델에 대한 다차원적 관점

- 각 액터에 대한 결과적 비즈니스 모델 및 가치 제안은 어떤 모습인가?
- 해당 비즈니스 모델이 핵심 가치 제안에 어떻게 기여하는가?
- 정의된 핵심 가치 제안은 모든 액터의 가치 제안을 더한 결과인가?

에코시스템 디자인 캔버스

템플릿
다운로드

렌즈
#3에서
입력

고객 니즈	핵심 가치 제안 ⬚1 P. 246	가치 흐름의 정의 ⬚5 P. 253
	디자인/리디자인	

프로토타입, 테스트 및 비즈니스
에코시스템의 개선

가치 제안

⬚4 P. 251

구축/테스트

디자인/리디자인

⬚9 P. 260

액터 설명

⬚2 P. 248

⬚3 P. 250

⬚8 P. 257

⬚10 ⬚11 ⬚12 PP. 261-263

각 액터별 장단점 분석

⬚2 P. 248

비즈니스 모델에 대한 다차원적 관점

⬚6 P. 256   ⬚7 P. 258

방법 및 도구 키

1. 가치 제안서
2. 액터 확인 및 설명
3. 역할극: 시스템의 액터
4. 에코시스템 지도의 변형
5. 가치 흐름의 정의
6. 수익 모델 탐험
7. 비즈니스 모델의 다차원적 관점
8. 리디자인의 일부로 공동 가치창출
9. MVE의 프로토타이핑, 테스트 및 개선
10. 최종 MVE
11. 구현 시 디자인 오류
12. 에코시스템 전략에 MVE 포함

에코시스템 디자인 캔버스는 개별 단계에 사용된 도구
및 방법의 결과에 대한 문서화를 지원한다.

 워크툴킷 다운로드
https://en.business-ecosystem-
design.com/ecosystems

MVE에 대한 가치 제안서

핵심 가치 제안서 개발을 위해 사용자 프로필 캔버스로 검증된 페르소나 또는 두 영역으로 구성된 Osterwalder의 가치 제안 캔버스를 사용할 수 있다. 오른쪽에는 현재 고려 중인 에코시스템에 대해 선정된 고객 세그먼트가 설명되어 있다. 왼쪽에는 에코시스템에 대해 구상 중인 핵심 가치 제안이 나란히 배치된다. 결국 에코시스템에서 보여주어야 할 성능은 잠재 고객의 니즈와 일치해야 한다. 핵심 가치 제안 캔버스는 가치 제안의 모든 관점을 문서화한다.

가치 제안은 비즈니스 성장을 위한 디자인 씽킹 팀이 다음을 수행하는 데 도움이 된다:

- 에코시스템 디자인의 공유 시작점을 알려준다;
- 가치 제안서를 시스템의 다른 액터와 논의하거나, 공동 가치창출 활동 전에 파트너와 가치 제안을 공유한다;
- MVE 전체 시스템에 대한 더 높은 수준의 요구사항, 고객 세그먼트 및 해결책을 파악한다.

핵심 가치 제안 캔버스의 절차 및 템플릿:

1. 비즈니스 에코시스템 디자인 팀에서 각 개별 고객 세그먼트와 시스템의 해당 액터에 대한 핵심 가치 제안 캔버스(247페이지)의 요소를 함께 작업한다. 고객용 가치 제안 캔버스를 활용하고, 이전 디자인 단계에서 이미 검증된 사용자 프로필을 통합한다.

2. 가치 제안을 작성하기 위해 두 가지 샘플 공식을 사용할 수 있다. 핵심 가치 제안을 작성할 때는 독창성을 강조하는 것이 중요하다. 고객/사용자 및 잠재적 액터 모두 시스템에서 고객 니즈의 만족에 대한 차이가 있음을 인식해야 하며, 원하는 가치 제안이 네트워크에서만 성공적으로 제시될 수 있다는 점을 분명히 해야 한다.

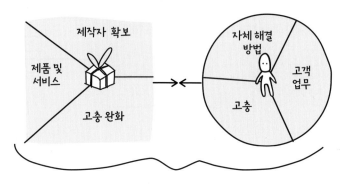

프로토타입 MVP에서 문제/해결책 적합성

고객/사용자를 위한 가치 제안서를 작성하기 위한 샘플 문구

가치 제안서 샘플 I:

_____ (문제 정의, 니즈)의 문제를 가진
_____(타겟 고객)을 위해,
우리의 제품은
_____ (차별적 경쟁우위, 결과)을 약속하며
_____(해결책)을 제공한다.

가치 제안서 샘플 II:

우리는 _____(타겟 고객)을 위해
_____(해결책)으로
_____ (문제)를 해결하다.

> "에코시스템 핵심 가치 제안"은 고객과 비즈니스 에코시스템의 모든 액터 간의 계약과 같다. 고객은 단일 기업이 자체적으로 제공할 수 없는 특별한 경험을 가진다.

핵심 가치 제안 캔버스

템플릿
다운로드

고객/사용자	오케스트레이터/이니시에이터		액터/역할
니즈 어떤 고객의 문제를 해결해야 하는가? 주요 고객 니즈는 무엇인가? 고객은 무엇에 문제가 있는가? 개선의 기회는 어디에 있는가? 에코시스템에 대한 기회는 어디에서 제공되는가? 주요 문제는 무엇인가?	**니즈** 이니시에이터/오케스트레이터를 위한 기회는 어디에 있는가?		**니즈** 어떤 액터의 문제를 해결해야 하는가? 각 액터에게 가장 필요한 것은 무엇인가? 개별 액터에게 기회는 어디에서 제공되는가? 그들의 관심사는 무엇인가?
활동 고객이 수행해야 하는 작업은 무엇인가? 고객은 서비스를 어떻게 구매하는가? 고객은 비즈니스 에코시스템과 어떻게 상호 작용하는가?	**활동** 이니시에이터/오케스트레이터는 어떤 활동을 수행하는가?		**활동** 비즈니스 에코시스템을 위해 개별 액터/역할이 수행해야 하는 활동은 무엇인가?
혜택 고객에게 어떤 혜택이 있는가? 고객을 위한 질적 및 양적 혜택은 무엇인가? 스토리텔링의 일부로 고객/사용자와 소통하는 가장 좋은 방법은 무엇인가?	**접근(해결책)** 해결책 또는 성능 약속에 대한 접근 방식은 무엇인가? 제품, 서비스 또는 프로세스에 대한 제안은 무엇인가? 제품이나 서비스를 어떻게 개발하고 시장에 출시할 예정인가? 에코시스템은 어떻게 수익을 만들어 내는가? (비즈니스 모델) 어떤 기술 동력이 비즈니스 모델에 영향을 미치는가?		**혜택** 각 액터에게 어떤 혜택이 있는가? 액터를 위한 질적 및 양적 혜택은 무엇인가? 스토리텔링으로 액터와 소통하는 가장 좋은 방법은 무엇인가?
경쟁(현재 대안) 현재 존재하고 미래에 존재하게 될 대안은 무엇인가? 위험요소는 무엇인가? 지금까지의 문제는 어떻게 해결되었는가?	**특별함** 어떤 측면에서 고객에게 특별한 제안을 제공하는가?	**가치 흐름** 어떤 인센티브/가치 흐름이 액터들에게 에코시스템에 흥미를 가지도록 하는가?	**경쟁(현재 대안)** 현재 존재하고 미래에 존재하게 될 대안은 무엇인가? 위험요소는 무엇인가? 액터들이 성장을 실현하기 위해 선택할 수 있는 다른 옵션은 무엇인가?
가치 제안 고객/사용자, 특정 대상 그룹, 세그먼트에 대한 가치 제안은 무엇인가?	**핵심 가치 제안** 에코시스템의 가치 제안은 무엇인가?		**가치 제안** 시스템에 참여하는 액터, 특정 역할 또는 개별 액터에 대한 가치 제안은 무엇인가?

관련 액터의 확인 및 정의

기존 또는 미래 비즈니스 에코시스템의 모든 액터에 대한 정의는 기능을 더 잘 이해하고, 각 액터와 역할이 원하는 가치 제안의 실현에 적합한지 평가하는 시스템을 구성하는 데 필요하다. 액터가 계획된 에코시스템에 참여하는 동기가 얼마나 높은지 분석하는 것도 중요하다. 이미 알고 있다면 이 역할을 맡을 수 있는 회사가 이 단계에서 언급될 수 있다.

관련 액터에 대한 설명은 비즈니스 성장을 위한 디자인 씽킹 팀이 다음을 수행하는데 도움이 된다:

- 에코시스템의 잠재적 액터와 그들의 역량에 대하여 개괄적으로 파악할 수 있다;
- 기존 파트너십을 활용하여 기술, 제안 및 기타 자산에 빠르게 접근이 가능한지 확인한다;
- 정의된 핵심 가치 제안에 대한 액터의 적합성과 관련하여 초기 평가를 수행한다;
- 액터가 에코시스템에 미칠 수 있는 영향을 평가한다.

절차 및 템플릿:

기존 에코시스템의 모든 현재 역할 또는 새로운 에코시스템 구축과 관련된 역할에 대한 브레인스토밍 세션으로 시작한다. 주어진 정보를 가지고 관련된 액터를 설명한다. 누락된 정보는 나중에 조금씩 보완될 수 있다. 각 액터/역할에 대한 설명 또는 답변을 위해 DIN A4 시트의 템플릿을 사용한다: "정의된 에코시스템에 참여하는 액터의 장점과 단점은 무엇인가?" 추가 질문은 시스템에 참여하려는 액터의 동기를 평가하거나 각 액터가 다른 역할에서 얼마나 많은 영향을 미칠 수 있는지 알아보는 데 도움이 된다. 시스템의 잠재적 액터와의 역할극과 같은 도구를 사용하여, 이후 액터와 내용을 확인하고 다듬어간다(250페이지 참조).

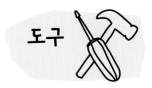
도구

비즈니스 에코시스템 디자인의 간단한 규칙: 이점이나 그에 상응하는 재정적 인센티브가 없으면, 액터는 시스템에 대해 열광하지 않을 것이다! 비즈니스 에코시스템에서 액터가 얻을 수 있는 다른 혜택의 예시:

혁신의 혜택

효율성 강화

분석과 데이터 품질 강화

빠른 확장

새로운 가치 제안의 일부

새로운 기술 활용

데이터와 지적재산(IP)에 접근

재능과 자원에 접근 강화

새로운 터치 포인트와 고객 접근

기존 주요 고객 접근

?
…

?
…

템플릿: 액터의 역할 설명

액터의 기능/역할
액터는 어떤 역할이나 기능을 맡는가?

예시
어떤 회사가 그러한 역할을 맡을 수 있는가?

참여 동기
액터가 정의된 에코시스템에 참여하는 주된 동기는 얼마나 높은가?

=?

가치 제안과의 호환성 정도 (강함, 중립, 약함)
액터와 가치 제안의 공존 가능성과 목표 이미지의 달성 정도는 어느 정도인가?

+	0	-

시기
어느 시점부터 액터가 필요한가? 어느 가치 제안의 부분에 액터가 필요한가?

MVP   MVE   Expansion stage 1   ...

시장 지배력(강함, 중립, 약함)
액터는 에코시스템에 얼마나 많은 영향을 미치는가?

+	0	-

각 액터별 장단점 분석
액터가 정의된 에코시스템에 참여하는 장단점은 무엇인가?

+   -

액터의 가치 기여
액터는 어떤 가치를 기여할 수 있는가?

?

액터의 현재 비즈니스 모델
액터의 현재/주요 비즈니스 모델은 무엇인가?
액터는 오늘날 어떻게 돈을 벌고 있는가?

BUSINESS MODEL

시스템의 잠재적 액터를 기반으로 한 역할극

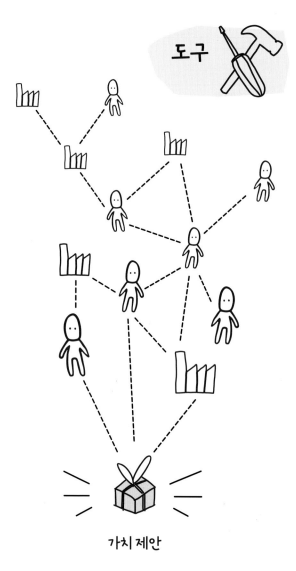

액터에 대한 설명을 기반으로 한 역할극은 다른 관점을 이해하는데 도움이 된다. 또한 가치 제안의 맥락에서 또는 비즈니스 에코 시스템의 전체 목표 이미지를 배치하는데 도움이 된다. 가치 제안의 전달과 다른 액터들과의 거리는 그들이 각각의 경우에 얼마나 체계적으로 관련되어 있는지를 보여준다. 각 팀 구성원은 역할극을 통해 한 두 명의 액터를 표현하고 자신의 견해를 밝힐 수 있다.

역할극은 비즈니스 성장을 위한 디자인 씽킹 팀이 다음을 수행하는데 도움이 된다:

- 모든 액터(팀 구성원의 연기)의 입장에 대한 가정 또는 검증된 내용을 경청한다;
- 팀원들과 액터에 대한 지식을 공유하고 토론을 시작한다;
- 해당 액터가 에코시스템에 적합한지 질문한다;
- 가치 제안 액터들이 얼마나 가깝거나 멀리 떨어져 있는지 확인한다;
- 누락된 기술 또는 액터를 확인한다.

절차:

1. 각 팀 구성원은 정의된 액터 중 한 명의 역할을 맡는다(첫 번째 단계에서 최대 12개의 역할 할당). 가치 제안은 공간의 한 가운데에 기록한다. 액터는 중요도에 따라 그룹화되거나 회의실의 다른 액터 및 가치 제안과의 직간접적인 관계에 따라 그룹화된다.
2. 각 팀원(=액터)은 자신의 역할, 장점 및 단점과 이 직책을 맡은 이유에 대해 설명한다. 토론의 결과 가치 제안에 대한 액터의 입장이 바뀔 수 있다. 새로운 액터를 추가하거나 거리를 변경할 수 있다.
3. 역할극을 통해 발견한 사항은 각 액터에 대한 설명에 통합되어 다음 단계에서 에코시스템의 생성 또는 반복적인 발전을 지원한다.

가치 제안

에코시스템 지도의 디자인 변형

에코시스템 디자인 팀이 진행하는 현재 및 잠재적 액터에 대한 설명과 역할극 세션을 통해 비즈니스 에코시스템 지도에 액터를 더 쉽게 배치할 수 있다. 대부분의 비즈니스 에코시스템 이니셔티브의 경우, 고객의 관점과 관련된 가치 제안에서 일관되게 생각하는 것이 올바른 접근 방식이다. 고객을 가장 중심에 둔다. 각각의 원은 액터와 고객 간의 거리와 가치 제안 생성에 직접적으로 기여하는 것의 중요도를 나타낸다. 원의 수는 시스템의 복잡성에 따라 달라진다. 초기 고려 사항의 경우 2개 또는 3개의 원으로 충분하므로 액터, 오케스트레이터 및 공급자를 신속하게 배치할 수 있다.

에코시스템 지도의 디자인 변화를 만들어내는 것은 비즈니스 성장을 위한 디자인 팀이 다음을 수행하는데 도움이 된다:

- 기존 조사 결과, 액터 및 역할을 배치한다;
- 새로운 지도 생성 또는 기존 에코시스템의 적응을 위해 역동적이고 민첩한 작업 방식을 확립한다;
- 여러가지 변형과 시나리오를 시각화, 논의 및 평가한다;
- 시스템, 해당 액터 및 잠재적 공급자에 대한 전반적인 관점을 확보한다. 예) 기술 구성 요소용

절차 및 템플릿:

1. 큰 테이블 위에 전지를 두고 모든 팀원이 에코시스템 지도를 잘 볼 수 있도록 한다.
2. 전지내 공간을 나눈다(핵심 가치 제안과 연관성에 따라). 종이 위에 원을 그리고 액터를 배치한다.
3. 개별 액터를 에코시스템 지도에 배치한다.
4. 비즈니스 에코시스템의 제시된 변형에서 비즈니스 에코시스템 팀 또는 액터의 공동 가치창출의 일부에 대해 토론한다. 비즈니스 에코시스템 팀과의 토론 또는 비즈니스 에코시스템 상에서 제시된 변형에 따른 액터에 대한 공동 가치창출의 일부이다.

도구

현재의 에코시스템

새로운 에코시스템을 위한 반복 작업

또는

그린필드 접근

251

예시

현재 시스템 (실제 상태) 또는 그린필드 접근

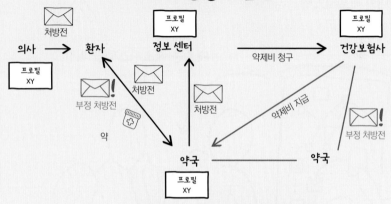

에코시스템의 (리)디자인

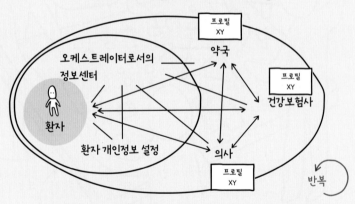

새롭게 최적화된 에코시스템의 변형

프로토타입1	프로토타입2	프로토타입3
+ 장점 - 단점	+ 장점 - 단점	+ 장점 - 단점

템플릿, 에코시스템 지도

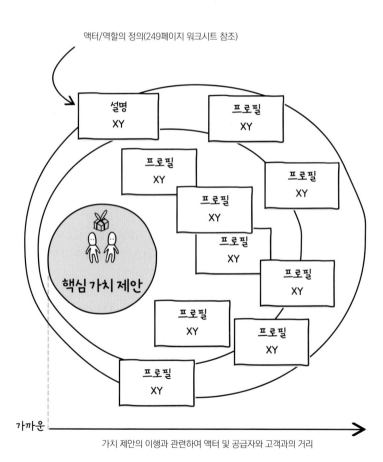

액터/역할의 정의(249페이지 워크시트 참조)

가까운 → 가치 제안의 이행과 관련하여 액터 및 공급자와 고객과의 거리

가치 흐름의 정의

가치 흐름을 정의할 때 기본 아이디어는 그 특성과 지속성으로 인해 비즈니스 에코시스템 전체가 서로 독립적으로 비즈니스를 수행하는 개별 액터의 합보다 더 많은 가치를 창출한다는 것이다. 가치 흐름에 대한 기존의 관점에서 가치 창출은 점점 더 늘어간다. 즉, 각 액터는 일반적으로 원가 가산 방식을 기반으로 특정 투자 수익율을 보장한다. 비즈니스 에코시스템에서 액터는 시스템 전체에 참여함으로써 가치를 창출한다. 고객/사용자는 에코시스템 또는 시스템의 개별 액터와 상호 작용한다(구성에 따라 다름).

가치 흐름의 정의는 비즈니스 성장을 위한 디자인 씽킹 팀이 다음을 수행하는데 도움이 된다:

- 모든 액터가 개별적으로 만든 ROI의 합보다 더 높은 투자 수익을 생성하는 기능 시스템을 디자인한다;
- 에코시스템 자본을 생성할 수 있는 관계 네트워크를 디자인한다;
- 제품, 서비스 및 돈의 단순한 교환을 넘어선 시스템을 가진다;
- 시스템이 실행 가능한 방식으로 가치 흐름의 상호 작용을 구성한다.

절차 및 템플릿:

가치 흐름의 논의 초기에는 기존 비즈니스 에코시스템 지도를 사용할 수 있으며, 대안으로 관련 시스템의 개요를 작성할 수도 있다(255페이지의 가치 흐름 데이터 참조). 가치 흐름은 두 가지 버전 모두를 작성한 다음 논의할 수 있다. "가치 흐름 지도" 템플릿을 사용하면 가장 중요한 가치 흐름을 설명하고, 가치 흐름이 결실을 맺는 액터 간의 상호 작용을 입증하기 위해 상황점검(실적 조사)을 수행할 수 있다. 복잡한 프로젝트 및 주요 에코시스템 이니셔티브의 경우 디지털 도구를 사용해야 한다. 예) trdent.com(www.tr3dent.com) 소프트웨어. 이러한 프로그램은 많은 수의 액터와 가치 흐름의 매핑이 가능하도록 지원한다.

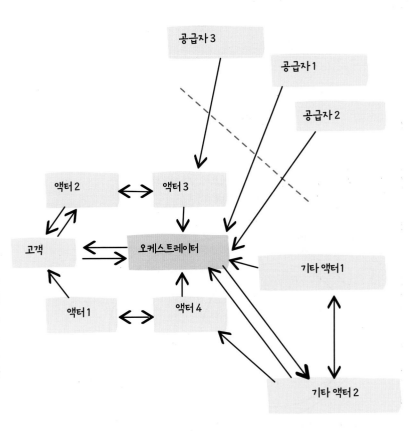

템플릿: 가치 흐름 지도

가치 흐름의 유형
에코시스템과 관련된 가치 흐름의 유형은 무엇인가?

예: 서비스, 돈, 정보, 데이터, 혁신/IP, 무형 자산

표현
가치 흐름은 어떤 방식으로 표현되는가?

일반적인 가치 흐름
일반적인 가치 흐름(특정한 종류)은 액터 간, 오케스트레이터 간 또는 고객과의 직접적인 관계에 있어서 어떻게 보이는가?

하위 시스템의 개별 가치 흐름 또는 전체 에코시스템 지도의 시각화
에코시스템 지도에 액터 간에 가치 흐름이 어떻게 흐르는지 표시

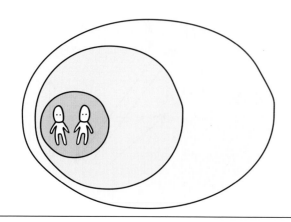

가치 흐름의 정의에서 데이터 에코시스템의 확장된 관점으로의 서브 시스템

많은 비즈니스 에코시스템에서 데이터는 빠르고 민첩한 혁신을 보장하는 윤활유와 같다. 이를 통해 비즈니스 에코시스템 및 해당 액터와 함께 가치 흐름을 구성하고 추가 수익 창출을 허용하는 데이터 에코시스템 형태의 서브 시스템이 만들어질 수 있다.

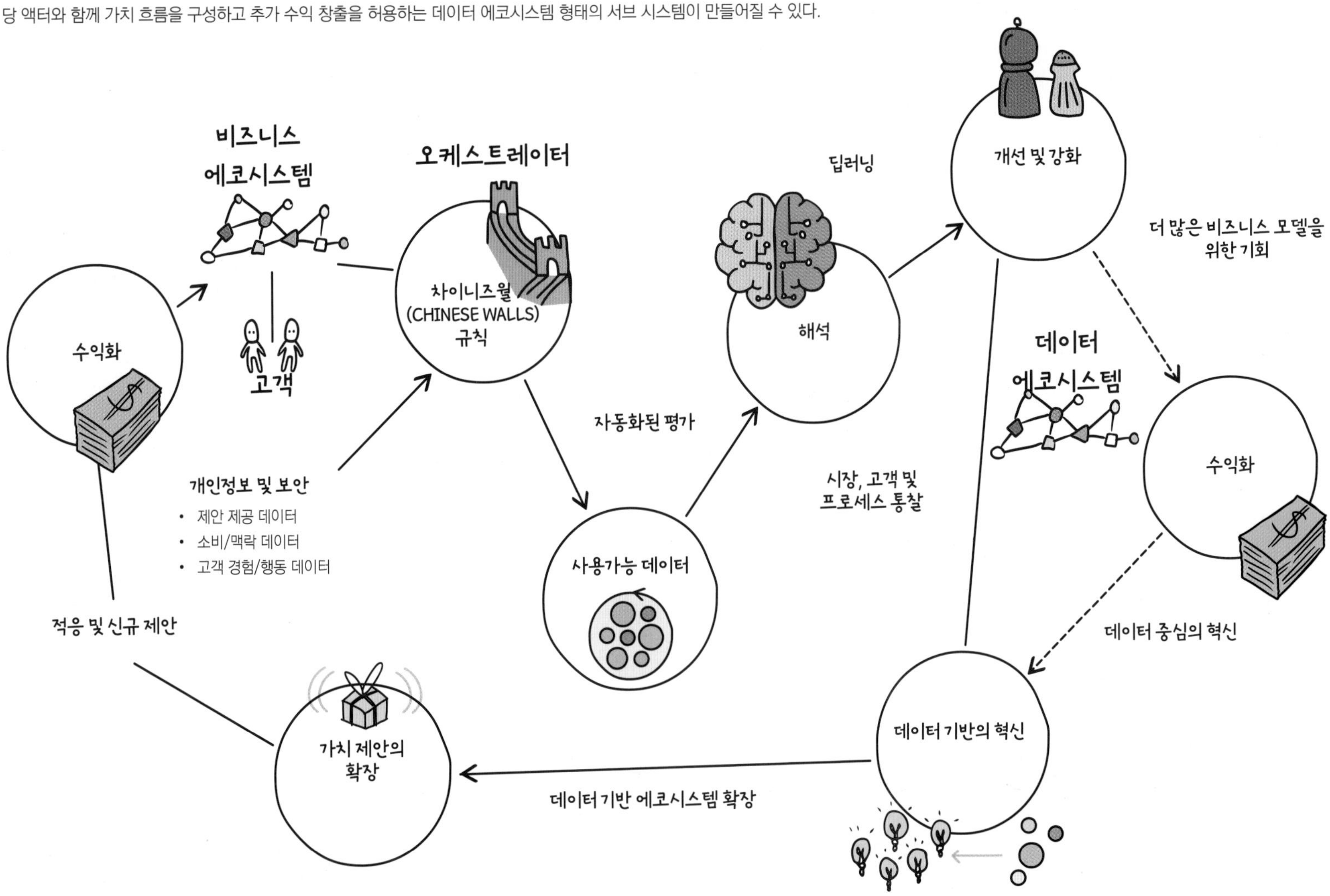

비즈니스 에코시스템

오케스트레이터

개선 및 강화

딥러닝

더 많은 비즈니스 모델을 위한 기회

수익화

고객

차이니즈월 (CHINESE WALLS) 규칙

해석

데이터 에코시스템

수익화

개인정보 및 보안
- 제안 제공 데이터
- 소비/맥락 데이터
- 고객 경험/행동 데이터

자동화된 평가

시장, 고객 및 프로세스 통찰

사용가능 데이터

적응 및 신규 제안

가치 제안의 확장

데이터 기반의 혁신

데이터 중심의 혁신

데이터 기반 에코시스템 확장

*차이니즈 월(Chinese walls): 이해 충돌로 이어질 수 있는 정보 또는 통신의 교환을 방지하기 위해 설계된 조직 내의 정보 장벽 프로토콜 (위키백과 참고)

에코시스템을 위한 수익 모델 탐색

실제 비즈니스 에코시스템을 위한 수익 모델 디자인에는 다양한 접근 방식이 있다. 최신 모델들은 고유한 고객 경험, 다양한 시장 액터의 협력 및 신규 또는 변화하는 고객 니즈에 대응하는 지속적인 이노베이션 사이클을 기반으로 한다. 우버(Uber), 리프트(Lyft) 및 에어비앤비(Airbnb)와 같은 디지털 플랫폼은 주문형 모델을 사용한다. 세일즈포스(Salesforce)와 넷플릭스(Netflix)는 주로 구독 모델을 제공한다. 페이스북과 구글은 광고 및 광고 지원 모델에 의존하는 반면, 알리바바와 아마존은 진화 단계에서 100% 전자상거래 모델에서 새로운 디지털 모델로 이전했다. 100% 디지털 모델 외에

하이브리드 모델은 텐센트(Tencent)와 같은 비즈니스 에코시스템에서 사용된다. 다른 많은 모델과 함께 에코시스템 오케스트레이터는 결제 영역(위챗 페이)뿐만 아니라 물리적인 부분과 디지털 서비스를 제공하는 O2O(online-to-offline) 비즈니스의 촉진자 형태를 결합시켰다. 그리고 온라인 쇼핑은 에코시스템 상에서 텐센트의 파트너와 통합된 서비스를 제공한다(JD.com). 수익 창출의 범위는 기술 수수료, 프리미엄 서비스 수수료, 제3자 액세스 수수료, 데이터 수수료의 수익 모델에 이르기까지 다양하다.

최신 모델의 속성

- 더 낮고 유연한 비용 기반
- 자동화를 활용하여 탁월한 운영 우수성 달성
- 제안 연결 및 교차 보조금을 통한 가격 인하로 경쟁 우위
- 시행착오 문화에서 빠른 학습
- 고객 경험 및 고유한 가치 제안에 집중
- 액터 간의 역동적이고 네트워크화된 협업
- 중개자의 사전 제거
- 에코시스템의 부가가치 디지털 요소 제공

비즈니스 에코시스템 디자인에서 비즈니스 모델의 확장된 관점

실제 비즈니스 에코시스템에 대한 비즈니스 모델을 정의하는 것 외에도, 선도적인 에코시스템 이니시에이터와 오케스트레이터는 시스템에 관련된 액터를 위해 가능한 비즈니스 모델을 디자인한다. 결국 비즈니스 에코시스템 자본은 액터와 그들의 부가가치 활동과의 연결을 통해서만 생성될 수 있다. 따라서 기존 비즈니스 모델 고려 사항을 확장하고 목적, 기술, 리더십, 전략적 예측 및 시장 역학과 함께 에코시스템의 관점을 포함하는 것이 좋다. 에코시스템 관점은 주로 관련된 모든 액터에게 원원 상황을 생성하는 것을 의미한다.

비즈니스 모델의 다차원적 관점(액터)

에코시스템 비즈니스 모델 (이니시에이터/오케스트레이터)

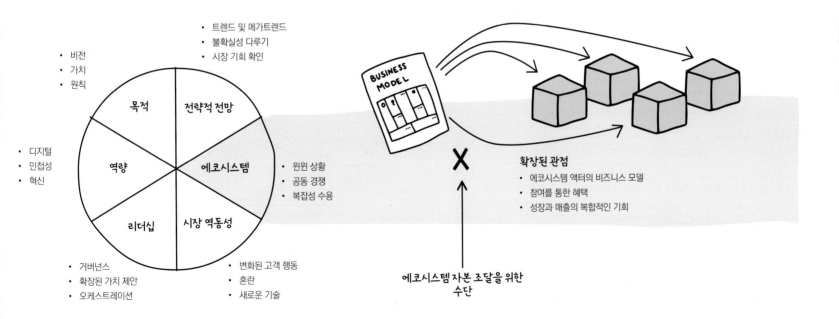

- 비전
- 가치
- 원칙

- 트렌드 및 메가트렌드
- 불확실성 다루기
- 시장 기회 확인

- 디지털
- 민첩성
- 혁신

목적 / **전략적 전망** / **역량** / **에코시스템** / **리더십** / **시장 역동성**

- 원원 상황
- 공동 경쟁
- 복잡성 수용

- 거버넌스
- 확장된 가치 제안
- 오케스트레이션

- 변화된 고객 행동
- 혼란
- 새로운 기술

BUSINESS MODEL

X

에코시스템 자본 조달을 위한 수단

확장된 관점
- 에코시스템 액터의 비즈니스 모델
- 참여를 통한 혜택
- 성장과 매출의 복합적인 기회

비즈니스 모델의 다차원적 관점

이전 도구에서 설명한 바와 같이 비즈니스 에코시스템의 비즈니스 모델을 디자인하는 것은 비즈니스 에코시스템에서 이니시에이터와 오케스트레이터의 핵심 임무이다. 에코시스템의 모든 액터가 어떻게 돈을 벌 수 있는지 생각하는 것 또한 그 만큼 중요하다. 잘 계획된 비즈니스 에코시스템은 각 개별 액터에게 긍정적인 참여 기회를 제공할 뿐만 아니라, 그들은 또다른 가능성을 활용하여 수익을 창출할 수 있는 방법을 알려준다. 오케스트레이터에 의해 통제되지 않는 더 큰 시장을 여는 것이 에코시스템의 목적이라면 수익에 대한 요소는 더욱 중요해진다.

따라서 이니시에이터와 오케스트레이터는 전체(전체 에코시스템의 목표)를 확인하는 작업을 수행해야 한다. 비즈니스 모델에 대한 다차원적 관점은 이니시에이터와 오케스트레이터로서 자신뿐만 아니라 전체를 위한 기회를 정의하는 전략 및 비즈니스 모델을 개발하는데 도움이 된다.

비즈니스 모델에 대한 다차원적 관점은 비즈니스 성장을 위한 디자인 씽킹 팀이 다음을 수행하는데 도움이 된다:

- 큰 그림을 놓치지 않고, 자신의 비즈니스 모델 디자인을 우선적으로 고려하지 않는다;
- 잠재적 액터들이 비즈니스 에코시스템의 일부가 되도록 설득하기 위해 더 많은 근거를 찾는다;
- 기존 가치 흐름이 보다 포괄적인 고려 사항에 충분한지 확인한다;
- 잠재적인 에코시스템 자본에 대한 종합적인 관점을 가진다;
- 가치 제안을 확장하기 위해 추가 아이디어와 가능성을 탐색한다.

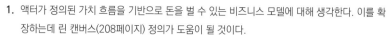

절차:

비즈니스 모델의 다차원적 관점을 위하여 2개의 단계로 진행한다.

1. 액터가 정의된 가치 흐름을 기반으로 돈을 벌 수 있는 비즈니스 모델에 대해 생각한다. 이를 확장하는데 린 캔버스(208페이지) 정의가 도움이 될 것이다.
2. 각 액터/역할의 관점을 가정한다. 액터가 에코시스템의 서비스를 기반으로 추가 수익을 만들어낼 수 있는 방법을 스스로에게 자문해본다. 예) 특정 기술 및 기능, 고객 액세스, 지역적 존재, 물리적 위치 또는 특정 핵심 기술의 노하우.

   초기 비즈니스 모델과 확장된 비즈니스 모델은 결과적으로 특정 역할, 특정 액터 및 오케스트레이터/이니시에이터에게 모든 기회를 제공한다.

아마존 B2B 클라우드 서비스

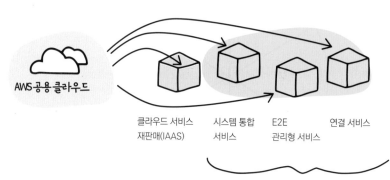

클라우드 서비스   시스템 통합   E2E   연결 서비스
재판매(IAAS)   서비스   관리형 서비스

추가 비즈니스 모델에 대한 다양한 가능성(비즈니스 모델에 따라 5~10가지 요소의 누적 수단)

비즈니스 모델
에코시스템

에코시스템에서 액터 1의 비즈니스 모델의 다차원적 관점

에코시스템에서
액터 1의 비즈니스 모델

에코시스템 (리)디자인의 일부로서 공동 가치창출

시스템의 공동 가치창출은 다양한 액터가 가치 제안을 제공하기 위해 협력하는 비즈니스 에코시스템상에서 복잡한 문제 정의를 구조화하고, 적응 가능하게 하며, 실현 가능한 변화를 만드는 데 도움이 된다. 공동 가치창출은 비즈니스 에코시스템에 대한 다양한 관점을 다루고자 할 때 필요하며, 비즈니스 에코시스템의 초기 디자인뿐만 아니라 다른 액터와 함께 그러한 시스템을 리디자인하는 데 적합하다.

공동 가치창출은 비즈니스 성장을 위한 디자인 씽킹 팀이 다음을 수행하는데 도움이 된다:

- 에코시스템 지도의 다양한 액터와 시스템에 대해 논의한다;
- 변화의 영향에 대해 직접적으로 논의한다;
- 비즈니스 에코시스템 디자인의 투명성을 보장한다;
- 개별 액터의 니즈를 더 잘 이해한다;
- 가치 제안 및 가치 흐름에 대한 변화의 영향을 인식한다.

공동 가치창출의 절차:

비즈니스 에코시스템 지도의 첫 번째 대상 이미지에서 시작하여, 시스템에 있는 모든 사람의 상황에 대한 가능한 개선 사항을 찾는다. 개선 사항은 다음과 같은 문장으로 표현할 수 있다.
"활동 시스템의 결과는...이다" 그리고 나서 예를 들어, 효과의 대상 변환에 대한 입/출력으로 표현되는 아이디어로 이어진다. 문장은 무엇을, 누구에 의해 그리고 어떤 목적으로 변형되는지를 정의한다. 다양한 질문과 관점의 변화가 프로세스를 지원한다.

고객

외부 인력

공동 가치창출

전문가

디자인 원칙,
프레임워크 및 도구

정의: 디자인 원칙, 마인드세트, 목적	질문과 관점	역할과 책임의 명확화	협업	실현
• 무엇을 함께 할 것인가? • 목표는 무엇인가?	• 에코시스템의 목적을 달성하기 위해 답이 필요한 질문은 무엇인가? • 어떤 정보와 통찰이 필요한가?	• 누가 무엇에 기여하는가? • 누가 어떤 작업을 맡을 것인가?	• 어떤 시나리오가 있는가? • 어떤 이점이 있는가? • 다른 옵션이나 더 나은 아이디어가 있는가? • 비슷한 마인드세트가 있는가?	• 초기 MVE를 함께 구현하려면 어떻게 해야 하는가? • 가치 제안은 어떻게 실현될 수 있는가? • 요구사항은 무엇인가?

MVE의 프로토타입, 테스트 및 개선

MVE는 초기 기술 구성 요소를 가치 제안 및 디자인된 가치 흐름과 통합한다. 이는 고객에게 제공되는 제품이나 서비스보다 훨씬 더 복잡한다. 고객에게 부가가치를 함께 제공하는 MVE에는 여러 액터가 필요하다. "생존가능(viable)"은 시스템의 각 역할에 대한 액터가 있으므로 시스템을 테스트할 수 있다는 것을 의미한다. 검증은 그것이 기술적으로 작동하고 액터와 고객이 약속된 혜택을 얻는다는 것을 보여준다. MVE는 시스템이 생존가능하고, 그에 따라 성장할 수 있으며, 최상의 시나리오에서는 시간이 지남에 따라 확장될 수 있다는 증거이다.

MVE는 비즈니스 성장을 위한 디자인 씽킹 팀이 다음을 수행하는데 도움이 된다:

- 에코시스템의 핵심 가치 제안과 특정 액터/역할에 대한 개별 가치 제안을 검증한다;
- 정의된 가치 흐름이 원하는 제안을 생성하는지 여부를 테스트한다;
- 참여 역할/액터의 기술, 혜택 및 협력 의지에 관한 가정을 테스트한다;
- MVP 또는 MVP 조합의 여러 시나리오 및 구현을 테스트하여 초기에 전체적인 에코시스템 제안을 생성한다;
- 에코시스템의 비즈니스 모델과 비즈니스 모델의 다차원적 관점에 대한 가정을 테스트, 측정 및 개선한다.

절차:

MVE를 실현하려면 관련 MVP/MMF(일반적으로 초기 전체 제안에 필요한 개별 구성 요소 선택)가 필요하다. 최소한 한 명의 액터와 정의된 수의 고객이 시스템의 각 역할에 참여해야 한다. MVE의 목표와 기본 가정은 투명한 방식으로 전달되어야 한다. 액터들은 초기 단계에서 개선 사항과 아이디어를 제공하도록 권장된다. 고객은 각각의 개선 루프에 긴밀하게 함께 하고 참여해야 한다.

MVE를 위한 8가지 황금 룰

1. 디자인 씽킹과 시스템 씽킹을 결합한다.
2. 트렌스포메이션뿐만 아니라 시스템이 어떻게 진화하는지 생각한다.
3. 생물학적 생태계의 작동에서 영감을 얻는다.
4. 고객, 액터 간의 관계, 기술 등 모든 수준에서 생각한다.
5. 각 개별 액터의 혜택을 고려하는 것부터 시작하여 가치 흐름을 사용하여 액터의 생존가능성을 보여준다.
6. 여러 비즈니스 모델 고려 사항의 복잡성을 수용하고, 다른 액터의 관점을 가정한다.
7. 선순환 루프, 검증 루프, 실현 루프, 실험 루프를 기반으로 에코시스템의 구현을 시작한다.
8. 최소 버전에서 작동하지 않는 경우 시스템을 조정한다.

최종 MVE

최종 MVE는 프로토타입이나 실험 그 이상이다. 이것은 실제로 시스템의 최소한의 구현이며 점차적으로 확장된다. 이 청사진은 비즈니스 에코시스템 디자인이 생존가능하고 가치를 생성하는 관련 시스템을 만들어냈다는 증거다. 최종 MVE를 기반으로 특정 역할에 추가 액터가 더해지거나, 핵심 가치 제안이 완료되고, 점진적으로 확장될 수 있다.

최종 MVE는 비즈니스 성장을 위한 디자인 씽킹 팀이 다음을 수행하는 데 도움이 된다:

- 작동하는 시스템의 청사진을 얻는다;
- 효율적인 구성을 사용하여 초기 가치를 생성하고 고객에게 처음으로 부분 제안을 제공한다;
- 가치 제안의 단계적 확장을 위한 토대를 마련한다;
- 전통적인 접근 방식과 달리 대안적이고 민첩한 경로를 선택한다. 먼저 모든 기능과 경험이 구축되고, 시범 운영되며, 이를 기반으로 출시를 계획한다.

절차:

1. 시장에 MVE를 출시하고, 선정한 기능과 경험이 처음부터 고객에게 WOW! 효과를 주는지 확인한다. 초기 단계에서 제안을 전달하기 위해 액터의 협업을 조정한다.
2. 시장의 모멘텀을 활용하여 에코시스템의 점진적 확장에서 대안적 개발 경로를 지속한다. 에코시스템의 확장을 위한 방법과 도구를 사용한다(268페이지 이하 참조).
3. 추가적인 혁신 및 네트워크 효과를 위해 모든 액터의 잠재력을 최대한 활용하고, 기하급수적 성장을 실현한다. 제안을 지속적으로 조정 및 확장하고 신규 또는 신규 고객 니즈에 신속하고 구체적으로 대응한다.

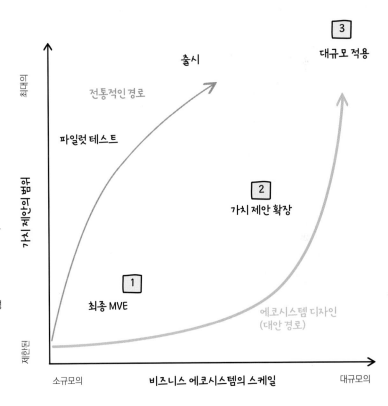

실현에서 가장 흔한 디자인 오류

최종 MVE는 추가 성장 단계의 기초를 구성한다. 잘 디자인된 비즈니스 에코시스템은 매력적이며 새로운 액터를 확보하여 에코시스템 자본을 증가시킨다. 야심찬 에코시스템 계획은 처음부터 "블랙 오션" 전략을 목표로 한다. 그들은 핵심 가치 제안으로 올바른 추진력을 제공하고, MVE의 시장 출시를 빠르고 효과적으로 초기화할 수 있는 거버넌스 구조를 가지고 있다. 종종 유사한 에코시스템 이니셔티브가 특정 주제 영역에 대해 지역이나 국가에서 나타난다. 개별 이니셔티브에 대한 자세한 분석은 대부분의 경우, 비즈니스 에코시스템 디자인이 상세하게 고려되지 않았다는 것을 드러내고, 결국 성공 가능성을 떨어뜨린다.

비즈니스 에코시스템 초기화에서 가장 흔하게 발생하는 오류는 다음과 같다;

- 신규 또는 변경된 고객 니즈에 대한 집중 부족;
- 약한 핵심 가치 제안;
- 비즈니스 에코시스템의 잘못된 구성;
- 비즈니스 에코시스템을 조율하는데 있어 거버넌스 구조와 기술 부족;
- 비즈니스 에코시스템의 목표에 대한 잘못된 비즈니스 모델;
- 비즈니스 모델의 다차원적 관점을 위한 노력 부족;
- 에코시스템 이니셔티브의 느린 구현과 확장 단계의 구현에서 잘못된 리더십 접근.

Henderson Institute(2020)에서 실시한 설문 조사에 따르면 비즈니스 에코시스템 실패의 주요 원인(85%)은 취약한 비즈니스 에코시스템 디자인 때문이었다. 조사한 이니셔티브의 15%만이 구현 오류로 인해 무산되었다. 거버넌스 영역에서는 기존의 사고 방식을 극복해야 하기 때문에, 전통적인 기업은 외부에 개방하고 그에 수반되는 투명성을 수용하는 데 어려움을 겪는다.

다음을 실행한다면 빈번한 디자인 오류를 피할 수 있다:

- 디자인 씽킹과 고객의 문제로 시작한다;
- 초기 MVP를 실현하고, 매력적인 가치 제안을 생성한다;
- MVE 구현까지 다양한 루프를 통해 비즈니스 에코시스템을 디자인한다;
- 시스템에 맞는 거버넌스의 형태와 적절한 에코시스템 리더십 접근 방식에 주의를 기울인다.

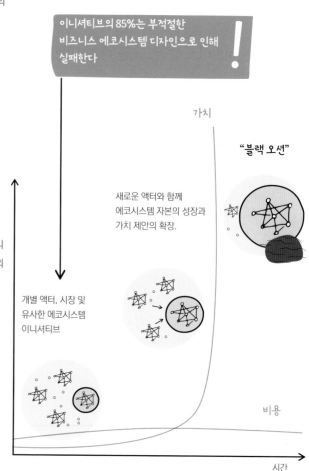

이니셔티브의 85%는 부적절한 비즈니스 에코시스템 디자인으로 인해 실패한다 !

가치

"블랙 오션"

새로운 액터와 함께 에코시스템 자본의 성장과 가치 제안의 확장.

개별 액터, 시장 및 유사한 에코시스템 이니셔티브

비용

시간

에코시스템 전략 및 비즈니스 모델 고려 사항의 기초로 가치 창출, 전달 및 포착 접근 방식

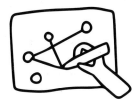

비즈니스 에코시스템 구성과 관련된 활동은 '어디에서 플레이할 것인가'와 '어떻게 성공할 것인가'에 대한 정의가 아주 중요하다. 가치 창출, 전달 및 포착으로 구성된 작동하는 시스템만이 지속 가능한 성공을 이룰 수 있다.

왜 비즈니스 에코시스템이
필요한가?

비즈니스 에코시스템은
어떻게 구성되어야 하는가?

비즈니스 에코시스템이 성장하려면
무엇이 필요한가?

가치창출

가치전달

가치확보

Step 1: 디자인 씽킹 및 린 스타트업

- 비즈니스 에코시스템의 디자인, 초기화 또는 그에 참여함으로써 발생하는 시장 기회에 대한 인식을 높인다.
- 예측, 미래 페르소나의 개념 그리고 네트워크화 되거나 역동적인 접근 방식의 성공적인 청사진을 사용한다.
- 고객 경험을 재정의하고 고유한 가치 제안을 생성한다.

Step 2: 구성

- 가치 전달을 위해 디지털 인에이블러 기술을 활용한다.
- 인지 기술 및 데이터 플랫폼을 포함하도록 활동을 확장한다.
- 민첩하고 네트워크화 된 조직 개발을 위해 다학제적 융합팀의 아이디어를 적용한다.
- 비즈니스 모델의 고려 사항에서 하이브리드 모델을 사용한다.
- 활용(EXPLOIT) 또는 탐험(EXPLORE) 중 어디에 중점을 두어야 하는가?

Step 3: 스케일

- 기하급수적 성장을 오케스트레이션 한다.
- 수익성 있는 성장을 위한 가능한 수단을 파악한다.
- 액터/주주에게 지속 가능한 수익을 얻을 수 있는 기회를 보여준다.
- 가치 흐름, 고객 경험의 민첩한 조정 및 핵심 가치 제안의 확장을 위한 구조, 거버넌스 및 자유를 확립한다.

에코시스템 디자인은 공유 가치 제안, 가치 흐름, 시스템의 다양한 액터에 대한 혜택, 특히 개별 액터가 맡는 역할과 비전을 고도화하기에 좋다.

최종 MVE까지의 반복적인 절차는 적은 노력과 비용으로 새로운 시스템의 실행 가능성을 테스트할 수 있게 한다. 각 디자인 루프를 통해 시스템과 해당 액터의 상호 작용이 향상된다.

조사 결과는 모든 비즈니스 모델의 고려 사항뿐만 아니라 최종 MVE에 대한 적응을 수행하고, 해결책과 시스템의 구현 계획 및 확장 활동을 정의하는 데 사용된다.

최종 MVE는 시스템에서 역할 당 최소의 활동주체로 최대 효율성을 달성하는 것을 목표로 한다.

에코시스템 디자인에서 스케일링으로의 전환

관점	OUTPUT: #3 에코시스템 디자인 최소 생존가능 에코시스템	ACTIONS: #4 스케일 구현 및 성장
목적	디자인 렌즈의 모든 수준에서 검증(구현가능성, 적용가능성 및 가치 향상가능성) 원칙: 시스템에서 역할 당 최소 수의 액터로 최대 효율성 달성	디자인 렌즈의 모든 수준에서 시스템 검증(구현가능성, 매력도, 리듬감) 원칙: 신속하고 효율적인 성장을 위한 네트워크 및 자물쇠(lock-in) 효과 활용
초점	모든 액터와 (테스트) 고객이 참여하여, 작동하는 비즈니스 에코시스템을 테스트하기 위한 기반으로 MVP를 사용	새로운 고객을 신속하게 유지하기 위해 최신 기술, 엔드-투-엔드(end-to-end) 자동화 및 메커니즘 사용에 중점
특징	정의된 가치 제안 측면에서 고객을 위한 최소한 하나의 핵심 경험에 필요한 모든 경험과 기능	시스템의 다른 액터와 함께 이를 통한 고객 니즈, 공-진화 및 혁신에 기반한 기능 및 경험의 점진적인 구축
대상 그룹	비즈니스 에코시스템 구축 및 검증을 위한 시스템에서 액터와의 상호 작용 및 공동 가치창출	가치 제안의 개선 및 확장을 위한 고객의 상호 작용 및 데이터 전체 에코시스템을 최적화하기 위해 시스템의 다른 액터와 공동 가치창출
기존 시스템	작동하는 비즈니스 에코시스템의 초기 검증	성장 동인, 측정 및 다양한 고객 채널 검증
피드백 타입	MVE 범위 내에서 가치 흐름, 고객 인터페이스, 데이터 및 알고리즘에 대한 피드백	고객 피드백 및 전체 시스템 성능에 정의된 KPI
가능한 디자인	경험이나 기능 형태로 된 가치 제안 또는 그 일부의 디자인을 위한 구성 요소의 상호 작용	4가지 디자인 렌즈의 모든 기능을 활용; 최첨단 정보 기술 및 확장 가능한 인프라의 사용; 종단간 자동화
고객 혜택	MVE의 액터로부터 검증된 가치 제안 제공	새로운 니즈에 따른 고객 혜택의 점진적 확대
전체 디자인 주기의 생성 시간	검증된 액터와 가치 흐름의 상호 작용; 수행된 비즈니스 모델의 다차원적 관점; 비즈니스 에코시스템의 비즈니스 모델이 알려짐; 이니시에이터 또는 시스템의 다른 액터에 의한 자금 조달; 위험 증가	시장에서 확립된 초기 경험, 기능 및 특징; 시장에 알려져 있고 고유한 가치 제안; 새로운 고객 니즈를 통해 실현된 시장의 다른 참가자의 혁신
테스트	가치 제안 및 관련 서비스, 가치 흐름 및 액터의 상호 작용에 대한 테스트; 고객 인터페이스 확인	새로운 기능, 채널 및 확장된 가치 제안 테스트; 선도 사용자 및 극단적 사용자를 대상으로 한 테스트
매출	(테스트) 고객과 함께 작동하는 에코시스템에서 발생할 수 있는 초기 수입	자물쇠(lock-in) 효과와 고객을 위한 명확한 부가가치를 제공하는 성공적인 비즈니스 모델

렌즈 #4

스케일

SCALE

스케일 소개

MVE가 구현된 후 에코시스템의 확장에는 각각 다른 시간이 소요된다. 가치 제안 및 시장 영역에 따라 몇 개월 또는 몇 년이 걸릴 수도 있다. 어떤 경우에는 에코시스템의 영향을 제한적으로 받을 수 있지만, 확장에 필요한 종속성이 존재한다. 비즈니스 에코시스템의 확장은 가장 큰 도전 과제 중 하나이다. 기하급수적 성장을 생각한다는 것은 성장을 보장해야 한다는 것을 의미한다(예: 6개월마다 고객 기반 성장을 두 배로 증가).

그러나 유념할 것은 이러한 성장을 위한 기존 구성 요소, 역량 및 네트워크의 연결을 최대한 활용하기 위해 자신의 비즈니스 모델을 어떻게 중단시킬 수 있는지에 대하여 깊이 생각해야 한다는 것이다. 기하급수적 성장의 규모는 비즈니스 에코시스템의 유형, 지역 범위 및 가치 제안이 정의된 대상 그룹에 따라 다르다. 기하급수적 성장을 생각한다면 보다 익숙한 비즈니스 모델 고려 사항에서 알려진 것과 근본적으로 다른 질문과 목표가 필요하다. 대부분의 비즈니스 모델은 선형적으로 성장을 계획하고 이익을 늘리거나 비용을 줄이도록 설계되었다(예: 1년 안에 15%까지). 성공적으로 확장하려면 기하급수적 성장을 생각할 수 있는 용기, 즉 현재 가치의 5, 8, 10보다 큰 폭의 성장을 다룰 수 있는 용기가 있어야 한다. "10x"라는 용어는 종종 기하급수적 성장에 사용된다. 기하급수적 성장 전략을 성공적으로 활용하는 비즈니스 에코시스템은 일반적으로 비즈니스 모델 및 성장 측면에서 패러다임의 전환을 거쳤다. 마인드세트는 조직으로서 빠르게 학습하고 최대의 고객 혜택을 달성하는데 맞춰져 있다. 회사의 경계를 넘어 함께 일하는 애자일 팀에서 추가적인 개발과 파괴적인 혁신이 수행된다. 책임은 명확하게 정의되어 있지만 역할과 직무 이름은 계속 변경된다. 거버넌스는 엄격한 규칙보다는 기하급수적 성장을 위한 플레이북으로 구성된다. 개별 관리 작업은 다기능 방식으로 수행된다.

확장되는 비즈니스 성장 이니셔티브에 대한 생각은 다차원적 비즈니스 모델을 구축하고, 동시에 애자일 디자인 렌즈를 통해 반복적으로 개발된 가치 창출 전략을 중심으로 구조화된 비즈니스 성장 마인드세트에 대한 디자인 씽킹을 수용한다.

대표적인 활동

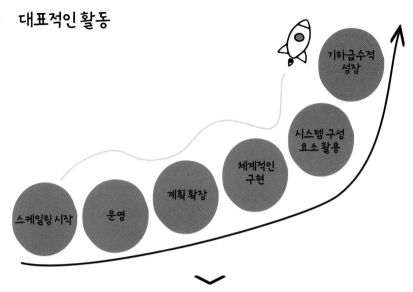

확장 가능한 비즈니스 모델과 함께 기하급수적 성장에는 적절한 형태의 거버넌스와 확장 가능한 IT가 필요하다.

적절한 방법과 도구

스케일에 대한 주요 질문

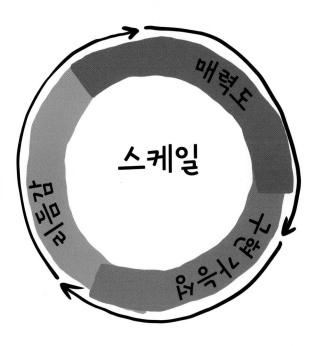

매력도

- 어떠한 기본적인 니즈가 해결되는가?
- 에코시스템에서 고객을 어떻게 유지할 수 있는가?
- 거래 빈도를 어떻게 높일 수 있는가?
- 고객과의 상호 작용에서 선호하는 경험은 일일, 월간, 연간 중 어떤 것인가?
- 새로운 제안 개발에 가장 높은 부가가치를 제안하는 고객과 세그먼트의 데이터 포인트는 무엇인가?
- 가치 제안은 어떻게 증가되고 고객에게 의미 있는 방식으로 전달될 수 있는가?

리듬감

- 프로세스, IT 및 분석 요구사항과 성장에 맞추기 위해 어떤 활동이 필요한가?
- 고객 상호 작용에 도움이 되는 알고리즘은 무엇인가?
- 시스템의 다른 액터와 협력하여 디지털 이니셔티브를 개발, 구현, 확장하려면 어떤 기술이 필요한가?
- 각각의 최소 생존가능성에 중점을 두고 많은 고객에게 새로운 제품, 서비스 및 경험을 제공하기 위해 어떻게 하면 핵심적인 특징을 두 배로 늘릴 수 있는가?

구현가능성

- 사용된 기술은 미래에 대비할 수 있는가?
- 인에이블러 기술을 사용하여 자동화를 개선할 수 있는가?
- 인공지능, 머신러닝 및 딥러닝으로 더 많은 고객에게 기능을 제공할 수 있는가?
- 기술 구성 요소, 알고리즘 또는 전체 인프라를 추가 B2C 및 B2B 서비스에 사용할 수 있는가?
- 역동적인 변화에 적합한 역량과 기술 전문성이 구축되고 있는가?

기하급수적 성장 및 스케일 캔버스

에코시스템 액터의 활용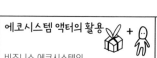

비즈니스 에코시스템의
규칙 내에서 어떤 액터가 혁신하는가?

확장 가능한 프로세스, IT, 데이터 분석

프로세스, IT 및 분석을 요구사항과 성장에
맞추려면 어떤 활동이 필요한가?

에코시스템 문화와 네트워크 효과

다학제적 융합팀 아이디어로 회사 간 협업
을 어떻게 실현할 수 있는가? 네트워크 효
과는 에코시스템의 성장을 위해 어떻게 사
용될 수 있는가?

가치 제안의 확장

해결할 수 있는 기타 요구사항 및 고객의
문제는 무엇인가?
가치 제안은 어떻게 확장되는가?
경험이란 무엇이며 어떤 기능이 제공되
는가?
데이터 포인트와 알고리즘에서 어떤 새로
운 제안을 도출할 수 있는가?

고객 기반 및 커뮤니티 구축

고객 수, 상호 작용 및 시스템의 연결을 늘
리기 위해 어떤 메커니즘과 방법이 사용
되는가?

디지털, 물리적, 하이브리드 터치 포인트 활용

어떤 채널이 필요한가? 데이터를 기반으
로 옵티 채널 전략을 어떻게 개발할 수 있
는가?

많은 사람들의 문제 해결

고객은 누구인가? 세그먼트 고려 사항이
변경되었는가?
새로운 니즈와 대상 그룹은 어떻게 다루
어지는가?

최적화된 비용 구조

예를 들어, 사용자 획득 비용을 생성된 평생 가치보다 낮게 유지할 수 있는 방법은 무엇인가?

확장된 가치 흐름

고객이 보상하는 새로운 가치 흐름은 무엇인가?
어디에 지불할 의향이 있는가? 번들, 교차 판매 또는 연쇄 판매 옵션은 어디에 있는가?

기하급수적 성장과 스케일 캔버스

에코시스템 액터의 활용 **7** P. 279	확장 가능한 프로세스, IT, 데이터 분석 **5** P. 277	가치 제안의 확장 **2** P. 273	고객 기반 및 커뮤니티 구축 **3** P. 274	많은 사람들의 문제 해결 **1** P. 272

INPUT FROM LENS #3

에코시스템 문화와 네트워크 효과

6 P. 278

디지털, 물리적 및 하이브리드 터치 포인트 활용

4 P. 275

최적화된 비용 구조   **8** P. 280   확장된 가치 흐름

기하급수적 성장 캔버스는 개별 단계와 사용된 도구 및 방법의 결과를 문서화하는데 도움이 된다.

방법 및 도구 키

1. 많은 문제 해결
2. 가치 제안의 확장
3. 프로세스 및 IT 확장
4. 고객 커뮤니티 구축
5. 터치 포인트 활용

6. 에코시스템 문화와 네트워크 효과
7. 시스템의 다양한 액터 활용
8. 최적화된 비용 구조 및 확장된 가치 흐름

워크툴킷 다운로드
https://en.business-ecosystem-design.com/scale

많은 사람들의 문제 해결

다양한 인에이블러 기술을 통해 많은 고객에게 다가갈 수 있다. 그들은 주로 사회적 접촉(페이스북)이나 모빌리티(우버)에 대한 욕구와 같은 기본적인 니즈를 다룬다. 핵심 기능을 기반으로 비즈니스 에코시스템은 제품을 확장하고, 기존 경험과 기능(우버잇츠 UberEats, 우버모토 UberMoto 등)을 기반으로 한다. 비즈니스 에코시스템에서 성공적이고 확장 가능한 제품은 네 가지 유형의 니즈 즉, 기능적, 감성적, 삶을 변화시키는, 사회에 더 큰 영향을 미치고자 하는 니즈를 포괄하는 기본 요소와 가치를 제공한다. 가치 제안에 포함된 요소가 많을수록 고객 충성도가 높아지고, 에코시스템이 기하급수적으로 성장한다.

"많은 사람들을 위해 해결할 수 있는 문제는 무엇인가?"라는 질문은 비즈니스 성장을 위한 디자인 씽킹 팀이 다음을 수행하는데 도움이 된다:

- 명확하게 정의된 니즈를 기반으로 가치 제안을 발전시킨다;
- 로봇공학 및 자동화와 같은 새로운 기술이 고객을 위한 기능적 부가 가치를 창출하는데 도움되는 부분을 확인한다;
- 인에이블러 기술과 함께 딥러닝, 머신러닝 및 인공지능의 방법을 사용한다.

절차:

1. 기여: 제품, 서비스, 기능 또는 경험이 반복적으로/매일 사용되도록 보장하는 니즈는 무엇인가?
2. 커뮤니티: 커뮤니티를 위한 부가가치는 어떻게 생성되는가? 그리고 고객 커뮤니티는 어떻게 비즈니스 에코시스템에 부가가치를 창출하는가?
3. 데이터: 고객에 대한 어떤 데이터를 사용할 수 있는가? 가치를 창출하는 알고리즘 및 자동화된 프로세스에 대한 데이터는 어떻게 수집할 수 있는가?
4. 구현 및 홍보: 제안이 어린이와 노인이 이해할 수 있을 정도로 단순한가?

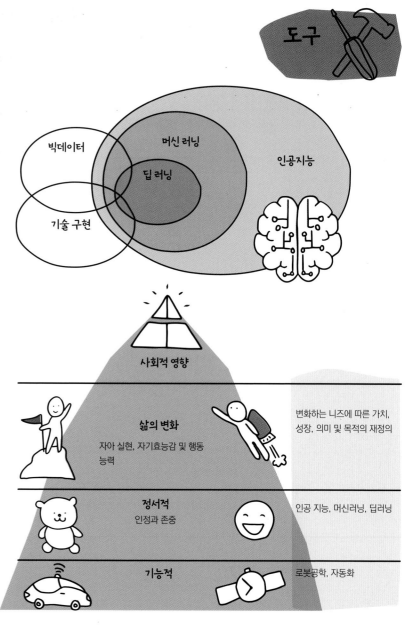

가치 제안의 확장

많은 경우 가치 제안을 확장하려면 더 많은 디지털화 단계, 새로운 기술 거버넌스의 개념이 필요하다. 확장은 실제 비즈니스 에코시스템의 디자인과 유사한 단계를 따른다. 기존 가치 제안이 디지털화되어 제공되는 에코시스템의 일부가 되거나, 새로운 고객 니즈에 따라 경험과 기능이 추가된다. 가치 제안을 확장할 때는 관련 액터가 비즈니스 에코시스템의 혁신에 기여할 수 있는지 확인하는 것이 중요하다. 그들에게도 역동적인 변화에 따라 자신의 역할을 조정할 수 있는 기회가 주어져야 한다. 오케스트레이터의 임무는 규칙의 한계에서도 액터가 활동할 수 있도록 필요한 자유를 제공하는 것이다. 예를 들어, 새로운 고객의 행동이나 니즈의 반복이 관찰된다면, 이를 빠르고 반복적으로 테스트하여 제안을 확장하고, 이것이 추가적인 가치 제안의 일부가 되도록 해야 한다. 이러한 방법으로 성공적인 오케스트레이터는 비즈니스 에코시스템에서 "활용, 혁신, 확장"의 형태로 비즈니스 에코시스템의 활동을 제어한다. 이 시점에서 사이클은 디자인 씽킹, 린 스타트업, 비즈니스 에코시스템의 (리)디자인의 첫 번째 단계로 돌아간다.

가치 제안의 확장은 비즈니스 성장을 위한 디자인 씽킹 팀이 다음을 수행하는데 도움이 된다:

- 전체 비즈니스 에코시스템을 위해 지속 가능한 성장을 실현한다;
- 기존 고객과 신규 고객을 에코시스템에 더욱 밀접하게 연결한다;
- 항상 고객에게 초점을 맞추면서 MVP를 통해 제안을 점진적으로 확장한다;
- 시스템의 모든 액터를 혁신 활동으로 통합한다.

절차:

1. 첫 번째 제안 활용;
2. 탐험을 통한 혁신;
3. 제안의 확장.

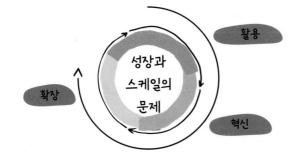

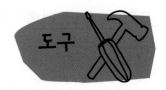

"임대, 구매, 주택"의 에코시스템

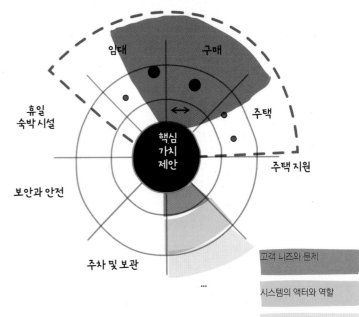

고객 니즈와 문제

시스템의 액터와 역할

주제 영역

주요 사항

새로운 주제 영역으로의 확장

동일한 기술/역할/제안을 가진 더 많은 액터로 확장, 예: 부동산 포털 또는 은행

시스템의 새로운 액터와 역할

⟷ 기존, 추가 및 새로운 가치 제안에 대한 추가 고객 니즈 확인, 예: 계약, 이사, 평가

고객 기반과 커뮤니티 구축

기하급수적으로 성장하려는 비즈니스 에코시스템은 고객 지원에 의존하며 성공, 결과 및 경험을 공유하는 커뮤니티를 구축하기 위한 전략을 고민해야 한다. 커뮤니티의 터치 포인트가 다양할수록 더 많은 성장을 실현할 수 있다. 이러한 채널은 바이럴 판매 및 마케팅에 널리 사용된다. 고객은 훅(Hook) 프레임워크와 함께 최상의 시나리오에서 에코시스템 제안에 가능한 한 오래 머무르고, 다른 소셜 미디어를 통해 경험을 공유하여 새로운 고객을 가치 제안으로 끌어들인다.

"성장 루프 및 훅" 모델의 사용은 비즈니스 성장을 위한 디자인 씽킹 팀이 다음을 수행하는데 도움이 된다:

- 신규 및 재방문 고객/사용자 확보를 포함하여 다양한 형태의 기하급수적 성장을 실현한다;
- 스스로 성장하는 시스템을 구축한다;
- 성장 비용을 낮춘다;
- 고객 및 사용자와 반복적인 상호 작용을 구축한다.

절차:

절차적 모델은 먼저 Nir Eyal이 만든 "훅 모델"로 구성되며, 다음 단계와 같다:

트리거 ⟨–⟩ 행동 ⟨–⟩ 보상 ⟨–⟩ 투자

이는 "성장 루프"에 반영되며, "트리거"와 "행동"은 두 루프에서 유사하다. 그리고 다음 단계로 이어진다.

신규 고객 ⟨–⟩ 결과

행동과 관련하여 "성장 루프"에는 잠재 고객/사용자가 가치 제안에 익숙해지도록 하는 외부 행동이 필요하다. 대조적으로, "훅 모델"은 습관을 형성하는 것을 목표로 한다.

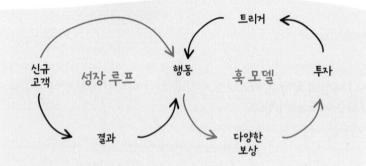

트리거: 사용자가 행동하도록 유도하는 내부 또는 외부 넛지.

행동: 고객은 제품, 서비스 또는 경험 측면에서 원하는 행동을 수행한다.

보상: 고객의 니즈가 충족됨과 동시에 제품, 서비스 또는 경험에 반복적으로 참여하려는 욕구가 증가한다.

투자: 미래 보상에 대한 기대와 고객이 에코시스템의 제안에 계속 참여해야 하는 이유, 이 두 가지로 구성된다.

신규 고객: 고객이 결과물에 참여하고 제품, 서비스 또는 경험을 시도해 보기로 결정한다.

결과: 에코시스템 및 현재 고객을 기반으로 외부에서 인식되는 외부 결과

확장 가능한 프로세스, IT, 데이터 분석

기술은 비즈니스 에코시스템에서 일상적인 활동과 제안을 지속적으로 분석하고 이를 자동화하여 전통적인 가치 사슬을 파괴하는데 도움이 된다(= 비즈니스 에코시스템의 지속적인 리디자인). 예를 들어 아마존은 꽤 오랫동안 로봇을 사용해 상품을 보관하고 꺼냈으며 드론으로 상품을 배송하는 미래를 실현해 가고 있다. 마찬가지로 아마존은 비즈니스 고객에게 클라우드 컴퓨팅 서비스를 제공하는 전략적 옵션이 주요 수익원이 될 것이라는 것을 일찍부터 파악했다. 컴퓨팅 인프라에 대한 액세스 서비스를 제공하는 아마존 웹 서비스(AWS)는 2006년에 출시되었다. 현재 이 서비스는 아마존의 성장에 60%를 기여하고 있다.

프로세스 자동화, IT 및 데이터 분석에 중점을 두는 것은 비즈니스 성장을 위한 디자인 씽킹 팀이 다음을 수행하는데 도움이 된다:

- 디지털 기술을 이해하고 에코시스템에 미치는 영향을 평가한다;
- 이러한 기술을 사용하는 역량을 구축하고 IT, 프로세스 및 인프라의 확장에 도움이 되도록 구성한다;
- 다른 회사, 신생 기업 및 기술 회사의 참여를 위해 명확하게 정의된 거버넌스 및 프로세스를 수립한다;
- 파트너 및 기술 구성 요소의 선택을 위해 이해할 수 있는 성과 측정 방법과 결정 요소를 도입한다.

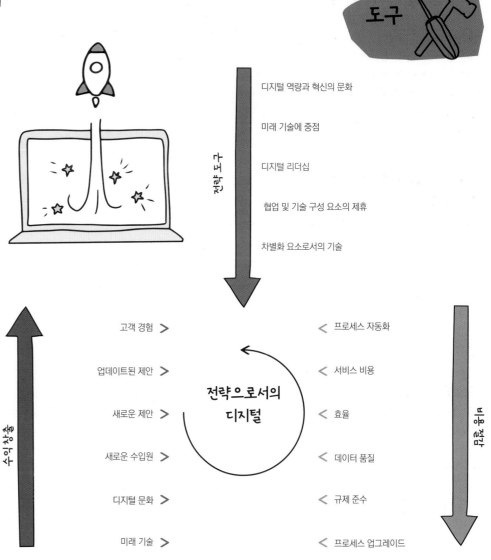

도구

전략 도구

- 디지털 역량과 혁신의 문화
- 미래 기술에 중점
- 디지털 리더십
- 협업 및 기술 구성 요소의 제휴
- 차별화 요소로서의 기술

수익 창출

비용 절감

전략으로서의 디지털

고객 경험 >	< 프로세스 자동화
업데이트된 제안 >	< 서비스 비용
새로운 제안 >	< 효율
새로운 수입원 >	< 데이터 품질
디지털 문화 >	< 규제 준수
미래 기술 >	< 프로세스 업그레이드

디지털, 물리적 및 하이브리드 터치 포인트 활용

기하급수적 성장이 가능해지기 전, 하이브리드 및 디지털 세계에서 비즈니스 에코시스템으로 상호 작용이 가능하도록 디지털 성숙도가 달성되어야 한다. 물리적 상호 작용과 디지털 상호 작용의 조합은 신뢰를 핵심 요소로 여기는 제안에 특히 중요하다. 고객이 만들어낸 콘텐츠와 외부 네트워크 효과로 강화된 콘텐츠는 에코시스템의 확장을 돕는다. 성공적인 비즈니스 에코시스템은 이러한 전략을 고객 확보의 원동력으로 사용한다. 예를 들어 "웨이즈(Waze)" 교통 앱은 GPS 데이터를 고객의 실시간 교통 정보와 연결하며, 기본적인 게이미피케이션을 사용하여 프로세스를 더 재미있고 흥미롭게 만든다. 또한 경로를 따라 주유소, 레스토랑 및 DIY/잡화상 등에 대한 실제 정보가 제공된다. 북미에서 웨이즈는 통근자들에게 가장 인기 있는 앱 중 하나이다.

디지털, 물리적 및 하이브리드 터치 포인트 활용은 비즈니스 성장을 위한 디자인 씽킹 팀이 다음을 수행하는데 도움이 된다:

- 물리적 세계에서 점진적으로 디지털 세계로 제안을 전환한다;
- 필요에 따라 최적의 고객 상호 작용을 매핑한다(멀티 채널 vs. 옴니 채널 vs. 옵티 채널 참조);
- 디지털 상호 작용의 데이터를 분석하고 사용한다;
- 대량 맞춤화 범위 내에서 맞춤화되고 준비된 고객을 위한 제안을 제공한다;
- 데이터 기반 방식으로 혁신한다.

절차:

1. 물리적 세계에서 정보를 수집하여 물리적 상호작용과 가치 사슬에 대한 디지털 기록을 생성한다.
2. 고객을 압도하는 멀티 채널을 통해 선택권을 제공하는 대신 고객의 니즈에 가장 적합한 채널을 제공한다.
3. 기계는 정보를 교환하기 위해 서로 통신하며, 이를 통해 고급 분석, 시각화 및 다양한 소스의 실시간 데이터를 사용하여 맞춤화 및 데이터 기반 혁신을 가능하게 한다.
4. 디지털 및 물리적 세계에서 고객과의 상호 작용과 관련된 의사 결정 및 조치를 가능하게 하는 알고리즘 및 자동화의 적용이 가능하다.

도구

2 **하이브리드 세계**

예를 들어, 최고의 고객 경험을 위한 옵티 채널 전략 사용

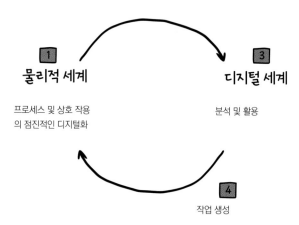

1 **물리적 세계**

프로세스 및 상호 작용의 점진적인 디지털화

3 **디지털 세계**

분석 및 활용

4

작업 생성

멀티 채널 vs. 옴니 채널 vs. 옵티 채널

많은 기업이 여전히 멀티 채널 및 옴니 채널의 개념으로 어려움을 겪고 있지만, 기하급수적으로 성장하는 에코시스템은 이미 옵티 채널을 향한 진화 단계에 이르고 있다. 이러한 접근방식은 스케일링을 위한 핵심 구성 요소 중 하나이기 때문이다. 이미 옴니 채널 활동을 통해 데이터를 수집한 기업은 새로운 기술(인공지능, 빅데이터 분석, 머신러닝)로 고객과의 상호작용을 개별화하고, 고객의 니즈와 선호도에 맞는 옵티 채널을 제공할 수 있다.

예시

멀티 채널	옴니 채널	옵티 채널

AI

- 다양한 채널 제공(이메일, 홈페이지, 채팅)
- 인터넷과 점점 더 디지털화되는 고객 행동에 기반

- 다양한 채널의 원활한 통합
- 고객 여정을 통한 채널 최적화

- 에코시스템 여정의 일부로 가능한 최상의 고객 상호 작용 제공
- 채팅 및 음성 봇 사용
- 고객과의 맞춤형 상호작용
- 감성 인공지능의 미래 활용

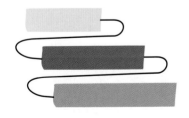

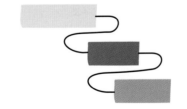

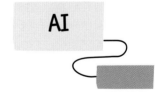
AI

진화

네트워크 효과와 에코시스템 문화

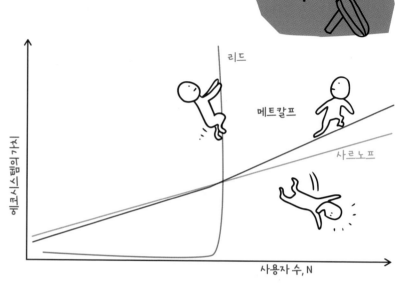

네트워크 효과는 확장과 기하급수적 성장의 핵심이다. 성공적인 비즈니스 에코시스템은 리드의 법칙(Reed's law)에 기반한 전략을 사용한다. 이러한 시스템은 네트워크의 크기(n)에 비례하여 성장할 수 있지만, 일반적으로 다른 그룹보다 값(V)이 더 빠르게 확장되는 그룹이 형성된다. 이는 그들 사이의 다른 상호 관계를 기반으로 발생한다. 중앙집중식 비즈니스 네트워크는 사르노프(Sarnoff)의 법칙을 기반으로 한다. 여기서 네트워크의 값(V)은 네트워크의 크기(n)에 비례하여 커진다. 많은 플랫폼이 메트칼프(Metcalfe)의 법칙에 따라 작동한다. 여기서 값(V)은 네트워크 크기(n)의 제곱에 비례한다.

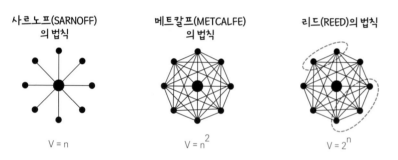

사르노프(SARNOFF)의 법칙

$V = n$

메트칼프(METCALFE)의 법칙

$V = n^2$

리드(REED)의 법칙

$V = 2^n$

다학제적 융합팀 기반의 에코시스템 문화

자신의 회사에서 또는 시스템의 다른 액터와 함께 비즈니스 성장 이니셔티브를 위한 디자인 씽킹에 참여하는 직원은 가능한 한 네트워크로 작업하여 통찰과 경험을 교환하고 교류해야 한다. 비즈니스 에코시스템이 요구하는 개방된 문화 속에서, 직원과 팀이 신속하고 정확한 결정을 내리기 위해 해야 할 일을 자율적으로 수행할 수 있다면 기하급수적 성장이 가능해진다 오늘날 많은 기업과 에코시스템 이니셔티브가 팀즈(Teams), 줌(Zoom), 뮤랄(Mural) 또는 기타 협업 플랫폼과 같은 소프트웨어를 사용하여 자발적인 협업을 지원하고, 물리적, 하이브리드 및 가상 공간에서 네트워크의 출현을 촉진하고 있다.

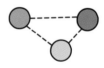

명확한 역할과 책임이 있는 유연한 조직 구조.

모든 것을 과도하게 분석하는 대신 행동하는 데 초점을 맞춘 회의와 협업을 위한 새로운 형식.

팀과 개별 직원을 위한 더 큰 자율성. 이는 직원들이 스스로 문제를 해결하고 형식적인 절차를 피할 수 있어야 함을 의미한다.

성장하는 에코시스템과 조직 구조를 지속적으로 발전시키는 고유한 의사 결정 프로세스.

에코시스템에서 다양한 액터의 활용

많은 기하급수적인 비즈니스 모델은 비즈니스 에코시스템에서 다양한 액터들의 색다른 조합을 기반으로 한다. 대부분의 경우 서로 다른 산업 분야의 다양한 유형의 회사가 협력하여 가치 제안을 함께 실현하고 통합된 가치의 혜택을 누린다. 드론 회사 매터넷(Matternet)과 메르세데스-벤츠(Mercedes-Benz)가 이에 대한 좋은 예이다. 이들 기업은 제품 조달 및 배송 방식을 변경하고, 더 쉬운 배송을 위한 에코시스템 컨셉으로 통합 배송 해결책

을 디자인하기 위해 힘을 모았다. 중앙집중식 디지털 플랫폼에서 에코시스템으로의 전환은 기하급수적인 성장 기회에 박차를 가한다. 비즈니스 에코시스템의 꾸준한 변화 역학으로서의 공-진화 과정은 데이터와 기술/역량뿐만 아니라 참여 액터의 기타 자원을 기반으로 한다.

공-진화의 관점은 비즈니스 성장을 위한 디자인 씽킹 팀이 다음을 수행하는데 도움이 된다:

- 필요한 자원과 기술을 스스로 구축할 필요는 없지만, 적절한 액터와 함께 에코시스템에서 점진적으로 발전시켜 나간다;
- 자본 집약적 프로젝트 및 자산을 구매해야 할 경우 더 많은 부담을 가지지만 이러한 부담을 분산한다;
- 일반적인 행동의 변화를 확립한다. 즉, 자체적으로 모든 기능을 구축하려고 시도하는 대신 비즈니스에 시스템에서 가치 제안을 실현할 가능성을 모색한다.

절차:

1. 새로운 시장 기회, 고객 문제 또는 비효율성 확인
2. 트랜스포메이션과 핵심 이슈:
   공-진화: 무엇이 발전하고 있는가? /누가 그것에 기여하는가?
   메커니즘: 어떻게 발전하는가?
   전략/거버넌스: 진화를 어떻게 조율해야 하는가?
3. 통합 자원을 포함하여 실현 및 단계별 구현. 시장과 고객에 접근하는 혁신과 새로운 방식을 실현하기 위한 데이터, 정보 및 지침 원칙의 지속적인 교환.

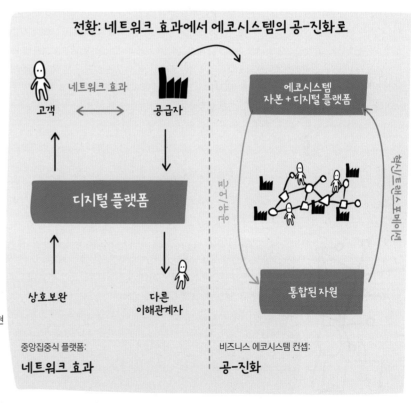

전환: 네트워크 효과에서 에코시스템의 공-진화로

고객 ←→ 공급자 / 네트워크 효과

디지털 플랫폼

상호보완 / 다른 이해관계자

에코시스템 자본 + 디지털 플랫폼

통합된 자원

핵심 /E 랜스포메이션

공-진화 /역 동성

중앙집중식 플랫폼:
네트워크 효과

비즈니스 에코시스템 컨셉:
공-진화

최적화된 비용구조 및 확장된 가치 흐름

비용을 최적화하고 가치 흐름을 확장하기 위해서는 비즈니스 에코시스템에서 전체적이지만 맞춤화 된 개념이 필요하다. 그러나 비용 관리가 비즈니스 에코시스템의 성장을 절대 방해해서는 안 된다. 비즈니스 에코시스템 이니셔티브의 성장을 위해서는 "+ 긍정적인" 비용, 즉 미래의 기하급수적 성장을 촉진하는 비용이 유지되는 반면 "- 부정적인" 비용은 전략적인 비용 절감 조치를 통해 줄이는 것이 중요하다. 이를 달성하기 위해 포트폴리오 선택, 필요한 기술, 조직 및 거버넌스 모델 설정 그리고 우수한 운영 주제와 관련된 다양한 조치를 취할 수 있다.

절차:

가치 흐름을 확장하기 위한 다양한 옵션이 있으며 시스템에 개별적으로 적용할 수 있다. 가능한 방법 중 한 가지는 별도의 빅 데이터 에코시스템에서 발생하는 가치 흐름으로의 확장이다. 데이터를 집계하고 데이터 시장에서 익명으로 사용할 수 있게 함으로써 더 많은 가치 흐름을 실현할 수 있다. 많은 에코시스템에서 데이터는 데이터 기반 신제품, 서비스, 기능 및 경험의 개발을 가능하게 하는 윤활유와 같다. 그 외에도 대량 맞춤화 및 제3자 데이터 제공의 가능성이 있다(관련 법률 및 규정 준수). 비즈니스 에코시스템에 재정적으로 관여하는 액터는 종종 데이터에 대한 액세스 권한이 있는 반면, 다른 액터는 액세스 권한이 제한되거나 액세스 권한을 구매할 필요가 있다. 비즈니스 에코시스템의 성공적인 이니시에이터는 액터를 확보하거나, 고객 및 거래의 중요한 데이터에 액세스하기 위해 기업의 대다수 지분을 보유한다.

도구

WHAT?

| 제안 포트폴리오의 역동적 개발 | 제로 베이스 역량 |

WHERE?

| 운영 모델 | 기술과 인프라 소싱 | 터치 포인트 최적화 (옵티 채널) |

HOW?

| 프로세스 우수성 & 자동화 | 미래 업무 방식 | 조직적인 디자인과 에코시스템 리더십 | 디지털 전략 | 비즈니스 에코시스템 디자인 |

예시

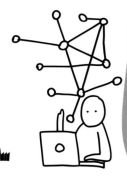

데이터 기반 비즈니스 모델은 기존 서비스와 디지털 서비스에서 얻은 통찰과 비즈니스 에코시스템의 제안을 결합한다. 이러한 비즈니스 모델의 비중은 꾸준히 증가하고 있다. 2020년에는 그 증가세가 상당히 두드러졌다. COVID-19 및 봉쇄 조치로 인해 온라인 회의는 점점 더 많아지고 새로운 서비스가 추가되었다. 또한 추가 최적화나 연구 개발 비용을 줄이기 위해 디지털 트윈이 증가했다.

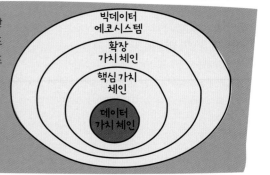

빅데이터 에코시스템 / 확장 가치 체인 / 핵심 가치 체인 / 데이터 가치 체인

선형적 성장에서 기하급수적 성장으로의 전환

관점	표준 절차 (선형적 성장)	비즈니스 에코시스템 스케일링의 일부로서 선행 사례 (기하급수적 성장)
디지털 전략	차별화를 촉발하고 경쟁 우위를 실현하는 데 도움이 되는 전문성 개발 및 에코시스템 전략의 구현을 위한 인에이블러로서의 기술에 대한 인식	오케스트레이터는 디지털 에코시스템을 이루기 위해 이니셔티브 이후 명확한 전략적 목표와 열망에 주목 시스템의 다른 액터들과 협력하여 디지털 이니셔티브를 개발 및 구현하기 위한 기술 보유
미래 기술에 집중	비즈니스 에코시스템에서 사용하기 위한 기존 및 신생 기술 분석 새로운 기술을 조기에 테스트하고 혁신, 원가절감, 성장 가능성을 확인하는 능력 배양	디지털 기술을 이해하여 에코시스템에 미치는 영향을 평가할 수 있는 능력 보유 이러한 기술을 사용하고 IT, 프로세스 및 인프라의 확장에 도움이 되도록 구성할 수 있는 능력 보유
디지털 리더십	핵심 프로세스를 넘어서는 기술적 전문성을 수평적으로 구현 기술 결정에 관한 책임을 에코시스템 팀에 명확하게 할당	기술 및 혁신을 위한 다기능 팀과 지부 구성 비즈니스 에코시스템의 다른 액터와 긴밀한 협력을 통해 디지털 기술의 연구 및 사용을 위한 특별 혁신 연구소
디지털 역량과 혁신 문화	디지털 영역에서 직원의 기술 향상에 중점 실현 가능한 개선 기회를 달성하기 위해 조직 내에서 그리고 다른 액터와 함께 개방형 혁신의 일환으로 혁신적인 아이디어를 수집하여 디지털화를 통해 구현	선정된 스타트업 에코시스템과 긴밀한 협력; 데이터 분석, 인공지능 또는 기타 기술 분야의 문제 정의를 위한 해커톤 개최 직원 및 기타 이해관계자가 새로운 과제를 해결하고 혁신하며, 새로운 인에이블러 기술을 지능적으로 사용하도록 동기를 부여하는 환경
협업 및 제휴 기술 구성 요소	시장의 새로운 플레이어가 스타트업 또는 비즈니스 에코시스템으로서 파괴적으로 운영된다는 인식 디지털화 계층 및 특정 API를 시장의 인터페이스로 확장하기 위해 잘 알려진 기술 제공업체와의 협업에 중점	다른 회사, 스타트업 및 기술 회사의 참여를 위해 명확하게 정의된 거버넌스 및 프로세스 파트너 및 기술 구성 요소 선택을 위한 포괄적인 성과 측정 및 결정
차별화 요소로서의 기술	기술을 사용하여 경쟁자와 차별화 가장 신뢰할 수 있는 제휴 관계 구축	기술을 마스터하고 벤치마킹하는 능력 차별화는 주로 각 기술이 사용되는 뛰어난 혁신과 고객 경험의 실현에 맞춰져 있음

비즈니스 에코시스템을 스케일링하고 기하급수적 성장을 실현하려면 올바른 운영 모델과 비즈니스 모델 목표를 달성하기 위해 모든 수단을 사용하는 목적 있는 거버넌스가 필요하다.

기하급수적으로 성장하는 비즈니스 에코시스템은 본질적으로 액터들의 시장 및 부문 간 협력에 도움이 되는 모든 사용 가능한 기회를 활용한다. 그들은 가치 제안의 추가 개발, 새로운 고객 세그먼트의 활용 및 이전에 해결되지 않은 고객 니즈 해결을 위해 다기능적으로 투입된다.

주요 목표는 많은 문제를 해결하는 것이며, 그렇게 함으로써 최적화된 비용 구조와 확장된 가치 흐름으로 시스템의 수익성을 높이는 것이다. 옵티 채널의 개념은 적절하고 개별화된 고객 접촉을 지원한다.

확장 가능한 프로세스, IT, 데이터 분석 및 디지털, 물리적 및 하이브리드 터치 포인트의 활용은 원하는 효과와 효율성을 실현하는 데 도움이 된다.

디자인 렌즈에 대한 추가 참고 자료

주제 영역을 더 심도 있게 알아보기 위해 디자인 렌즈 관련 저서를 정리하였다. 관련 서적은 특히 디자인 씽킹 마인드세트, 린 스타트업 방법 및 스케일링 시스템의 메커니즘에 대한 내용을 다루고 있다. 플랫폼 경제에 대한 많은 내용들도 포함되어 있다. 현재까지 시중에 나와 있는 책들 중 비즈니스 에코시

스템의 형성에 대해 명확하게 설명하고 있는 책은 거의 없다. 저자의 지식에 따르면 이 책은 이러한 측면에서 에코시스템을 전반적으로 다룬 첫 번째 책이라고 할 수 있다.

디자인 씽킹

- Lewrick et al. (2018). The Design Thinking Playbook Mindful Digital Transformation of Teams, Products, Services, Businesses and Ecosystems.
- Lewrick, et al. (2019). The Design Thinking Toolbox: A guide to master the most popular and valuable innovation methods.
- Lewrick (2018). Design Thinking: Radical innovations in a digitalized world (Beck).
- Martin (2009). The Design of Business: Why design thinking is the next competitive advantage.
- Cross (2011). Design Thinking: Understanding how designers think and work.
- Brown (2009). Change by Design: How design thinking transforms organizations and inspires innovation.
- Leifer et al. (2014). Design Thinking Research: Building innovation eco-systems.
- Uebernickel et al. (2020). Design Thinking: The handbook.

린 스타트업

- Maurya (2016). Scaling Lean: Mastering the key metrics for startup growth.
- Maurya (2012). Running Lean: Iterate from plan A to a plan phat works.
- Ries (2012). The Lean Startup: How today's entrepreneurs use continuous innovation to create radically successful businesses.
- Van der Pijl et al. (2016). Design a Better Business: New tools, skills, and mindset for strategy and innovation.
- Van der Pijl et al. (2021). Business Model Shifts: Six ways to create new value for customers.
- Blank (2020). The Startup Owner's Manual: The step-bystep guide for building a great company.
- Osterwalder et. al (2019). Testing Business Ideas.
- Alvarez (2014). Lean Customer Development: Build products your customer will buy.

플랫폼 경제
비즈니스 에코시스템

- Cusumano et al. (2019). The Business of Platforms: Strategy in the age of digital competition, innovation, and power.
- Parker et al. (2016). Platform Revolution: How networked markets are transforming the economy and how to make them work for you.
- Reillier (2017). Platform Strategy: How to unlock the power of communities and networks to grow your business.
- Choudary (2015). Platform Scale: How an emerging business model helps startups build large empires with minimum investment.
- Geoffrey et al. (2017). Platform Revolution: How networked markets are transforming the economy and how to make them work for you.
- Evans et al. (2016). Matchmakers: The new economics of multisided platforms.

스케일링과 기하급수적 성장

- Parker et al. (2016). Scaling Up Skalieren auch Sie! Weshalb es einige Unternehmen packen… und warum andere stranden.
- Eyal (2014). Hooked: Wie Sie Produkte erschaffen, die süchtig machen.
- Ismall et al. (2014). Exponential Organizations: Why new organizations are ten times better, faster, and cheaper than yours (and what to do about it).
- Ismall et al. (2019). Exponential Transformation: Evolve your organization (and change the world) with a 10-week ExO sprint.
- Gascoigne (2019). The Business Transformation Playbook: How to implement your organisation's target operating model (TOM) and achieve a zero percent fail rate using the 6-step agile framework.
- Highsmith (2019). EDGE: Value-driven digital transformation.

회고를 통한 학습 및 적절한 행동 도출

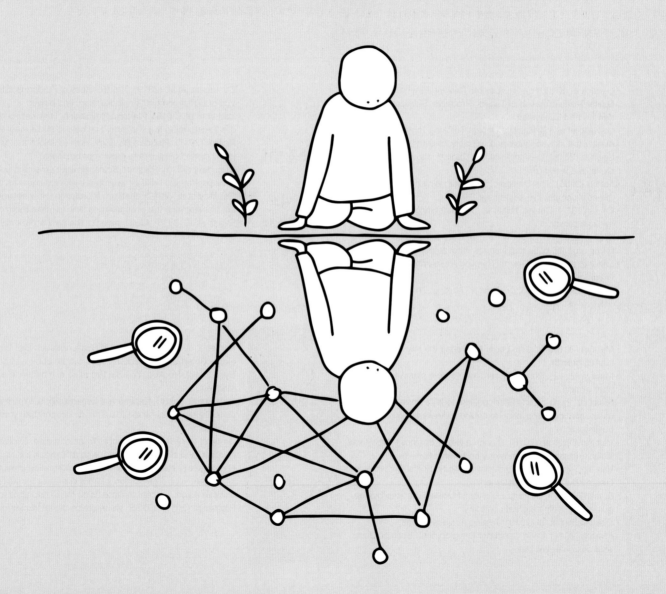

비즈니스 에코시스템과 미래 성장을 위한 디자인 씽킹 회고

패러다임 전환을 위한 이니셔티브, 메타 레벨 및 개인의 태도에 대한 회고

민첩하고 반복적인 모든 절차 모델에서, 각 단계를 서로 다른 수준에서 회고하는 것은 가치 있는 과정이다. 예를 들어, 디자인 씽킹에서 마이크로 사이클을 완료한 후 또는 MVP의 민첩한 개발 중에, 매 스프린트 후 회고의 시간을 가진다. 대표적인 질문은 다음과 같다: 우리는 실제로 얼마나 잘 협력하고 있는가? 팀에서 우리는 어떻게 지내는가? 개선될 수 있는 것들이 있는가? 만약 그렇다면 어떤 것들이 있는가?

특히 역동적인 환경에서는, 개인과 팀이 모두 정기적으로 상황에 대해 회고하고 팀의 위치와 협업을 개선할 수 있는 방법을 찾는 것이 중요하다. 정기적으로 점검하고 협업이 어떻게 진행되는지 공개적으로 논의하지 않으면 팀이 실제로 협력하고 있는지 비즈니스 에코시스템의 더 큰 목표를 달성할 수 있는지 확인할 수 없다. 대표적인 질문은 다음과 같다: 지난 MVE(최소 생존가능한 에코시스템)의 결과에 만족하는가? 우리의 목표를 달성하였는가? 그렇지 않다면: 왜 달성하지 못하였는가? 어떻게 하면 팀 및 다른 액터와의 협업을 개선할 수 있는가? 공동 가치창출 범위 내에서 결과, 책임 및 향후 구현활동을 어떻게 최적화할 수 있는가?

또한, 비즈니스 에코시스템의 디자인에 대한 개인적인 회고와 기존 가설에 의문을 제기하고, 개인과 조직 모두가 안전지대를 벗어날 것을 요구하는 것과 관련된 마인드 전환이 있다. 대표적인 질문은 다음과 같다: 고객의 문제를 해결하는데 정말 집중하고 있는가? 에코시스템 리더인 나는 이니셔티브와 오케스트레이션의 프레임워크 내에서 에코시스템 리더의 역할을 하고 있는가? 아니면 이전 패턴으로 돌아가야 하는가? 만약 그렇다면: 그 이유는 무엇인가?

이 섹션에서는 비즈니스 에코시스템 이니셔티브를 위한 회고 캔버스에 대해 간략히 논의하고 선택된 도구에 대해 설명한다.

개인적인 회고

변화 및 절차에 대한 더 큰 관점

특정 이니셔티브의 관점

"21세기에 성공하고 싶다면, 다른 사람들을 더 강력하게 만들고 있는지 확인해야 합니다. 다른 사람들에게 권한을 부여하세요. 다른 사람들이 당신보다 더 나은지 확인하세요. 그러면 당신은 성공할 것입니다."
– 알리바바 창립자 겸 CEO, Jack Yun Ma

회고 과정에 대한 주요 질문

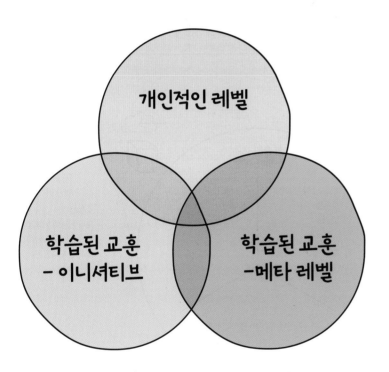

개인적인 레벨

- 주제 영역과 성장에 대한 개인적인 관점이 어떻게 바뀌었는가?
- 어떤 패러다임의 전환이 용이하며, 정신적인 장애물은 어디에 있는가?
- 새로운 종류의 에코시스템 리더십을 위해 변화하려는 개인적인 의지가 얼마나 진지한가?
- 에코시스템 디자인 팀, 의사결정자 및 에코시스템 파트너는 어느 정도 이전 사고 패턴으로 되돌아 가는가?
- 개인적으로 어떻게 변화에 기여할 수 있는가?

메타 레벨

- 에코시스템 디자인이란 무엇인가?
- 장점과 단점은 무엇인가?
- 변화에 수반되는 도전은 무엇인가?
- 다른 접근방식과의 차이점은 무엇인가?
- 서로 다른 접근방식을 어떻게 결합할 수 있는가?
- 자신의 환경에서 활용 사례는 어디에 있는가?
- 어떻게 전반적으로 도입할 수 있는가? 즉각적인 혜택은 무엇인가?

이니셔티브

- 프로젝트에서 무엇이 잘 되었는가?
- 어떤 방법이 사용되었는가? 어떻게 사용되었는가? 왜 사용되었는가?
- 무엇이 좋지 않았는가?
- 향후 프로젝트 작업에서 무엇이 달라져야 하는가?
- 이니셔티브에서 얻은 주요 학습 내용(긍정적 및 부정적)은 무엇인가?

비즈니스 성장을 위한 디자인 씽킹 회고 캔버스

디자인 렌즈
- 각 디자인 렌즈에서 가장 중요한 통찰과 행동은 무엇인가?

디지털 유창성
- 어떤 디지털 기술과 전문성이 구축되었는가?
- 구축해야 할 디지털 기술과 전문성은 무엇인가?

에코시스템 리더십
- 기업의 비전(북극성)이 명확하게 전달되었는가?
- 팀은 어떻게 관리되고 있는가?
- 에코시스템을 위한 혁신은 어디에서 이루어지는가?

시장 기회
- 실현된 시장 기회는 무엇인가?
- 가치 제안을 확장할 가능성이 더 큰 곳은 어디인가?

역량
- 어떤 새로운 기술이 구축되었는가?
- 다음 개발 단계에 필요한 기술은 무엇인가?

마인드세트
- 기업의 가치와 비즈니스 에코시스템에 맞는 마인드세트는 무엇인가?

학습된 교훈 –이니셔티브
- 프로젝트에서 잘 된 점은 무엇인가?
- 어떤 방법을 적용했는가? 어떻게? 왜?
- 무엇이 좋지 않았는가?
- 향후 프로젝트 작업에서 무엇이 달라져야 하는가?
- 이니셔티브에서 얻은 주요한 학습 내용(긍정적 및 부정적)은 무엇인가?

학습된 교훈 –메타 레벨
- 에코시스템 디자인이란 무엇인가?
- 장단점
- 도전 과제
- 다른 접근방식과의 차이점
- 다른 접근 방식과의 융합
- 자신의 환경에서의 활용 사례
- 자신의 환경에 대한 소개/활용

가능성을 생각하라
- 주제 영역과 성장 영역에 대한 관점이 어떻게 바뀌었는가? 미래 시장의 역할은 어떤 모습인가?

원칙
- 현재와 미래의 비즈니스 에코시스템은 어떤 원칙에 따라 디자인되는가? 에코시스템 이니셔티브의 현 단계의 성공에 기여한 원칙은 무엇인가?

디지털(인에이블러) 기술
- 어떤 (인에이블러) 기술이 사용되는가?
- 기술 갱신은 어디에서 해야 하는가?

빅데이터 분석/AI/ML/DL
- 데이터 처리의 성숙도는 어떠한가?
- AI, DL, ML과 같은 기술은 기능 자동화에 어떻게 도움이 되는가?

자본 및 자산
- 설치, 구현 및 성장 자금은 어떻게 조달하는가?
- 비즈니스 에코시스템에는 어떤 자산이 있는가?

거버넌스
- 이니셔티브는 어떻게 관리되는가? 성공을 측정하는데 사용되는 KPI는 무엇인가?

비즈니스 성장을 위한 디자인 씽킹 회고 캔버스

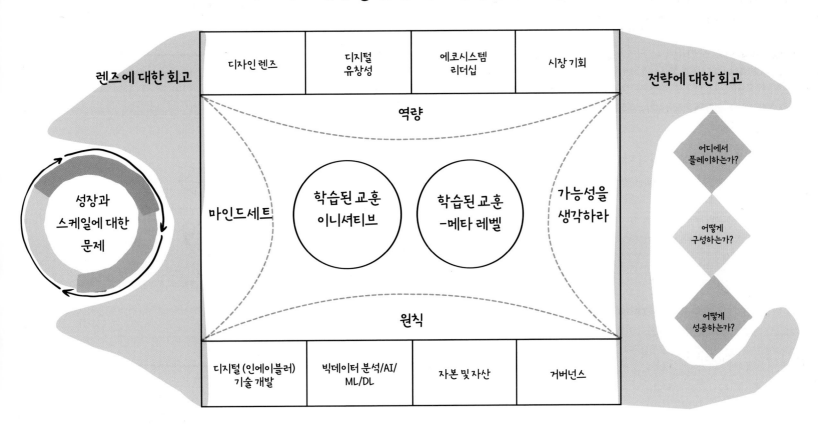

렌즈에 대한 회고

전략에 대한 회고

성장과 스케일에 대한 문제

디자인 렌즈	디지털 유창성	에코시스템 리더십	시장 기회

역량

마인드세트 · 학습된 교훈 이니셔티브 · 학습된 교훈 -메타 레벨 · 가능성을 생각하라

원칙

디지털 (인에이블러) 기술 개발	빅데이터 분석/AI/ML/DL	자본 및 자산	거버넌스

어디에서 플레이하는가?

어떻게 구성하는가?

어떻게 성공하는가?

비즈니스 에코시스템 이니셔티브를 위한 회고 캔버스는
프로젝트 및 메타 레벨에서 현재 활동을 회고하고 적합
한 활동을 배우고 도출하는데 도움이 된다.

 워크툴킷다운로드
https://en.business-ecosystem-
design.com/reflexion

289

문제 정의부터 스케일링까지 전체 사이클에 대한 끊임없는 회고

비즈니스 성장 이니셔티브를 위한 디자인 씽킹은 어느 정도 복잡성을 가진다. 현재 작업 중인 특정 이니셔티브(학습된 교훈-메타레벨)뿐만 아니라 각 디자인 렌즈와 다음 렌즈로의 전환에서 절차(학습된 교훈-메타 레벨)에 대한 지침을 찾기 위해 지속적인 회고가 필요하다. 캔버스는 자신의 행동과 배움을 성찰하는데 도움이 된다. 보다 광범위한 프로젝트의 경우, 프로젝트 중에도 회고를 하는 것이 좋다. 또한 각 캔버스를 작성한 후에 피드백 캡처 그리드를 사용하여 개선 루프를 시작할 수 있다.

회고 연습은 관련된 모든 팀이 다음을 수행하는데 도움이 된다:

• 체계적인 방법으로 프로젝트에서 이뤄진 경험을 수집하고 평가한다;

• 경험을 통해 배우고 다음 프로젝트에서 활용한다;

• 실수에 대해 긍정적인 태도를 취하도록 촉진하고, 진전에 대해 감사하게 한다;

• 결과를 확인하고 문서화하며, 적용 가능하게 만들고, 최종적으로 활용할 수 있게 한다.

절차와 템플릿:

피드백 캡처 그리드는 언제든지 현재 상태를 기록하고, 교훈을 통해 배운 학습 내용을 깨닫고, 다음 단계 또는 다음 프로젝트를 진행할 수 있도록 기회를 만들어준다. 그리드는 4개의 필드로 구성된다. 잘된 내용뿐만 아니라 건설적인 비판도 포함된다. 그리고 과정이나 함께 일하는 동안 떠오른 열린 질문과 아이디어를 캔버스의 각 필드에 작성한다.

I LIKE	I WISH
좋거나 주목할 만한 것	건설적인 비판
QUESTIONS	**IDEAS**
경험에서 나온 질문	경험이나 프레젠테이션에서 얻은 아이디어

각 디자인 및 구현 팀의 멤버들은 조치 및 개선사항에 대해 동의하고, 합의된 형식으로 구현한다.

워크툴킷 다운로드
https://en.business-ecosystem-design.com/feedback

회고 여행

회고여행은 스프린트에 대한 회고의 맥락에서 스크럼 방식과 함께 자주 사용된다. 이 방법은 각 디자인 렌즈 후, 한 단계 또는 관련 프로젝트가 완료된 후에 사용하기에 매우 적합하다. 회고보트는 워크숍, 공동 가치창출 세션의 공동 퍼실리테이션 후 또는 계획된 비즈니스 에코시스템을 위한 잠재적인 액터와의 인터뷰 후 일종의 디브리핑 용도로 활용할 수 있다. 이 도구는 가속, 억제 및 환경 요인을 의도적으로 다룬다; 실수를 실패로 보지 않고 변화하고 배울 수 있는 기회로 보는 실패 마인드세트를 촉진한다.

회고는 관련된 모든 팀이 다음을 수행하는데 도움이 된다:

- 팀 내 상호작용과 협업 방식을 신속하고, 목표가 설정되고, 감사하며, 체계적인 방식으로 개선한다;
- 과거를 돌아보고 잘된 점과 개선해야 할 점을 확인한다;
- 어떤 요소가 변화될 수 있고, 어떤 요소가 반드시 수용되어야 하는지에 대한 질문을 회고한다;
- 모든 팀원이 경청하고 기여할 수 있으므로 긍정적인 분위기를 조성한다; 이것은 차례로 자기 조직화된 팀의 마인드세트를 키워준다.

절차와 템플릿:

1. **오프닝:** 회고 세션의 목표와 순서를 소개한다.
2. **정보 수집:** 회고보트 템플릿의 해당 필드에 붙은 포스트잇에 정보를 모은다. 일반적인 질문: 최근에 무슨 일이 있었는가? 무엇이 좋았는가? 무엇이 우리 뒤에서 바람을 불어주었는가(WIND)? 팀에서 무엇이 잘 작동하지 않고 속도가 느려지게 했는가(ANCHOR)? 팀이 힘을 갖지 못하게 하는 위험 요소는 무엇인가(CLIFF) (예: 시장, 신기술, 경쟁자)? 팀이 공유하는 공통된 비전과 동기는 무엇인가(ISLAND)? 모두가 자신의 포스트잇에 작성한 내용을 소리 내어 읽는다.
3. **결과를 클러스터링하고 우선 순위를 지정:** 가장 중요한 주제를 선택하고 더 자세히 살펴본다. 즉, 원인을 파악하여 증상만을 해결하지 않도록 한다. 목표는 불편한 문제를 해결하고 개선을 위한 기반을 마련하는 것이다.
4. **해결방안 정의:** 마지막 단계에서 해결방안이 작성된다. 이것은 우리가 다음 반복 과정에서 변화하거나 시도해야 할 모든 것을 정확하게 문서화한다는 것을 의미한다.
5. **회고 종료:** 예를 들어, 피드백 캡처 그리드를 활용하여 모두가 회고 세션에 대한 간단한 피드백을 한다. 궁극적으로, 그룹은 좋은 감정을 가지고 서로 헤어져야 한다.

도구

가속 요인
예: 정기적인 상담 및 일일 미팅

목표 비전
예: 세상에서 가장 좋은 보험회사이고, 고객은 그것을 좋아할 것이다.

환경 요인
예: 새로운 법률

억제 요인
규칙 부족, 정의되지 않은 역할, 적합한 도구 없음

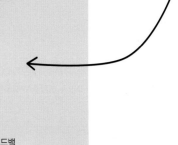

회고 아젠다

정보 수집
목표 및 절차

통찰
발전

해결방안
정의

결론
회고에 대한 피드백

"I like, I wish"로 피드백을 제공하라

피드백은 모든 반복과 모든 디자인 렌즈에 필요하다. 프로토타입, 스토리, 비즈니스 모델 및 전체 비즈니스 에코시스템의 개선에 사용된다. "I like", "I wish"는 민감한 프로젝트에 특히 적합하다. 긍정적인 분위기를 유지함으로써, 피드백 제공자와 피드백을 받는 사람 간의 파트너십을 기반으로 하는 관계가 발전된다.

"I like", "I wish"는 구체적인 결과뿐만 아니라 협업에 대한 회고의 맥락에서 활용할 수 있다. 예를 들면, "당신이 우리에게 다른 고객 설문조사를 실시하도록 동기부여해 주셔서 좋습니다." 또는 "디지털 채널뿐만 아니라 물리적 채널에도 사용했으면 합니다."

"I like", "I wish" 형식의 피드백은 다음에 도움이 된다:

- "I like," "I wish"만 허용되는 피드백 의식을 확립한다;
- 반복, 프로토타입 또는 테스트를 통해 달성한 작은 성공에도 감사한다;
- 지속적인 개선의 기초로 회고를 활용한다;
- 서면 및 구두 피드백을 주고받는다.

(I LIKE) **나는** 잠재 고객이 에코시스템에서 가지고 있는 다양한 상호작용 옵션을 **좋아한다.**

(I WISH) **나는** 지리적 데이터와 위치 데이터가 고객의 실제 위치를 확인하는 데에도 활용되기를 **바란다.**

절차:

1. 피드백 규칙을 명확하게 전달하고 긍정적인 분위기를 조성한다.
2. 피드백을 기록하고, 감사의 마음을 표현하며, 협업, 프로토타입 및 전체 비즈니스 에코시스템을 개선하는데 활용한다.
3. "I wonder..."로 새로운 아이디어와 가능성을 위한 공간을 만든다.

(I WONDER) **나는** 왜 지금까지 비즈니스 에코시스템에 참여하지 않았는지 **궁금하다.**

중요: 피드백을 받는 사람으로서 토론을 시작하는 것은 피해야 한다. 그렇게 하면 분위기가 바뀌고 긍정적인 태도가 사라지게 된다. 이 도구의 적용은 인신공격을 피하고 긍정적인 분위기를 유지하는 것을 목표로 한다.

모든 피드백은 선물로 간주되어야 한다. 선물은 긍정적인 기본 분위기가 유지되도록 잘 포장해야 한다.

워크툴킷 다운로드
https://en.business-ecosystem-design.com/like-wish

292

비즈니스 성장 주기 및 개별적인 디자인 렌즈 이후에 전체 디자인 씽킹에 대한 지속적인 회고는 팀이 다양한 수준, 즉 특정 이니셔티브의 단계에서 학습하는데 도움이 된다. 또한 보다 일반적인 의미에서는 추가 이니셔티브 또는 비즈니스 에코시스템의 참여를 위해 주요한 마인드 전환과 패러다임의 전환에 대처하는 방법을 배우는 데 도움이 된다.

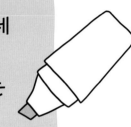

개별 스프린트 후와 다음 디자인 렌즈로 전환하는 동안 이뤄지는 적극적인 회고는 팀 구축을 지원하고 전체 이니셔티브를 지연시키는 기존 장애물을 제거하는 데 도움이 된다.

종합적인 회고 캔버스를 통해 사용된 기술, 리더십 및 거버넌스 개념 측면에서 개별적인 이정표를 기록할 수 있다.

개인적인 차원에서 회고는 새로운 마인드세트가 이미 어느 정도 적용되고 있는지, 그리고 여전히 변화의 여지가 있는 곳이 어디인지 확인하는 데 도움이 된다.

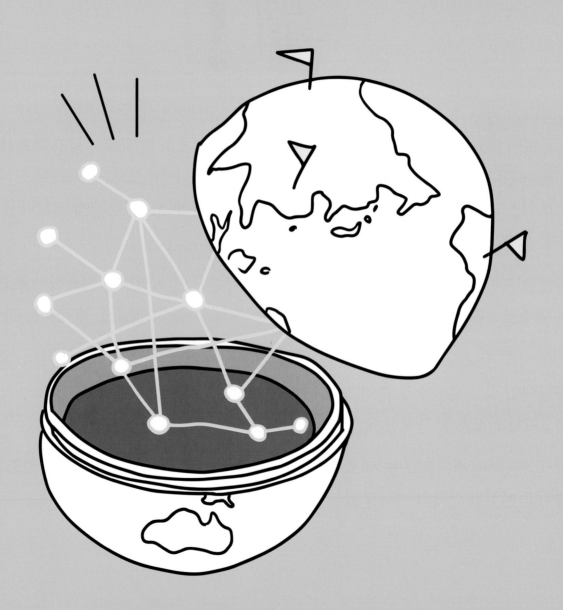

비즈니스 에코시스템과 미래 성장을 위한 디자인 씽킹 사례

전세계 에코시스템 및 성장 이니셔티브

2030년까지 전 세계 매출의 3분의 1 이상이 에코시스템에서 생성될 것이다. 전문가들은 이러한 비즈니스 에코시스템의 진화가 100개 이상의 서로 다른 가치 사슬이 통합될 정도로 진행될 것이라고 전망하고 있다. 이 모든 것이 그러한 시스템의 주체인 소수의 대기업의 손에 달려있을 것인지, 이니시에이터들이 점진적으로 재정적 지분을 가질 것인지, 아니면 분산된 구조에 거대한 시스템들이 존재할 수 있는지에 대한 질문은 여전히 열려 있다. 그러나, 현재 추세로는 관련 산업 각각의 지배적인 시장 참여자가 자신의 자리를 지킬 수 있을 것으로 보인다. 다른 대륙에서 상황이 어떻게 발전할지 지켜보는 것은 여전히 매우 흥미롭다.

현재 아시아는 에코시스템 분야에서 결정적인 역할을 할 수 있는 최적의 조건을 보여주고 있다. 특히 바이두(Baidu), 알리바바(Alibaba), 텐센트(Tencent)와 같은 중국 기업들은 비즈니스 에코시스템 아이디어에 따라 디지털 비즈니스 모델을 전환하는 과정에 있다. 2020년에 세 개의 중국 기업은 이미 중국 GDP의 약 30%를 차지했고, 이는 3조 유로 이상이며, 이 수치는 계속 증가하고 있다. 점점 더 많은 기존 기업들도 에코시스템 전략을 통해 성장과 고객 접근 데이터를 실현하기 위해 개방하고 시도하고 있다. 아시아에서는 핑안(Ping An) 및 DBS 은행(금융 서비스)과 같은 기업이 여기에 포함된다. 유럽에서는 다임러(Daimler)와 BMW(모빌리티) 및 스위스 연방 철도(지속가능한 모빌리티)의 이니셔티브가 잘 알려진 예이다. 아마존과 같은 플레이어는 국제적으로 운영되고 있다. 예를 들어, 위워크(공간, 생활, 주택에 중점을 둔)의 이니셔티브는 미국에서 생겨났다. 클라라(Klara, SME 서비스) 및 카르도시에(Cardossier, 차량 라이프 사이클)와 같은 수많은 국가 및 지역 이니셔티브는 국가 에코시스템 영역에서 성장 기회를 찾는다.

이러한 이니셔티브 중 다수는 혁신 에코시스템과 데이터 및 거래 에코시스템에 비즈니스 모델을 구축한다. 이 마지막 장에는 그러한 이니셔티브의 여러 사례를 제시하고 있다. COVID-19와 같은 특별한 상황은 전 세계적으로 이러한 가치 창출의 폭발적인 증가를 가속화했다. 새롭고 변화하는 고객의 니즈는 에코시스템 및 비즈니스 성장 이니셔티브를 위해 이전에 개발되지 않았던 시장 기회를 열어주고 있다.

비즈니스 성장을 위한 디자인 씽킹의 프레임워크 안에서 비즈니스 에코시스템의 진화적인 사고를 이해한 기업은 미래의 기업가적 활동과 성장에서 주도적인 역할을 할 것이다.

플랫폼, 에코시스템 오케스트레이터 및 에코시스템 이니시에이터의 예

전 세계 이니셔티브 스냅샷: 2020

유럽

유럽의 상위 50개 기업 중 지금까지 100% 디지털 비즈니스 모델, 플랫폼 비즈니스 모델 또는 비즈니스 에코시스템을 실현한 이니셔티브는 소수에 불과하다.

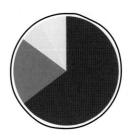

전세계적으로 현재 지배적인 플랫폼 경제 모델에서 유럽이 차지하는 비중은 시가총액의 5%에 불과하다.

미국

미국의 상위 50대 기업 중에는 하이브리드 또는 100% 디지털 비즈니스 모델을 구축한 이니셔티브가 많다.

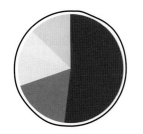

애플, 구글 및 아마존은 기하급수적 성장 기회를 활용하고 있다. 기존 기업들의 시장 점유율은 감소하고 있다.

아시아

아시아의 상위 50개 기업 중에는 하이브리드 또는 점진적으로 100% 디지털 비즈니스 모델을 구축한 많은 이니셔티브가 있다.

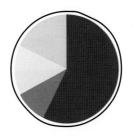

중국은 현재 100개에 가까운 디지털 플랫폼을 보유하고 있으며, 이 분야는 알리바바가 주도하고 있다.

요소:

유형 자본	금융 자본	인적 자본	지적 자본	에코시스템 자본

텐센트 그룹(Tencent Group)

지난 몇 년 동안 텐센트는 모든 범위에서 비즈니스 에코시스템의 기반을 마련하였다. 원래 텐센트는 게임 및 엔터테인먼트 시장에 중점을 둔 회사였다. 텐센트의 가장 유명한 이니셔티브는 위챗(WeChat)이라는 에코시스템이다. 현재 12억 명이 넘는 활성 사용자를 보유한 아시아 최대의 에코시스템 중 하나가 되었다. 원래 채팅 기능 외에도 위챗은 현재 결제 서비스(위챗 플레이), O2O(Online-to-Offline) 서비스(meitun.com) 및 통합 온라인 쇼핑(JD.com) 옵션을 제공한다. 텐센트는 에코시스템을 조율하면서 각 액터가 고객의 니즈를 만족시키는데 실질적인 기여를 하도록 노력하고 있다. 위챗 에코시스템은 일상 생활의 모든 영역에서 모든 소비자를 위한 원스톱 상점이 될 것이다. 고객의 니즈는 주로 반복적인 상호작용으로 구성된다. 예: 채팅(=지속적인 상호 작용), 택시 호출(=매일), 의사 예약 조정(=매월).

신중하게 고려된 전략적 결정으로, 텐센트는 시스템의 다른 액터에 대한 재정적 지분을 갖는다. 특히 이러한 액터는 고객에 대한 중요한 데이터를 생성하고, 이러한 데이터는 미래에 모든 고객 또는 사용자의 서비스와 경험에 대한 720도 관점을 만드는데 도움이 된다.

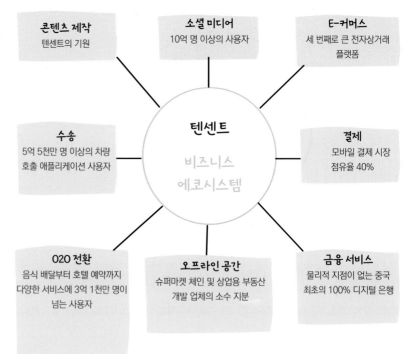

성공 요인

- 간단한 미션(결정을 위한 나침반): "디지털 제안을 통해 사람들의 삶의 질을 향상시킨다."
- 설립자가 관리하는 기업
- 다양한 포트폴리오와 가치 제안의 지속적인 확장
- 6가지 원칙에 따른 혁신: 민첩성, 개방성, 고객 우선, 속도, 회복탄력성 및 진화
- 비즈니스 에코시스템의 능동적인 형성

텐센트의 구성
(비즈니스 모델/자본)

예시

전체 텐센트 그룹의 비즈니스 에코시스템은 서로 다른 고객의 액세스 경로를 사용한다. 고객을 위한 100% 디지털 상호 작용에서 O2O(online-to-offline) 에코시스템의 여정에 이르기까지 다양하다.

요소:

유형 자본	금융 자본	인적 자본	지적 자본	에코시스템 자본

298

텐센트: 위챗(WeChat)

위챗은 여러 면에서 흥미롭다. 시간이 지남에 따라 위챗의 가치 제안이 어떻게 발전했는지를 자세히 설명하려면 책 한 권이 더 필요할 정도이다. 위챗은 또한 고객 중심과 MVP 및 MVE의 기능 및 경험의 점진적인 확장을 통해 기하급수적으로 성장했고, 현재 12억 명이 넘는 사람들과 거래를 수행하는 에코시스템을 구축할 수 있는 방법을 보여주는 인상적인 사례이기도 하다.

사용자와의 상호작용은 매일 4억 명의 활성 사용자로 가득 찬 100만 개 이상의 미니 프로그램 형태로 이뤄진다(2020년 기준). 위챗은 150만 명의 타사 소프트웨어 개발자와 6만 개의 서비스 제공업체의 거버넌스를 담당하고 있다.

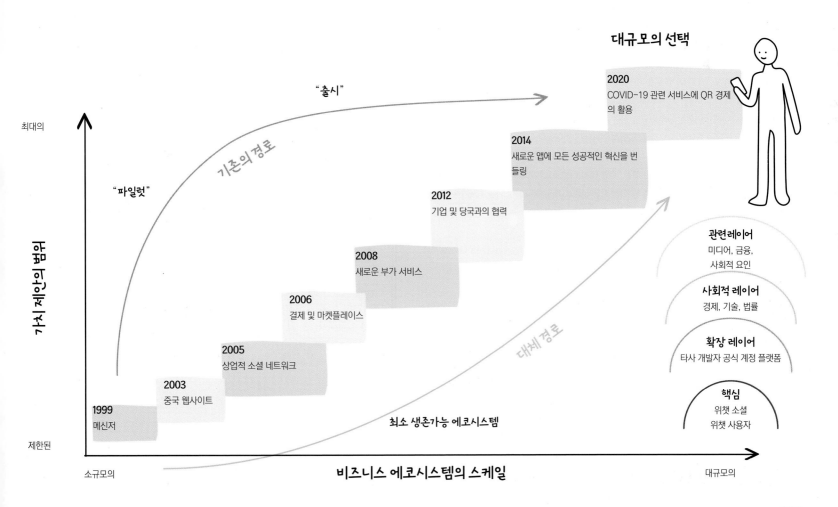

여담: COVID-19와 위챗 에코시스템

COVID-19 팬데믹 기간동안 위챗과 그 에코시스템의 새로운 기능과 경험이 구현되는 속도는 특히 인상적이었다. 유럽 각국이 COVID-19 추적을 위한 앱이나 기능을 만지작거리는 동안 중국은 위챗 에코시스템을 활용해 활동을 조율했다. 전체적으로 COVID-19 관련 미니 프로그램 100여 개가 통합되었다.

여기에는 QR코드 경제가 결정적인 역할을 했다. 위챗은 에코시스템에서 사람, 사물 및 장소 간의 디지털 연결을 생성한다. 이 기능은 매우 간단하며 위챗 에코시스템 내에서 사용자 친화적인 코드 스캔을 통해 다양한 거래를 수행할 수 있다. 이 네트워크 시스템의 기반은 공식 위챗 사용자 계정, 미니 프로그램, 위챗 페이(WeChat Pay) 및 위챗 워크(WeChat Work)로 구성된다.

COVID-19 팬데믹 동안, 이러한 QR 코드는 원활한 정보 교환을 보장하는데 도움이 되었을 뿐만 아니라, 팬데믹 예방 비용을 줄이고 의료 자원의 최적 분배에도 기여했다.

"텐센트 헬스 코드(Tencent health codes)"는 10억 명이 다운로드했으며 중국에서 팬데믹의 첫 번째 유행 기간동안 (2020년 1월~5월) 90억 번 이상 사용되었고, 해당 미니 프로그램에 260억 명이 넘는 사용자가 방문했다.

같은 기간 동안 지방 정부는 위챗 급여 바우처 형태로 100억 위안 이상을 지원하거나 배포하여 효과적으로 지출을 늘리고 중소기업을 지원했다.

매우 짧은 시간 동안 건강과 관련된 미니 프로그램이 추가되었고, 이용자 수는 347% 증가했다. 1,000개 이상의 병원에서 위챗 워크의 기능을 통해 13만 건의 건강 문의를 처리했다.

인상적인 것은 2020년 1월부터 5월까지 "위챗 워크 다중 사용자 회의 도구"를 채택하고 사용한 것이다. 이 서비스는 재택 근무를 위해 2억 2천만 번 사용되었다. 또한 중국 학교의 5분의 1이 위챗 워크를 사용하여 총 5천만 명의 부모와 학생들에게 다가갔다.

알리바바 그룹(Alibaba Group)

알리바바의 부상은 중국의 스마트폰 붐과 함께 시작되었다. 전자상거래 플랫폼은 당시 이미 선두를 달리고 있었다. 시장 기회를 인식한 그들은 소비자가 최대한 쉽게 상품을 구매하도록 했다(클릭 한 번으로). 순식간에 휴대폰에서 기존 시장보다 더 많은 거래가 이뤄졌다. 2010년에는 보급률이 여전히 15% 미만이었지만 현재는 상품의 90% 이상이 휴대폰을 통해 구매된다.

알리바바의 두 번째 큰 변화는 2014년에 있었다. 당시 알리바바는 새로운 기술로 인해 간단한 P2P 송금이 가능해졌다. 경쟁사인 텐센트는 위챗 기능인 "빨간 봉투(Red Envelope)"를 출시했고, 알리바바는 이에 대응해 중국 새해에 맞춰 알리페이(Alipay)를 출시했다. 두 서비스 모두 사용자가 다른 사람에게 붉은 중국 봉투(홍바오) 형태로 소액의 돈을 보낼 수 있게 해준다. 이 킬러 기능은 고객이 소액의 가상 이체 옵션을 사용하는 방식을 근본적으로 변화시켰다. 네트워크 효과와 확장 가능한 인프라를 통해 모바일 결제의 양이 기하급수적으로 증가했다. 알리바바는 앤트 파이낸셜(Ant Financial)을 통해 자산 관리에서 보험, 대출 및 신용 등급에 이르기까지 많은 영역을 다루고 있다.

알리바바의 앤트 파이낸셜 에코시스템은 온라인 보험회사인 위슈어(WeSure)를 통해 텐센트가 맞춤형 보험 솔루션을 위해 일차원적인 파트너십을 맺는 것과는 다른 에코시스템 전략을 추구한다.

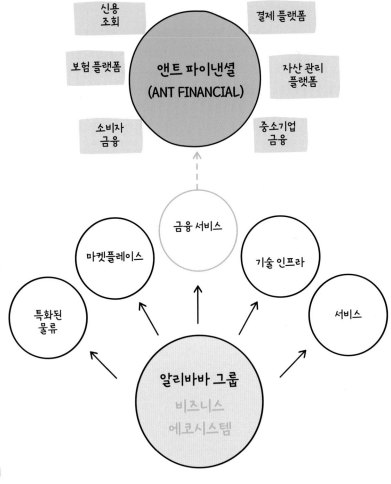

성공 요인

- 독특한 비즈니스 모델
- 색다른 수익 모델
- 액터에 대한 신뢰할 수 있는 평가 모델
- 고객 만족을 위한 지원 서비스
- 새로운 시장 기회에 대한 뚜렷한 민감성
- 새로운 거래 모델(예: C2B 및 O2O)
- 전체적인 비즈니스 에코시스템 개념

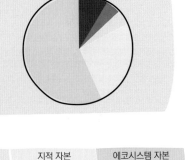

알리바바의 구성
(비즈니스 모델/자본)

예시

요소:

유형 자본	금융 자본	인적 자본	지적 자본	에코시스템 자본

알리바바: 앤트 파이낸셜(Ant Financial)

앤트 파이낸셜은 알리바바의 핀테크 지점이라고 할 수 있다. 데이터가 이 시스템에서 결정적인 역할을 하기 때문에 하위 비즈니스 에코시스템 앤트를 분석하는 것은 특히 보람이 있다. 앤트의 비즈니스 에코시스템은 고객과 사용자가 대부분 무료로 제공한 페타바이트(petabytes) 규모의 데이터를 처리할 수 있다. 구글이나 페이스북과 같은 다른 플랫폼들은 사용자 데이터가 풍부하지만 앤트가 목표로 하는 차원에 근접하지는 못한다. 그 어떤 거대 기술 기업도 앤트 파이낸셜만큼 모바일 결제 및 관련 오프라인 서비스의 데이터 범위와 깊이에 미치지 못한다.

이 데이터는 상품의 판매 가능성이 가장 큰 소위 라이브 이벤트(결혼, 자녀, 상속 등)까지 사용자 행동에 대한 정보를 제공하기 때문에 매우 가치가 있다. 이 데이터를 통해 알리바바는 사용자의 행동을 포괄적으로 파악할 수 있게 된다. 앤트는 이 데이터 수집을 기반으로 모기지에서 자산 관리 및 보험 정책에 이르기까지 맞춤형 금융 서비스를 설계, 구성 및 제공한다. 새로운 기술과 지능적인 비즈니스 에코시스템 디자인은 1990년대에 구상된 종합 금융 서비스 제공업체의 아이디어를 실현할 수 있게 한다.

오늘날, 앤트 및 기타 에코시스템의 데이터 활용은 포괄적인 금융 제안의 유통 방식 그 이상을 의미한다. 예를 들어, AI를 사용하여 보험 계약자를 위한 새로운 프리미엄 모델을 개발하고, 동시에 청구 평가는 지능형 이미지 인식 및 구조화된 손실 데이터의 도움으로 순식간에 이뤄진다.

다른 영역에서 앤트는 다른 인에이블러 기술에 의존한다. 기존의 암호는 대부분 생체 인식 데이터로 대체되었다. 새로운 기술은 얼굴, 망막, 지문 스캔을 기반으로 식별이 가능하게 하여 사용자의 편의성을 크게 높였다. 이로써 앤트 인슈어런스(Ant Insurance)는 생명보험, 손해보험, 기타 보험 상품에서 4억 명 이상의 피보험자를 확보했다.

앤트 파이낸셜은 비즈니스 에코시스템이 최첨단 기술과 에코시스템 리더십으로 어떻게 기하급수적으로 성장할 수 있는지를 보여주는 좋은 예이다. COVID-19와 같은 외부 요인으로 인해 고객의 니즈가 다시 한번 변경되었으며, 향후 가상 세계에서 훨씬 더 많은 상호작용이 이루어질 것임을 의미한다. 따라서 2020년 이후 가치 제안을 확장하기 위한 다른 아이디어들이 맞춤 의료를 향해 나아가고 있다는 것은 놀라운 일이 아니다.

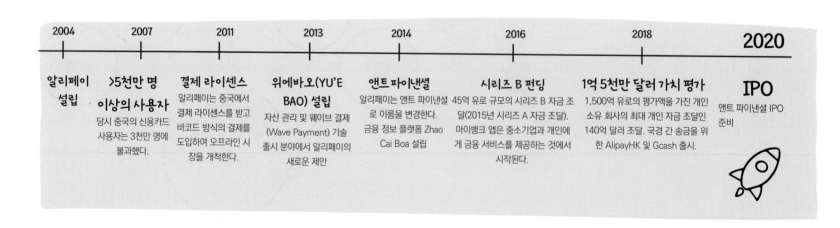

2004	2007	2011	2013	2014	2016	2018	2020
알리페이 설립	>5천만 명 이상의 사용자	결제 라이센스	위에바오(YU'E BAO) 설립	앤트 파이낸셜	시리즈 B 펀딩	1억 5천만 달러 가치 평가	IPO
	당시 중국의 신용카드 사용자는 3천만 명에 불과했다.	알리페이는 중국에서 결제 라이센스를 받고 바코드 방식의 결제를 도입하여 오프라인 시장을 개척한다.	자산 관리 및 웨이브 결제(Wave Payment) 기술 출시 분야에서 알리페이의 새로운 제안	알리페이는 앤트 파이낸셜로 이름을 변경한다. 금융 정보 플랫폼 Zhao Cai Boa 설립	45억 유로 규모의 시리즈 B 자금 조달(2015년 시리즈 A 자금 조달). 마이뱅크 앱은 중소기업과 개인에게 금융 서비스를 제공하는 것에서 시작된다.	1,500억 유로의 평가액을 가진 개인 소유 회사의 최대 개인 자금 조달인 140억 달러 조달. 국경 간 송금을 위한 AlipayHK 및 Gcash 출시.	앤트 파이낸셜 IPO 준비

앤트 파이낸셜의 개방형 비즈니스 에코시스템 전략

앤트의 비즈니스 에코시스템 전략은 의도적으로 공동 경쟁에 의존한다는 것이다. 개방형 시스템은 다른 금융 기관에서도 사용할 수 있다. 이 접근 방식으로 다른 금융 관계자는 시스템 디자인과 기술을 사용하여 고객의 새로운 니즈도 해결할 수 있다. 앤트는 이러한 개방형 시스템을 통해 기존 금융 서비스보다 점점 더 많은 수익을 창출하는 완전히 새로운 가치 흐름을 실현하게 된다. 따라서 앤트는 비즈니스 에코시스템에서 능숙하게 활동을 확장하고, 은행과 보험사를 위한 기술 서비스를 성장 전략의 중심에 둔다. 그리고 이를 통해 성과를 거둔다. 2020년 현재 앤트의 자본 시장 가치는 1,500억 유로 이상이었다. 앤트는 에코시스템 전략으로 기존의 수수료 및 거래에서 독립하게 되었고, 기술 제공의 마진이 더 높은 은행이 되었다. 알리바바에 따르면 알리페이와 관련 조직은 약 12억 명 이상의 활성 사용자를 보유하고 있으며, 그 중 9억 명이 중국에 거주하고 있다.

예를 들어 자산 관리 회사는 앤트 포춘(Ant Fortune)에 연금 기금을 제공할 기회를 가진다. 그들은 앤트 비즈니스 에코시스템의 액터로서 대상 고객의 데이터 기반 분석에 접근하고, 각 고객 및 세그먼트를 대상으로 자동화된 전자 브로셔와 같은 AI 기반 서비스를 게시할 수 있는 가능성도 있다. 앤트는 개방형 비즈니스 에코시스템의 환상적인 잠재력을 보여주는 대표적인 예이다. 핀테크는 에코시스템과 제공된 플랫폼에서 이니시에이터이자 액터이다.

비즈니스 에코시스템의 글로벌 전략

장기적으로 앤트는 확장을 위해 전 세계적으로 입지를 구축하는데 중점을 둔다. 목표는 고객들이 미래에 전 세계에서 쇼핑하고 자금을 이체할 수 있는 기회를 갖게 되는 것이다.

비즈니스 및 데이터 에코시스템

앤트는 자신을 다양한 기능을 포함한 "슈퍼 앱"으로 간주한다. 여기서도 데이터가 중요한 역할을 한다. 예를 들어, 앤트 마케팅 플랫폼에서 원하는 고객 그룹에 액세스할 수 있도록 하고, 쿠폰을 통해 프로모션을 제공하며, 빠르고 단순하게 비용을 효율적으로 지불할 수 있는 옵션을 생성하고, 고객과 고객의 행동으로부터 더 많이 배운다. 해당 푸시 알림은 고객이 지역, 도시 또는 상점에 도착하는 즉시 지리 위치를 통해 고객에게 전송된다. 해외에서 쇼핑하는 관광객을 위해 앱에 자동 세금 환급 기능이 있다. 또한 앱은 소셜 공유를 통해 특별한 쇼핑 경험을 공유할 수 있는 기회를 제공한다.

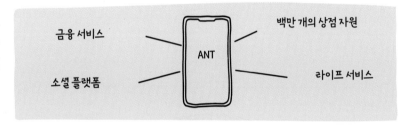

알리바바 월렛(Alibaba Wallet)의 거래 데이터가 입수되는 즉시, 앤트는 고객의 리스크 프로필에 맞는 적합한 금융 상품을 제공할 수 있다. 이들 상품은 실시간으로 신용도를 확인하고 POS에서 소액대출까지 도와주는 상품으로 머니마켓펀드까지 제공한다. 현재 중국인의 거의 70%가 "세서미 스코어(sesame score)"를 신용 평가 등급으로 사용하며 개인화 금융 상품에 대한 액세스 권한을 얻는다.

"파트너 네트워크가 모두 동일한 기술 기반에 있다면 상호 운용성은 문제가 되지 않는다. 미래에는 필리핀 버전의 알리페이를 사용하는 누군가가 홍콩에 와서 알리페이를 받는 어느 상점에서나 쇼핑을 할 수 있을 것이다. 그것이 비전이다."

_Joseph Tsai, 앤드 CEO

페이퍼리스 결제 영역에서 블랙 오션 전략의 예

모바일 결제 분야에서, 중국은 스마트폰 소유자의 약 47%가 디지털 지갑을 사용하면서 지구상의 다른 모든 지역보다 앞서고 있다. 위챗과 앤트는 블랙 오션 전략으로 우위를 점하고 있다.

또한 중국에서는 QR코드 결제 에코시스템을 유니버설 코드에 연결할 계획을 가지고 있는데, 이는 특히 블랙 오션 플레이어가 이미 지난 몇 년 동안 QR 경제에서 가치 제안을 확장해왔기 때문에 한 번 더 기하급수적 성장을 가속화할 것이다.

인공지능 기술은 또한 현재 중국의 젊은이들에게 특히 인기 있는 안면 스캐너를 통한 결제도 가능하게 한다. 2020년 초에 슈퍼마켓, 식료품점, 쇼핑센터, 식당에서 이 방법으로 결제한 중국 사용자는 1억 1천만 명이 넘었다.

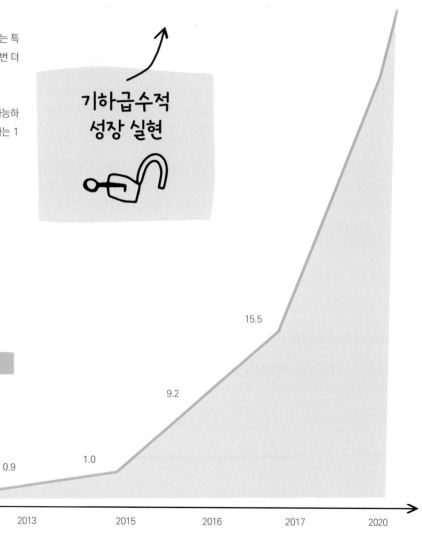

10억 유로 단위의 거래량

기하급수적 성장 실현

기타
8%

위챗 페이
38%

앤트
54%

77.7

15.5

9.2

1.0

0.9

0.2

2013   2013   2015   2016   2017   2020

핑안(Ping An)

핑안은 또한 중국에서 비즈니스 에코시스템의 오케스트레이터 역할을 맡았다. 이 보험회사는 단순히 보험 상품을 판매하는 전통적인 모델을 버린 지 오래이고, 이제는 서비스 범위에서 건강, 주거 및 모빌리티라는 주제 영역에 초점을 맞추고 있다. 이러한 주제 영역에서 "핑안굿닥터(Ping An Good Doctor)", "오토홈(Autohome)", "핑하오팡(Ping Haofang)"과 같은 비즈니스 에코시스템의 파트너와 함께 제품 및 서비스를 개발하였다. 핑안은 한편으로는 자체 자회사를 설립하고 있으며, 다른 한편으로는 가치 제안의 제공에 기여하는 많은 액터들을 조정하는 역할을 맡고 있다. 위챗 에코시스템과 유사한 방식으로 핑안은 다른 채널들을 사용하여 상호작용의 빈도를 높이고 있다. 예를 들어, 최대 3천만 명의 고객이 자동차 구매 및 판매를 위해 오토홈 플랫폼을 방문하는 동시에, 그들은 금융 및 보험 상품의 잠재 고객이 된다. 핑안의 부동산 에코시스템은 부동산 매입 및 자금 조달과 관련된 모든 것을 원스톱으로 처리하는 곳이 되었다. 클라이언트 간 임대 플랫폼과 같은 기능은 새로운 고객 접근을 만들어내는 데 도움이 되며, 이는 모기지, 자산 관리 상품 및 보험 정책에 대한 직접 판매를 통해 바로 서비스된다. 건강 분야에서 핑안은 온라인으로 이용할 수 있는 중국 최대 규모의 의사 네트워크 중 하나와 협력하고 있다. 온라인 상담, 의약품 주문 기능 및 오프라인 병원의 결합은 단일 시장 참가자가 제공할 수 없었던 독특한 가치 제안으로 환자들을 끌어들인다. 특히 O2O(Online-to-Offline) 기능은 시스템을 독특하게 만든다. 특정 브랜드에 대한 고객 정보, 행동 및 선호도에서 얻은 방대한 양의 데이터를 통해 핑안은 미래의 제품을 고객 니즈에 훨씬 더 잘 맞출 수 있고, 고객의 삶의 이벤트를 예측하고, 더 나은 제품 및 서비스 번들을 만들며, 제품 및 서비스 번들의 예방 및 남용 사례와 같은 주제를 목표한 방식으로 해결할 수 있다. "건강, 주거 및 모빌리티" 조합의 데이터 세트는 특히 의미 있는 정보를 제공하기 때문에 수입원의 역할도 하게 되었다. 텐센트 및 알리바바와 마찬가지로 핑안이 개인 클리닉 및 헬스 클라우드 솔루션이 있는 건강 영역과 같은 관련 에코시스템으로 범위를 확장하고 있는 것이 그 예가 될 수 있다.

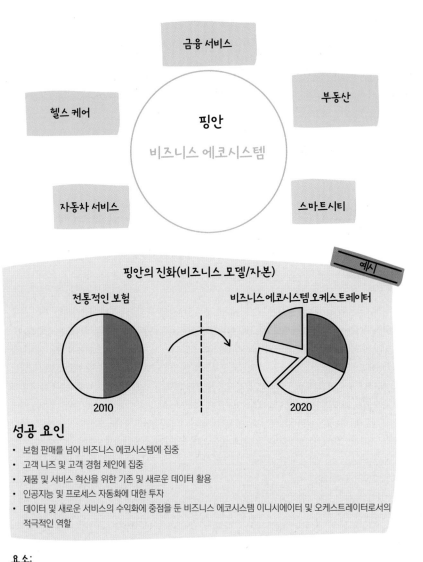

핑안의 진화(비즈니스 모델/자본)

전통적인 보험 — 2010

비즈니스 에코시스템 오케스트레이터 — 2020

예시

성공 요인

- 보험 판매를 넘어 비즈니스 에코시스템에 집중
- 고객 니즈 및 고객 경험 체인에 집중
- 제품 및 서비스 혁신을 위한 기존 및 새로운 데이터 활용
- 인공지능 및 프로세스 자동화에 대한 투자
- 데이터 및 새로운 서비스의 수익화에 중점을 둔 비즈니스 에코시스템 이니시에이터 및 오케스트레이터로서의 적극적인 역할

요소:

유형 자본	금융 자본	인적 자본	지적 자본	에코시스템 자본

DBS 은행(DBS Bank)

DBS은행(싱가포르)은 지속적인 변신을 통해 전통적인 은행에서 디지털 에코시스템 플레이어로 성공적으로 변신했다. DBS 은행은 스케일링을 위해 데이터, 인공지능 그리고 머신러닝에 의존하였다. 동시에, DBS 은행은 새로운 기술을 실험할 수 있는 능력을 가지고 있다. 최초의 은행 중 하나인 DBS는 기술의 변화를 겪으며 프라이빗 클라우드 모델에서 멀티 클라우드 모델로 전환하고, 두 접근 방식의 이점을 결합할 것이다. 데이터는 DBS에 중요한 역할을 한다. 목표는 빅데이터 분석을 사용하여 더 나은 통찰을 얻고, 고객 환경을 개선하며, 새로운 제품 및 서비스를 개발할 수 있는 기회를 제공하는 것이다.

DBS의 가치 제안은 명확하다:

"최소한의 뱅킹으로 고객의 삶을 보다 윤택하게"

DBS는 고객 확보에서 거래, 관리 및 지원에 이르기까지 전체 프로세스에 걸쳐 새로운 100% 디지털 고객 경험에 초점을 맞추고 있다.

데이터는 고객의 니즈를 실시간으로 분석하고 대량 맞춤화를 통해 개별 경험을 실현하는 데 도움을 준다. 목표는 고객 이벤트가 고객에게 명확해지기 전에 미리 대응하는 것이다. 키워드는 "초개인화"이다. 이를 실현하기 위해, DBS는 각각의 데이터, 비즈니스 및 혁신 에코시스템에서 공동 가치창출과 협업에 의존한다. "DBS 공동 가치창출 프로그램"은 금융, 의료, 소매 및 자동차를 포함한 다양한 분야의 65개 파트너들로 구성되어 있다. 이들은 함께 현재 및 새롭게 부상하는 고객 니즈를 기반으로 새로운 가치 제안을 수행한다. DBS의 각각의 에코시스템 디자인 리더들은 광범위한 산업분야에서 왔으며, 이들 중 많은 수가 에코시스템 플레이에서 이미 자신들의 능력을 입증한 기술 회사에서 왔다. 전통적인 은행가들과 업계 전문가들은 이들 중에서 찾아볼 수 없다. DBS의 "트랜스포메이션 휠 (Transformation Wheel)"은 다음을 기반으로 한다:

1. 모든 것을 자동화;
2. 성과가 높은 팀을 개발;
3. 성공을 위한 조직;
4. "프로젝트"에서 "플랫폼"으로 전환;
5. 최첨단 시스템의 디자인.

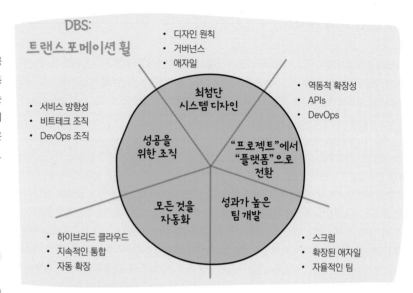

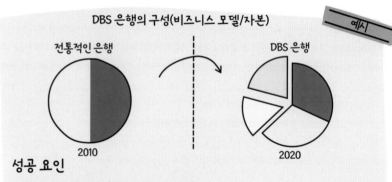

성공 요인

- 고객과의 상호 작용에서 "초개인화"에 초점을 맞춘다.
- 고객의 니즈 및 고객 에코시스템 여정에 집중한다.
- 제품 및 서비스 혁신을 위한 새로운 데이터를 생성한다.
- 인공지능 및 프로세스 자동화에 투자한다.
- 기존 은행 업무 이외의 삶의 영역에 초점을 맞춘 비즈니스 에코시스템 이니시에이터 및 오케스트레이터로서의 적극적인 역할을 한다.

요소:

유형 자본	금융 자본	인적 자본	지적 자본	에코시스템 자본

디지털 비즈니스 모델을 위한 DBS의 기술 및 역량

과거에 DBS는 고객 여정을 개발하고 기존의 터치 포인트를 개선했지만, 오늘날 은행은 고객에게 보이지 않는 것에 초점을 맞추고 있다. 은행은 의식 속에서 사라지지만 고유한 가치 제안에 따른 서비스는 은행과 고객을 반복적으로 연결한다.

이 비전을 달성하기 위해, DBS는 다음과 같은 5가지 역량을 활용한다:

1. **확보**: 실제 점포 및 고객 관리자에서 디지털 마케팅 채널 및 소셜 미디어로 이동하는 확장된 유통을 통한 고객 확보

2. **거래**: 종이와 물리적 양식을 없애고, 전자 양식, 전자 명세서 및 디지털 계정으로 전환하여 원클릭 주문 처리 또는 엔드 투 엔드(end-to-end) 자동화

3. **참여**: 맞춤형 보고서, 진술 및 니즈 기반 고객 참여의 형태로 고객과 데이터를 중심으로 상호 작용

4. **에코시스템**: 고객에게 포괄적인 서비스를 제공하기 위한 비즈니스 에코시스템의 초기화 및 참여. 다양한 API와 신속하게 연결되며 변화하는 고객 니즈에 신속하게 대응

"향후 10년에서 12년 동안 승자는 자신의 업무 방식에 민첩성, 유연성, 적응성 및 대응력을 구축할 수 있는 사람들이 될 것입니다."
_Piyush Gupta, DBS CEO(2018)

DBS의 새로운 KPI(핵심성과지표) 우선 순위 지정

50% 전통적 KPI
- 주주
- 고객
- 직원

50% 전략
- 지리
- 규제
- 사회
- 인에이블러

50% 전통적 KPIs

은행 업무를 즐겁게 만드는 20%
- 디지털화의 가속화
- "고객 경험"을 통해 행복한 고객과 직원
- 디지털화를 통한 가치 포착

30% 전략

KPI를 확립한 것 외에도, DBS는 현재의 미션을 성공의 요인으로 만들었다. KPI는 디지털 전환의 핵심을 나타내며 전체 평가표의 20%를 차지한다. 디자인 씽킹과 초기 MVP(최소 생존가능 제품)를 통해 고객을 위해 개발된 많은 경험과 기능은 비즈니스 에코시스템 및 확장된 가치 제안과 관련이 있다. 여기에서는 고객 수 증가에 초점이 맞춰져 있으며, 이들 중 대다수는 디지털 방식으로 서비스를 제공받게 될 것이다.

DBS 디지털 비즈니스 모델의 5가지 핵심 역량

확보	거래	관계
• 유통 확대를 통한 고객 확보 증가 • 확보 비용 절감	• 종이 제거, 즉각적인 처리 실현 • 비용 절감	• 니즈에 따라 고객과의 연계를 강화하고, 상황에 맞는 마케팅을 통해 교차 판매 실현 • 고객 당 매출 증대

에코시스템: "파이프(pipe)에서 플랫폼으로"

데이터: "통찰 중심으로"

DBS는 스타트업처럼 운영된다. 그러나 스타트업과의 차이점은 26,000명 이상의 직원을 보유하고 있다는 것이다.

아마존(Amazon)

아마존은 진화를 통해 지배적인 비즈니스 에코시스템의 오케스트레이터가 된 기업의 대표적인 사례이다. 아마존의 디지털 여정은 1995년 기존 프로세스를 디지털화(온라인으로 책을 판매)하면서 시작되었다. 그 다음 단계에서, 아마존은 콘텐츠(예: 전자책과 킨들 포맷)도 디지털화하였다. 아마존은 시장에서의 강점을 바탕으로, 오늘날 많은 분야에서 B2B 서비스에 모든 종류의 물리적 및 디지털 제품과 서비스를 제공할 수 있게 되었다. 최근 아마존은 비즈니스 모델에 대한 다차원적 관점과 새로운 가치 흐름(예: 아마존 클라우드 서비스)의 정의를 통해 네트워크와 같은 새로운 가치 창출 구조가 등장한 전체 비즈니스 에코시스템을 디자인하고 실현시키는 데에 점점 더 초점을 맞추고 있다. 아마존은 또한, 특별 인센티브(예: Amazon Prime)를 통해 고객을 긴밀하게 연결하여, 고객들이 아마존이 제공하는 포괄적인 서비스에 더 많은 시간을 할애하는 방법을 알고 있다. 동시에 프라임 고객들은 일반적으로 일반 고객들보다 두 배나 많은 돈을 아마존 서비스에 지출하기 때문에, 이러한 앵커 효과는 평균 이상의 영향을 미친다. 아마존의 각 비즈니스 부문은 고객에게 적합한 가치 제안을 제공하기 위해 지속적으로 포지셔닝을 하고 있다. 예를 들어, 아마존 킨들을 사용하는 소비자들은 아마존 파이어 플랫폼에서 아마존 포트폴리오의 일부인 광범위한 제품과 서비스를 동시에 소비할 수 있다. 또한 파이어 플랫폼은 소셜 네트워크, 엔터테인먼트 서비스 제공 및 다양한 앱에 대한 액세스와 같이 아마존 에코시스템 외부의 다른 제품 및 서비스를 소비할 때에도 사용될 수 있다. 아마존의 전반적인 개방성과 중간자로서의 입지가 기하급수적 성장을 주도하고 있다. 아마존 수익의 약 60%가 이 중개 사업에서 나온다. 아마존의 40개 이상의 자회사 중에는 제약회사인 필팩(PillPack)이 포함되어 있으며, 이 회사는 개별적인 라벨이 붙은 의약품 팩(약 복용 날짜와 시간이 표시된 라벨이 부착됨)을 배송한다. 무료배송 혜택 외에도 개별 포장과 약 복용 설명서가 제공되며, 고객들이 건강보조식품, 종합비타민제, 프로바이오틱스 등을 간편하게 추가할 수 있다는 장점이 있다. 아마존은 이 부문에서 새로운 비즈니스 에코시스템인 '필팩 바이 아마존 파머시(PillPack by Amazon Pharmacy)'를 출시하며 거대 처방약 시장으로 가치 제안을 확장하고 있다.

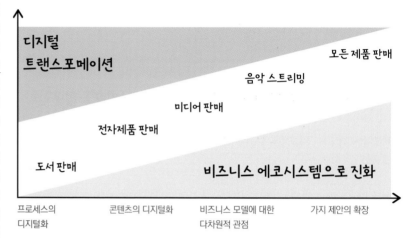

디지털 트랜스포메이션			모든 제품 판매
		음악 스트리밍	
	미디어 판매		
전자제품 판매			
도서 판매		비즈니스 에코시스템으로 진화	
프로세스의 디지털화	콘텐츠의 디지털화	비즈니스 모델에 대한 다차원적 관점	가치 제안의 확장

성공 요인

- 혁신과 가치 제안 디자인은 새로운 가치 제안 및 제품 개발에 필요한 두 가지 핵심 요소이다.
- 아마존 프라임을 통한 강력한 앵커 효과(온라인 쇼핑에 대한 충성도 강화)
- 구독, 마켓플레이스, 피라미드 모델 또는 주문형 모델과 같은 검증된 비즈니스 모델 활용
- 물리적 프로세스를 디지털화 하면서 전체적인 비즈니스 에코시스템으로 점진적 진화

아마존의 구성 (비즈니스 모델/자본)

요소:

유형 자본	금융 자본	인적 자본	지적 자본	에코시스템 자본

아마존의 에코시스템 관점:
온라인 서점에서 에코시스템 영역으로의 진화

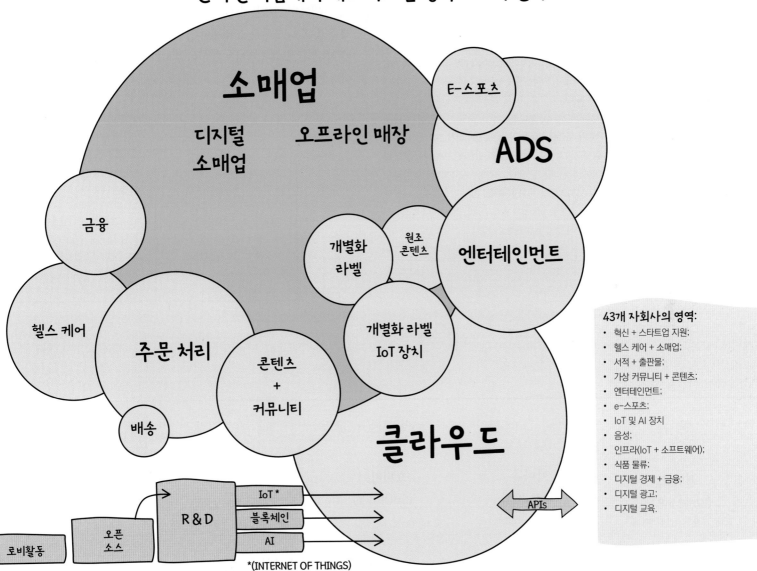

소매업

디지털 소매업

오프라인 매장

E-스포츠

ADS

금융

개별화 라벨

원조 콘텐츠

엔터테인먼트

헬스 케어

주문 처리

개별화 라벨 IoT 장치

콘텐츠 + 커뮤니티

배송

클라우드

로비활동

오픈 소스

R & D

IoT *

블록체인

AI

APIs

*(INTERNET OF THINGS)

43개 자회사의 영역:
- 혁신 + 스타트업 지원;
- 헬스 케어 + 소매업;
- 서적 + 출판물;
- 가상 커뮤니티 + 콘텐츠;
- 엔터테인먼트;
- e-스포츠;
- IoT 및 AI 장치
- 음성;
- 인프라(IoT + 소프트웨어);
- 식품 물류;
- 디지털 경제 + 금융;
- 디지털 광고;
- 디지털 교육.

다양한 에코시스템 마인드세트와 소매업에서의 가치 사례

소매업 부문에서 비즈니스 에코시스템의 다양한 징후를 비교하는 것도 흥미롭다. 월마트(Walmart)와 같은 전통적인 공급자는 구매력과 효율성을 활용해 시장 지위를 향상시키는 것을 목표로 한다. 방금 설명한 바와 같이, 아마존은 많은 시장 참여자들에게 개방되어 있고, 점진적으로 가치 제안을 확대함으로써 기하급수적 성장에 초점을 맞추고 있다. 이에 반해 쇼피파이(Shopify)는 커뮤니티 구축에 초점을 맞추고 있어서, 처음부터 아마존과는 노선이 다르다. 중앙집중식 플랫폼의 엄격한 규칙과 고객 인터페이스의 소유권 및 데이터 요구에 대한 승자독식의 사고방식이 더 이상 다수의 소매업체에 적합하지 않기 때문에, 현재 수백만 개의 소매업체가 아마존에서 쇼피파이로 "이동"하였다. 오픈 바자(Open Bazaar)와 같은 이니셔티브는 한 단계 더 나아가 새로운 기술을 기반으로 순수하게 분산된 시스템을 구축한다. 이 시스템은 주로 고객을 위한 투명성과 공정성을 위해 디자인되었으며 고객이 시스템의 일부임을 보장한다. 다음 진화 단계와 가치 제안이 이미 나타나고 있다. 변화하는 고객의 니즈와 환경 및 소유권에 대한 다른 접근 방식은 새로운 에코시스템 씽킹을 위한 잠재력을 가진다. 또한 비즈니스 에코시스템에서 이니시에이터와 오케스트레이터가 고객 및 액터들과 함께 고객의 인터페이스와 데이터를 공유하고, 투명하고 공정한 거래를 유지하는 것이 점점 더 중요해질 것이다.

"상거래의 미래에는 사업 파트너, 상인, 서비스 공급자, 기술 지원자, 쇼핑객 등을 우리 모두가 소유해야 합니다. 그들은 소수가 아니라 다수이어야 합니다. 그래서 우리는 당신이 우리의 이러한 운동에 동참하기를 바랍니다."

– Harley Finkelstein, COO, Shopify

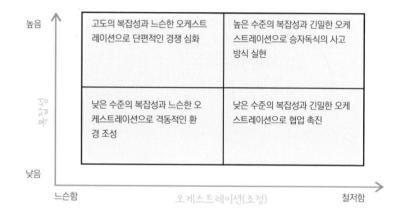

진화 마인드세트와 가치 제안

제품 중심	물리적 + 디지털 제품 에코시스템	프로슈머 에코시스템	협력적 에코시스템	미래에는?
월마트 (WALMART)	**아마존 (AMAZON)**	**쇼피파이 (SHOPIFY)**	**오픈 바자 (OPEN BAZAAR)**	
효율성을 통한 시장 지배력 유지 경쟁	에코시스템을 활용하여 기하급수적으로 성장	고객과 액터들 간에 "연결, 공유 및 소유" 권한 부여	고객 참여를 통한 공정성 및 투명성	소유 대신 웰빙? 모두가 번영할 수 있도록 돕는 것? 지속 가능한 제품과 라이프스타일?

위워크(WeWork)

위워크(WeWork)는 2010년에 설립되었다. 위워크의 초기 제안은 이해하기 쉬웠다: 유연한 조건으로 사무실 공간을 임대하는 것이었다. 그러나 위워크의 에코시스템 목표는 훨씬 더 나아갔다. 위워크는 삶의 모든 영역에 서비스를 제공하고자 한다. 이러한 더 큰 에코시스템의 목표를 위해 위워크는 이제 "WeGrow"라는 사립학교와 WeMRKT라는 이름으로 운영되는 소매점을 열었다. 이러한 방식으로, 아이들을 위한 교통수단을 포함하여 가정에서 학교까지 모든 것을 조직화할 수 있는 위워크 커뮤니티가 만들어질 것이다. 즉, 동네나 도시 단위로 모든 것을 하나로 묶는 지역적인 위워크 커뮤니티인 비즈니스 에코시스템을 구축하는 것이다.

2010년부터 위워크는 기하급수적으로 성장했으며, 그들의 비전 속에는 주택(WeLive)부터 피트니스 스튜디오(Rise)에 이르기까지 모든 것이 담겨 있다. 이것이 회사와 비즈니스 에코시스템이 이제 "The We Company"라는 이름으로 통하는 이유 중 하나이다. 이러한 가치는 성공적인 에코시스템 플레이어에게 필요한 요소가 무엇인지를 반영한다:

- 제품을 판매하는 것이 아니라 비전을 판매하는 것
- 글로벌하게 생각하기
- 고객과 함께 성장
- 빠른 성장을 지원하는 문화를 구축

위워크는 처음부터 공동체 정신으로 각각의 제품을 구축한다는 신념을 가지고 있었다. 위워크는 시간이 지나면서 성장한 스타트업에 사무공간을 임대하는 것으로부터 시작했다.

게다가, 사무실 임대와 같은 사업 개념은 처음부터 전 세계적으로 구상되고 구현되고 있던 것이었다. 에코시스템의 오케스트레이터와 이니시에이터는 The We Company의 기업 문화를 정해진 규칙 목록으로 취급하지 않는다.

오히려, 문화는 필요에 따라 에코시스템이 성장하고, 변화하고, 진화하도록 돕는 도구로 사용된다.

"위워크(WeWork)의 미션은 사람들이 단순한 생계가 아닌 자신의 삶을 만들기 위해 일하는 세상을 만드는 것입니다. 위리브(WeLive)의 미션은 아무도 혼자라고 느끼지 않는 세상을 만드는 것입니다. 위그로우(WeGrow)의 미션은 모든 인간이 초능력을 발휘하는 것입니다."
–Rebekah, Miguel, and Adam, 위 컴퍼니의 공동 설립자

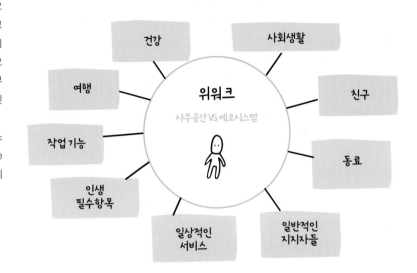

성공 요인

- 이해하기 쉬운 초기 가치 제안
- 현재 및 미래의 고객의 니즈와 강력하게 일치하는 접근 방식
- MVE(최소 생존가능 에코시스템)를 통해 다각도로 가치 제안을 확장
- 설득력 있고 명확하게 정의된 비즈니스 에코시스템 비전

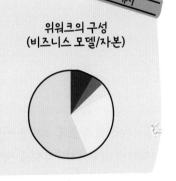

위워크의 구성
(비즈니스 모델/자본)

요소:

유형 자본	금융 자본	인적 자본	지적 자본	에코시스템 자본

유어나우(YOUR NOW)

다임러(Daimler)와 BMW가 유럽 합작 투자를 시작하였는데, 이 회사는 급성장하는 비즈니스 에코시스템의 잠재력을 가지고 있다. 이 합작 회사 "유어 나우(YOUR NOW)"는 모빌리티 에코시스템을 함께 구성하는 5개의 서비스를 오케스트레이션한다: REACH NOW(다중 이동서비스), CHARGE NOW(충전), FREE NOW(승차 호출), PARK NOW(주차), SHARE NOW(차량 공유). 미래의 비즈니스 에코시스템은 모빌리티에 대한 도시 고객의 새로운 니즈를 충족시키겠다는 목표를 가지고 있다. 포트폴리오에는 지능적이면서, 원활하게 연결이 잘 되고, 손가락 터치로 사용할 수 있는 모빌리티 서비스가 포함되어 있다. BMW와 다임러는 가치 제안이 신속하고 전 세계적으로 확장되도록 하는 것을 목표로 새로운 비즈니스 모델의 거버넌스를 이끌고 있다. 이러한 방식으로 비즈니스 에코시스템은 변화하는 고객 요구사항뿐만 아니라 도시 이동성의 문제를 해결할 수 있다. 도시, 지방 자치 단체 그리고 에코시스템의 다른 액터들은 모두 도시에서의 삶의 질을 향상시키는데 기여한다. 오케스트레이션을 통해 전기자동차 공유 차량을 제공하고, 충전 및 주차 시설에 쉽게 접근할 수 있도록 함으로써 전기 모빌리티를 발전시키고 있다. 따라서 지속 가능성을 기반으로 하는 이러한 모빌리티 제공은 경험하고 사용하기가 훨씬 더 쉽다. 이러한 가치 제안과 약 6천만 명의 활성 사용자로 구성된 현재 고객 기반을 바탕으로, 유럽과 미국의 주요 지역에 있는 5개 회사는 향후 전세계적으로 확장하고자 한다. 온디맨드 방식으로 100% 전기 및 자율 주행 차량 기반의 추가 모빌리티를 제공하는 가치 제안이 확장되는 것을 생각해볼 수 있다. 또한 차량을 자동으로 적재하거나, 자율적으로 주차하거나, 도로와 철도를 넘어 다른 운송 수단과 네트워크를 구축할 수 있는 서비스와 개념을 생각할 수 있다.

"우리는 더 많은 교통 수단을 연결하고, 더 많은 도시에서 더 많은 사람들과 접촉하여 대도시 지역의 삶을 개선하고자 합니다."
– Harald Krüger, BMW AG 이사회 회장

다임러 + BMW 그룹

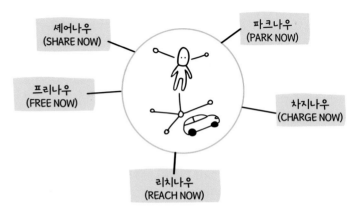

- 셰어나우 (SHARE NOW)
- 파크나우 (PARK NOW)
- 프리나우 (FREE NOW)
- 차지나우 (CHARGE NOW)
- 리치나우 (REACH NOW)

BMW/다임러의 현재 구성과 "유어 나우" 에코시스템 (비즈니스 모델/자본)

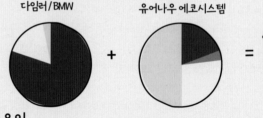

다임러/BMW + 유어나우 에코시스템 = ?

성공 요인

- 스타트업 기업을 활용하고 에코시스템을 초기화하여, 기존 제품을 기반으로 시장 공간을 확대하는 전략 활용
- 단순히 A에서 B로 이동하기 위한 기본적인 니즈에 기반한 가치 제안
- "YOUR NOW" 에코시스템 내에서 새로운 엔드 투 엔드(end-to-end) 제품 디자인
- 새로운 영역 및 포트폴리오 요소로의 단계적 확장
- 비즈니스 에코시스템의 브랜딩 요소로서 강력하고 권위 있는 두 개의 브랜드

요소:

유형 자본	금융 자본	인적 자본	지적 자본	에코시스템 자본

허브젝트(Hubject)

허브젝트는 43개국에 760개 이상의 액터가 있는 비즈니스 및 거래 에코시스템이다. 허브젝트는 2012년부터 전기 자동차(EV)를 위한 전국적인 소매 네트워크를 구축하고 있다. 원래는 보쉬(Bosch), 엔비더블유(EnBW), 지멘스(Siemens), RWE, 다임러(Daimler), BMW의 공동 이니셔티브로 시작되었다. 인터차지(Intercharge) 네트워크의 핵심 가치 제안인 "비즈니스 서비스 및 고객 중심 접근 방식을 통한 e-모빌리티 에코시스템 가속화"에는 충전소 운영자, 견인 전력 공급자, 에너지 공급자, 차량 운영자, 차량 공유 회사, 서비스 카드 제공자 및 자동차 제조업체를 위한 서비스 제공이 포함된다. 2020년에는 4개 대륙의 25만 개 이상의 충전 포인트가 허브젝트의 개방형 플랫폼에 연결되었다.

허브젝트는 자동차, 기술, 에너지 공급 및 통신 공급업체의 네 가지 산업 전반에 걸쳐 모빌리티 시장을 위한 의도적인 "협력"을 추진한다. 또한, 허브젝트는 충전 인프라를 유지하기 위해 지역 및 국영 기업과 협력한다. 최종 고객은 에코시스템의 오케스트레이션을 통해 스마트폰으로 수천 개의 충전소에 접속해 편리하게 예약할 수 있으며, 이 때 요금은 모바일 네트워크에서 로밍하는 것과 유사하다. 또한 허브젝트는 참여하는 액터들에게 많은 혜택과 추가 수익 모델을 제공하며, 이는 결국 에코시스템 자본에 긍정적인 영향을 미친다. 또한 허브젝트는 비즈니스 모델에 대한 다차원적 관점의 일부로 참여 액터를 위한 다중 수익 모델을 고려하였다. 여기에서도 데이터가 결정적인 역할을 한다. 예를 들어, 인터차지 네트워크의 충전소에서 동적 데이터를 수집하고 평가한다. 최종 고객과의 디지털 상호 작용 및 각 충전소의 활성화는 QR 코드 또는 RFID 카드, 근거리 무선 통신(NFC) 기술 또는 플러그 충전 솔루션을 통해 이루어진다. 허브젝트는 최종 고객에게 고유한 경험을 제공하는 이 에코시스템 내의 다양한 액터들을 연결한다. 개별 액터는 허브젝트가 제공하는 확장성, 혁신 및 최첨단 IT 인프라의 혜택을 받는다.

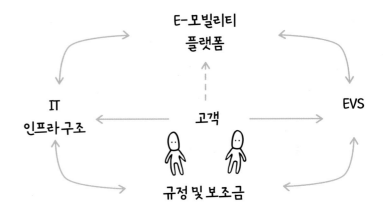

개방적이고 네트워크화 된 e-모빌리티 시장. 충전소 운영자와 견인 전력 공급자 간의 협력.

성공 요인

- e-모빌리티의 새로운 성장 시장 참여
- 액터 및 최종 고객을 위한 여러 부가가치를 가진 핵심 가치 제안
- 프로세스 및 지불 절차의 단순화 및 자동화
- 단순한 인터페이스와 강력한 IT를 통한 신속한 확장
- "협력"에 대한 의도적인 결정이 있는 개방형 시스템
- 네트워크 효과를 통한 에코시스템 자본의 강력한 성장

예시

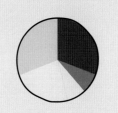

**허브젝트의 구성
(비즈니스 모델/자본)**

요소:

유형 자본	금융 자본	인적 자본	지적 자본	에코시스템 자본

그린 클래스(Green Class)

그린 클래스 에코시스템은 2016년에 스위스 연방철도(SBB)가 BMW와 함께 6개월 이내의 단기 공동 가치창출 모드에서 짧은 스프린트로 MVE(최소 생존가능 에코시스템)를 디자인하는 디자인 씽킹 프로젝트로 출범되었다. 현재 이 서비스는 대중교통 구독과 전기 자동차 선택으로 구성된다. 이 모빌리티 서비스 개념에는 모든 고객 서비스, 도로 세금 스티커, 타이어 교체, 세금 및 보험이 포함된다. 그린 클래스 비즈니스 에코시스템은 유연하고 자유로운 모빌리티를 희망하는 고객의 니즈를 충족시킨다.

주차, 도로에서 충전, 카셰어링, 자전거 공유, 택시 서비스 등과 같은 부가 서비스를 예약할 수도 있다. 스위스 연방철도는 이러한 비즈니스 에코시스템을 디자인함으로써 e-모빌리티의 변화하는 이미지에 대응하고 있으며, 엄격한 규제를 받는 철도 운송에서 벗어나고 있다. 그린 클래스의 타겟 세그먼트는 주로 도시 밀집 지역이나 지방에 거주하며, 대도시로 출퇴근하는 고객들이다. 교통수단을 복합적으로 사용하는 멀티모달 서비스는 지속 가능한 해결책에 대해 보다 명확한 욕구를 표현한 고객 제안의 일부이다.

대부분의 경우, 고객은 하루에 다섯 구간 이상의 도로를 주행한다. 그린 클래스 이니셔티브는 스위스 연방철도(SBB)가 계획하고 있는 보다 포괄적이고 전략적인 고려사항(전체 모빌리티 공급망을 활용한 도어-투-도어(door-to-door) 서비스)의 일부이다.

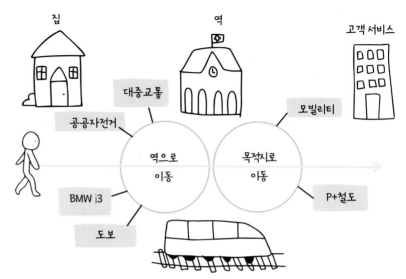

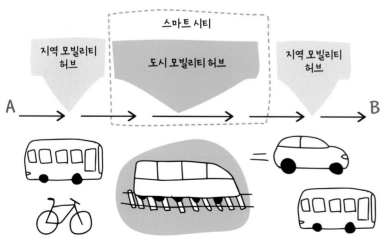

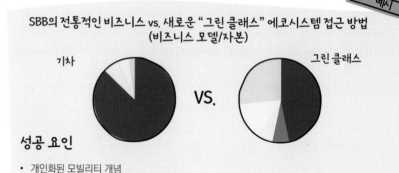

예시

SBB의 전통적인 비즈니스 vs. 새로운 "그린 클래스" 에코시스템 접근 방법
(비즈니스 모델/자본)

기차 VS. 그린 클래스

성공 요인

- 개인화된 모빌리티 개념
- 고객이 원하는 이동 경로 및 교통 수단
- 지속 가능성이라는 트렌드에 강력하게 집중
- 변화하는 고객 니즈에 대한 해결책
- 서로 다른 종류의 모빌리티 솔루션을 인터페이스 없이 통합하기 위한 새로운 인에이블러 기술 적용

요소:

유형 자본	금융 자본	인적 자본	지적 자본	에코시스템 자본

클라라(Klara)

클라라는 2016년부터 중소기업으로부터 다양한 업무를 인수해 온 스위스 비즈니스 에코시스템이다. 이 비즈니스 에코시스템은 AXON 그룹의 일부이다. 클라라는 은행, 보험 회사 및 신탁 관리자들을 오케스트레이션 하는 역할을 하고 있다. 클라라의 뒤에는 급여, 신탁 서비스, 마케팅 및 최첨단 IT 개발 분야의 100명 이상의 전문가들이 있다. 클라라는 "단순히 사람들의 관리 부담을 덜어주는 것 이상으로 클라라는 사무실을 쉽게 만든다."라는 가치 제안에 초점을 맞추고 있다. 이 가치 제안의 프레임워크 내에서, 클라라는 급여 회계, 직원 보험, 직업 소개서, 질병 및 사고 보고서 또는 비즈니스 에코시스템 접근 방식의 전체 부기 서비스를 제공한다. 클라라는 소상공인(클라라 비즈니스) 고객 쪽에서 점점 더 개인 가구(클라라 홈) 고객 쪽으로 초점을 맞추고 있는데, 예를 들어 가정 도우미를 쉬운 방법으로 법을 준수하며 관리할 수 있는 서비스를 제공한다. 또한, 클라라는 통합 디지털 서비스 외에 하이브리드 모델에도 의존하고 있다. 많은 옵션 중 하나는 예를 들어, 클라라의 설정 서비스를 통해 전문가가 모든 것을 설정하도록 하면 처음부터 회계가 작동하도록 하는 것이다. 오픈뱅킹을 이용하면 결제 데이터와 계좌 정보를 쉽게 전송할 수 있게 해준다. 소상공인을 위한 CRM과 같은 개별 서비스는 무료이며, 다른 서비스는 소규모 패키지로 예약할 수 있다. 디지털 비서, 인공지능, 데이터 수집 및 분석을 통해 소상공인을 위한 도매 간소화가 실현된다. 개방형 에코시스템 접근 방식으로 다양한 서비스가 통합되고, 소액 결제 시스템은 보다 유연한 비즈니스 모델을 위해 매핑되며, 고객 인터페이스 및 브랜딩 활동은 각 액터가 직접 관리한다. 클라라는 가치 제안을 추가로 개발하기 위해 디자인 씽킹, 데이터 아이디어, 린 스타트업, 비즈니스 및 데이터 에코시스템 디자인을 사용한다. 클라라의 핵심 가치 제안의 중심에는 니즈를 가진 중소기업이 있다.

클라라의 뒤에는, 기업 및 개인 가정을 더 쉽고, 더 빠르며, 더 효율적으로 관리하는 해결책을 만들 수 있다고 확신하는 기업가 그룹이 있다.

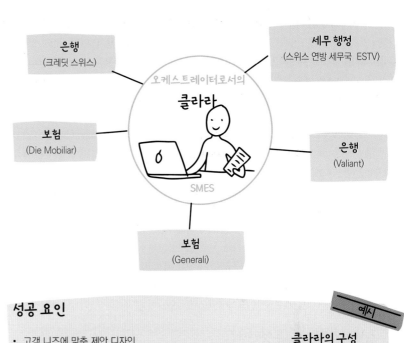

성공 요인

- 고객 니즈에 맞춘 제안 디자인
- 코칭 및 설정 서비스로 소규모 기업에 대한 제약을 제거하여 편안하게 서비스에 안착 가능
- 신기술 제공 및 사용으로 진화적 확장
- 스위스 중소기업의 주요 파트너를 위한 엔드-투-엔드(end-to-end) 프로세스 및 디지털 인터페이스
- 프리미엄 모델에서 정기구독 및 사용량당 요금제에 이르기까지 다양한 비즈니스 모델 적용

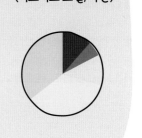

클라라의 구성
(비즈니스 모델/자본)

요소:

유형 자본	금융 자본	인적 자본	지적 자본	에코시스템 자본

카르도시에(Cardossier)

카르도시에의 에코시스템은 2019년 스위스에서 협회의 형태로 출범하였다. 협회는 이니시에이터와 오케스트레이터의 역할을 맡아 고객 및 회원과 함께 블록체인 기반 솔루션을 개발하여 차량의 수명 주기를 디지털 방식으로 매핑하고 있다. 회원으로는 AdNovum, 취리히 대학교, Lucerne School of Computer Science(루체른 컴퓨터 과학 학교), AMAG, AMAG 리스, AXA 보험, 모빌리티, Auda-tex, Auto-i-dat AG, AutoScout24, PostFinance 그리고 스위스 리스 협회 등이 있다. 카르도시에의 가치 제안은 명확하다: 차량을 둘러싼 에코시스템에 투명성을 제공하고, 모든 거래 파트너들과 신뢰를 구축하는 것이다. 블록체인과 같은 인에이블러 기술을 이용하면, 차량에 대한 데이터가 더이상 다른 장소와 다른 범위에 저장되지 않으며, 대신 동일한 품질과 최신 정보로 여러 시장 참가자에게 저장된다. 변경 권한이 없는 상태로는 더 이상 데이터 세트를 변경할 수 없다. 이를 통해 미래에는 차량의 전체 이력을 공백 없이 표시할 수 있게 될 것이다. 이 에코시스템은 자동차 딜러와 개인 모두에게 이익이 되며, 주 도로 교통국과 같은 공공 기관, 에코시스템의 일부이기도 한 스위스 연방 도로 사무국 FEDRO에 혜택을 준다. 에코시스템의 액터인 auto-i-dat AG는 1,100만 개의 데이터 세트를 제공하였다. 가치 제안 확장의 다음 단계로는 규제된 프로세스(예: 차량 수입 및 등록)와 관련된 기능에 초점을 맞추는 것이다. 여기에는 디지털 보험 증서도 포함된다. 더 나아가, 카르도시에는 서비스 및 수리 항목을 매핑하고, 추적이 가능하며, 투명성을 높일 수 있는 개념을 연구하고 있다.

블록체인의 장점은 무엇인가?

블록체인 기술을 사용하면 중개자 없이도 신뢰할 수 있는 거래를 수행할 수 있다. 카르도시에 사례에서 사용된 DLT(분산 원장 기술 Distributed Leger Technology)는 여러 곳에 거래가 등록되고, 등록이 한 번 확인되면 사실상 변경이 불가능하다. 예를 들어, 주행 거리, 작업장 방문, 차량 운전자, 심지어 위치 데이터를 포함한 차량의 전체 수명 주기를 블록체인에 기록할 수 있다. 이는 중고차 구매자분만 아니라 리스업체에게도 중요한 정보이다. 에코시스템이 신뢰를 제공하는 것이다.

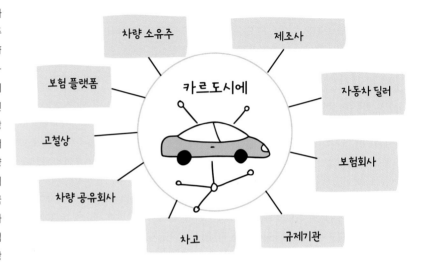

차량 소유주 / 제조사 / 보험 플랫폼 / 카르도시에 / 자동차 딜러 / 고철상 / 보험회사 / 차량 공유회사 / 차고 / 규제기관

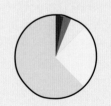

성공 요인

- 블록체인 기술을 이용한 물리적 자산의 디지털화
- 액터가 많고 투명성이 낮은 에코시스템의 효율성 향상
- 신제품을 위한 데이터베이스(예: 주문형 보험, 운전량 기준 지불, 파라메트릭 보험, P2P 보험)
- 개인 고객을 위한 투명성 및 데이터 보안 강화
- 자동화된 프로세스(예: 간편한 청구 관리, 계약, 위조 방지를 위한 문서 교환)
- 신뢰할 수 있는 기술을 기반으로 원활한 고객 경험을 제공하는 에코시스템

카르도시에의 구성
(비즈니스 모델/자본)

요소:

| 유형 자본 | 금융 자본 | 인적 자본 | 지적 자본 | 에코시스템 자본 |

앞선 사례들은 비즈니스 성장 실현을 위한 중앙집중식 비즈니스 네트워크, 플랫폼
및 비즈니스 에코시스템 개발에 있어서 다양한 성숙도와 접근 방식을 보여준다.

거대 시스템이 시장에서 우위를 차지하는 경향이 있다. 알리바바와 텐센트의
결제 솔루션 등 일부는 이미 블랙 오션 전략을 성공적으로 구현하였다.

국가 및 지역의 에코시스템 이니셔티브는 각 지역의 특정한 요구사항을 해결한다.
종종 고객 액세스, 고객과의 신뢰 관계를 구축하거나 비즈니스 에코시스템에 필요한
인프라를 구축하였다.

액터들은 일반적으로 에코시스템에서 다양한 역할을 수행한다. 각각의 에코시스템
이 역동적으로 진화함에 따라, 에코시스템 내에서 각각의 역할을 발전시키는 것은
성공에 매우 중요하다.

미래는 이제 시작이다!

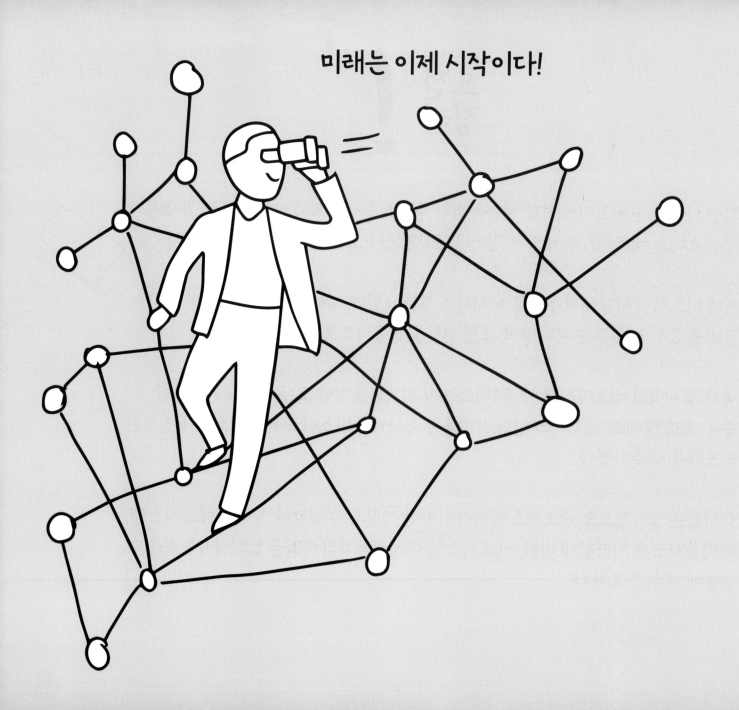

맺음말

회고 및 전망

비즈니스 성장을 위한 디자인 씽킹과 비즈니스 에코시스템은 혁신적이고 진화적인 성격을 가진다. 새로운 에코시스템은 기존의 친숙한 비즈니스의 경계를 무너뜨리고, 기업이 새로운 시장 기회를 실현할 수 있도록 한다. 반면에, 새로운 시스템의 경계와 과제가 나타나게 될 것이다. 특히 미래 발전을 위해 에코시스템에서 생각하고 행동하는 것이 이미 많은 곳에 존재하지만, 모든 산업과 대륙에 걸쳐 균등하게 분포되어 있지 않다는 점도 눈에 띈다. 최근 몇 년 동안, 우리는 최종 소비자로서 예전에는 분리된 형태로 존재하던 미디어, 통신 및 IT 부문이 모바일 장치를 이용하여 언제 어디서나 실시간으로 뉴스를 소비할 수 있는 우수한 시스템으로 통합되는 과정을 이미 경험하였다.

많은 산업부문에서 의사결정자들은 여전히 고객/공급자 관계에서 생각하고, 벤처의 관점에서 산업 시장 또는 유사한 이니셔티브에 참여하기 위한 첫 번째 작은 단계를 생각한다. 몇몇 기업의 경우에는 중단기적으로 큰 변화가 없고, 비즈니스 에코시스템에도 큰 문제가 되지 않을 수 있는데 그 이유는 기존의 비즈니스 모델과 선형 공급망, 통합기업으로서의 전략적 지향성 등이 이들 기업에 잘 작용하기 때문이다. 그러나 최근 몇 년간 디지털화가 점점 가속화되고 삶의 모든 영역에 자리를 잡아가고 있기 때문에, 이들 기업들도 비슷한 발전 시기가 임박한 것으로 예상된다. 따라서 산업과 역량이 서로 혼합되고 역동적으로 상호작용하는 것은 변화하는 고객 요구사항에 대응할 필요가 있거나, 이전에 점유하지 않았던 시장 공간으로 진출하고자 하는 기업에만 관련된 것은 아니다. 비즈니스 모델과 성장 측면에서 패러다임 전환을 가속화하는 것은 오히려 전 세계적인 현상이라 볼 수 있다.

또한, 판도를 바꾸는 새로운 기술을 통해 이러한 시스템을 중앙 조직 없이 구성할 수 있다. 즉, 분산형 비즈니스 에코시스템으로의 전환이 증가할 것이다.

다른 액터들과 고유한 가치 제안을 형성한다는 것은 새로운 시장과 마케팅 채널을 개방할 수 있고, 자체 산업이나 기존의 가치 사슬 또는 개별 중개자가 붕괴해버리는 변화에도 대응할 수 있으며, 이러한 새로운 시스템을 능동적으로 형성하는 데 도움을 줄 수 있는 기회를 가진다는 것을 의미한다.

에코시스템 씽킹은 전통적인 기업, 가치 사슬 또는 네트워크 경계를 넘어서서 조직적이고 기술적인 현상에 대해 체계적인 관점을 가지게 한다. 비즈니스 에코시스템을 디자인하기 위해서는 비즈니스 리더와 디자인 및 구현 팀이 서로 다르게 생각하고, 앞으로 다가올 파괴와 변화 및 트랜스포메이션을 받아들일 수 있어야 한다. 비즈니스 성장을 위한 디자인 씽킹을 통해 새로운 시스템을 초기화하거나 이에 참여할 때 등장하는 VUCA(변동성, 불확실성, 복잡성, 모호성)와 같은 개념은 단순히 유행어가 아니라 가시적인 현실이 되었다.

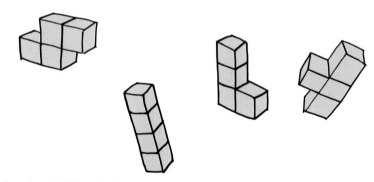

비즈니스 성장을 위한 디자인 씽킹으로 에코시스템을 구축하고자 하는 사람들은 먼저, 고객의 삶의 어떤 영역에서 니즈를 충족시키고 싶은지 스스로에게 질문하고, 두 번째 단계에서는 다른 액터들이 이러한 가치 제안을 가능한 한 최선의 방법으로 실현하는 데 어떻게 도움을 줄 수 있는지 자문해야 한다.

성장 및 에코시스템 이니셔티브의 다양한 사례를 통해 최첨단 정보 기술이 에코시스템의 운영에서 제품, 서비스 및 경험을 제공하는 권위 있는 인에이블러 중 하나가 되었다는 것을 알 수 있었다. 에코시스템은 직간접적인 판매 기회를 제공하고, 맞춤형 제품을 위해 고객 데이터를 활용하며, 추가 수익원을 개발할 수 있는 기회를 제공한다. 여기에서 핵심 요소는 바로 에코시스템의 윤활유 역할을 하는 데이터이다. 일부 산업에서는 O2O(online-to-offline) 사업, 즉 물리적 세계와 디지털 세계의 결합이 특히 중요한 것으로 보인다. 시스템을 초기화하고, 구축 또는 조정하려면 다양한 자원과 기술이 필요하다. 에코시스템은 전 세계적으로 확장되거나, 한 지역 또는 한 국가에서만 나타날 수도 있다. 기존 에코시스템의 예를 살펴보면, 틈새 공급자와 소규모 업체들도 신중한 접근 방식으로 이니셔티브를 성공적으로 작동시킬 수 있음을 보여주었다.

이 책의 주요 목표는 많은 비즈니스 리더와 관리자들의 인지적 레퍼토리에 자리잡고 있는 수평적 및 수직적 구조를 비즈니스 모델, 에코시스템 및 성장에 대한 새로운 마인드세트로 대체하고자 하는 것이다.

이 책에서 설명한 비즈니스 모델의 디자인과 성장의 패러다임 전환은 현재의 경영이론과 조직 및 조직 환경을 하나의 시스템으로 보는 관점에서 점점 더 중요해지고 있다. 비즈니스 에코시스템은 새로운 접근 방식과 절차 모델을 위한 공간을 제공한다. 핵심 가치 제안을 전달하기 위해 액터들이 상호 의존성, 공-진화, 비선형 행동, 확장 가능하고 체계적인 기회와 도전을 위해 다듬어진 시스템과 같은 특성을 가지기 위해서는 유연한 비즈니스 모델이 필요하다. 전통적인 시장 사고 방식과는 대조적으로, 비즈니스 에코시스템에서는 고객과 사용자, 공동 경쟁자 그리고 이니시에이터의 역할을 맡거나 시스템을 조율하거나 가치 제안 생성에 기여하는 액터가 있다. 에코시스템 리더십에는 또한 통제와 명령에서 시작과 조정으로 전환되는 새로운 협업 문화가 필요하다. 이러한 시스템은 복잡하기 때문에, 회사의 경계를 넘어 네트워크로 연결된 팀에 가능한 한 많은 자율성을 부여하여 고객 니즈 확인에서 비즈니스 에코시스템 디자인, 확장에 이르기까지 횡단적으로 작업하는 것이 필요하며, 이러한 방식이 성공적인 거버넌스임이 입증되었다.

비즈니스 에코시스템에서 고객 혜택을 기반으로 엄격한 혁신을 이뤄낸 기업만이 다른 액터로부터 동일한 혁신을 이끌어낼 수 있고, 비즈니스에서 성공할 수 있으며, 기하급수적 성장을 이룰 수 있다.

새로운 기술은 에코시스템의 근본적인 원동력이자 인에이블러이다. 기업이 비즈니스 모델을 확장하기 위해서 고가의 물리적 투자를 해야 했던 전통적인 경제와 달리, 디지털 에코시스템 세계에서는 기업이 데이터, 소프트웨어 및 적절한 비즈니스 에코시스템 구성의 현명한 조합을 통해 빠르게 성장할 수 있다. 액터들 간의 연결은 새로운 지적 자본을 생성할 뿐만 아니라 무엇보다도 에코시스템 자본을 생성한다! 물리적 및 디지털 상호 작용의 하이브리드 모델은 최근 특히 매력적으로 보인다. 그 가장 좋은 예는 에코시스템 오케스트레이터인 아마존과 알리바바이다.

미래에 관해서는, 비즈니스 에코시스템이 높은 수준의 파괴를 일으킬 것이 분명해지고 있다. 새로운 가치 제안, 비즈니스 모델 및 협업 형태가 등장하고 있다. 기하급수적으로 성장하려는 목표와 네트워크 효과의 활용은 이러한 시스템이 확산되는 속도를 높일 것이다. 마찬가지로 다양한 트렌드와 메가트렌드는 비즈니스 에코시스템이 긍정적으로 발전하는데 영향을 미치고 있다. 하나는 Z세대(인구 비중 25% 이상)이며, 이들 중 100%는 오늘날 이미 스마트폰을 소유하고 있고, 디지털 상호작용의 단순성과 자동화를 당연하게 여긴다. 또한, 새로운 기술은 우리가 사람들의 행동을 분석하고 정교한 방식으로 사람들의 행동에 영향을 미칠 수 있게 해준다. 인간의 의사 결정에 대한 깊은 통찰을 얻음으로써, 고객이 더 건강한 삶을 영위하고, 적절한 은퇴 계획을 세우거나, 또는 단순히 지속 가능한 의사 결정을 내릴 수 있는 더 우수하고 매력적인 가치 제안을 만들 수 있다. "감정 AI"를 통해 시스템은 눈의 움직임, 얼굴 표정 및 목소리 톤을 분석하여 인간의 감정을 인식하는 법을 배운다. 감정과 결합된 행동에 대한 통찰은 고객의 잠재적 니즈를 해결하거나 특정 행동을 활성화할 수 있는 완전히 새로운 가능성을 열어준다. 우리는 또한, 가상 현실이 모방되고 대상 방식으로 사용되는 "인간 AI"의 형태뿐만 아니라, 음성을 통해 비즈니스 에코시스템에서 새로운 유형의 고객 상호작용이 이루어지는 모습도 보게 될 것이다. 예를 들어, 아바타는 각 고객의 선호도에 대한 데이터를 기반으로 목소리 톤과 단어 선택을 조정하면서, 동시에 수천 명의 고객과 눈을 마주칠 수 있는 디지털 어드바이저 역할을 한다. 이 모든 신기술은 사람들이 어떻게 생각하는 지에도 영향을 미칠 것이다. 인공지능, 로봇, 자율주행 자동차의 새로운 물결은 광범위한 영향을 미칠 것이다. 일과 삶의 통합 영역에서도 비즈니스 에코시스템을 위한 새로운 시장이 등장할 것이다. 일과 여가 및 평생 학습 설계와 같은 주제를 정의하는 경계가 모호해져, 다양한 사람과 선호도에 대해 완전히 새로운 가치 제안이 가능해질 것이다. 여기서 우리는 일종의 포트폴리오 접근법을 통해, 사람들이 그들의 현재 삶의 상황에 따라 위에서 언급한 세 가지 활동이 어떻게 균형을 이루게 할 것인지를 선택할 수 있는 미래를 상상할 수 있다. 이러한 과정은 흥미로우며, 미래를 위해 이러한 개발에 적극적으로 참여하는 것은 의미가 있다.

다양한 트렌드와 메가트렌드는 비즈니스 성장을 위한 디자인 씽킹의 범위 내에서 비즈니스 에코시스템에 대해 생각하고, 행동하며, 고객과 소통해야 하는 필요성을 강화한다.

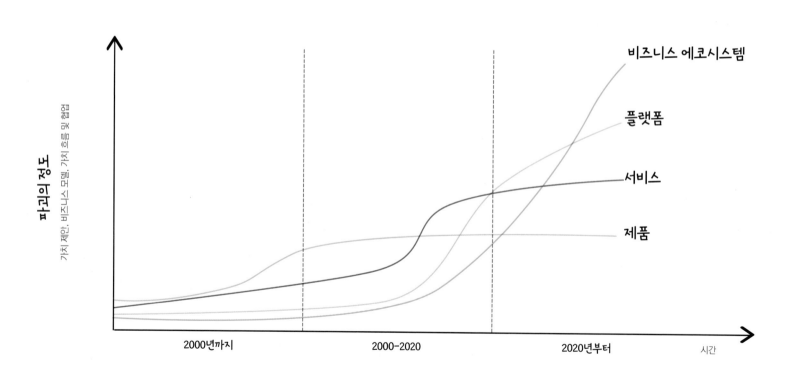

비즈니스 성장과 비즈니스 에코시스템 참여를 위한 디자인 씽킹에는 주요 마인드 전환과 핵심 요소 외에 다음과 같은 세 가지 중요한 전제 조건이 필요하다:

· 외부로의 개방;

· 기술 및 가치에 대한 투명성;

· 변화에 대한 의지와 새로운 시장 역할의 수용.

또한 혁신 생태계와 데이터, 정보, 지식 생태계를 비즈니스 에코시스템 디자인에 포함시키는 것이 중요하다. 오늘날 이러한 에코시스템을 이미 활발하게 운영하고 있는 기업들은 일반적으로 액터 및 시장 참여자와 좋은 관계를 유지하고 있으며, 이는 공통의 가치 제안을 실현하는데 도움이 될 수 있다.

비즈니스 에코시스템은 비즈니스 성장을 위한 디자인 씽킹의 틀 안에서 네 가지 디자인 렌즈를 통해 개발되고 확장될 수 있다. 이를 기존의 전략 도구에 포함시키면 전략적 이니셔티브로 에코시스템을 관리하고 평가할 수 있다.

독자에게 전하는 말

래리 라이퍼 교수

- 스탠포드 대학 교수
- 스탠포드 디자인 리서치 센터 창립 이사
- 스탠포드 Hasso Plattner Design Thinking Research Program 창립 이사

비즈니스 에코시스템 디자인은 스탠포드 디자인 리서치 센터(CDR)의 제 연구실에서 뜨거운 연구 주제입니다. 지난 몇 년 동안 다양한 유형의 에코시스템에 대해 많은 이야기를 나눴으며, 우리는 현재 무엇이 효과가 있었는지, 무엇이 효과가 없었는지 그리고 두 가지 모두의 근본 원인은 무엇인지에 대한 증거를 수집하고 있습니다.

비즈니스 성장을 위한 디자인 씽킹에 관한 이 시기적절한 책에 대한 마지막 찬사로 마이클 루릭이 지난 몇 년 동안 디자인 패러다임의 진화에 대해 얼마나 열심히 연구해왔는지를 강조하고자 합니다. 그는 다양한 에코시스템 이니셔티브를 통해 자신의 절차적 모델을 연구하고 반복적으로 개선함으로써, 일부 에코시스템은 어디서, 언제, 어떻게 그리고 왜 번성했는지, 반면에 다른 에코시스템은 단순히 시간이 지남에 따라 왜 쇠퇴하였는지 그 이유를 명시적으로 다룰 수 있었습니다.

비즈니스 성장을 위한 디자인 씽킹의 일부로써 에코시스템을 디자인하는 데에는 올바른 마인드세트와 적절한 방법 그리고 도구가 필요합니다. 그러나, 이러한 마인드세트가 모든 대학, 회사 및 각각의 의사결정자들에게 도달하여 그 열매를 수확할 수 있을 때까지는 아직 몇 년이 더 걸릴 것으로 예상합니다.

래리 라이퍼

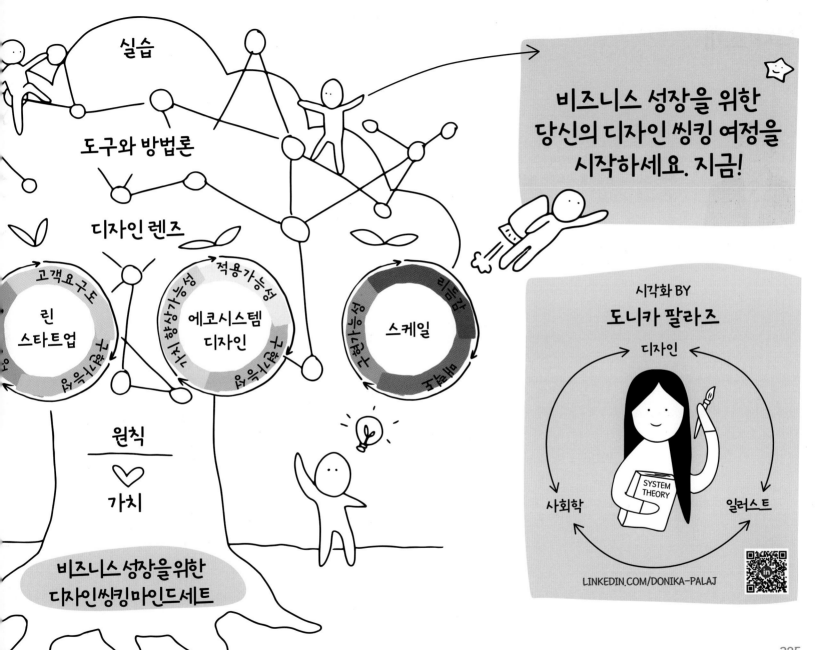

실습

도구와 방법론

디자인 렌즈

린 스타트업

고객요구도

에코시스템 디자인

적용가능성

스케일

원칙

♡

가치

비즈니스 성장을 위한
디자인씽킹마인드세트

비즈니스 성장을 위한
당신의 디자인 씽킹 여정을
시작하세요. 지금!

시각화 BY
도니카 팔라즈

디자인

사회학

SYSTEM THEORY

일러스트

역자 소개

이유종

- 디자인씽킹연구소 대표 겸 창립자
- 혁신·창업·4차 산업혁명·사회공헌 전문가
- 에코시스템 디자이너

알토대학교(前 헬싱키경영경제대학교) 경영전문대학원, 미국 IIT공대 디자인혁신경영대학원을 졸업하고 기업의 혁신성장전략그룹에서 디자인 씽킹에 관한 다수의 프로젝트와 교육을 담당했다. 현재 기업, 기관, 대학, 청소년의 교육과 컨설팅·프로젝트를 수행하는 디자인씽킹연구소의 연구소장을 맡고 있으며, 디자인 씽킹design thinking과 비즈니스 에코시스템에 관한 연구와 저술 활동 및 관련 영역을 개척해 나가고 있다. 현재 활동 영역은 혁신, 창업·창의적 사고, 4차 산업혁명, 사회공헌·ESG 등이고 기업과 대학 및 모든 조직이 필요로 하는 부분을 교육과 컨설팅의 형태로 제공하고 있다.

"디자인 씽킹, 인공지능과 4차 산업혁명 시대인 현재 우리의 비즈니스는 미래의 새로운 모델을 요구하고 있다. 디자인 씽킹을 기반으로 한 비즈니스 에코시스템의 개념과 방법론은 기업 및 여러 조직의 미래 성장을 위해 꼭 필요하다. 비즈니스 에코시스템의 개념은 디자인 씽킹의 더욱 현실적이고 심층적인 버전이다. 글로벌 비즈니스의 큰 트렌드이기도 한 이 에코시스템의 이해와 응용으로 기업들이 큰 비즈니스를 창출할 수 있기를 바라는 마음이다. 디자인씽킹연구소는 이 에코시스템의 개념과 방법론을 현장에 잘 적용하기 위해 지원과 노력을 아끼지 않고 있다.

조은영

- 디자인씽킹연구소 수석 연구위원
- 에코시스템 디자이너

디자인씽킹연구소 수석 연구위원으로 디자인 씽킹 방법론으로 혁신과 변화를 이끌어내는 교육 및 컨설팅 전문가로 활동하고 있다. 현재 혁신, 창업·창의적 사고, 4차 산업혁명, 사회공헌·ESG의 영역에서 연구와 교육을 함께 하고 있다. 『글로벌 혁신가들이 추천하는 디자인 씽킹 7 프로세스와 가장 혁신적인 워크툴킷』 책을 번역하고, 청소년을 위한 디자인 씽킹 교재를 개발했다. 창의적인 문제해결 방법에 관심을 가지고 TOCfE(교육을 위한 제약이론) 사고 도구를 활용한 문제해결 방법론을 교육 중이며 (사)한국TOC협회 이사, 국제TOCfE 마스터 퍼실리테이터로도 활발하게 활동 중이다.

"비즈니스 세계가 끊임없이 변화하는 오늘날, 이 책은 비즈니스의 기하급수적 성장을 위해 에코시스템 내의 여러 주체가 어떻게 상호작용하는지에 대한 심층적 분석을 제공한다. 글로벌 혁신 기업들의 사례를 통해 에코시스템의 복잡한 개념들을 이해하고 실제 비즈니스에 적용할 수 있는 강력한 인사이트를 얻을 수 있을 것이다. 이 책을 통해 비즈니스 에코시스템을 디자인할 수 있는 관점의 전환을 이뤄내고, 에코시스템의 실현으로 여러분의 비즈니스에 기하급수적 성장을 이뤄낼 수 있기를 바란다. 에코시스템 내의 다양한 역할에 대한 이해를 돕기 위해 64~65페이지를 먼저 읽기를 추천한다."

김지혜

- 김지혜 강사 TV 채널 운영자
- 에코시스템 디자이너

삼성전자와 LG전자에서 사내 통역사와 번역사로 근무했으며, 이후 싱가포르 기업에 입사하여 말레이시아와 중국에서 사업 개발과 영업 업무를 수행했다. 단국대학교 정보융합기술•창업대학원에서 벤처 창업대학원을 졸업한 후 현재는 글로벌 비즈니스의 업무 문화를 이해하고 글로벌 역량 강화를 위한 강의와 워크숍을 진행하고 있다. 또한, 유학생과 외국인 대상으로 한국의 콘텐츠와 K 기업가 정신에 대한 강의도 진행하고 있다. 해외 비즈니스와 글로벌 관련 콘텐츠를 담은 유튜브 채널 [김지혜 강사 TV]를 운영하고 있다. janekimjh@naver.com

"모든 것이 연결된 복잡도 높은 세상에 살아가는 우리에게 필요한 것은 전체를 바라보는 관점의 이해다. COVID19를 통해 우리는 지역의 이슈가 더 이상 지역에 머무르지 않는다는 것을 충분히 경험했다. 지역의 작은 재료 하나는 세계 어느 지역의 주민들에게 사용되는 제품의 원료가 되고, 세계의 다양한 지역을 거쳐 만들어진 제품이 우리 손에서 사용되고 있다. 이런 에코 시스템, 생태계를 이해하는 것이 공급망과 제품, 서비스의 전체적 건전성 및 품질의 결정적 관점이 된다."

인덱스 및
참고 문헌

Index

참고 문헌

- Adner, R. (2006), "Match your innovation strategy to your innovation ecosystem," Harvard Business Review, 84(4), pp. 98–107.

- Adner, R. (2012), The Wide Lens: What successful innovators see that others miss, London: Penguins Books, Limited (Potentially the first mention of the "Minimum viable ecosystem").

- Adner, R. (2017), "Ecosystem as structure: An actionable construct for strategy, "Journal of Management, 43(1), pp. 39–58. DOI: 10.1177/ 0149206316678451.

- Adner, R., and Kapoor, R. (2010), "Value creation in innovation ecosystems: How the structure of technological interdependence affects firm performance in new technology generations," Strategic Management Journal, 31(3), pp. 306–333.

- Adner, R., and Kapoor, R. (2016), "Innovation ecosystems and the pace of substitution: Re-examining technology S-curves," Strategic Management Journal, 37(4), pp. 625–648. DOI: 10.1002/smj.2363.

- Albers, S., Wohlgezogen, F., and Zajac, E. J. (2016), "Strategic alliance structures: An organization design perspective," Journal of Management, 42(3), 582–614. DOI: 10.1177/0149206313488209.

- Altman, E. J., and Tushman, M. L. (2017), "Platforms, open/user innovation, and ecosystems: A strategic leadership perspective," In J. Furman, A. Gawer, B. S. Silverman, and S. Stern (Eds.), Entrepreneurship, Innovation, and Platforms (Advances in Strategic Management, Vol. 37). Bingley: Emerald, pp. 177–207.

- Alturi, V., Dietz, M., and Henke, N. (2017), "Competing in a world of sectors without borders," McKinsey Quarterly, https://www.mckinsey .com/business-functions/mckinsey-analytics/our-insights/competing-in-a-world-of-sectors-without-borders.

- Arnheim, R. (1969, new edition 1997), Visual Thinking. Berkeley, Los Angeles: University of California Press.

- Autio, E., and Thomas, L. D. W. (2019). "Value co-creation in ecosystems: Insights and research promise from three disciplinary perspectives," In S. Nambisan, K. Lyytinen, and Y. Yoo (Eds.), Handbook of Digital Innovation, Edward Elgar Publishing.

- Baars, J. E. (2018), Leading Design, Munich: Franz Vahlen GmbH.

- Baert, C., Meuleman, M., Debruyne, M., and Wright, M. (2016). Portfolio entrepreneurship and resource orchestration," Strategic Entrepreneurship Journal, 10(4), 346–370. DOI: 10.1002/sej.1227.

- Baldwin, C. Y. (2012a), "Organization design for business ecosystems," Journal of Organization Design, 1(1), pp. 20–23, DOI: 10.7146/jod.6334.

- Baldwin, C. Y. (2012b), "Organization design for distributed innovation," Harvard Business School Working Paper (12–100), pp. 1–12.

- Baldwin, C. Y., and Clark, K. B. (2000), Design rules: The power of modularity, Cambridge, MA: MIT Press.

- Bansal, P., Kim, A., and Wood, M. O. (2018), "Hidden in plain sight: The importance of scale in organizations' attention to issues," Academy of Management Review, 43(2), pp. 217–241, DOI: 10.5465/amr.2014.0238.

- Barnett, M. L. (2008), "An attention-based view of real options reasoning," Academy of Management Review, 33(3), pp. 606–628. DOI: 10.5465/amr.2008.32465698.

- Beckman, C. M., Haunschild, P. R., and Phillips, D. J. (2004), "Friends or Strangers? Firm-Specific uncertainty, market uncertainty, and network partner selection," Organization Science, 15(3), pp. 259–275. DOI: 10.1287/orsc.1040.0065.

- Berger, W. (2014), Die Kunst des Klugen Fragens, Berlin: Berlin Verlag.

- Beylerian, G.M., Dent, A., and Quinn, B. (2007), Ultra Materials: How materials innovation is changing the world, London: Thames and Hudson.

- BIA Advisory Services, "Location-targeted mobile ad spend to reach $29.5 billion in the U.S. in 2020," press release, June 16, 2016, accessed February 26, 2019, http://www.biakelsey.com/location-targeted-mobile-ad-spend-reach-29-5b-u-s-2020.

- Birkinshaw, J. (2019, August), "Ecosystem businesses are changing the rules of strategy," Harvard Business Review.

- Birkinshaw, J., Bessant, J., and Delbridge, R. (2007), "Finding, forming, and performing: Creating networks for discontinuous innovation," California Management Review, 49(3), pp. 67–84, DOI: 10.2307/41166395.

- Blank, S. G. (2013), "Why the lean start-up changes everything," Harvard Business Review. 91(5), pp. 63–72.

- Blank, S. G., and Dorf, B. (2012), The Start-up Owner's Manual: the Step-by-Step Guide for Building a Great Company, Pescadero: K&S Ranch.

- Bloomberg News, Feb. 12, 2003, https://www.nytimes.com/2003/02/12/business/company-news-rand-mcnally-files-for-bankruptcy-with-recovery-plan.html.

- Brown T. (2016), Change by Design, Vahlen Verlag.

- Brown, T. and Katz, B. (2009), Change by Design: How design thinking transforms organizations and inspires innovation, New York: HarperCollins.

- Brusoni, S., and Prencipe, A. (2013), "The organization of innovation in ecosystems: Problem framing, problem solving, and patterns of coupling," In R. Adner, J. E. Oxley, and B. S. Silverman (Eds.), Collaboration and Competition in Business Ecosystems (Advances in Strategic Management, Vol. 30), Bingley: Emerald, pp. 167–194.

- Buchanan, R. (1992), "Wicked problems in design thinking," Design Issues, 8(2), pp. 5–21.

- Burkhalter, M. (2020). Allocentric Business Models—An allocentric business model ontology for the orchestration of value co-creation using the example of financial services ecosystems, St.Gallen: University of St. Gallen, Switzerland.

- Burt, R. S. (1992), Structural holes: The social structure of competition Boston, MA: Harvard University Press.

- Carleton, T, and Cockayne, W. (2013), Playbook for Strategic Foresight & Innovation, Download at: http://www.innovation.io.

- Cassiman, B., and Veugelers, R. (2006), "In search of complementarity in innovation strategy: Internal R&D and external knowledge acquisition," Management Science, 52(1), pp. 68–82.

- Catlin, T., Lorenz, J.-T., Nandan, J., Sharma, S., and Waschto, A. (2018), "Insurance beyond digital: The rise of ecosystems and platforms," McKinsey and Company: Insurance Practice, https://www.mckinsey.com/ch/our-insights/insurance-beyond-digital-the-rise-of-ecosystems-and-platforms.

- Christensen C. (2011), The Innovator's Dilemma. Vahlen Verlag.

- Clarysse, B., Wright, M., Bruneel, J., and Mahajan, A. (2014), "Creating value in ecosystems: Crossing the chasm between knowledge and business ecosystems," Research Policy, 43(7), pp. 1164–1176. DOI: 10.1016/j.respol.2014.04.014.

- Corley, K. G., and Gioia, D. A. (2004), "Identity ambiguity and change in the wake of a corporate spin-off," Administrative Science Quarterly, 49(2), 173–208. DOI: 10.2307/4131471.

- Cowan, A. (2015), "Making your product a habit: the hook framework," website visited on Nov. 2, 2016, http://www.alexandercowan.com/the-hook-framework/.

- Cross, N. (2011), Design Thinking. Oxford: Berg Publishers.

- Crossland, C., and Hambrick, D. C. (2011), "Differences in managerial discretion across countries: How nation-level institutions affect the degree to which ceos matter, "Strategic Management Journal, 32(8), 797–819. DOI: 10.1002/smj.913.

- Curedale, R. (2016), Design Thinking—Process & Methods Guide, 3rd Edition. Los Angeles: Design Community College Inc.

- Dattée, B., Alexy, O., and Autio, E. (2018), "Maneuvering in poor visibility: How firms play the ecosystem game when uncertainty is high," Academy of Management Journal, 61(2), pp. 466–498. DOI: 10.5465/amj.2015.0869.

- Davenport T. (2014), Big data @ work: Chancen erkennen, Risiken verstehen, Vahlen Verlag.

- Davenport, T. H., and Patil, D. J. (2012), "Data Scientist: The Sexiest Job of the 21st Century," Harvard Business Review, October 2012 issue, https://hbr.org/2012/10/data-scientist-the-sexiest-job-of-the-21st-century/.

- Davis, J. P. (2016), "The group dynamics of interorganizational relationships: Collaborating with multiple partners in innovation ecosystems," Administrative Science Quarterly, 61(4), pp. 621–661. DOI: 10.1177/0001839216649350.

- den Hartigh, E., and van Asseldonk, T. (2004), "Business ecosystems: A research framework for investigating the relation between network structure, firm strategy, and the pattern of innovation diffusion," ECCON 2004 Annual Meeting Proceedings.

- Doorley, S., Witthoft, S., and Hasso Plattner Institute of Design at Stanford (2012), Make Space: How to Set the Stage for Creative Collaboration, Hoboken: Wiley.

- Dorst, K. (2015), Frame Innovation. Cambridge, MA: MIT Press.

- Duschlbauer, T. (2018), Der Querdenker. Zurich: Midas Management Verlag AG.

- Elder, R., "Google Maps finds a way to monetize," Business Insider, March 21, 2017, accessed February 26, 2019. https://www.business insider.com/google-maps-finds-a-way-monetize-2017-3.

- Eisenhardt, K. M., and Graebner, M. E. (2007), "Theory building from cases: Opportunities and challenges," Academy of Management Journal, 50(1), pp. 25–32. DOI: 10.2307/20159839.

- Elstein, A. "Map publisher Rand McNally charts a course back to glory," Crain's New York Business, Aug. 27, 2015. Accessed March 6, 2019 https://www.crainsnewyork.com/article/20150827/TECHNOLOGY/150829890/map-publisher-rand-mcnally-is-profitable-and-ready-for-a-big-comeback.

- Erbelinger, J., and Ramge, T. (2013), Durch die Decke Denken, Munich: Redline Verlag GmbH.

- Fernandez, A.-S., Le Roy, F., and Chiambaretto, P. (2018), "Implementing the right project structure to achieve coopetitive innovation projects," Long Range Planning, 51(2), pp. 384–405. DOI: 10.1016/j.lrp.2017.07.009.

- Frankenberger, K., and Sauer, R. (2019), "Cognitive antecedents of business models: Exploring the link between attention and business model design over time," Long Range Planning, 52(3), pp. 283–304. DOI: 10.1016/j.lrp.2018.05.001.

- Fuller, J., Jacobides, M. G., and Reeves, M. (2019), "The myths and realities of business ecosystems," MIT Sloan Management Review, 60(3), pp. 2–10.

- Furr, N., and Shipilov, A. (2018), "Building the right ecosystem for innovation," MIT Sloan Management Review, 59(4), pp. 59–64.

- Ganco, M., Kapoor, R., and Lee, G. (forthcoming), "From rugged landscapes to rugged ecosystems: Structure of interdependencies and firms' innovative search," Academy of Management Review, DOI: 10.5465/amr.2017.0549.

- Gawer, A., and Cusumano, M. (2008), "How companies become platform leaders," MIT Sloan Management Review, 49(2), pp. 28–35.

- Gehman, J., Glaser, V. L., Eisenhardt, K. M., Gioia, D., Langley, A., and Corley, K. G. (2018), "Finding theory-method fit: A comparison of three qualitative approaches to theory building," Journal of Management Inquiry, 27(3), pp. 284–300. DOI: 10.1177/1056492617706029.

- Gerstbach, I. (2016), Design Thinking in Unternehmen, Gabal Verlag.

- Gladwell, M. (2005), "Blink: The Power of Thinking without Thinking," New York: Back Bay Books.

- Global Market Insights, "Mobile Mapping Market size worth over $40 billion by 2024," press release, September 12, 2018, accessed February 26, 2019 https://www.gminsights.com/pressrelease/mobile-mapping-market.

- Gray, D. , Brown, S. and Macanufo, J. (2010), "Gamestorming," Sebastopol, CA, O'Reilly Media Inc.

- Griffith E. (2014), "Why startups fail, according to their founders," In: Fortune Magazine (Sept. 25, 2014), http://fortune.com/2014/09/25/why-startups-fail-according-to-their-founders/.

- Gulati, R., and Singh, H. (1998), "The architecture of cooperation: Managing coordination costs and appropriation concerns in strategic alliances," Administrative Science Quarterly, 43(4), pp. 781–814. DOI: 10.2307/2393616.

- Gulati, R., Puranam, P., and Tushman, M. (2012), "Meta-Organization design: Rethinking design in interorganizational and community contexts," Strategic Management Journal, 33(6), pp. 571–586. DOI: 10.1002/smj.1975.

- Hannah, D. P., and Eisenhardt, K. M. (2018), "How firms navigate cooperation and competition in nascent ecosystems," Strategic Management Journal, 39(12), pp. 3163–3192, DOI: 10.1002/smj.2750.

- Heath, C., and Heath, D. (2007), Made to Stick: Why Some Ideas Survive and Others Die, New York: Random House.

- Henderson Institute (2020), "Why do most business ecosystems fail?," https://www.bcg.com/publications/2020/why-do-most-business-ecosystems-fail.

- Herrmann, N. (1996), The Whole Brain Business Book: Harnessing the Power of the Whole Brain Organization and the Whole Brain Individual, McGraw-Hill Professional.

- Heufler, G. (2009), Design Basics: Von der Idee zum Produkt. 3rd exp. edition. Niggli.

- Hippel, E. V. (1986), "Lead Users. A Source of novel product concepts," Management Science, 32, pp. 791–805.

- Hohmann, L. (2007), Innovation Games, Boston, Pearson Education Inc.

- Hoppmann, J., Naegele, F., and Girod, B. (2019), "Boards as a source of inertia: Examining the internal challenges and dynamics of boards of directors in times of environmental discontinuities," Academy of Management Journal, 62(2), pp. 437–468, DOI: 10.5465/amj.2016.1091.

- Hsinchun, C., Chiang, R. H. L., and Storey, V. C. (2012), "Business intelligence and analytics: From big data to big impact," MIS Quarterly, 36 (4), pp. 1165–1188.

- Huber, T. L., Kude, T., and Dibbern, J. (2017), "Governance practices in platform ecosystems: Navigating tensions between cocreated value and governance costs," Information Systems Research, 28(3), pp. 563–584, DOI: 10.1287/isre.2017.0701.

- Iansiti, M., and Levien, R. (2004). "Strategy as Ecology." Harvard Business Review, pp. 1–11. Jacobides, M., Cennamo, C., and Gawer, A. (2018), "Towards a theory of ecosystems," Strategic Management Journal, 38(8), pp. 2255–2276.

- Iansiti, M., and Levien, R. (2004a), The keystone advantage: What the new dynamics of business ecosystems mean for strategy, innovation, and sustainability, Boston, MA: Harvard Business School Press.

- Iansiti, M., and Levien, R. (2004b), "Strategy as ecology," Harvard Business Review, 82(3), 68–78.

- IDEO (2009), Human Centered Design: Toolkit and Human Centered Design: Field Guide. 2nd eidition. [Both available on the IDEO home page or at: http://www.hcd-toolkit.com].

- Jacobides, M. G. (2019, November), "The delicate balance of making an ecosystem strategy work," Harvard Business Review, pp. 2–5. McIntyre, D., and

- Jacobides, M. G., Cennamo, C., and Gawer, A. (2018), "Towards a theory of ecosystems," Strategic Management Journal, 39(8), pp. 2255–2276. DOI: 10.1002/smj.2904.

- Jacobides, M.G., Lang, N., Louw, N. (2019), et al., "What Does a Successful Digital Ecosystem Look Like?" (June 26, 2019), www.bcg.com.

- Jonathan Larsen, Ping An chief innovation officer, "Presentation at Platform Economy Summit" November 20, 2018, available via YouTube accessed February 28, 2019, at https://youtu.be/lGcMen4qD-M.

- Joseph, J., and Ocasio, W. (2012), "Architecture, attention, and adaptation in the multibusiness firm: General electric from 1951 to 2001," Strategic Management Journal, 33(6), pp. 633–660, DOI: 10.1002/smj.1971.

- Kapoor, R. (2018), "Ecosystems: Broadening the locus of value creation," Journal of Organization Design, 7(1), pp. 1–16, DOI: 10.1186/s41469-018-0035-4.

- Kapoor, R., and Agarwal, S. (2017), "Sustaining superior performance in business ecosystems: Evidence from application software developers in the iOS and Android smartphone ecosystems," Organization Science, 28(3), pp. 531–551, DOI: 10.1287/orsc.2017.1122.

- Kapoor, R., and Lee, J. M. (2013), "Coordinating and competing in ecosystems: How organizational forms shape new technology investments," Strategic Management Journal, 34(3), pp. 274–296, DOI: 10.1002/smj.2010.

- Kelly, T., and Littman, J. (2001), The Art of Innovation: Lessons in creativity from IDEO, America's leading design firm, London: Profile Books.

- Kelly, K. (1994), Out Of Control: The New Biology of Machines, Social Systems, and the Economic World, New York: Addison-Wesley.

- Kim, W., and Mauborgne, R. (2005), Der blaue Ozean als Strategie: wie man neue Märkte schafft, wo es keine Konkurrenz gibt, Hanser Verlag: HarperCollins Publishers.

- Knudsen, T., and Levinthal, D. A. (2007), "Two faces of search: Alternative generation and alternative evaluation," Organization Science, 18(1), pp. 39–54, DOI: 10.1287/orsc.1060.0216.

- Kumar, V. (2013), 101 Design Methods, Hoboken, New Jersey: John Wiley and Sons.

- Lang, N., von Szczepanski, K. and Wurzer C. (2019), "The Emerging Art of Ecosystem Management," (Jan. 16, 2019), www.bcg.com.

- Leifer, L. (2012a), "Rede nicht, zeig's mir," Organisations Entwicklung, 2, pp. 8–13.

- Leifer, L. (2012b), Interview with Larry Leifer (Stanford) at Swisscom, "Design Thinking Final Summer Presentation," Zurich.

- Leten, B., Vanhaverbeke, W., Roijakkers, N., Clerix, A., and van Helleputte, J. (2013), "IP Models to orchestrate innovation ecosystems: IMEC, a public research institute in nano-electronics," California management review, 55(4), pp. 51–64, DOI: 10.1525/cmr.2013.55.4.51.

- Lewrick, M. and Link, P. (2015), "Hybride Management Modelle: Konvergenz von Design Thinking und Big Data," IM+io Fachzeitschrift für Innovation, Organisation und Management (4), pp. 68–71.

- Lewrick, M. (2014), "Design Thinking – Ausbildung an Universitäten," pp. 87–101. In: Sauvonnet and Blatt (eds.). Wo ist das Problem? Neue Beratung.

- Lewrick, M. (2018), Design Thinking. Radical innovations in a digitalized world, Beck Verlag; Munich.

- Lewrick, M., Link. P, Leifer, L. (2018), The Design Thinking Toolbox, 1st edition, Wiley.

- Lewrick, M., Link. P, Leifer, L. (2018), The Design Thinking Playbook, 1st edition, Wiley.

- Lewrick, M., Skribanowitz, P. and Huber, F. (2012), "Nutzen von Design Thinking Programmen," 16, Interdisziplinäre Jahreskonferenz zur Gründungsforschung (G-Forum), University of Potsdam.

- Lietka, J., and Ogilvie, T. (2011), Designing for Growth, New York: Columbia University Press Inc.

- Lingens, B., Miehé, L., Gassmann, O. (2020), "The ecosystem blueprint: How firms shape the design of an ecosystem according to the surrounding conditions," Long Range Planning, DOI: 10.1016/j.lrp.2020.102043.

- Liu, G., and Rong, K. (2015), "The nature of the co-evolutionary process: Complex product development in the mobile computing industry's business ecosystem," Group & Organization Management, 40(6), 809–842. DOI: 10.1177/1059601115593830.

- Lowenhaupt Tsing, A. (2015) "The Mushroom at the End of the World: On the Possibility of Life in Capitalist Ruins", Princeton Univers. Press.

- Maeda, J. (2006), The Laws of Simplicity – Simplicity: Design, Technology, Business, Life, Cambridge, London: MIT Press.

- Mäkinen, S. J., and Dedehayir, O. (2013), "Business ecosystems' evolution — An ecosystem clockspeed perspective," In R. Adner, J. E. Oxley, and B. S. Silverman (Eds.), "Collaboration and competition in business ecosystems" (Advances in Strategic Management, Vol. 30) (Vol. 30). Bingley: Emerald pp. 99–125.

- Mariotti, F., and Delbridge, R. (2012), "Overcoming network overload and redundancy in interorganizational networks: The roles of potential and latent ties," Organization Science, 23(2), pp. 511–528. DOI: 10.1287/orsc.1100.0634.

- Masucci, M., Brusoni, S., and Cennamo, C. (2020), "Removing bottlenecks in business ecosystems: The strategic role of outbound open innovation," Research Policy, 49(1).

- Mather, D. (2012), "Innovating to create an ecosystem. A write up on Adner's talk." at https://smartorg.com/innovating-to-create-an-ecosystem/

- Maurya, A. (2012) Running Lean: Iterate from plan A to a plan that works, O'Reilly Media, Inc.

- McCaskey, M. B. (1974), "An Introduction to organizational design," California management review, 17(2), pp. 13–20, DOI: 10.2307/41164556.

- Meulman, F., Reymen, I. M. M. J., Podoynitsyna, K. S., and L. Romme, A. G. (2018), "Searching for partners in open innovation settings: How to overcome the constraints of local search," California management review, 60(2), pp. 71–97, DOI: 10.1177/0008125617745087.

- Microsoft press release, "Microsoft to acquire GitHub for $7.5 billion," June 4, 2018, accessed February 27, 2019, at https://news.microsoft.com/2018/06/04/microsoft-to-acquire-github-for-7-5-billion.

- Moore, G. (2014), Crossing the Chasm, 3rd Edition, New York: Harper Collins Inc.

- Moore, J. (1993), "Predators and Prey: A New Ecology of Competition," Harvard Business Review, pp. 75–86.

- Moore, J. F. (1996), The death of competition: Leadership and strategy in the age of business ecosystems, New York, NY: Harper Collins.

- Muthusamy, S. K., and White, M. A. (2005), "Learning and knowledge transfer in strategic alliances: A social exchange view," Organization Studies, 26(3), pp. 415–441, DOI: 10.1177/0170840605050874.

- Nambisan, S., and Baron, R. A. (2013), "Entrepreneurship in innovation ecosystems: Entrepreneurs' self-regulatory processes and their implications for new venture success," Entrepreneurship Theory and Practice, 37(5), pp. 1071–1097, DOI: 10.1111/j.1540-6520.2012.00519.x.

- Naspers 2018 annual report, accessed February 28, 2019, https://www.naspersreports.com/ui/pdfs/Annual_financial_statements.pdf.

- Norman, D.A. (2004), Emotional Design: Why we love (or hate) everyday things, New York: Basic Books.

- Norman, D.A. (2011), Living with Complexity, Cambridge, London: MIT Press.

- Oh, D.-S., Phillips, F., Park, S., and Lee, E. (2016), "Innovation ecosystems: A critical examination," Technovation, 54, pp. 1–6, DOI: 10.1016/j.technovation.2016.02.004.

- Osterwalder, A., Pigneur, Y., Bernarda, G., Smith, A., Papadakos T. (2015), Value Proposition Design, Frankfurt: Campus Verlag.

- Osterwalder, A.; Pigneur, Y.; Etiemble, F. and Smith, A. (2020), The Invincible Company: How to Constantly Reinvent Your Organization with Inspiration From the World's Best Business Models, (Vol. 4). John Wiley & Sons.

- Ott, T. E., Eisenhardt, K. M., and Bingham, C. B. (2017), "Strategy formation in entrepreneurial settings: Past insights and future directions," Strategic Entrepreneurship Journal, 11(3), pp. 306–325, DOI: 10.1002/sej.1257.

- Ozalp, H., Cennamo, C., and Gawer, A. (2018), "Disruption in platform-based ecosystems," Journal of Management Studies, 55(7), pp. 1203–1241, DOI: 10.1111/joms.12351.

- Ozcan, P., and Eisenhardt, K. M. (2009), "Origin of alliance portfolios: Entrepreneurs, network strategies, and firm performance," Academy of Management Journal, 52(2), pp. 246–279.

- Palmié, M., Lingens, B., and Gassmann, O. (2016), "Towards an attentionbased view of technology decisions," R&D Management, 46(4), pp. 781–796, DOI: 10.1111/radm.12146.

- Parente, R., Rong, K., Geleilate, J.-M. G., and Misati, E. (2019), "Adapting and sustaining operations in weak institutional environments: A business ecosystem assessment of a Chinese MNE in Central Africa," Journal of International Business Studies, 50(2), pp. 275–291, DOI: 10.1057/s41267-018-0179-z.

- Patel N. (2015). "90% of startups fail: here's what you need to know about the 10%," In Forbes (Jan. 16, 2015), https://www.forbes.com/sites/neilpatel/2015/01/16/90-of-startups-will-fail-heres-what-you-need-to-know-about-the-10/#5e-710a5b6679.

- Phillips, M. A., and Ritala, P. (2019), "A complex adaptive systems agenda for ecosystem research methodology," Technological Forecasting and Social Change, 148, 119739, DOI: 10.1016/j.techfore.2019.119739.

- Pierce, L. (2009), "Big losses in ecosystem niches: How core firm decisions drive complementary product shakeouts," Strategic Management Journal, 30(3), pp. 323–347, DOI: 10.1002/smj.736.

- Ping An, "Annual reports from 2017," http://www.pingan.com/app_upload/images/info/upload/fefe8a8e-fd10-4814-b7b2-aaecf814ff6d.pdf and 2013 http://www.pingan.com/app_upload/images/info/upload/5e41531f-63f0-4428-a00a-0625327ee293.pdfaccessed March 6, 2019.

- Plattner, H., Meinel, C., and Leifer, L. (2010), Design Thinking. Understand – Improve – Apply (Understanding Innovation), Heidelberg: Springer.

- Posen, H. E., Keil, T., Kim, S., and Meissner, F. D. (2018), "Renewing research on problemistic search – A review and research agenda," Academy of Management Annals, 12(1), pp. 208–251, DOI: 10.5465/annals.2016.0018.

- Powell, W. W., Koput, K. W., and Smith-Doerr, L. (1996), "Interorganizational collaboration and the locus of innovation: Networks of learning in biotechnology," Administrative Science Quarterly, 41(1), pp. 116–145, DOI: 10.2307/2393988.

- Puccio, J.C., Mance M., and Murdock, M.C. (2011), Creative Leadership, Skills that Drive Change, Sage: Thousand Oaks, CA.

- Rand McNally history page, https://www.randmcnally.com/about/history.

- Rand McNally website, https://www.randmcnally.com/about/patriarch_partners.

- Ritala, P., and Almpanopoulou, A. (2017), "In defense of □ eco' in innovation ecosystem," Technovation, 60, pp. 39–42, DOI: 10.1016/j.technovation.2017.01.004.

- Riverdale and IDEO (2011), "Design thinking for educators," Version One. [available at: http://designthinkingforeducators.com/].

- Roam, D. (2008), The Back of the Napkin: Solving Problems and Selling Ideas with Pictures, London: Portfolio.

- Rong, K., and Shi, Y. (2015), Business ecosystems: Constructs, configuration and sustaining superior performance, London, UK: Palgrave Macmillan.

- Rong, K., Hu, G., Lin, Y., Shi, Y., and Guo, L. (2015a), "Understanding business ecosystem using a 6C framework in Internet-of-Things-based sectors," International Journal of Production Economics, 159, pp. 41–55, DOI: 10.1016/j.ijpe.2014.09.003.

- Rong, K., Wu, J., Shi, Y., and Guo, L. (2015b), "Nurturing business ecosystems for growth in a foreign market: Incubating, identifying and integrating stakeholders," Journal of International Management, 21(4), pp. 293–308, DOI: 10.1016/j.intman.2015.07.004.

- Rothschild, M. (1990), Bionomics: Economy as Business Ecosystem, Washington: Beard Books.

- Sauvonnet, E., and Blatt, M. (2017), Wo ist das Problem? Munich: Franz Vahlen GmbH.

- Sawhney, M. (2011), "Orchestration processes in network-centric: evidence from the field," Academy of Management Perspectives, 25(3), pp. 40–57.

- Shipilov, A., and Gawer, A. (2019), "Integrating research on inter-organizational networks and ecosystems," Academy of Management Annals, 14, pp. 92–121, DOI: 10.5465/annals.2018.0121.

- Siggelkow, N. (2007), "Persuasion with case studies," Academy of Management Journal, 50(1), pp. 20–24, DOI: 10.2307/20159838.

- Simon, H. A. (1997), Administrative behavior: A study of decision-making processes in administrative organizations (4th ed.), New York, NY: Free Press.

- Sirmon, D. G., Hitt, M. A., Ireland, R. D., and Gilbert, B. A. (2011), "Resource orchestration to create competitive advantage: breadth, depth, and life cycle effects," Journal of Management, 37(5), pp. 1390–1412. DOI: 10.1177/0149206310385695.

- Spieth, P., Schneider, S., Clauss, T., and Eichenberg, D. (2019), "Value drivers of social businesses: A business model perspective," Long Range Planning, 52(3), pp. 427–444. DOI: 10.1016/j.lrp.2018.04.004.

- Srinivasan, A. (2017), "Networks, platforms, and strategy: Emerging views and next steps," Strategic Management Journal, pp. 141–160.

- Stähler, P. (2002), "Business models as an unit of analysis for strategizing," International workshop on business models, 45(7).

- Staeritz, F., and Torrance, S. (2020), Fightback: How to win in the digital economy with plattforms, ventures and entrepreneurs, LIDpublishing.com.

- Stickdorn, M., and Schneider, J. (2016), This Is Service Design Thinking, (6th ed.), Amsterdam: BIS Publishers.

- Strauss, A. L., and Corbett, A. C. (1998), Basics of Qualitative Research: Grounded theory procedures and techniques (2nd ed.), Thousand Oaks, CA: Sage.

- Subramaniam, M., Iyer, B., and Venkatraman, V. (2019), "Competing in digital ecosystems," Business Horizons, 62(1), pp. 83–94.

- Soykök, G. 2019, "All you need is a minimum viable ecosystem. The original MVE post that sparked Pilgrim's curiosity." https://www.linkedin.com/pulse/all-you-need-minimum-viable-ecosystem-a-gaye-soyk%C3%B6k/.

- Teece, D. J. (2016), "Business ecosystem. In M. Augier and D. J. Teece (Eds.), The Palgrave Encyclopedia of Strategic Management (pp. 1–4). London, UK: Palgrave Macmillan.

- Teece, D. J., Peteraf, M., and Leih, S. (2016), "Dynamic capabilities and organizational agility: Risk, uncertainty, and strategy in the innovation economy," California management review, 58(4), pp. 13–35. DOI: 10.1525/cmr.2016.58.4.13.

- Töpfer A. (2008), Lean Six Sigma. Heidelberg: Springer-Verlag GmbH.

- Uber website, accessed February 28, 2019, https://www.uber.com/newsroom/company-info.

- Uebernickel F., Jiang, L., Brenner, W., Pukall , B., Naef, T., Schindlholzer, B. (2020). Design Thinking: The handbook, World Scientific Publishing Co Pte Ltd.

- Ulrich K. (2011), Design Creation of Artifacts in Society, Published by the University of Pennsylvania, http://www.ulrichbook.org/.

- Ulwick, A. (2016), Jobs to Be Done, Texas: Idea Bite Press.

- Usman Haque, (2010), "Notes on the Design of Participatory Systems – for the City or for the Planet," IIT Design Research Conference 2010.

- Vahs, D., and Brem, A. (2013), Innovationsmanagement, 4th edition, Stuttgart: Schäffer-Poeschel Verlag.

- Van Aerssen, B., and Buchholz, C. (2018), Das grosse Handbuch Innovation, Munich: Franz Vahlen GmbH.

- Van der Pijl, P., Lokitz, J., and Solomon, L.K. (2016), Design a Better Business, Munich: Franz Vahlen GmbH.

- Velu, C. (2015), "Knowledge management capabilities of lead firms in innovation ecosystems," AMS Review, 5(3), pp. 123–141, DOI: 10.1007/s13162-015-0068-6.

- Velu, C., and Stiles, P. (2013), "Managing decision-making and cannibalization for parallel business models," Long Range Planning, 46(6), pp. 443–458. DOI: 10.1016/j.lrp.2013.08.003.

- Victionary (2007). Simply Materials: Exploring the potential of materials and creative competency, Ginko Press.

- Voima, P., Heinonen, K., Strandvik, T., Mickelsson, K.-J., and Arantola-Hattab, L. J. (2011). A Customer Ecosystem Perspective on Service. QUIS 12: Advances in Service Quality, Innovation and Excellence, pp. 1015–1024.

- Wareham, J., Fox, P. B., and Giner, J. L. C. (2014), "Technology ecosystem governance," Organization Science, 25(4), pp. 1195–1215, DOI: 10.1287/orsc.2014.0895.

- Weinberg, U. (2015), Network Thinking, Hamburg: Murmann Publishers GmbH.
- Williamson, P. J., and de Meyer, A. (2012), "Ecosystem advantage: How to successfully harness the power of partners," California management review, 55(1), 24–46, DOI: 10.1525/cmr.2012.55.1.24.

- Williamson, P. J., and De Meyer, A. (2012), "Ecosystem advantage: How to successfully harness the power of partners," California Management Review, 55(1), pp. 24–46.

- Williamson, P., and De Meyer, A. (2019, September), "How to monetize a business ecosystem," Harvard Business Review, pp. 2–4.

- Yin, R. K. (2014), Case study research: Design and methods, 5th edition, Thousand Oaks, CA: Sage.

- Yin, R. K. (2018). Case Study Research and Applications: Design and methods, 6th edition, Thousand Oaks, CA: Sage.

- Zahra, S. A., and George, G. (2002), "Absorptive capacity: A review, reconceptualization, and extension," Academy of Management Review, 27(2), 185–203. DOI: 10.2307/4134351.

- Zahra, S. A., and Nambisan, S. (2012), "Entrepreneurship and strategic thinking in business ecosystems," Business Horizons, 55(3), pp. 219–229. DOI: 10.1016/j.bushor.2011.12.004.

- Zerdick, A., Picot, A., Schrape, K., Artopé, A., Goldhammer, K., Heger, D. K., Lange, U. T., Vierkant, E., López-Escobar, E. and Silverstone, R., 2001, Die Internet-Ökonomie: Strategien für die digitale Wirtschaft, 3. erweiterte und überarbeitete Auflage. Berlin, Heidelberg, New York.

아이디어를 실현 가능한 혁신으로 만드는
창의적인 도구와 방법론

디자인 씽킹 7 프로세스와 가장 혁신적인 워크 툴킷

이 책은 디자인 씽킹의 일곱 가지 프로세스에서 사용되는 혁신적인 도구와 방법론을 제시한다. 디자인 씽킹을 활용하고 있는 전문가들의 의견과 조언을 바탕으로, 가장 인기 있는 디자인 씽킹 도구와 방법론을 전문가들의 설명과 함께 실었다. 이 책은 디자인 씽킹에서 가장 많이 활용되고 있는 혁신적인 도구에 관한 설명과 함께 사용법, 전문가 팁, 템플릿, 이미지 등이 포함되어 있어, 디자인 씽킹을 처음 접하는 초보자는 물론 혁신적인 디자인 씽킹 도구와 방법론을 빠르고 통합적으로 익히고 배우려는 전문 디자인 씽커 모두에게 큰 도움이 된다.

마이클 루릭 외 지음 ㅣ 이유종 외 옮김 ㅣ 22,000원